Stundenblätter
Balladen

W0384334

Norbert Berger

Stundenblätter Balladen

5.–11. Schuljahr

Ernst Klett Verlag für Wissen und Bildung
Stuttgart · Dresden

Stundenblätter Deutsch werden herausgegeben von Jürgen Wolff

Als Ergänzung zu den vorliegenden Stundenblättern
sind erschienen:
Materialien Balladen (Hrsg. N. Berger)
Klettbuch 26909

Die Deutsche Bibliothek – CIP-Einheitsaufnahme

Berger, Norbert:
Stundenblätter Balladen: 5.–11. Schuljahr
Norbert Berger. – 2. Aufl. – Stuttgart: Klett, Verlag für Wissen und Bildung, 1991
(Stundenblätter Deutsch)
ISBN 3-927332-8

2. Auflage 1991
Alle Rechte vorbehalten
Der Verlag genehmigt die Vervielfältigung der entsprechend
gekennzeichneten Seiten in der Beilage. Im Kaufpreis ist die
Gebühr für Kopien dieser Seite zur Ausgabe an Schüler enthalten.
© Ernst Klett Verlag für Wissen und Bildung GmbH, Stuttgart 1991
Satz: böttler-satz-technik, Walddorfhäslach; Wilhelm Röck, Weinsberg
Druck: Wilhelm Röck, Weinsberg
Einbandgestaltung: Zembsch' Werkstatt, München
ISBN 3-927332-8

Inhalt

Einleitung

Die Ballade war lange Zeit eines der beliebtesten Themen des Deutschunterrichts. Nachdem sie Mitte der 60er bis Mitte der 70er Jahre als unzeitgemäß abgelehnt wurde, gewinnt sie heute wieder zunehmend an Bedeutung. Aber nicht nur die modernen, sozialkritischen Chansons der Liedermacher, sondern mit ihnen auch die einst von den Didaktikern wegen ihres übertriebenen Heldenpathos und ihrer Realitätsferne gescholtenen Kunstballaden des 18. und 19. Jahrhunderts werden wieder gerne mit den Schülern behandelt. Bei aller inhaltlicher Verschiedenheit wird leicht übersehen, daß sowohl die Kunstballade als auch die moderne Liedermacherballade auf die gleichen Vorbilder, nämlich die Volksballaden und Bänkellieder, zurückgehen.

Der Schwerpunkt der vorliegenden Stundenblätter liegt zwar auf den traditionellen Balladen, also „Klassikern" wie Goethes „Zauberlehrling", Schillers „Bürgschaft" oder Fontanes „John Maynard", doch werden auch die vorwiegend mündlich tradierten volkstümlichen Vorläufer und die modernen Formen der Ballade einbezogen. Die für die letzteren gefundene Bezeichnung „Erzählgedicht" wird nicht übernommen.

Da im Zuge der didaktischen Neubesinnung auf die Ballade auch die Theorie vom „Balladenalter" (ca. 13–15 Jahre) widerlegt wurde, bieten die Stundenblätter Unterrichtseinheiten für die 5./6. Klasse (1. Sequenz), die 7./8. Klasse (2. Sequenz) und die 9.–11. Klasse (3. Sequenz) mit jeweils unterschiedlichen thematischen Schwerpunkten. Die einzelnen Stunden einer Sequenz können als in sich geschlossene Einheit im Blockunterricht gehalten, aber auch – wie es gerade bei so kurzen Texten wie Balladen gerne getan wird – von Fall zu Fall im Laufe des Schuljahres in den Unterricht „eingestreut" werden. Deshalb sind nur die Stunden, die dem gleichen Text gewidmet sind, und einige eng miteinander verzahnte Stunden der 3. Sequenz, untrennbar. Ansonsten wurde z.B. darauf verzichtet, die Besprechung der Hausaufgabe aus der vorangegangenen Stunde an den Beginn der folgenden Stunde zu stellen.

Um die Motivation der Schüler zu erhöhen, werden in den beiden ersten Sequenzen Vorschläge zu einem produktiv-kreativen Umgang mit den jeweiligen Balladen gemacht. Da der teilweise damit verbundene Aufwand nicht immer mit der Realität des Schulalltags und der hohen Arbeitsbelastung eines Deutschlehrers vereinbar ist, sind alle Stunden aber auch ohne diese kreativ-produktive Phase realisierbar.

Absolut notwendig für die Durchführung der in diesen Stundenblättern vorgeschlagenen Sequenzen ist die Anschaffung eines parallel dazu erschienenen Bandes mit allen Balladentexten und Materialien:

Materialien Balladen (Hrsg. N. Berger), Stuttgart 1991 (Klett-Nr. 26909)

In den Beschreibungen der Stundenverläufe sowie in den Stundenblattbeilagen findet man an den entsprechenden Stellen die Querverweise auf die Nummer, unter der der benötigte Text oder die benötigte Illustration im Materialienband zu finden ist.

Fachwissenschaftliche Einführung

1. Geschichte der Gattung Ballade

Als Vorläufer der Ballade kann das aus stabreimenden Langzeilen bestehende althochdeutsche Heldenlied angesehen werden, das an Königs- und Fürstenhöfen vorgetragen wurde und vom heroisch-ritterlichen Leben ständischer Personen handelt. Das bekannteste Beispiel, das fragmentarisch erhaltene „Hildebrandslied" (9. Jh.), erzählt vom tragischen Zweikampf zwischen Hildebrand und seinem Sohn Hadubrand, die zwei verschiedenen Heeren angehören. Die mündliche Überlieferung des Liedes führt zu verschiedenen Varianten. Im spätmittelalterlichen „Lied von dem alten Hildebrant" kämpft Meister Hildebrant, der nach 32 Jahren in sein Land und zu seiner Frau heimkehren will, mit dem jungen Alebrand und läßt sich dann, nachdem er in dem Gegner seinen Sohn erkannte, als „Gefangener" zu seiner Gattin bringen. Das jüngere Hildebrandslied ist ein Musterbeispiel für die aus am Ende gereimten Langzeilen bestehende „Heldenballade", die auch „Heldenzeitlied" genannt wird (vgl. Fromm, Hans: Heldenlied und Volksballade. In: Hirschenauer, Rupert/Weber, Albrecht: Wege zum Gedicht. Band II. Interpretation von Balladen. München und Zürich 1964. S. 101–114), und zeugt davon, wie der einst höfisch-heroische Stoff sich infolge der Verbürgerlichung der Lebensverhältnisse an neue Publikumserwartungen anpaßte und zu einer ins Allgemein-Menschliche gewendeten, zeit- und geschichtslosen Familiengeschichte trivialisiert wurde (vgl. Meid, Volker: Glückliche Heimkehr. Zur Ballade vom alten Hildebrand. In: Grimm, Gunter E.: Gedichte und Interpretationen. Deutsche Balladen. Stuttgart 1988. S. 29–37. Hier S. 35). Heldenballade bzw. Heldenzeitlied sind die Bindeglieder zwischen den höfischen Heldenliedern und den meist aus vierhebigen Versen und vierzeiligen Strophen bestehenden erzählenden deutschen Volksliedern, die seit dem 19. Jahrhundert auch „Volksballaden" heißen. Ihre Blütezeit lag zwischen dem 13. und 16. Jh., sie handelten nicht nur von aristokratischen Kreisen („Es waren zwei Königskinder"), sondern später mehr und mehr auch von Bürgern und Bauern, wurden oft gemeinschaftlich, z. B. in der Spinnstube oder auf der Bleiche, gesungen, existierten in vielen Varianten und befriedigten Bedürfnisse, die in heutiger Zeit vom sentimentalen Schlager erfüllt werden (vgl. Hinck, Walter: Volksballade – Kunstballade – Bänkelsang. In: Müller-Seidel, Walter: Balladenforschung. Königstein 1980 S. 61–75). Das Aufkommen des Humanismus und der rational-didaktische Geist der Aufklärung erklären, warum die in breiten Schichten der Bevölkerung lebendige Volksballade von den Gebildeten des 17./18. Jahrhunderts (Gottsched, Opitz u.a.) nicht als hohe Literatur anerkannt wurde. Gleiches gilt auch für eine Nebenform der Volksballade, das im 16. Jh. (Buchdruck!) entstandene „Zeitungslied", das von Zeitereignissen berichtete und von einem Zeitungssänger öffentlich vorgetragen wurde, mit dem Ziel, den Text auf fliegenden Blättern zu verkaufen. Das „Zeitungslied" ist somit ein Vorläufer der heutigen Boulevardpresse. Im 18. Jh. wird die Bezeichnung „Bänkelsang" auf Lieder angewandt, in denen ein Schausteller von niedriger sozialer Herkunft (Bänkelsänger) auf Jahrmärkten und Messen von einem Podest („Bänkel") herab in drastischer, übertriebener, z. T. auch sentimentaler und geschraubter Sprache von Liebesgeschichten, Verbrechen, Prozessen, Unglücksfällen, Naturkatastrophen u.ä. sang. Der Vortrag wurde musikalisch durch eine Harfe, Geige, Drehleier oder Gitarre untermalt, später durch eine Drehorgel (Leierkasten), auf der der Bänkelsänger einfache, bekannte Melodien spielte, musikalisch untermalte und dabei mit einem Stab auf Illustrationen („Schilder") zeigte. Im Unterschied zum Zeitungssänger verzichtete der Bänkelsänger weitgehend auf Aktualität, obwohl er am Wahrheitsanspruch seiner Berichte festhielt, und stellte die Unterhaltung und moralische Belehrung des Publikums in den Mittelpunkt. Eigentlicher Zweck seiner Vorträge war aber der Verkauf von sogenannten „Bänkelsängerheftchen", die er selbst verfaßt hatte und drucken ließ (vgl. hierzu: Petzoldt, Leander: Bänkelsang. Vom historischen Bänkelsang zum literarischen Chanson. Stuttgart 1974).

Literaturfähig und künstlerisch anerkannt wurde diese Volkspoesie Ende des 18. Jahrhunderts, als die jungen Dichter der Geniezeit sich für das Irrationale interessierten und sich gegen den rational-didaktischen Geist der Aufklärer wandten. Eine entscheidende Bedeutung kommt hierbei Johann Gottfried Herder zu, der durch seine theoretische Beschäftigung mit balladenhafter Volkspoesie („Auszug aus einem Briefwechsel über Ossian und die Lieder alter Völker", 1773), durch seine Sammlung europäischer Volkslieder („Stimmen der Völker in Liedern", 1779) und nicht zuletzt durch die Übersetzung der Sammlung englischer und schottischer Volksballaden, Verserzählungen und Lieder des Bischofs Percy („Reliques of Ancient Poetry", 1765) die Wiederentdeckung der alten Gattung erheblich förderte. In den (1805 als Fälschung entlarvten) Gesängen des sagenhaften gälischen Barden Ossian, in Percys Volksballaden sowie in den Dichtungen Shakespeares und Homers sah er die ursprüngliche, naturnahe, volkstümliche Poesie einer besseren Vorzeit verwirklicht, in der Denken und Fühlen des Menschen noch eine Einheit bildeten.

In dieser Zeit nahm das bereits im 16. Jh. aus dem Französischen in der Bedeutung „Tanzlied" entlehnte Wort Ballade (spätlat. ballare „tanzen"; ital. ballata, prov. ballada; vgl. dt. Ball „Tanzfest") unter dem Einfluß von engl. ballad (ebenfalls aus dem Französischen entlehnt) die moderne, im Englischen bereits gebräuchliche Bedeutung von „erzählendes Lied mit volkstümlicher Darstellung auffallender Ereignisse" an und bürgerte sich in Deutschland ein (vgl. Duden Etymologie. Mannheim und Zürich 1963. S. 46).

Synonym dazu wurde oft die Bezeichnung „Romanze" verwendet, in der wie im Bänkelsang eine Moral vermittelt werden sollte, deren Verfasser sich aber mittels Ironie und Komik von dem Inhalt distanzierte. Die Romanze entstand in Deutschland unter dem starken Einfluß des Bänkelsangs und der spanischen Barockliteratur (Gongora). Gleims „Marianne" (1756) und Höltys „Adelstan und Röschen" (1772) sind bekanntgewordene Romanzen. Letztere wurde häufig als erste deutsche Kunstballade (Autor tritt namentlich in Erscheinung und erhebt künstlerischen Anspruch) angesehen (vgl. z. B. Kayser, Wolfgang: Geschichte der deutschen Ballade. Berlin 1936. S. 80ff.). Durchgesetzt hat sich aber die Auffassung, daß entgegen der Chronologie des Erscheinens Gottfried August Bürger mit seiner „Lenore" (1773) als Begründer der deutschen Kunstballade gelten darf, da dieser Herders Forderungen, insbesondere der nach

Unmittelbarkeit, weit mehr nachkommt als Hölty und im Gegensatz zu letzterem ein explizites Gattungsbewußtsein entwickelte (vgl. Müller-Seidel, Walter: Die deutsche Ballade. Umrisse ihrer Geschichte. In: Hirschenauer/Weber, S. 17–83. Hier S. 33). Auch Goethe wurde von Herder beeinflußt und schuf mit seinem „Erlkönig" (1782) eine der bekanntesten deutschen Kunstballaden. Goethe war es auch, der sich erstmals um eine Definition der Gattung bemühte (vgl. hierzu S. 15). Einen Gegensatz zu den sogenannten naturmagischen Balladen des Sturm und Drang, in denen der Mensch magischen Kräften ausgeliefert ist (irrationale Grundhaltung der Epoche), bildeten die von neuhumanistischer Bildungskonzeption geprägten didaktischen Ideen- und Heldenballaden der Klassik. In deren Mittelpunkt steht der aktiv handelnde, wollende Mensch, dessen von der Vernunft bestimmte Ideale und sittliche Werte, die sich in gefährlichen Situationen bewähren (z. B. Schiller: „Die Bürgschaft" oder „Der Handschuh"), und die Bewältigung des Unheimlichen (z. B. Goethe: „Der Zauberlehrling"). Die Dichter der romantischen Balladen identifizierten sich wieder mehr mit einem den – häufig Träumen und Sehnsüchten entsprechenden – Naturmächten willenlos ausgelieferten Menschen (z. B. Brentano „Lore Lay", Eichendorff „Waldgespräch"), entdeckten das volkstümliche Liedgut wieder (Volksliedsammlung „Des Knaben Wunderhorn") und interessierten sich für märchenhafte und historische Stoffe (Balladen Ludwig Uhlands). Der Glaube der Autoren des Biedermeier an eine gute und gerechte Weltordnung führte zur Beliebtheit der Schicksals- und Vergeltungsballade (vgl. Weißert, Gottfried: Ballade. Stuttgart 1980. S. 86f.), ihre Religiosität und Heimatverbundenheit räumt den naturmagischen Mächten nur begrenzten Einfluß ein (Droste-Hülshoff: „Die Vergeltung", „Der Knabe im Moor"; Mörike: „Der Feuerreiter"). Unter den Autoren des „Jungen Deutschland" trat nur Heinrich Heine als Balladenautor in Erscheinung, dafür aber mit einem breiten Spektrum an Balladentypen, das von romantisch-naturmythischen („Ich weiß nicht, was soll es bedeuten") über schicksalhafte („Belsazar") bis hin zu den politisch-sozialen Veränderungen der Industrialisierung Rechnung tragenden sozialen Balladen („Die schlesischen Weber") reichte. Während Heine den vierten Stand balladenfähig machte, idealisierte der gegen die Jungdeutschen gerichtete Berliner Dichterverein „Tunnel unter der Spree" (1827 gegründet), dem u.a. Graf Strachwitz angehörte, aristokratisches Lebensgefühl und mittelalterliches Heldentum. Theodor Fontane, der anfangs ebenfalls Mitglied dieses literarischen Zirkels war, erteilte in seinen späteren Jahren dem äußeren Heldentum eine Absage („John Maynard", „Herr von Ribbeck") und aktualisierte die naturmagische Ballade, indem er der Rationalisierung, Technisierung und Entmythisierung der Umwelt Rechnung trug („Die Brück' am Tay"). Diese Aktualisierung konnte aber nicht verhindern, daß insbesondere die naturmagischen und die Heldenballaden am Ende des 19. Jahrhunderts aus der Mode gerieten. Das Bewußtsein der Menschen von der Sinnlosigkeit und Monotonie eines anonymen Daseins bzw. das skeptisch-rationalistische Weltbild (Naturalismus, Positivismus) vertrugen sich nicht mit individuellen Heldentaten bzw. mit dem Glauben an dämonische Mächte. Balladen wurden entweder gar nicht mehr (Stefan George u. a.) oder in Form von Anti-Balladen (Hofmannsthal: „Ballade des äußeren Lebens") verfaßt. Nach der Jahrhundertwende wurden aus zwei unterschiedlichen Richtungen Versuche einer Erneuerung der Gattung unternommen. Der erste kam aus einer konservativen Ecke, dem „Göttinger Kreis“ um Börries von Münchhausen, Agnes Miegel und Lulu von Strauß und Torney, welche – ihrem Vorbild Graf von Strachwitz folgend – alte, heldische und ritterliche Motive sowie aristokratisches Personal und Bewußtsein in viele ihrer Balladen aufnahmen und gegen die soziale Kunst des Naturalismus gerichtet waren (vgl. Freund, Winfried: Die deutsche Ballade. Theorie, Analysen, Didaktik. Paderborn 1978. S. 7). Dieser Versuch verlief erfolglos. Die Gründe hierfür sind ideologischer, ästhetischer und historischer Natur. Zum einen wurden die heroischen Balladen des „Göttinger Kreises“ in den Dienst konservativer und nationalistischer Interessen gestellt und gerieten so in Mißkredit (vgl. Grimm, Einleitung, S. 9). Auch die These, die Ballade sei eine rein deutsche Gattung (vgl. Kayser), gehört in diesen Zusammenhang. Zum anderen wurde die (im Drama schon im 18. Jh. überwundene) Ständeklausel als Anachronismus empfunden (vgl. Hinck, Walter: Die deutsche Ballade von Bürger bis Brecht. Kritik und Versuch einer Neuorientierung. Göttingen 1968. S. 103f.). Letztendlich widersprachen die grausamen Materialschlachten der beiden Weltkriege, in der die moderne Kriegstechnik und nicht das heroische Verhalten im Kampf Mann gegen Mann über Sieg und Niederlage entschieden, einem unproblematischen Heldentum (vgl. a.a.O., S. 104f.). Der zweite Erneuerungsversuch war trotz des Rückgriffs auf Formen der Gebrauchsliteratur wie Moritat und Bänkelsang und alte ausländische Vorbilder (François Villon, französisches Chanson, österreichisches Couplet) eher progressiver Natur und ist noch heute in der Gattungsgeschichte einflußreich. Frank Wedekind, Arno Holz und Christian Morgenstern, um nur die bekanntesten dieser Erneuerer zu nennen, rückten allerdings von der systemstabilisierenden Funktion des traditionellen Bänkelsangs ab und stellten vielmehr die Fragwürdigkeit einer Ordnung, innerhalb der und gegen die Verbrechen begangen wurden, dar (vgl. Grimm, Einleitung, S. 21). Ihr Einfluß reicht über Kästner, Tucholsky, Ringelnatz und Brecht bis hin zu Christa Reinig, H. C. Artmann, Günter Kunert, Günter Grass und die heutigen Liedermacher (Wolf Biermann, Franz Josef Degenhardt, Dieter Süverkrüp, Konstantin Wecker, Georg Danzer u.a.), deren aktuelle, sozial engagierte, öffentlich vorgetragene Protestballaden in bewußtem Gegensatz zur hermeneutischen Elitelyrik stehen und wieder als „Volksdichtung“ konzipiert sind (vgl. a.a.O., S. 23). Der Ansatz vom Bänkelsang her reicht allerdings nicht aus, „... die moderne Ballade, die ihren wichtigsten Ahnherrn in Heinrich Heine hat, ist reicher und vielfältiger“ (Freund, 1978, S. 18). Gleichzeitig wurden die Strukturmerkmale der modernen Epik in die Gattung der Ballade integriert, deren Kennzeichen nun die „... Sachlichkeit und Genauigkeit der Berichterstattung, die Hinwendung zum Alltäglichen, die Tendenz, möglichst ohne das große Ach und Oh der Beschwörung auszukommen, das Aussparen des Dramatischen, der negative Held, die Verwerfung der Chronologie: all das, was der moderne Epiker für unumgänglich hält ...“ (Piontek, Heinz: Neue deutsche Erzählgedichte. Stuttgart 1964. S. 10) sind. Bert Brecht z.B. erneuert die legendenhafte, praktische Humanität propagierende Ballade („Legende von der Entstehung des Buches Taoteking auf dem Weg des Laotse in die Emigration“), die schon bei Goethe („Der Gott und die Bajadere“) vorgebildet war (vgl. Grimm, Einleitung, S. 21). Auch die Typen der parabelhaften (Kunert: „Wie ich ein Fisch wurde“) und grotesken Ballade (Grass: „Die Ballade von der schwarzen Wolke") erfreuen sich heute großer Beliebtheit.

2. Ballade und Erzählgedicht

Die Ausweitung des Begriffs der Ballade seit Beginn des Jahrhunderts macht es nach Piontek nötig, die dem englischen „narrative poem" nachgebildete Bezeichnung „Erzählgedicht" für die modernen „Balladen" anzuwenden (vgl. Piontek, S. 6f.). Auch Graefe hält den neuen Terminus für angemessener und grenzt ihn von der traditionellen Ballade durch Kriterien ab, die bereits Brecht entwickelt hatte, um den Unterschied zwischen dem epischen Theater und dem aristotelischen Drama zu kennzeichnen: Im Erzählgedicht soll der Hörer intellektuell überzeugt werden, seine Gefühle sollen nicht wie in der Ballade bestätigt werden, sondern sich der Kontrolle durch den Verstand unterziehen, er wird nicht in eine Handlung hineingerissen, sondern beobachtet das Geschehen aus einer epischen Distanz, seine Haltung ist nicht gespannt, sondern entspannt (vgl. Graefe, Heinz: Das deutsche Erzählgedicht im 20. Jahrhundert. Frankfurt 1972. S. 135).

Auch Käte Hamburger sieht im Erzählgedicht den Nachfolger der Ballade, welche sie eine „museal gewordene Dichtungsart" nennt (vgl. Hamburger, Käte: Die Logik der Dichtung. Stuttgart 1957. S. 216ff.). Müller-Seidel stimmt dem zu: „Es sieht ganz so aus, als habe die Ballade in Deutschland ihre Geschichte gehabt." (Müller-Seidel, Walter: Die deutsche Ballade. Umrisse ihrer Geschichte. In: Hirschenauer/Weber, S. 17). Doch weder die neue Bezeichnung noch die Auffassung vom Absterben der Gattung Ballade konnten sich letztlich durchsetzen. „Moderne Balladen" heißt eine Sammlung von Pratz (Pratz, Fritz: Moderne Balladen. Frankfurt 1967); „Das große deutsche Balladenbuch" von Pinkerneil (Pinkerneil, Beate: Das große deutsche Balladenbuch. Königstein 1978) enthält zahlreiche Texte der Nachkriegszeit, und Rihas Buch „Moritat, Song, Bänkelsang" trägt den Untertitel „Zur Geschichte der modernen Ballade" (Riha, Karl: Moritat, Song, Bänkelsang. Zur Geschichte der modernen Ballade. Göttingen 1965). Dessen Erweiterung des zu eng gewordenen Balladenbegriffs in Richtung Bänkelsang, politisches Chanson, Protestsong konnte sich durchsetzen. „Mag mit der Ausweitung zwar eine gewisse Unschärfe des Balladen-Begriffs verbunden sein, so zeugt diese Tendenz doch von der Entwicklungsfähigkeit einer nur scheinbar abgestorbenen Gattung ... Von einem Absterben der Gattung kann also keine Rede sein, wohl aber von einer ganz entscheidenden Modifizierung ihrer Machart" (Grimm, Einleitung, S. 22). Auch die Begriffe „Roman" oder „Drama" haben im 20. Jahrhundert eine erhebliche Erweiterung erfahren, ohne daß deshalb neue Bezeichnungen eingeführt worden wären. Man spricht vielmehr vom „modernen Roman" oder „modernen Drama" (vgl. auch Riha, 1965, S. 12). Schließlich haben auch die Autoren die Bezeichnung „Erzählgedicht" nicht übernommen (z. B. Reinig „Die Ballade vom blutigen Bomme", Biermann „Die Ballade von dem Drainage-Leger Fredi Rohsmeisl aus Buckow", Grass „Die Ballade von der schwarzen Wolke", Kunert „Neue Ballade infolge älterer Sage", Meckel „Ballade", Novak „Ballade von der reisenden Anna" u. v. a.). Erstaunlicherweise meint aber neuerdings Willberg, die Bezeichnung „Erzählgedicht" werde der Bezeichnung „moderne Ballade" vorgezogen (vgl.

Willberg, Hans-Joachim: Deutsche Gegenwartslyrik. Eine poetologische Einführung. Arbeitstexte für den Unterricht. Stuttgart 1989. S. 100). Was den Tod der Ballade angeht, kommt Müller-Seidel zu einer gegenüber 1964 völlig modifizierten Beurteilung der Gattung: „Die Ballade ist wieder im wissenschaftlichen Gespräch: sowohl als Gegenstand zu vorwiegend politischen Zwecken wie als Gegenstand ästhetischer Wahrnehmung ..." (Müller-Seidel, 1980, S. VIII). Käte Hamburger schließlich hat ihre Aburteilung der Ballade in der Neuauflage ihres Buches aus dem Jahre 1968 gestrichen. Lediglich die sogenannten numinosen, naturmagischen und Heldenballaden kommen in der modernen Dichtung nicht mehr vor.

3. Die Definition der Ballade

In der Forschung ist die Frage umstritten, ob die Ballade der Lyrik, der Epik oder gar der Dramatik zugeordnet werden muß. Nach Goethe hat die Ballade an allen drei Grundarten der Poesie Anteil, so daß man an einer „Auswahl solcher Gedichte(!)" die ganze Poetik vortragen kann, „weil hier die Elemente noch nicht getrennt, sondern wie in einem lebendigen Ur-Ei zusammen sind, das nur bebrütet werden darf, um als herrlichstes Phänomen auf Goldflügeln in die Lüfte zu steigen." (Goethe, Johann Wolfgang: Balladen, Betrachtung und Auslegung, 1821. In: ders., Werke, hrsg. von E. Trunz. Band 1. Hamburg 1952. S. 400).
Die These Goethes, daß die Ballade eine Mischform aller Gattungen sei, hat sich bis heute gehalten, wie folgende Zitate zeigen:

„Die Ballade ist ... eine aus einem episch-dramatischen Lied durch Hinzufügung einer lyrischen Melodie entstandene ... Dichtungsgattung, die in gedrängter Form, aber größter Plastik und in gebundener Rede einen streng einlinigen Geschehnisablauf darstellt und dabei lyrische, epische und dramatische Aussageweise ... zu engster Harmonie verbindet."
(Schneider, Rudolf: Theorie der Ballade. Diss. Bonn 1950. S. 181)

„Die Struktur der Ballade wird ... von der Vereinigung epischer, lyrischer und dramatischer Elemente bestimmt. Sie ist episch durch die Gestaltung vergangener, abgeschlossener, erzählbarer Stoffe, lyrisch durch den alles durchdringenden Stimmungston, dramatisch durch die Vorliebe für den Dialog wie durch die in allen Balladen wahrzunehmende Zielspannung."
(Baumgärtner, Alfred Clemens: Ballade und Erzählgedicht im Unterricht. Zum Umgang mit Texten in der Schule. München [3]1979. S. 16)

„Bleibt das Dramatische fern, entsteht – grob skizziert – ein episches Gedicht, das sich zur Ballade ungefähr verhält wie die Erzählung zur Novelle; scheide ich das Epische aus, mögen sich hölderlinische Hymnen ergeben, in welchen sich das schicksalsvolle, symbolisch über sich hinaus weisende Wort mit lyrischer Ausdruckskunst verbindet, reiner Geist in lyrischer Situation; und denke ich mir schließlich eine Ballade in Prosa, wird etwas Novellenähnliches daraus werden."
(Fromm, Hans: Die Ballade als Art und die zeitgenössische Ballade. Erörterungen an Rudolf Hagelstanges „Ballade vom verschütteten Leben. In: Der Deutschunterricht, Band 8, 1956. S. 84–99. Hier S. 89f.)

„... die Ballade erlaubt die Darstellung eines gerafften oder (dramatisch) zugespitzten epischen Geschehens in lyrisch (vershaft) gebundener Form. ... Der am Geschehensbericht verifizierbare Erzähler verhütet die Verwechslung der Ballade mit einer für die Aufführung entworfenen Dichtung wie auch die des Sprechers mit dem lyrischen Ich; an der Verwechslung der Ballade mit den spezifisch epischen Dichtungsformen hindert die relative Kürze des Versgebildes."
(Hinck, 1968, S. 7f.)

Die Ballade ist „eine zum mündlichen Vortrag gedichtete kurze Verserzählung, die ihrem epischen Ziel immer auch mit lyrischen Mitteln zustrebt, manchmal auch mit dramatischen."
(Falk, Walter: Die Anfänge der deutschen Kunstballade. In: Deutsche Vierteljahresschrift für Literaturwissenschaft und Geistesgeschichte, Band 44, 1970. S. 670–686. Hier S. 672)

Aber nicht immer wird die Ballade als eindeutige Mischform definiert. Häufig wurde in der Forschung diskutiert, welcher der drei Gattungen die Ballade nähersteht.
Hegel ordnet die Ballade trotz des epischen Inhalts aufgrund ihres lyrischen Grundtons, d.h. der lyrischen Behandlung des Inhalts der Gattung Lyrik zu. Im Mittelpunkt steht laut Hegel nicht die objektive Schilderung der Begebenheit, sondern die Stimmung, die den Dichter erfüllt hat, die Schilderung durchdringt und den Hörer in gleicher Weise ergreift (vgl. Hegel, Georg Wilhelm Friedrich: Vorlesungen über die Ästhetik, Band 3. Stuttgart ^{3}1954. S. 421ff.). Auch Müller-Seidel vertritt diese Ansicht, begründet sie aber aus der Geschichte der Gattung Ballade heraus. „Die Ballade ... steht der Lyrik näher als der epischen oder dramatischen Dichtung. Die ‚Schicksale' der Lyrik ... sind die ‚Schicksale' der Ballade. Aber das ist eine aus der geschichtlichen Betrachtung gewonnene Einsicht; und so fließend sind bisweilen die Übergänge zwischen Lied und Ballade, daß wir im strengeren Sinn gar nicht zu unterscheiden vermögen, wohin dieses oder jenes Gedicht im engeren Sinn gehört." (Müller-Seidel, 1964, S. 20)
Wagner glaubt, in der Ballade eine Art lyrisches Ich zu finden. „Die Ballade ist eine lyrische Dichtungsart, in der sich das lyrische Ich an einer Gegenwelt findet, die eine Handlung anschaulich macht. Die Ballade unterscheidet sich von anderen lyrischen Formen durch das Element der Handlung, sie scheidet sich von fiktionaler Dichtung durch die ihr eigene lyrische Ich-Aussage." (Wagner, Maria: Die Kunstballade und die Logik der Dichtung. In: Germanisch-Romanische Monatsschrift, Neue Folge, Band 22, 1972. S. 75–86. Hier S. 86)
Sie widerspricht damit Hamburger, die darauf hinwies, daß der Inhalt einer Ballade nicht die Aussage eines lyrischen Ichs sei, sondern fiktional erzählt werde. Entstanden sei die Ballade aus dem fingierten lyrischen Ich-Sprechen des Rollenmonologs und aus der erlebten Rede des Bildgedichts (vgl. Hamburger, S. 236ff.).
Auch Steffensen will die Ballade eher zur Epik rechnen. „Wie die Volksballade ist die Kunstballade eine besondere Form der epischen (fiktionalen) Dichtung. Sie ist eine volkstümliche epische Kunstform, die zugleich ein lyrisches Element enthält ... Das lyrische Element ist in der Kunstballade dem epischen untergeordnet, oder es liegt ein Gleichgewicht der beiden Elemente vor." (Steffensen, Steffen: Die Kunstballade als episch-lyrische Kunstform. In: Martini, Fritz: Probleme des Erzählens in der Weltliteratur. Festschrift für Käte Hamburger zum 75. Geburtstag. Stuttgart 1971. S. 127–137. Hier S. 127)
Am entschiedensten hat zuletzt Laufhütte versucht, die Ballade der Epik zuzurechnen. Er weist darauf hin, daß in Balladen keine Selbstdarstellung eines lyrischen Ichs und keine vom betrachtenden Ich isolierten Dinge, die beschrieben oder angeredet zu sinnbildlicher Bewandtnis erhoben werden, zu finden seien. Versform, Reim, Strophik und Refrain seien keine lyrischen Elemente, d.h. nicht konstitutiv für die Gattung Lyrik, da es auch Prosagedichte gebe (vgl. Laufhütte, Hartmut: Die deutsche Kunstballade. Grundlegung einer Gattungsgeschichte. Heidelberg 1979. S. 350f.). Dramatisch könne eine Ballade nur im metaphorischen Sinne zu nennen sein, d.h. im Sinn von „packend, spannend". In einer rein dialogischen Ballade wie Herders „Edward" oder in der monologischen Rede des Zauberlehrlings sieht Laufhütte ebenfalls keine dramatischen Elemente, da sämtliche Regieformeln fehlen, so daß der Leser die Dialoge oder Monologe, die Zahl und das Verhältnis

der Sprecher zueinander sowie die Vorgeschichte selbst erkennen muß und damit an die Stelle der ausgesparten Vermittlungsinstanz tritt (vgl. a.a.O., S. 347f.).

Alle bisher angeführten Beschreibungen der Ballade beschäftigten sich mit eher formal-strukturellen Eigenschaften. Daneben hat es auch Versuche gegeben, die Gattung anhand rein inhaltlicher Kategorien zu definieren. Auch diese lassen sich auf Goethe zurückführen: „Der Ballade kommt eine Behandlung zu, durch welche das Gemüt und die Phantasie des Lesers in diejenige ahnungsvolle Stimmung versetzt wird, wie sie sich der Welt des Wunderbaren und den gewaltigen Naturkräften gegenüber im schwächeren Menschen entfalten muß ... Die Ballade hat etwas Mysteriöses, ohne mystisch zu sein; diese letzte Eigenschaft ... liegt im Stoff, jene in der Behandlung. Das Geheimnisvolle der Ballade entspringt aus der Vortragsweise." (Goethe, Johann Wolfgang, 1821. S. 400)

Kayser meint: „Die Ballade gestaltet als Gedicht eine Begegnung des Menschen mit dem Draußen in der Art, daß die Begegnung in sich sinnvoll und geschlossen ist, die aufeinander prallenden Kräfte aber als dauernd gefühlt werden, so daß das Ganze die sinnbildliche Verdichtung menschlichen In-der-Welt-Seins ist." (Kayser, S. 297)

Ihm folgen Autoren neuerer Werke:

„Das Kennzeichen der Ballade ist das Bedrohtsein des Menschen durch eine unheimliche, unfaßbare Macht, die in den Bereich des sinnlich erfahrbaren Lebens einbricht, den Menschen aus seiner Sicherheit aufschreckt und entweder vernichtet oder mit dem Schrecken wieder entläßt." (Ulshöfer, Robert: Methodik des Deutschunterrichts 2. Mittelstufe I. Stuttgart [9]1972. S. 240)

„Näher an das eigentliche Wesen der Ballade führt die Beobachtung, daß hier ein epischer Vorgang nicht um seiner selbst willen erzählt wird, sondern um einer ursprünglich und auch späterhin vorwiegend düsteren Grundstimmung willen ..., in der der Mensch das ‚ganz Andere' in Schauer und Grauen erlebt oder im Konfliktfeld ethisch-diesseitiger Menschlichkeit steht oder im Alltäglichen, ohne theatralischen Aufwand, tiefere Einsichten erfährt (Nähe zum Didaktischen)." (Braak, Ivo: Poetik in Stichworten. Literaturwissenschaftliche Grundbegriffe. Eine Einführung. Kiel [5]1974. S. 123)

„Die Ballade erzählt ... ein düsteres, geheimnisvolles, schreckliches oder tragisches Geschehen aus Mythos, Sage, Geschichte oder aus der Natur." (Kunze, Karl/Obländer, Heinz: Grundwissen deutsche Literatur. Stuttgart 1976. S. V 15)

Doch all diese inhaltlichen Begriffsbestimmungen treffen nur auf die Entstehungszeit der deutschen Kunstballade im Sturm und Drang zu, denn sie haben im wesentlichen einen bestimmten Typ der Ballade, den der sogenannten numinosen Ballade, im Auge und berücksichtigen nicht die inhaltliche Weiterentwicklung der Gattung. Laufhütte hat nachgewiesen, daß es spezifisch balladische Themen nicht gibt (vgl. Laufhütte, S. 380–382). Deshalb fehlen „in neueren Definitionsversuchen ... inhaltliche Aspekte fast ganz." (Weißert, S. 8)

4. Die Typologie der Ballade

Immer wieder hat sich die Forschung um die Aufstellung einer Typologie der Ballade bemüht. Richtungsweisend war lange Zeit Kämpchens Aufgliederung in die heldische (auch Ideen-), die numinose und die psychologische Problemballade (vgl. Kämpchen, Paul: Die numinose Ballade. Versuch einer Typologie der Ballade. Bonn 1930. S. 104ff.). Das „Numinose" ist ein Begriff aus der Religionspsychologie und umfaßt den für den Menschen zugleich bedrohlich-ängstigenden und verführerisch-lockenden Charakter des Irrationalen. Die numinosen Balladen gliedern sich weiter auf in naturmagische, totenmagische und Schicksalsballaden, je nachdem, ob der Mensch dämonischen, personifizierten Naturgewalten, dem Reich der Toten oder einer strafenden, überirdischen Instanz gegenübersteht. Die Heldenballaden dagegen thematisieren den Sieg der sittlichen Kraft des Menschen oder einer Idee. Die psychologische Problemballade spielt gegenüber den beiden anderen Typen eine untergeordnete Rolle und beschäftigt sich, so die recht vage Begriffsbestimmung Kämpchens, mit den rätselhaften Erscheinungen des Seelenlebens.

Lang kennt ebenfalls die heldische Ballade. Was Kämpchen als numinose Ballade bezeichnet, erscheint bei ihm als geheimnisvolle Ballade. Während er innerhalb der Heldenballade zwischen solchen des aktiven, äußeren und solchen des passiven, inneren Heldentums unterscheidet, kennt er neun Unterarten der geheimnisvollen Ballade: Legenden-, Hybris-, Vergeltungs-, Toten-, Schicksals-, mythische, magische, Spuk- und okkulte Ballade (vgl. Lang, Paul: Die Balladik. Basel 1942. S. 65ff.).

Sengle unterscheidet allein zur Zeit des Biedermeier vierzehn verschiedene Balladenarten: rührende, heroische, naive, anekdotische, scherzhafte, groteske, Schuld- und Sühne-, Helden-, pathetische, lakonische, epische, historische, Sagenballade und das Erzählgedicht (vgl. Sengle, Friedrich: Biedermeierzeit. Deutsche Literatur im Spannungsfeld zwischen Restauration und Revolution. Band 2. Stuttgart 1972. S. 595ff.).

Die Ballade des äußeren, aktiven Heldentums (vgl. Typologie von Lang) und die numinose Ballade faßt Hinck unter der Bezeichnung „nordische Ballade" zusammen (vgl. Hinck, 1968, S. 16f.). Diese kennt einen kämpferischen, aggressiven Menschen, der in einer oft dunklen, nebeligen Landschaft feindlich-dämonischen Kräften unterliegt und sich vom eher duldenden, gelassenen, opferwilligen Helden der „legendenhaften Ballade" unterscheidet. Hinck will seine Klassifikation ausdrücklich als idealtypisch verstanden wissen, d. h. er beansprucht nicht die restlose Erfassung aller balladischer Formen (vgl. a.a.O., S. 10).

Bräutigam nennt neben der numinosen (vgl. Kämpchen) als neuen zweiten Typ die historische Ballade, zu der er die heldische, ideenhafte und soziale Ballade zählt (vgl. Bräutigam, Kurt: Die deutsche Ballade. Wege zu ihrer Deutung auf der Mittelstufe. Frankfurt 1963. S. 11).

Der Versuch, die Vielzahl der Balladen durch eine möglichst weitverzweigte Systematik zu erfassen (vgl. Sengle), hat den Nachteil, daß es Balladen gibt, die an mehreren dieser Typen Anteil haben und daß die Zahl der Balladentypen beinahe mit der Zahl der Balladentexte zusammenfällt. Die Aufspaltung in nur zwei oder drei Hauptarten (Kämpchen, Lang, Hinck) hat den Nachteil, daß es immer wieder Balladen geben wird, die sich nicht in die Kategorien einordnen lassen (vgl. Weißert, S. 18f.). Hassenstein kritisiert an Hincks Einteilung, daß die Bildung eines Antonymenpaars aus einer regionalen („nordisch") und einer gattungsbezogenen („legendenhaft") Bestimmung aus logischer Sicht problematisch ist (vgl. Hassenstein, Friedrich: Die deutsche Ballade. Grundlagen und Beispiele. Hannover 1986. S. 29). Auch Laufhütte hat die Widersprüchlichkeit der traditionellen Typologien an einigen Beispielen nachgewiesen (vgl. Laufhütte, S. 341f.).

Freund gliedert die Balladen nicht mehr nach Themen, sondern nach der Art der persönlich verarbeiteten Geschichtserfahrung des Autors und seiner literarischen Wirkungsabsicht und kommt dabei zu folgenden Typen: Der kompensatorische Funktionstyp (entstanden durch die Unterdrückung des bürgerlichen Aktivitätsdrangs, verstärkt durch die Restauration nach 1815 und die gescheiterte Revolution von 1848) spaltet sich auf in einen Projektionstyp (Projektion des unterdrückten Handlungswillens auf fiktive Helden), einen Sublimierungstyp (Identifikation mit den gesellschaftlichen Erwartungen und Normen) und einen Isolationstyp (Flucht in eine außergesellschaftliche, fiktive, meist gefühlsbestimmte Welt). Der didaktische Balladentyp (Glaube an menschliche Lernfähigkeit und Eigenverantwortung des Menschen) ist ein Produkt der Klassik. Er weicht dem defätistischen Funktionstyp (Resignation und Katastrophenbewußtsein angesichts der Einsicht in die reale Wirkungslosigkeit des Menschen). Für die moderne Ballade kennzeichnend ist seit Heine vor allem der appellative Funktionstyp (Auflehnung des Menschen gegen Unterdrükkung, Kritik an herrschender Gesellschaftsordnung) (vgl. Freund, Winfried: Deutsche Ballade. Arbeitstexte für den Unterricht. Stuttgart 1982. S. 115–123; auch Freund, 1978. S. 13–18). Hassenstein plädiert für eine Einteilung nach „Erzählmustern": Je nachdem, welcher epischen Kurzform eine Ballade ähnelt, unterscheidet er Sagen-, Anekdoten-, Novellen-, Parabel-, Legenden-, Exempel- und Schwankballade sowie satirische, groteske und parodistische Ballade je nach Stilform (vgl. Hassenstein, S. 40–51).

Didaktisch-methodische Einführung

1. Rückblick auf didaktisch-methodische Positionen

Die Ballade ist seit jeher eine der beliebtesten literarischen Gattungen des Deutschunterrichts. Nach einem leicht abflauenden Interesse in den 60er und 70er Jahren wurde sie gerade in den letzten Jahren wiederentdeckt (vgl. Weißert, S. 127), wie eine Vielzahl neuerer Veröffentlichungen zeigen (vgl. kommentierte Bibliographie).

Es gab und gibt mehrere Gründe für die Beliebtheit der Gattung im Unterricht:

a) praktischer Grund:
Balladen sind relativ kurze, innerhalb einer Stunde behandelbare Texte, die die Schüler wegen ihres in sich abgerundeten, spannungsreichen Geschehens motivieren (vgl. Haase, Klaus C.: Die Ballade im Deutschunterricht der Sekundarstufe. In: Wolfrum, Erich: Taschenbuch des Deutschunterrichts. Esslingen 1972. S. 630).

b) ethischer Grund:
Balladen wurden lange Zeit als Mittel zur moralischen Erziehung betrachtet (vgl. a.a.O., S. 629). Dieses Verfahren ist heute unter dem Schlagwort „Literatur als Lebenshilfe“ in Verruf geraten (vgl. Weißert, S. 125).

c) Balladen wurden lange Zeit als typisch deutsche Gattung (vgl. Kayser) und deshalb als besonders zu bewahrendes Bildungsgut betrachtet. Auch diese Auffassung ist längst überholt.

d) psychologischer Grund:
Die Übergangszeit vom Kind zum Jugendlichen (12.–15. Lebensjahr) wurde auf Grund der Erkenntnisse der Entwicklungspsychologie und Charlotte Bühlers Lesephasenlehre als ein spezifisches „Balladenalter“ angesehen (vgl. Engelmann, Susanne: Methode des deutschen Unterrichts. Hannover [5]1957). Dieser Auffassung schlossen sich Ulshöfer (vgl. Ulshöfer, S. 241) und Bräutigam (vgl. Bräutigam, 1963, S. 8) vorbehaltlos an. Die Theorie vom „Balladenalter“ ist aber inzwischen durch die Entwicklungspsychologie selbst widerlegt worden (vgl. Freund, 1978, S. 164; Freund, 1982, S. 6; Köpf, S. 81–86; Fritsch, S. 46ff.; Hassenstein, S. 69). Dennoch findet man Balladen vor allem in den Lesebüchern der Klassen 7 und 8, seltener in den Bänden für die Klassen 5 und 6, gar nicht in den Bänden für die Klassen 10 bis 13.

Festzuhalten ist, daß nur der erste der angeführten Gründe für die Beliebtheit der Ballade im Unterricht auch heute noch Gültigkeit besitzt.

Balladen sprechen aufgrund der ihnen innewohnenden Handlung die Schüler im allgemeinen eher an als z.B. Naturlyrik, weshalb sich an ihnen die formalen Elemente der Lyrik (Reim, Metrum etc.) leichter, d.h. mit geringerem Motivationsaufwand seitens des Lehrers nachweisen lassen. Doch auch Kennzeichen epischer Formen (Rahmenerzählung, Erzählperspektiven, Spannungskurve, Rückblenden und Vorausdeutungen etc.) lassen sich anhand von Balladen im Unterricht gut behandeln.

Innerhalb der Balladendidaktik war lange Zeit das Werk von Lang (Lang, Paul: Die Balladik. Basel 1942) tonangebend. Es sah den Wert von Balladen in ihrem moralischen Bildungswert. Den Schülern soll

ein Repertoire an Lebensweisheiten und Orientierungsmustern („Lebenshilfe") gegeben werden. Goethes „Erlkönig" z. B. diente dazu, Aberglauben und Gespensterfurcht der Schüler zu bekämpfen, wie Baumgärtner gezeigt hat (vgl. Baumgärtner, 1979, S. 28). Das Auswendiglernen der Balladen sollte dabei die Verinnerlichung der moralischen Lehre unterstützen.
Im Zuge der aufkommenden werkimmanenten Betrachtungsweise der Literatur in den 50er Jahren wurde diese „Lebenshilfe-Didaktik" verworfen. Als Beispiel sei Hirschenauer angeführt, für den nach dem mehrmaligen Lesen der Ballade und dem Erfassen ihres Inhalts durch Hilfen des Lehrers das Sprechen und „Ergriffenwerden" das wichtigste ist: „Diese neu aufkommende Sicht, dieses Einatmen und Ausatmen der in der Ballade strömenden Bewegung erfaßt den ganzen Menschen, Leib und Seele und Geist, und stellt ihn auf jene Stufe, die dritte, auf der sich Goethes Wort vollendet: ‚Das Geheimnisvolle der Ballade entspringt aus der Vortragsweise'". (Hirschenauer, Rupert: Die Ballade im Unterricht. In: Hirschenauer/Weber, S. 84 – 98. Hier S. 88) Die letzte Stufe stellten schließlich das Auswendiglernen und der Vortrag der Ballade durch Schüler dar (vgl. a.a.O., S. 88f.).
Ab Mitte der 70er Jahre wird u. a. auch die Ballade in den Dienst eines gesellschafts- und ideologiekritischen Unterrichts zu stellen versucht. Sie soll Einsichten in Zusammenhänge von Literatur, Gesellschaft und historischer Entwicklung vermitteln helfen. Köpf, Fritsch und Freund sind die wichtigsten Vertreter dieser didaktischen Position im Rahmen der Balladenbehandlung (vgl. kommentierte Bibliographie). Mit Recht weist Hassenstein darauf hin, daß diese ideologiekritische Balladendidaktik ein neues „Balladenalter", nämlich das der Sekundarstufe II, impliziert (vgl. Hassenstein, S. 72), was Freund zugeben muß (vgl. Freund, 1978, S. 170). Doch auch diese Behandlungsweise von Balladen scheint inzwischen überholt zu sein.

2. Didaktisch-methodische Position der vorliegenden Stundenblätter

Die vorliegenden „Stundenblätter" schließen sich didaktisch-methodisch in vielen Punkten der Position Hassensteins an: „Der Literaturdidaktiker steht nicht mehr unter solchem Legitimationsdruck wie in den Jahren der Reform, er kann wieder unbefangen als Lernziel formulieren: Die Schüler sollen um der Sache selbst willen eine Anzahl Balladen lesen und dabei erfahren, was man unter einer ‚Ballade' versteht." (Hassenstein, S. 81)
Da nicht von der Prämisse ausgegangen wird, es existiere ein bestimmtes Balladenalter, werden drei Sequenzen angeboten, die den Jahrgangsstufen 5/6, 7/8 sowie 9–11 entsprechen. Die Schüler sollen erfahren, was die Kennzeichen der Ballade sind (Sequenz 1), welch unterschiedliche Ausformungen die Gattung hervorgebracht hat (Sequenz 2) und wie die Geschichte der Gattung verlief (Sequenz 3).
In der 1. Sequenz für die Klassen 5/6 soll schrittweise ein Merkmalkatalog der Gattung erarbeitet werden, der neben den für die Ballade schlechthin geltenden formalen Kennzeichen (Gedichtform; Erzählen einer Geschichte, in der die Personen teilweise miteinander oder allein sprechen) auch die häufigsten Themen (magische Mächte oder Tote bedrohen den Menschen; Menschen, die ihre Macht überschätzt oder mißbraucht haben, werden bestraft; Menschen verhalten sich vorbildlich) enthält und damit bereits die Typisie-

rung, die in der 2. Sequenz vorgenommen wird, vorbereitet. In der Formulierung der Begriffsbestimmung wurde darauf geachtet, daß diese Themen nicht als die einzigen in Balladen möglichen Themen hingestellt werden (vgl. Fachwissenschaftliche Einführung, S. 17ff.). In der 2. Sequenz für die Klassen 7/8 sollen die traditionellen Typenbezeichnungen (naturmagische, totenmagische, Helden-, Ideen-, Schicksals-, Vergeltungsballade) vorgestellt werden. Zwar ist diese Einteilung heute nicht mehr unumstritten (vgl. Fachwissenschaftliche Einführung, S. 18f. bzw. die 13./14. Stunde der 3. Sequenz), doch haben sich die genannten Typenbezeichnungen so sehr eingebürgert, daß die Schüler sie auf jeden Fall kennenlernen sollten. Dem aktuellen Forschungsstand wird aber insofern Rechnung getragen, als die Erarbeitung der traditionell üblichen Typologie nur jeweils eines von mehreren Unterrichtszielen ist und keinesfalls im absoluten Mittelpunkt der einzelnen Stunden stehen soll.

Sowohl in der 1. als auch in der 2. Sequenz verfolgt die Behandlung der Balladen noch andere wichtige Lernziele außer der Erarbeitung eines Merkmalkatalogs und der Typologie. „An Balladen, diesen kurzen, prägnanten Texten, läßt sich manches lernen und erfahren, was man auch zur Erschließung anderer Textarten gebrauchen kann: was Verse bewirken, welche strukturellen Mittel Spannung erzeugen, wie man Symbole erkennen und deuten kann, welche Erzählmuster durchscheinen u.a.m. ..." (a.a.O., S. 81). Die Schüler sollen anhand der Balladen lernen, wie man den Inhalt von Texten wiedergibt und zusammenfaßt, welche Wirkung bestimmte formale und sprachliche Mittel in Texten erzeugen können, wie man sinn- und formgerecht vorträgt oder Rollen darstellt, wie man eine Ballade kreativ umgestalten kann.

In der 3. Sequenz für die Klassen 9–11 steht die Gattungsgeschichte der Ballade im Mittelpunkt. Die Schüler sollen erfahren, wie sich die deutsche Kunstballade aus volkstümlichen Formen entwickelt hat, wie sie in Sturm und Drang und Klassik in unterschiedlichen Ausprägungen ihren Höhepunkt erreichte, wie sie in der Folge trotz einiger Aktualisierungs-(Fontane) oder Erneuerungsversuche (Heine, Münchhausen) aus der Mode geriet oder negiert wurde (Hofmannsthal). Ihnen soll bewußt werden, daß die Ballade mit der Wende zum 20. Jh. durch den Rückgriff auf den Bänkelsang (von Wedekind bis zu den heutigen Liedermachern), durch Brechts Erneuerung des legendenhaften Typs und durch die Einbeziehung anderer Gattungen (Parabel, Groteske) wieder stark an Aktualität gewann. Den Lehrplänen der Jahrgangsstufen 9–11 entsprechend, können anhand der Behandlung der Gattungsgeschichte einer Form wichtige Kenntnisse über Literaturepochen (Sturm und Drang, realistische Strömungen des 19. Jahrhunderts, Gegenwartsliteratur) vermittelt werden. Aber auch die Besprechung politischer Lyrik, der Literatur der ehemaligen DDR oder der Parodie, die in den Lehrplänen dieser Stufe verankert ist, kann am Beispiel von Balladen gut durchgeführt werden. Selbstverständlich werden bei der Balladenbehandlung auch die Methoden der Texterschließung eingeübt.

Sofern nicht sogleich die Textbegegnung am Beginn der Unterrichtsstunde steht, erfolgt die Einstimmung der Schüler auf die Ballade durch

- eine Bildbetrachtung
- den Vortrag eines hinführenden Textes
- ein hinführendes Unterrichtsgespräch

Für die Textbegegnung werden in den Stundenblättern folgende Möglichkeiten vorgeschlagen:

- Lehrervortrag

– Stilles Lesen
– Vortrag durch einen Schauspieler mittels Plattenaufnahme

Nicht immer soll der Text sofort als Einheit dargeboten werden. Vorgeschlagen wird in den Sequenzen 1 und 2 eine Vorabvorstellung
– des Titels
– der Anfangszeile
– des Rahmens
– des Mittelteils
– des Höhepunkts
– des Textes in veränderter Strophenfolge

wobei diese besonderen Arten der Textdarbietung nicht als Selbstzweck, sondern stets zur Erreichung eines bestimmten Lernziels gewählt wurden.

Nach der Klärung schwieriger Wörter und Passagen werden
– der Inhalt
– der Aufbau
– auffallende formale und sprachliche Merkmale des Balladentextes sowie
– die Kennzeichen (Sequenz 1)
– die Typen (Sequenz 2)

der ganzen Gattung erarbeitet und in Form eines
– Tafelbildes oder/und
– eines Arbeitsblattes

festgehalten. Als Unterrichtsformen werden dabei
– das Unterrichtsgespräch (z.T. fragend-entwickelnd)
– die Stillarbeit (arbeitsteilig oder arbeitsgleich)
– die Gruppenarbeit (mehr in Sequenz 2 und 3)
– das Schülerreferat (nur in Sequenz 3)

angeboten, wobei auf möglichst große Abwechslung und Effektivität Wert gelegt wird.

An die Stelle des bloßen Auswendiglernens der Ballade **kann** in den Sequenzen 1 und 2 ein produktiv-kreativer Umgang mit dem Text treten. Vorgeschlagen wird an einzelnen geeigneten Balladen deren Umsetzung in
– ein Rollenspiel
– ein Schattenspiel
– eine Pantomime
– eine Gruselstory
– eine Vertonung mit Orff'schen Instrumenten
– eine Wandzeitung in Comic-Form
– eine Fortsetzung
– ein Hörbild
– einen Zeitungsbericht
– einen Videofilm
– eine Gerichtsverhandlung

Diese Phase kann einen erheblichen Beitrag zur Motivierung der Schüler leisten. Denkbar ist, die Ergebnisse dieser Phasen in einem abwechslungsreichen „Balladen-Abend“ den Eltern, Kollegen und Schülern anderer Klassen vorzustellen. Die vorliegenden Stundenblätter sind aber bewußt so konzipiert, daß die Stunden auch ohne die kreativ-produktive Umsetzung der Texte gehalten werden können.

1. Sequenz: Kennzeichen der Ballade (Jahrgangsstufen 5/6)

1./2. Stunde: Chamisso: Das Riesen-Spielzeug Grundelemente der Ballade – Darstellung der Ballade als Rollenspiel

Stundenziele

Die Schüler sollen
- aus einer Illustration der Ballade Rückschlüsse auf die Personen und die Handlung ziehen;
- erkennen, warum Ritter in der Sage häufig als Riesen dargestellt sind;
- einen Einblick in die ständische Ordnung des Mittelalters erhalten;
- Unterschiede zwischen Sage und Ballade erkennen;
- den Begriff „Rahmen“ kennenlernen und seine Funktion in Chamissos Ballade herausfinden;
- den Aufbau der Ballade durchschauen;
- die unterschiedliche Einschätzung der Bauern in den beiden Strophengruppen des Hauptteils erkennen;
- die Handlung der Ballade als Rollenspiel darstellen;
- die gezeigten Rollenspiele kritisch beurteilen;
- wesentliche Merkmale der Ballade erkennen;
- den Text wirkungsvoll vorlesen können.

Vorbemerkungen

Chamisso griff bei seiner 1831 entstandenen Ballade auf eine gleichnamige Sage der Grimmschen Sammlung zurück. Hier wie dort werden die Vertreter des Ritterstandes wegen der sie größer erscheinen lassenden Rüstung, vor allem aber wegen ihrer sozialen Überlegenheit als Riesen dargestellt. Im Unterschied zur Sage betont aber Chamisso in den Rahmenstrophen ausdrücklich den Verfall der Burg und damit der Ritterzeit, d.h. es dominiert die Sicht der bürgerlichen Nachfahren (vgl. auch Freund, 1978, S. 63).
Das in der Sage nicht vorkommende Argument des Vaters für die Erhaltung der Bauern, wonach der Stamm der Riesen aus Bauernmark hervorsprießt, stellt die rein feudale Perspektive der Sage in Frage und weist auf die zukünftige Entwicklung sowie das steigende Selbstbewußtsein der Untertanen hin (vgl. a.a.O., S. 63).
Der Aufbau der Ballade ist streng symmetrisch. In die beiden Rahmenstrophen eingebettet sind zwei je 4strophige Teile, die im Tal bzw. auf der Riesenburg handeln und von einer genau in der Mitte der Ballade stehenden Strophe getrennt werden, in der der Weg des Fräuleins vom Tal in die Burg geschildert wird. In den beiden großen Mittelteilen spiegelt sich die unterschiedliche Einstellung der Obrigkeit gegenüber den Bauern: Die Behandlung der Bauern als Spielzeug durch das Riesenfräulein steht für die Überheblichkeit und den Egoismus der Mächtigen, die Untergebene nur als Spielball ihrer Willkürherrschaft betrachten, während die Verteidigung der Bauern durch den Vater die Rolle des Feudaladels als Beschützer der Leibeigenen darstellt (vgl. a.a.O., S. 62).
Der soziale Unterschied wird ausgedrückt durch die unterschiedlichen Größenverhältnisse, durch unterschiedliche Tätigkei-

ten (Arbeit-Spiel) und durch unterschiedliche Handlungsorte (Tal-Berg).
Als Einstieg in die Gattung „Ballade" ist Chamissos Text besonders geeignet, da sein Inhalt durch vorhergehende Behandlung der gleichnamigen Sage den Schülern vorgestellt werden kann, so daß durch die Gegenüberstellung beider Textarten die balladenspezifischen Merkmale deutlicher hervortreten. Ferner entspricht das märchenhafte Geschehen und Personal den Lesegewohnheiten dieser Altersstufe. Indem die Stunde mit der Grimmschen Sage begonnen wird, wird den Schülern später die Nähe der Gattung Ballade zum volkstümlichen Erzählgut und zu erzählenden Texten deutlich. Ferner soll die Umsetzung in ein Rollenspiel die epische und dramatische Struktur der Ballade betonen.

Unterrichtsverlauf

1. Stunde

Einstieg:
Betrachtung einer Illustration

Zunächst betrachten die Schüler auf einer Folie eine Illustration zu Chamissos Ballade (Mat. 2), auf der zu sehen ist, wie das Riesenfräulein seinem Vater den Bauern und den Pflug mit den Ochsen zeigt. Sie sollen die Situation beschreiben und Vermutungen darüber anstellen, wie es dazu gekommen sein könnte. Dabei sollten die Mimik und Gestik der Personen (böser Blick des Riesenvaters, erhobener Zeigefinger, Freude des Riesenfräuleins, Angst und Entsetzen des Bauern) erkannt und begründet werden: Das Mädchen glaubt ein Spielzeug gefunden zu haben, der Vater weiß um die Bedeutung der Bauern.

Phase 1:
Die Sage vom Riesenspielzeug

Noch bevor die Schüler mit der Ballade bekannt gemacht werden, wird ihnen die Sage der Gebrüder Grimm (Mat. 3) vorgelesen. Schwerpunkt der Behandlung sollte die Wahl der Personen sein, vor allem die Frage, warum Ritter als Riesen dargestellt werden. Im Wissensbereich der Schüler sollte liegen, daß die Ritter wegen ihrer Rüstung größer erschienen als normale Zeitgenossen. Die Frage nach den unterschiedlichen Beschäftigungen, denen sich Bauer und Ritter- bzw. Riesenfräulein hingeben, soll der Klasse Einblick in die ständische Ordnung des Mittelalters geben: Der Bauer pflügt seinen Acker, das Riesenfräulein spielt vor dem Tor. Der Lehrer wird ergänzen, daß die Ritter Grundherren, die Bauern deren Leibeigene waren und Frondienst (= Abgaben) leisten mußten und vom Ritter dafür beschützt wurden. Die Ritter waren also für das Volk die Überlegenen, Mächtigen. Auch deshalb wurden sie als Riesen dargestellt.

Phase 2:
Vergleich zwischen Sage und Ballade

Die Klasse erhält den Text der Ballade (Mat. 1), der vom Lehrer vorgelesen wird. Zunächst werden die Veränderungen gegenüber der Sage herausgearbeitet. Neben der etwas anderen Begründung des Vaters („Es sprießt . . .") muß hierbei auf den Rahmen der Ballade (die erste und letzte Strophe sind fast wortgleich) und seine Funktion verwiesen werden. Der Begriff „Rahmen" läßt sich leicht erarbeiten, wenn man fragt, wie die beiden äußersten Strophen zum restlichen Text stehen, und wenn man den Text mit einem eingerahmten Bild vergleichen läßt. Daß die fast wörtliche Wiederholung der Eingangszeilen am Ende der Ballade den Verfall der Burg und damit der Ritterzeit nochmals herausstellt, werden die Schüler erkennen. Während Chamisso den Verfallszustand der Burg also sehr ausführlich schildert, zeigt den Schülern ein erneuter Blick auf die Sage, daß dort die Burg als noch vorhanden dargestellt wird.

Phase 3:
Der Aufbau der Ballade

Nun sollen die Schüler überlegen, welche Strophen sich neben den erwähnten Rahmenstrophen noch inhaltlich zusammenfassen lassen. Es liegt nahe, den Handlungsort als Kriterium hierfür zu wählen und somit die Strophen II–V, welche im Tal spielen, und die Strophen VII–X, welche auf der Burg der Riesen handeln, als zusammengehörig zu bezeichnen. Als weiterer Unterschied zwischen diesen beiden Gruppen kann die verschiedene Darstellung der Bauern herausgearbeitet werden: Zunächst erscheinen sie dem Fräulein als Spielzeug (Strophe II–V), dann wird ihre Bedeutung als Ernährer (Strophe VII–X) vom Vater herausgestellt. Vielleicht erkennen leistungsstarke Klassen sogar, daß sich in diesem Gegensatz zwei unterschiedliche Einstellungen der Obrigkeit zu den Untergebenen widerspiegeln: Der Überheblichkeit und Willkür der Mächtigen, die den Bauern nur als Spielball betrachten, steht die Beschützung der Leibeigenen durch den Feudaladel gegenüber. Bei der Behandlung des Aufbaus blieb die Strophe VI übrig, die genau in der Mitte des 11strophigen Textes steht und in der erzählt wird, wie das Fräulein vom Tal zur Burg hinaufläuft. Sie verbindet also die beiden großen Gruppen des Mittelteils miteinander. Die Ergebnisse dieser Phase werden in einem Tafelbild festgehalten, das vor allem die Rahmenstruktur, die symmetrische Strophenanordnung (1 – 4 – 1 – 4 – 1), die Verschiedenartigkeit der Handlungsorte und die damit verbundene unterschiedliche Einschätzung der Bauern zeigt. Der soziale Unterschied ist mit einem räumlichen gekoppelt: Der Bauer arbeitet unten auf seinem Acker, der Ritter wohnt oben auf dem Berg in einer Burg.

Hausausgabe:
Zuhause sollen die Schüler ein Rollenspiel vorbereiten, das die Balladenhandlung zum Inhalt hat. Dazu wird die Klasse dreigeteilt: Die erste Gruppe lernt die Passagen auswendig, die vom Riesenfräulein gesprochen werden (Mädchen der Klasse), die zweite diejenigen Stellen, in denen der Vater spricht, und eine dritte Gruppe den für notwendig erachteten Erzähltext. Außerdem sollte ein Schüler von einem Spielzeug-Bauernhof die notwendigen Requisiten (Bauern- und Ochsenfiguren) mitbringen.

2. Stunde

Phase 4:
Rollenspiel

Das vorbereitete Rollenspiel sollte einen breiten Raum in der Stunde einnehmen. Man kann die Ballade durchaus von drei oder vier verschiedenen Gruppen vorspielen und die jeweiligen Fassungen von den zuschauenden Schülern beurteilen lassen. Die Rollenspiele machen deutlich, daß in Balladen eine Handlung erzählt und durch Dialoge teilweise szenisch vergegenwärtigt wird.

Phase 5:
Vorläufige Definition der Ballade

Es läßt sich folgende vorläufige Definition herausarbeiten und im Heft festhalten: „Eine Ballade ist wie ein Gedicht in Strophen unterteilt, ihre Verse reimen sich. Doch im Unterschied zu Gedichten wird eine Geschichte erzählt, in der die vorkommenden Personen teilweise sprechen."

Steht dem Lehrer genügend Zeit zur Verfügung, kann er die Unterrichtssequenz durch die Behandlung von Fontanes Ballade „Herr von Ribbeck auf Ribbeck im Havelland" erweitern. Neben einer Wiederholung der bei der Durchnahme von Chamissos Ballade erkannten Gattungsmerkmale könnte die Erarbeitung eines Figurenschattenspiels den Schwerpunkt einer ersten, die Einübung des Schattenspiels den einer zweiten Stunde bilden (vgl. hierzu die Hinweise bei Kriege, Angelika: Balladen – hören, spielen, verstehen. Werkstatt Literatur. Stuttgart 1989, S. 18–23).

3./4. Stunde: Goethe: Der Zauberlehrling Das Unheimliche als häufiges Balladenthema – Darstellung der Ballade als Pantomime

Stundenziele

Die Schüler sollen
- über Verlockungen und Gefahren, die von magischen Fähigkeiten ausgehen, sprechen können;
- die Reihenfolge der sieben Strophen des „Zauberlehrlings" bestimmen;
- erkennen, daß fast die gesamte Ballade von einer Person gesprochen wird;
- die Begriffe Rollengedicht und Monolog kennenlernen;
- den Zusammenfall von Erzählzeit und erzählter Zeit erkennen;
- die äußere Handlung in eigenen Worten wiedergeben;
- den Begriff „innere Handlung" kennenlernen;
- die unterschiedlichen Stimmungen des Zauberlehrlings in Worte fassen;
- erkennen, wie sich die verschiedenen Stimmungen auf die Sprechweise auswirken;
- die Ballade in angemessener Betonung vortragen können;
- die Stimmungen des Zauberlehrlings mimisch und gestisch ausdrücken können;
- die Unterschiede zwischen der Ballade und ihrer lateinischen Quelle erkennen;
- die lehrhafte Absicht erkennen;
- die Lehre der Ballade auf heutige Verhältnisse übertragen;
- den Text als Ballade einordnen und Merkmale der Ballade erkennen.

Vorbemerkungen

Eine Lügengeschichte des Lukian (120–180 n. Chr.), die 1788 in der Übersetzung von Wieland mit dem Titel „Der Lügenfreund" in Deutschland veröffentlicht wurde, war die stoffliche Vorlage für die 1797 entstandene Ballade Goethes. Im Unterschied zur Quelle sind bei Goethe die beiden handelnden Personen keine Reisegefährten, sondern Lehrling und Meister. Außerdem kommt bei Lukian der Retter Pankrates zufällig, während in Goethes Ballade der Meister auf die Hilferufe des Lehrlings herbeieilt. Goethe wollte die Kompetenzunterschiede der beiden Handlungsträger von Beginn an betonen und klarstellen. Im Vordergrund stand die lehrhafte Absicht, die mit der Ballade verfolgt wird: die Warnung vor der Selbstüberschätzung des Menschen, die Mahnung, die Grenzen der menschlichen Natur zu erkennen. Diese Lehre

wird auf eine heitere Art und Weise vermittelt. Schmunzeln kann man beim Monolog des Lehrlings über die Kontraste zwischen der magischen Beschwörung und ihrem belanglosen Zweck, zwischen pathetischen und umgangssprachlichen Wendungen, zwischen Eigenlob und kläglichem Hilfegeschrei, zwischen wichtigtuerischer Gebärde und Inkompetenz. Aber auch die naive Art, in der der Lehrling mit dem Besen spricht, und die sich überbietenden Bezeichnungen für Besen und Wasser fördern den heiteren Grundton der Ballade.
Die innere Verfassung des Sprechers, von Übermut und Triumphgefühl über Wut und Angst bis hin zu Verzweiflung, schlägt sich in den Worten nieder, die der Lehrling für das von ihm angerichtete Unheil bzw. den Verursacher des Unheils findet. Aber auch der Satzbau läßt Aufschlüsse über den psychischen Zustand des Lehrlings zu. In der Strophe II dominieren noch die Befehlssätze, in Strophe III beschleunigen die zahlreichen Enjambements das Tempo, in Strophe IV werden die Sätze immer kürzer und sind z. T. sogar unvollständig. Das Metrum der im Schriftbild eingerückten 6zeiligen Teile eher beschwörenden Tons läßt sich ebenfalls in Zusammenhang zum Inhalt bringen. Jeweils der 5. und 6. Vers sind vierhebig. Diese Zeilen setzen sich von den ansonsten zweihebigen Versen dieser Teile ab und drücken das Überfließen des Wassers (Strophe I und II), die Angst des Lehrlings (Strophe III, IV, V und VI) und schließlich die ruhige, die Magie und Naturelemente beherrschende Art des Meisters (Strophe VII) aus.
Die Ballade wurde ausgewählt, weil ihr Inhalt im Erfahrungsbereich der Schüler liegt (Überschätzung eigener Fähigkeiten) und die Möglichkeit des Rollengedichts in die Ballade einführt. Auch kann der für die weitere Balladenbehandlung wichtige Begriff der „inneren Handlung“ gut am „Zauberlehrling“ demonstriert werden. Schließlich werden die Schüler an das in Balladen häufig anzutreffende Naturmagische herangeführt. Die magischen Kräfte werden aber letztendlich noch vom Menschen beherrscht.

Unterrichtsverlauf

3. Stunde

Einstieg:
Meinungen zu Zauberei und Magie

Ein Gespräch über Zauberei und die Verlockungen, die von ihr ausgehen, könnte den Beginn der Stunde bilden. Die Schüler sollen sich dazu äußern, warum sie eventuell gerne über Zauberkräfte verfügen würden. Aber auch die Gefahren der Magie sollten zur Sprache kommen.

Phase 1:
Textbegegnung

Erwähnt ein Schüler das Risiko, daß die magischen Kräfte den Menschen gefährden könnten, kann man gut zur Ballade überleiten, da sie genau dieses Thema behandelt. Die Textbegegnung (Mat. 4) kann in Form eines motivations- und erkenntnisfördernden Ratespiels erfolgen, indem die einzelnen Strophen der Ballade ohne Numerierung auf einzelnen Blättern (oder auf einem Blatt in verkehrter Reihenfolge) verteilt werden, so daß die richtige Aufeinanderfolge von den Schülern erst in einer Phase der Stillbeschäftigung hergestellt werden muß. Dieses Verfahren hat neben seinem höheren Motivationswert den Vorteil, daß die Ballade besonders aufmerksam und genau gelesen werden muß und daß das Augenmerk beinahe von selbst auf sprachliche Veränderungen, die später detailliert herausgearbeitet werden sollen, gelenkt wird. Denn die Reihenfolge der inhaltlich sehr ähnlichen Strophen III–V läßt sich am leichtesten anhand der immer expressiveren Bezeichnungen für den Besen oder das von ihm angerichtete Unheil bestimmen. Noch einen weiteren Vorteil hat dieses Verfahren: Da der Text nicht am Beginn der Stunde vom Lehrer vorgelesen oder auf einer Platte von einem Schauspieler zum Vortrag gebracht wird, kann in einer späteren Phase des Unterrichts ein wirkungsvoller Vortrag mit seinen Unterschieden in Betonung, Intonation und Lesetempo unbeeinflußt erarbeitet werden.

Phase 2:
Rollengedicht – äußere Handlung

Haben die Schüler (eventuell mit Hilfe des Lehrers) die richtige Reihenfolge der Strophen bestimmt, sollen sie den entscheidenden sprachlichen Unterschied zu der (den) bereits behandelten Ballade(n) nennen: Mit Ausnahme der letzten sechs Verse wird der gesamte Text von nur einer Person gesprochen. Die Begriffe „Rollengedicht“ und „Monolog“ lassen sich an dieser Stelle gut einführen. Die Schüler sollen erkennen, daß hier kein Erzähler mehr vorhanden ist wie in Chamissos (oder Fontanes) Ballade, daß aus der Sicht eines Ichs (wie im Erlebnisaufsatz!) berichtet wird. Die einzelnen Handlungsschritte werden nun strophenweise in ein vorbereitetes Arbeitsblatt eingetragen.

Phase 3:
Innere Handlung – Bezeichnungen für Wasser, Besen und Meister

Die Frage, wie sich das eben skizzierte äußere Geschehen auf den Zauberlehrling auswirke, führt zu dessen sich ständig ändernden Stimmungen, für die der Begriff „innere Handlung“ (d. h. Gefühle und Gedanken einer Person) eingeführt wird und die im Arbeitsblatt notiert werden (rechte Spalte): Die anfängliche Sicherheit und Freude des Lehrlings über den abwesenden Meister, sein Übermut und Triumphgefühl nach der vollführten Zauberei schlagen angesichts des sich daraus ergebenden Unheils schnell in Angst, Verzweiflung und Wut um. Die Spaltung des Besens läßt kurzzeitig Hoffnung aufkeimen, muß aber schnell noch größerer Verzweiflung weichen, da nun zwei Besen Wasser herbeischleppen.
Anstatt die Bezeichnungen „Sicherheit“, „Freude“, „Übermut“, „Angst“ etc. ins Arbeitsblatt eintragen zu lassen, könnte man die Schüler auch auffordern, aus einem verteilten Blatt, auf dem Gesichter mit verschiedensten Stimmungen abgebildet sind, die Köpfe auszuschneiden und zur jeweiligen Strophe des „Zauberlehrlings“ passend am rechten Rand des Arbeitsblattes einzukleben. Eine Vorlage mit verschiedenen Gesichtern, welche die Stimmungen des Balladenhelden ausdrükken, findet man in dem bereits erwähnten Buch von Angelika Kriege (vgl. Kriege, S. 10).
Eine reizvolle, motivations- und kreativitätsfördernde Übung ist es auch, einige schaupielerisch begabte Schüler zu bitten, die unterschiedlichen Stimmungen des Zauberlehrlings mimisch und gestisch darzustellen, und den Rest der Klasse raten zu lassen, welche Strophe von den Schülern gerade „gespielt“ wird. Natürlich dürfen die verschiedenen Stimmungslagen dann nicht in der Reihenfolge des Textes gemimt werden.
Nun sollen die Schüler in einer arbeitsteiligen Stillarbeit untersuchen, wie sich die jeweilige innere Verfassung des Lehrlings in seiner Sprechweise niederschlägt. Eine Hälfte der Schüler soll dabei die wechselnden Bezeichnungen für das Wasser, eine

andere die für den Besen heraussuchen oder unterstreichen. Die Ergebnisse werden im Arbeitsblatt eingetragen. Die Schüler erkennen, daß sich die inneren Vorgänge im Zauberlehrling in dessen sich ständig überbietenden Bezeichnungen für Wasser (Guß, reicher, voller Schwall, Flüsse, Güsse, Wasserströme, entsetzliche Gewässer) und Besen (alter Besen, Knecht, Ausgeburt der Hölle, Stock, verruchter Besen, Kobold, Geister) niederschlagen. Die konträren Benennungen für den Meister (alter Hexenmeister – Meister, Herr) am Beginn und Ende der Ballade werden ebenfalls im Arbeitsblatt notiert.

Phase 4:
Betonung, Sprechtempo, Lautstärke

Nun kann der Frage nachgegangen werden, wie sich die wechselnde Stimmungslage des Lehrlings auf der Ebene der Betonung und des Sprechtempos sowie der Lautstärke auswirkt. Wert gelegt werden sollte auf folgendes:

Strophe I: stockend, dann sicher, schnell, kraftvoll

Strophe II: herrisch, am Ende feierlich

Strophe III: staunend, stolz, begeistert, laut; dann ängstlich

Strophe IV: erschrocken hilflos

Strophe V: wütend, laut bis „still“, dann böse

Strophe VI: jubelnd, aufatmend; bei „wehe“ Umschlag in Verzweiflung

Strophe VII: erschöpft, hilflos; Meister: feierlich, ruhig, würdevoll

Wie mit Hilfe von „Lesezeichen“ (Unterstreichungen, Unterringelung, Symbolen etc.) der Vortrag des „Zauberlehrlings“ erarbeitet und erleichtert wird, zeigt Angelika Kriege in ihrem oben erwähnten Buch.

Auch der Frage, warum ein Teil des Textes im Schriftbild eingerückt ist, sollte an dieser Stelle nachgegangen werden. Die eingerückten Verse mit beschwörender Tonlage, in denen der Besen meist direkt angesprochen wird, werden dadurch von den eher erzählenden Teilen abgetrennt.

Hausaufgabe:
Auf die letzte Phase aufbauend, sollen die Schüler daheim einen wirkungsvollen Vortrag vorbereiten und einüben.

4. Stunde

Phase 5:
Vortrag der Ballade – Pantomime

Eigenen Vortragsversuchen der Schüler, wobei verschiedene Strophen je nach Temperament durchaus von verschiedenen Schülern gelesen werden können, kann die Präsentation einer von einem Schauspieler gesprochenen Fassung folgen. Die mit Geräuschen unterlegte Aufnahme mit Lutz Görner (vgl. Diskographie Nr. 2; ferner Nr. 3, 4 oder 7) ist besonders zu empfehlen, da die „comic-ähnliche“ Lautkulisse dem heiteren Ton der Ballade angemessen ist. Viel Spaß wird es der Klasse bereiten, wenn sie den Vortrag Görners oder eines Mitschülers pantomimisch begleiten darf. Durch die Gruppensituation wird die Hemmschwelle für solche schauspielerische Leistungen niedriger gelegt. Vorbereitet wurde diese „Balladen-Pantomime“ bereits in der vorangegangenen Stunde bei der mimisch-gestischen Umsetzung einzelner Stimmungen durch schauspielerisch begabte Schüler. Ein solcher Vortrag kann das „dramatische Element“ der Ballade im allgemeinen und des „Zauberlehrlings“ im besonderen sinnfällig machen.

Phase 6:
Quelle und Veränderungen Goethes

Der Lehrer liest den Quellentext (Mat. 5) vor, wobei die Klasse besonders auf die Veränderungen Goethes achten soll. Es dürfte den Schülern kein Problem bereiten zu erkennen, daß bei Lukian sich eine Mörserkeule und nicht ein Besen verselbständigt, daß nicht Meister und Lehrling einander gegenüberstehen, sondern zwei freundschaftlich verbundene Reisegefährten, von denen sich einer erst im Laufe der Geschichte als der Überlegene herausstellt, und daß dieser zufällig kommt, um die Gefahr zu bannen, und nicht wie bei Goethe gerufen wurde. Die Frage, warum Goethe diese Veränderungen vorgenommen hat, dürfte größere Schwierigkeiten bereiten. Doch sollten die Schüler dennoch herausfinden, daß der gleich zu Beginn von Goethes Ballade festgestellte Unterschied in der sozialen Stellung und Kompetenz von Meister und Lehrling den lehrhaften Charakter des Textes herausstellt.

Phase 7:
Absicht des Textes

Nun sollen sich die Schüler Gedanken darüber machen, warum Goethe die Ballade verfaßt hat. Sie werden den didaktischen Charakter, auf den schon am Ende von Phase 2 hingewiesen wurde, leicht erkennen und als Lehre formulieren, daß man sich vor der Überschätzung seiner eigenen Fähigkeiten hüten, daß man von „Mächten", die man nicht beherrscht und über die man noch zu wenig weiß, die Finger lassen sollte. Auch eine Übertragung auf heutige Verhältnisse können schon 11- oder 12jährige leisten: Der Mensch greift in die Natur ein, bedient sich der Errungenschaften moderner Technik (Auto, Bombe, Kernkraft, Gentechnologie), obwohl er nicht immer in der Lage ist, diese auch restlos zu beherrschen. Er verliert die Kontrolle über sie, die Natur richtet sich gegen ihn.

Phase 8:
Merkmale der Ballade

Die bei der Behandlung von Chamissos Ballade begonnene, eventuell am Beispiel von Fontanes „Herr Ribbeck" überprüfte Definition kann nun ergänzt und im Heft notiert werden:
„In der Ballade können mehrere Personen miteinander (Dialog) oder eine Person allein (Monolog) sprechen. Oft handeln Balladen von unheimlichen, magischen Mächten."

5. Stunde: Goethe: Der Totentanz Zum Leben wiedererweckte Tote als häufiges Balladenthema – Vertonung der Ballade durch Orff'sche Instrumente

Stundenziele

Die Schüler sollen
- Texte nennen können, in denen spukhaftes Geschehen erzählt wird;
- die komische Wirkung, die von einem Holzschnitt zum Thema „Totentanz" ausgeht, erkennen;
- den Inhalt der Ballade in eigenen Worten wiedergeben;
- gruselige und komische Stellen aus der Ballade heraussuchen können;
- den „Totentanz" mit dem „Zauberlehrling" vergleichen;
- einige formale Kennzeichen des Textes (Konsonanten, Versmaß, Diminutive,

Strophen- und Verszahl) in Zusammenhang zum Inhalt bringen können;
- akustische Gemeinsamkeiten zwischen dem Balladentext und Camille Saint-Saëns „Danse macabre“ (Totentanz) erkennen.

Vorbemerkungen

Goethe hat die Ballade 1813 verfaßt und dabei eine böhmische Spukgeschichte als Vorlage benutzt. In den ersten vier Strophen wird aus der distanzierenden Perspektive eines auktorialen Erzählers geschildert, wie um Mitternacht die Toten aus ihren Gräbern steigen (Strophe I), ihre Leichenhemden ablegen (Strophe II) und zu tanzen beginnen (Strophe III) und wie der Türmer, der alles beobachtet (Strophe I), eines der Laken an sich nimmt (Strophe IV). Ab Strophe V wird weitgehend aus der personalen Sicht des Türmers berichtet, wie das seines Hemdes beraubte Skelett nicht mehr zurück in die Gruft kann (Strophe V), deshalb, den Türmer verfolgend, auf den Turm steigt, immer höher klettert (Strophe VI–VII) und beim Ein-Uhr-Glockenschlag auf den Kirchhof fällt, wo es zerschellt (Strophe VII). Griff zunächst der Mensch in das Totenreich ein (I–IV), so versucht dann ein Toter, zu den Menschen zu gelangen (V–VII). Wie im „Zauberlehrling“ überschreitet der Mensch die ihm gesetzten Grenzen und versucht Macht in einem Bereich auszuüben, in dem er nichts verloren hat. Das Reich der Magie bzw. der Toten wendet sich dann gegen den vorwitzigen Menschen. Das Geschehen wird aber in beiden Balladen in heiterer, ironisch-distanzierender Art und Weise vermittelt. Der Kontrast zwischen der Geisterwelt, ihren unheimlichen Motiven (Friedhof, Mond, Mitternacht, Glockenschlag) und der Angst des Türmers auf der einen Seite und den menschlichen Reaktionen der Skelette (Schleppen hindern am Tanzen, vertrackte Gebärden, Stolpern u. a.) und ihrem banalen Scheitern an der Überschreitung der zeitlichen Grenzen auf der anderen Seite nimmt dem „Totentanz“ das Bedrohliche und verleiht ihm einen eher heiteren Charakter. Schließlich gewinnt wie im „Zauberlehrling“ das Übernatürliche keine endgültige Macht über den Menschen. Im „Zauberlehrling“ hat ein Mensch in Gestalt des Meisters die naturmagischen Mächte gezähmt, im „Totentanz“ gehorcht die Geisterwelt ihren eigenen, Grenzen setzenden Gesetzen. Das Geschehen wird durch die formale Gestaltung unterstrichen. Das daktylische Versmaß, das einem Walzerrhythmus ähnelt, paßt zum Tanz der Skelette, deren klappernde Knochen durch die harten Konsonanten in Strophe III lautmalend nachgeahmt werden. Auch die Diminutivformen in V. 14 und 18 und dem gespenstischen Geschehen unangemessene Wendungen („Nun hebt sich der Schenkel, nun wackelt das Bein“, „. . . als schlüg' man die Hölzlein zum Takte“, „. . . der trippelt und stolpert . . . und tappet und grapst . . .“ u. v. a.) rücken das Geschehen in eine heiter-ironische Distanz. Mit dieser Ballade lernen die Schüler den Typus der sogenannten „totenmagischen Ballade“ kennen. Doch stehen sie noch unter dem „Beistand“ eines Distanz schaffenden, das Geschehen unter einem ironischen Blickwinkel betrachtenden Erzählers. Wie im „Zauberlehrling“ gewinnt das „Numinose“ noch keine endgültige Macht über den Menschen. Der Spaß am Gruseligen entspricht der Altersstufe ebenso wie die Freude am Komischen.
Wurde bei der Behandlung des „Zauberlehrlings“ die rein optische Untermalung des Textes durch gestisch-mimische Darstellung als motivationsfördernde Methode eingesetzt, so könnte bei der Bespre-

chung des „Totentanzes“ eine rein akustische Begleitung des Textes erarbeitet werden. Voraussetzung dafür ist, daß die Klasse musikalisch begabt und ihr Musiklehrer kooperativ ist. Zusammen mit ihm könnten die Schüler sich überlegen, wie die Ballade durch Orff'sche Instrumente untermalt werden könnte.

Unterrichtsverlauf

Einstieg:
Betrachtung eines Holzschnitts

Günstig ist es, an Goethes „Zauberlehrling“ anzuschließen, indem man fragt, welche Texte ebenfalls von Zauberei, Geistern und unheimlichem Geschehen handeln. Die Schüler werden Märchen, Sagen und Spukgeschichten nennen. Fragt man nach Orten, an denen solche Geschichten spielen, wird wohl sofort der Friedhof erwähnt. An dieser Stelle kann eine Folie von einem Holzschnitt aus Hartmann Schedels Weltchronik (Mat. 8) gezeigt werden, die einen Totentanz darstellt.
Die Schüler äußern sich zur dargestellten Szene. Sie sollen dabei auch sagen, ob sie diese wirklich als gruselig empfinden. In der Regel werden sie erkennen, daß der Holzschnitt eher belustigend wirkt, was vor allem an der Tanzhaltung der Skelette und ihren grotesken Verrenkungen liegt. Der Lehrer sollte nun vorab klären, daß im Aberglauben die Toten um Mitternacht tanzen und nach einer Volkssage der Besitz eines Leichengewandes dem Menschen Macht über die Toten verschafft. Als Alternative zur Erklärung des Lehrers oder als Ergänzung hierzu ist die Lektüre von Mat. 7 und 9 möglich.

Phase 1:
Textbegegnung – Inhaltswiedergabe

Die Ballade wird vom Lehrer zum Vortrag gebracht oder – was noch besser ist – mit Hilfe einer Plattenaufnahme (vgl. Diskographie Nr. 5 und 7) der Klasse vorgestellt. Ein erheblicher Reiz der Ballade liegt ja in ihren Lautmalereien und ihrer rhythmischen Gestaltung.
Folgende Wörter müssen geklärt werden:
„in Lage“ (V. 2): in Ruhe
„ergetzen“ (V. 8): ergötzen, erfreuen
„gebeut“ (V. 12): gebietet, befiehlt
„geziert“ (V. 34): verziert
„Zierat“ (V. 38): Verzierungen
Nun wird im Unterrichtsgespräch der Inhalt der einzelnen Strophen zusammengefaßt.

Phase 2:
Gruselige und komische Elemente

Goethes Text soll nun mit dem zu Beginn der Stunde gezeigten Holzschnitt verglichen werden. Neben den deutlichen inhaltlichen Entsprechungen sollen die Schüler auch die ähnlichen Wirkungen erkennen: Goethes Ballade enthält gruselige und komische Elemente. Die Frage, wo das Gruselige und Komische erstmals in einer Wortverbindung zusammen auftaucht, müßte die Schüler auf den Titel (Toten = gruselig / Tanz = lustig, komisch) bringen, der sodann als Überschrift an die Tafel geschrieben wird.
Aufgabe der sich anschließenden arbeitsteiligen Gruppenarbeit ist es, gruselige bzw. komische Textstellen zu notieren oder zu unterstreichen. Die Hälfte der gebildeten Gruppen (etwa vier Schüler pro Gruppe) soll gruselige Stellen suchen, die andere komische. Die Ergebnisse werden an der Tafel unter der Spalte „gruselige Stellen“ (mit Pfeil zu „Toten-“) bzw. „komische Stellen“ (mit Pfeil zu „-tanz“) no-

tiert. Unheimliche Wirkung geht u. a. aus vom dreimal erwähnten Mond (V. 3, 24 und 47), von Stellen wie „da regt sich ein Grab“ (V. 5), „Sie kommen hervor“ (V. 6), „in weißen und schleppenden Hemden“ (V. 7), „schauderlich“ (V. 25), „er rüttelt die Turmuhr“ (V. 33), „er ruckt sich von Schnörkel zu Schnörkel hinan“ (V. 41), „langbeinigen Spinnen vergleichbar“ (V. 42), „der Türmer erbleichet, der Türmer erbebt“ (V. 43). Komisch wirken dagegen Formulierungen wie „Doch hindern die Schleppen am Tanze“ (V. 11), „die Hemdelein“ (V. 14), „Nun hebt sich der Schenkel, nun wackelt das Bein“ (V. 15), „Dann klippert's und klappert's mitunter hinein, als schlüg' man die Hölzlein zum Takte“ (V. 17–18), „Und husch! Ist es unter dem Rasen“ (V. 28), „. . . der trippelt und stolpert . . . und tappet und grapst . . .“ (V. 29–30), „der Wicht“ (V. 38), „Da häkelt . . . den Zipfel ein eiserner Zacken“ (V. 45–46), „Und unten zerschellt das Gerippe“ (V. 49).
Ein kurzer Rückblick auf den „Zauberlehrling“ könnte sich an dieser Stelle lohnen. Die Schüler werden erkennen, daß auch im „Totentanz“ das unheimliche Geschehen auf humorvolle Weise erzählt wird, daß in beiden Balladen ein Mensch die ihm gesetzten Grenzen überschreitet und von unheimlichen Mächten bedroht wird, daß die unheimlichen Mächte in diesem Fall Tote sind, die wieder zum Leben erweckt werden (Ergänzung der Balladen-Definition), und daß in beiden Fällen die Geschichte noch einmal gut ausgeht. Die Bedrohung des Menschen kann abgewehrt werden, aber nicht wie im „Zauberlehrling“ durch das Eingreifen eines anderen, die magischen Kräfte beherrschenden Menschen, sondern durch zeitliche Grenzen, die dem Unheimlichen gesetzt sind.

Phase 3:
Formale Untersuchung

Die Frage, wie sich das Komische in der sprachlichen Gestaltung niederschlägt, leitet über zur formalen Betrachtung der Ballade. Im Unterrichtsgespräch können dabei folgende Beobachtungen zur Sprache gebracht werden:
- die Konsonanten ahmen lautmalend das Geräusch der sich im Takt bewegenden Knochen (V. 17–18) und des hemdlosen Skeletts (V. 29–30) nach;
- das Versmaß (Daktylus) entspricht dem Tanzrhythmus;
- Diminutivformen verharmlosen das Geschehen, ziehen es ins Niedlich-Putzige (V. 9, 14, 18).

Phase 4:
Vergleich mit Camille Saint-Saëns „Danse macabre“

Diese Phase sollte zusammen mit dem Musiklehrer der Klasse abgesprochen werden und könnte ausschließlich in dessen Musikunterricht durchgeführt werden. Einem Vorschlag von Angelika Kriege folgend wird der Klasse ein Stück des französischen Komponisten Camille Saint-Saëns (1835–1921) vorgespielt, das den Titel „Danse macabre“ (Totentanz) trägt, wobei die Schüler die vorkommenden Instrumente heraushören (Harfe, Schlagzeug, Triangel, Glockenspiel, Xylophon, Geige, Oboe) und Zusammenhänge zwischen einzelnen Musikstellen und dem Balladentext herstellen sollen (vgl. Kriege, S. 25; Diskographie Nr. 7). Es ist auch möglich, die Ballade mit Orff'schen Instrumenten im Musikunterricht von der Klasse vertonen zu lassen (vgl. Kriege S. 28).

Hausaufgabe:
Will man von der Behandlung eines literarischen Textes zum Aufsatzunterricht

überleiten, könnte man die Schüler zu Hause nach Goethes Balladentext eine spannende Gruselstory für eine Zeitung verfassen lassen (vgl. Kriege, S. 29).

6. Stunde: Fontane: Gorm Grymme Bestrafung eines Menschen für Selbstüberschätzung und Machtmißbrauch als häufiges Balladenthema – Darstellung einer Ballade als Wand-Comic

Stundenziele

Die Schüler sollen
- den Sinn und die Problematik des Fluchs von Gorm Grymme erkennen;
- Abweichungen Fontanes von der historisch verbürgten Wirklichkeit erkennen;
- den Inhalt der Ballade in eigenen Worten nacherzählen können und den Wendepunkt der Handlung finden;
- die Bedeutung der konträren Farben in den beiden Teilen der Ballade erklären können;
- Unterschiede in bestimmten Gesten Gorms und seiner Frau zwischen Teil 1 und 2 erkennen;
- die symbolische Bedeutung der Jahreszeiten erkennen;
- erkennen, daß Gorm am Ende stirbt, und den Grund für seine Ende nennen können;
- Gemeinsamkeiten und Unterschiede zu Goethes „Zauberlehrling" und „Totentanz" finden;
- erkennen, daß in dieser Ballade der menschliche Hochmut bestraft wird;
- den Inhalt einer Strophe in einem comicartigen Bild darstellen.

Vorbemerkungen

Fontanes Vorlage für die 1864 entstandene Ballade war ein Ausschnitt aus der Chronik des Saxo Grammaticus (um 1200). Der Autor steigerte die Tragik des Todes von Harald, indem er diesen als einzigen Sohn Gorms ausweist, so daß die Frage der Erbfolge betroffen ist und der Verlust als noch schmerzlicher empfunden werden muß. Von Thyras List ist nicht mehr die Rede, was Gorm zur alleinigen Hauptfigur der Ballade macht.
Die Höhepunkte des Textes sind die beiden wörtlichen Reden, in denen Gorm den Fluch über den, der ihm den Tod seines Sohnes meldet, ausspricht bzw. den Tod Haralds selbst in Worte faßt und damit dem eigenen Fluch zum Opfer fällt. Der Wendepunkt liegt aber genau in der Mitte des Textes, zwischen Strophe VI und VII. Jung-Harald fuhr im Sommer auf einem von 300 Schiffen aus (Strophe V). Als im Herbst drei Schiffe zurückkehren (Strophe VI), ist er tot. Die auffallende Symbolik der Farben und Gesten unterstreicht diese Zweiteilung. Während im 1. Teil die Farben weiß, blond, blaugold und rot das Alter und die Lebenserfahrung des Königs, die jugendliche Unbeschwertheit und glänzenden Zukunftsaussichten seines Sohnes und seine eigene Macht (rot!) symbolisieren, sind die Farben grau und schwarz und die Beseitigung von allem, was rot oder golden ist, ein deutlicher Hinweis auf das Ende Haralds. Das Auslöschen der Lichter, das im letzten Vers erwähnt wird, ist ein Hinweis auf den Tod Gorms. Während der dänische König im 1. Teil als stark bezeichnet wird und sich erhebt, bevor er den Fluch ausspricht, wird sein Gang im 2. Teil als zitternd bezeichnet; er muß sich setzen, als er selbst den Tod Haralds ausspricht.
Mit „Gorm Grymme" lernen die Schüler erstmals eine der sogenannten „Schuld

und Sühne- oder Schicksalsballaden" kennen. Die Überheblichkeit eines Mächtigen wird bestraft. Während der Zauberlehrling und der Türmer im „Totentanz" trotz ihres widerrechtlichen Eingreifens in für sie verbotene Bereiche noch einmal ungeschoren davonkommen, muß Gorm seinen Versuch, das Leben eines Unschuldigen zu beenden, mit dem Tod büßen. Das „Numinose" wird in dieser Ballade nun dem Menschen zum Verhängnis. Daß hier nicht mehr in heiter-ironischer Art und Weise erzählt wird wie in den bisher behandelten Balladen, soll den Schülern durch die Untersuchung der Farbsymbolik deutlich werden.

Die sich in der Gestik Gorms und der Farbgebung äußernden optischen Kontraste lassen sich gut in Illustrationen zur Ballade wiedergeben. Dies könnte über das den Schülern vertraute Medium eines Comics erfolgen, das alles Gestische sehr deutlich, manchmal übertrieben darstellt und den Farben oft symbolische Bedeutung beimißt. Die Umsetzung dieses Textes in einen „Wand-Comic" hätte außerdem den Vorteil, daß neben der Handlung auch die wörtliche Rede (Sprechblasen!) als konstituierendes Merkmal der Gattung Ballade deutlich wird.

Unterrichtsverlauf

Einstieg:
Verse 31/32 der Ballade

Die Verse „Wer je mir spräche, ‚er ist tot', der müßte sterben zur Stund'!"
werden gleich zu Beginn der Stunde an die Tafel geschrieben und sollen von der Klasse kommentiert und gedeutet werden. Wer könnte hier sprechen? Von wem könnte gesprochen werden? Zu wem wird das gesagt? Warum wird so von jemandem gesprochen? Darf man solche Aussagen überhaupt machen? Solche Fragen führen mitten in die Problematik der Ballade hinein, ohne von ihrem Inhalt viel zu verraten. Die Schüler sollten in der Lage sein herauszufinden, daß hier eine mächtige Person von jemandem spricht, den er sehr gern hat, so gern, daß dessen Ableben dem Überbringer der traurigen Nachricht ebenfalls den Tod bringen würde, und sie sollten die Vermessenheit eines solchen Ausspruchs erkennen.

Phase 1:
Textbegegnung – Vergleich mit den historisch verbürgten Ereignissen

Die Ballade (Mat. 10) sollte vom Lehrer vorgetragen werden. Im Anschluß daran wird es nötig sein, den Schülern lexikalische und historische Erklärungen zu geben. Letzteres sollte durch Vorlesen eines Ausschnitts aus Dahlmanns „Geschichte von Dänemark" (Mat. 11) erfolgen.
Folgende Wörter müßten erklärt werden:
„Jarls" (V. 9): Königliche Statthalter in den Provinzen des Reichs
„Jul" (V. 9): Fest der Wintersonnwende; heute: Weihnachtsfest in Skandinavien
„Gemme" (V. 54): Edelstein mit eingeschnittenen Figuren

Die Abweichungen der Ballade von den historischen Tatsachen und die Gründe hierfür werden die Schüler schnell herausfinden. Dadurch, daß Gorm in der Ballade nur einen und nicht zwei Söhne hat, wird der Verlust seines Kindes als noch schmerzhafter dargestellt. Indem die Königin in Fontanes Text dem Gatten beisteht und ihn nicht überlistet, wird Gorm noch mehr in den Mittelpunkt gerückt. Thyras List lenkt nicht mehr vom Schicksal ihres Gatten ab.

Phase 2:
Inhalt und Aufbau

Zunächst sollen die Schüler den Wendepunkt in der Balladenhandlung finden. Er liegt nicht in den beiden eingangs zitierten Versen, sondern erst eine Strophe später. Mit Strophe VI des zehnstrophigen Textes beginnt die abfallende Handlung. Im Unterrichtsgespräch wird der Inhalt der Ballade rekapituliert, wobei ein vorbereitetes Arbeitsblatt, das die steigende und fallende Handlung darstellt, der stichpunktartigen Fixierung der Ergebnisse dient.

Phase 3:
Gegensätzliche Motive in den beiden Teilen der Ballade

Die Frage nach auffallenden Unterschieden zwischen den beiden Teilen führt bereits hinein in die Betrachtung der sprachlichen Seite des Textes. Wenn die Schüler nicht von selbst daraufkommen, sollte der Lehrer ihre Aufmerksamkeit auf die Farbadjektiva lenken. Diese zu unterstreichen ist Aufgabe einer kurzen Phase der Stillbeschäftigung. Den Schülern wird auffallen, daß in Teil 1 die leuchtenden, fröhlichen Farben (weiß, blond, blaugolden, rot), in Teil 2 die dunklen, traurigen Farben (grau, schwarz) vorkommen. Dies wird ebenso im Arbeitsblatt festgehalten wie die symbolische Bedeutung der Farben: Die weißen Brau'n und das weiße Haar des Königs (V. 4–5) sind Ausdruck seines Alters und seiner Weisheit. Das blonde Haar und blaugoldne Gewand seines Sohnes (V. 21–22) unterstreichen dessen Jugend, fröhliches Wesen und glänzende Zukunft. Der rote Mantel Gorms (V. 29) steht für dessen Macht, könnte aber auch schon auf das blutige Ende der Ballade hinweisen. Die Farben grau und schwarz (V. 41, 46, 55, 60, 63, 68) und die Beseitigung von allem, was rot oder golden ist (V. 53, 59, 71, 74), sind Symbol des Todes von Harald und der Trauer seiner Eltern.
Die Frage, ob es weitere auffallende Gegensätze zwischen Teil 1 und 2 der Ballade gibt, führt zur Betrachtung der Gebärden des Königs und seiner Frau, die ebenfalls sehr aufschlußreich für das Geschehen sind und im Arbeitsblatt notiert werden: Gorms starke Hand (V. 3) kontrastiert mit seinem zitternden Gang (V. 65). Während er sich im 1. Teil zum Aussprechen des Fluches erhob (V. 29), muß er sich später setzen, als er selbst die Nachricht vom Tode des Sohnes ausspricht (V. 77). Zweimal hält Thyra ihrem Mann die Hand (V. 13 und 79): Zuerst ist die Geste Ausdruck des Stolzes auf ihren Sohn, dann ein Zeichen des Trostes und Beistandes. Auch die Symbolik der Jahreszeiten (Sommer – Herbst) werden die Schüler erkennen.
Diese Phase wird mit der Frage abgeschlossen, ob es nicht schon im 1. Teil Andeutungen auf das tragische Ende der Geschichte gebe. Zu nennen sind die Ahnung der Königin (V. 25), der rote Mantel des Königs, der zu Boden gleitet (V. 26) und der Vers 39 („das letzte Segel, es schwand, es schied –").

Phase 4:
Deutung des Endes der Ballade – Erweiterung der Balladendefinition

Durch die Untersuchung der Farbsymbolik wurde die Deutung des Balladenendes vorbereitet, denn der letzte Vers („die Lichter loschen aus") kann ganz wörtlich verstanden werden, sollte aber als bildliche Umschreibung für Gorms Tod von den Schülern erfaßt werden. Die Schüler sollen nun begründen, warum Gorm Grymme sterben mußte. Die Stunde kehrt damit zu ihrem Ausgangspunkt zurück, denn die Klasse soll erkennen, daß der Grund für den Tod des Königs in seinem Fluch auf denjenigen, der ihm den Tod seines Sohnes meldet, zu suchen ist. Gorm hat seine Macht mißbraucht und sich angemaßt, über das Leben von Unschuldigen zu entscheiden. Die Schüler sollen Gemeinsamkeiten zu Goethes beiden bisher behandelten Balladen finden. Wie der Zauberlehrling oder der Türmer hat der König sich überschätzt. Im Unterschied zu den beiden anderen Balladen geht er an diesem versuchten unerlaubten Eingriff in das Leben anderer zugrunde. Das Unheimliche liegt nun darin, daß der Fluch des Königs prompt in Erfüllung geht. Ob dahinter die Macht Gottes zu suchen ist oder ob es nur Zufall war, kann mit der Klasse noch diskutiert werden. Wichtig ist auf jeden Fall, die im Heft begonnene Definition der Ballade vor dem Hintergrund der in dieser Phase gewonnenen Ergebnisse ergänzen zu lassen: „Ein weiteres häufiges Thema der Ballade ist die Bestrafung von Menschen, die ihre Macht überschätzt und mißbraucht haben.“

Hausaufgabe:
Jeder Schüler soll zu einer der zehn Strophen der Ballade auf einem Zeichenblatt (DIN A 3) eine Illustration anfertigen, die wie im Comic Sprech- und Gedankenblasen enthalten darf. Dabei soll besonders auf die Symbolik der Farben geachtet werden, die im übrigen auch in vielen Comic-Heften – wie man der Klasse leicht an einem Beispiel zeigen kann – eine Rolle spielt. Aus den so entstandenen Bildern läßt sich in der folgenden Stunde im Klassenzimmer ein schöner „Wand-Comic“ herstellen, der die Geschichte Gorm Grymmes erzählt. Statt als Hausaufgabe könnten die Illustrationen auch im Kunstunterricht angefertigt werden.

Steht dem Lehrer genügend Zeit zur Verfügung, kann er in der folgenden Stunde die Behandlung von Mörikes „Feuerreiter“ einschieben. Da diese Ballade sowohl die Thematik der magischen Kräfte als auch die der Bestrafung für widerrechtliches Verhalten aufweist, lassen sich an ihr recht gut die bisherigen Ergebnisse der Unterrichtssequenz wiederholen. Ferner würden die Schüler mit einem weiteren lyrischen Kennzeichen, dem Refrain, vertraut gemacht.

7. Stunde: Brecht: Der Schneider von Ulm Vorbildliches, heldenhaftes Verhalten von Menschen als häufiges Balladenthema – Schreiben einer weiteren Balladenstrophe

Stundenziele

Die Schüler sollen
- über den Traum des Menschen vom Fliegen und erste bekannte Flugversuche sprechen;
- Brechts Änderungen an den geschichtlichen Tatsachen erkennen und begründen können;
- den Aufbau der Ballade erkennen;
- erkennen, daß die Ballade vom Leser weitergedacht werden soll;
- die fehlende dritte Strophe mit der Schlußfolgerung des Lesers selbst formulieren;
- die subtile Formulierung der beiden Behauptungen durchschauen;
- weitere Erfindungen nennen können, die der Bischof für unmöglich gehalten hätte;

- Gemeinsamkeiten und Unterschiede zu bisher behandelten Balladen herausfinden;
- den Begriff „Heldenballade“ kennenlernen.

Vorbemerkungen

Die 1939 in Brechts dänischem Exil bei Svendborg entstandene didaktisch-dialektische Ballade behandelt ein historisches Ereignis, den gescheiterten Flugversuch des Ulmer Schneidermeisters Berblinger über die Donau, der am 30. Mai 1811 stattfand. Brecht verlegte das Geschehen aber, möglicherweise auf den Fall des Galileo Galilei oder auf die Entdeckung Amerikas (1492) anspielend, auf das Jahr 1592. Indem er als Schauplatz das Ulmer Münster wählt, motiviert er das Gespräch mit dem Bischof, der das Vorhaben des Schneiders als unmöglich hinstellt und vom kirchlichen Standpunkt aus mißbilligt, und schafft die Voraussetzung für das tödliche Ende des Schneiders, der auf dem Kirchenplatz zerschellt. Brecht wollte nicht, daß sein Schneider wie der historische Berblinger durch den Sturz in die Donau mit dem Leben davonkommt, um der Vorstellung eines Eingreifens Gottes (Kirchenglocken sollen läuten!) zunächst einmal Vorschub zu leisten. Zwar wird durch die Zweiteilung der ersten (These des Schneiders – Antithese des Bischofs) und zweiten Strophe (Widerlegung der These – scheinbare Bestätigung der Antithese) der Obrigkeit, für die der Bischof stellvertretend steht, zunächst recht gegeben, doch bewirkt der dialektische Aufbau des Textes, daß der Leser des 20. Jahrhunderts die Synthese selbst herstellen muß, angesichts der technischen Entwicklung auf dem Flugsektor die These des Schneiders im nachhinein bestätigt und die im Futur (!) formulierte Antithese des Bischofs als falsch erkennt. Die Naturgesetze, die der Schneider aufheben wollte, stehen für die Gesetze der gesellschaftlichen Ordnung. Der Versuch, in die Gesetze der Natur einzugreifen, d.h. die gesellschaftliche Wirklichkeit zu verändern, muß vom Leser gutgeheißen werden. Der Verstoß gegen die „göttlichen“ Gesetze endet zwar wie im „Gorm Grymme“ oder im „Feuerreiter“ mit dem Tod, wird aber vom Dichter nicht verurteilt. Der Tod des Schneiders wird ja nicht explizit als Strafe Gottes dargestellt. „Die Glocken sollen läuten“ (V. 18) heißt, daß der Bischof es nur angeordnet hat. Gott und die Vertreter der kirchlichen Obrigkeit werden getrennt. Ein Verstoß gegen die Gesetze endet mit dem Tod des „Untäters“. Mit diesem Schema knüpft Brecht an die Moritat an. Doch im Unterschied zu dieser volkstümlichen Gattung gilt nun dem „Untäter“ die Sympathie des Autors und Lesers.

Auffallend ist, daß Brecht die Sprache seiner Ballade bewußt holprig, unbeholfen, mundartlich und umgangssprachlich („mit so 'nen Dingen“, „lauter so Lügen“, „Hatz“) gestaltet hat. Auch damit knüpft er an die Tradition der volkstümlichen Gattung der Moritat an. Ferner wollte er damit wohl dem Leser erleichtern, den Text zu Ende zu denken, denn die Distanz zwischen Autor und Leser wird eben durch die sprachliche Gestaltung der Ballade abgebaut.

Die Schüler lernen eine Heldenballade moderner Prägung kennen. Außerdem wiederholen sie durch die Gegenüberstellung mit den bisher behandelten Balladen wichtige Gattungsmerkmale.

Einstieg:
Der Traum des Menschen vom Fliegen

Ein kurzes Gespräch über den uralten Traum der Menschen vom Fliegen und die ersten Flugversuche leitet die Stunde ein. Zur Sprache kommt sicher die Ikarus-Sage, vielleicht auch schon der Schneider von Ulm. Das Vorwissen der Schüler über diesen Mann wird ergänzt durch Christian Wachters Bericht über den Flugversuch des Ulmer Schneidermeisters Berblinger, der am 30. Mai 1811 vor König und Volk von der Adlerbastei aus über die Donau fliegen wollte und in den Fluß stürzte, weil sein Flugapparat brach (Mat. 13).

Phase 1:
Textbegegnung – Veränderungen gegenüber den geschichtlichen Ereignissen

Im Anschluß an die Lektüre des Berichts werden die Textblätter verteilt, damit die Schüler die Ballade (Mat. 12) still lesen können. Zunächst sollen sie herausfinden, welche Änderungen Brecht vornahm und aus welchen Gründen dies wohl geschah. Die Rückdatierung des Ereignisses um mehr als 200 Jahre auf das Jahr 1592 könnte auf die Entdeckung Amerikas (1492) anspielen oder die Ereignisse in Zusammenhang mit dem neuen, von der Kirche angefochtenen Weltbild des Galileo Galilei (1564–1642) bringen. Kommen die Schüler nicht auf diese möglichen Erklärungen, muß sie der Lehrer selbst bringen. Indem das Ulmer Münster zum Handlungsort wird, wirkt der geschichtlich nicht belegte Streit zwischen dem Bischof und dem Schneider glaubwürdiger. Außerdem schafft Brecht dadurch die sachliche Voraussetzung für das von den geschichtlichen Tatsachen abweichende tödliche Ende des Flugversuches. Diese letzte Änderung ist sicher die wichtigste, die erkannt werden sollte. Die Schüler sollen darauf kommen, daß der Flug dadurch zunächst aus kirchlicher Sicht als schwere Untat und der Tod des Frevlers als gerechte Strafe erscheint. Das Läuten der Kirchenglocken, das vom Bischof allerdings angeordnet wurde, soll den Tod des Schneiders als Gottesurteil erscheinen lassen.

Phase 2:
Inhalt und Aufbau

Der Aufbau und Inhalt der Ballade wird im Unterrichtsgespräch erarbeitet und in einem Tafelbild festgehalten, das zunächst einmal die Trennung der Strophe I in eine Behauptung des Schneiders („Ich kann fliegen“) mit der dazugehörigen Aktion (Besteigen des Kirchendaches) und eine Behauptung des Bischofs („Es wird nie ein Mensch fliegen“) sowie die in der Strophe II erfolgte scheinbare Widerlegung des Schneiders (Sturz auf den harten Kirchenplatz) und Bestätigung des Bischofs (Läuten der Kirchenglocken und Wiederholung der Gegenbehauptung) veranschaulicht.

Die provokative Frage, warum der Bischof und nicht der Bäcker in der Ballade vorkomme, soll die Schüler darauf bringen, daß der Flugversuch des Schneiders als Versuchung Gottes, als Auflehnung gegen die Kirche, ja gegen jede Form von Obrigkeit überhaupt dargestellt wird. Die Kirche steht stellvertretend für das Alte, das Althergebrachte und für die Macht.

Die Feststellung des Lehrers, die Ballade habe die Behauptung des Schneiders widerlegt und dem Bischof recht gegeben und könne hiermit als abgeschlossen gelten, soll nun den Widerspruch der Schüler provozieren. Es werden sicher Stimmen laut werden, die zurecht darauf hinweisen, daß aus heutiger Sicht die Lage genau umgekehrt ist: Der Schneider hatte recht, denn der Mensch kann fliegen. Damit hätte die Klasse Brechts Intention erkannt und den Text „zu Ende gedacht". Der Leser, und das muß deutlich herausgearbeitet und im Tafelbild notiert werden, muß die Schlußfolgerung selbst ziehen: Aus heutiger Sicht hat sich der Bischof getäuscht. Die Frage, ob sich Brecht dieses Widerspruchs der Leser sicher sein konnte, werden die Schüler mit dem Hinweis auf den schon zu Brechts Lebzeiten sehr hohen Stand der Flugtechnik bejahen. Es bleibt die Frage, warum der Autor nicht selbst den Widerspruch formuliert und ans Ende der Ballade gestellt hat. Die Schüler sollen erkennen, daß Brecht es dem Leser bewußt überlassen wollte, seinen Gedankengang weiterzuführen. An dieser Stelle soll diesmal bereits die Hausaufgabe gegeben werden: Die Schüler sollen die fehlende letzte Strophe zuhause selbst schreiben. Eine solche Aufgabe bereitet ihnen erfahrungsgemäß viel Vergnügen und überfordert sie auch nicht, wie das folgende Beispiel einer Schülerarbeit zeigt:

> Der Schneider ist tot.
> Doch der Mensch kann fliegen
> sagt heute der Pilot
> von Lufthansa-Maschinen.
>   Der Bischof hat gelogen
>   denn heute ist schon
>   sogar der Papst geflogen.

Die Aufforderung, die Formulierung der beiden gegensätzlichen Behauptungen noch einmal genau unter die Lupe zu nehmen und zu vergleichen, soll den Schülern ein wichtiges Detail der Ballade deutlich machen: Was der Schneider sagt, steht im Präsens (Widerlegung seiner Behauptung nur für die damalige Gegenwart, also des 16. Jh.), was der Bischof sagt, ist im Futur formuliert (Widerlegung der Aussage überhaupt, da 200 Jahre später erste erfolgreiche Flugversuche stattfanden).
Der Lehrer erwähnt, daß 1592 der Bischof noch andere Erfindungen für unmöglich gehalten hätte. Die Schüler werden schnell einige davon aufzählen können (Auto, Fernsehen, Telefon etc.). Die Intention der Ballade wird ihnen so noch deutlicher.

Phase 3:
Vergleich mit anderen Balladen

Zunächst sollen die Schüler Gemeinsamkeiten zu den bisher behandelten Balladen finden. Sie sollen erkennen, daß immer ein einzelner Mensch (Riesenfräulein, Zauberlehrling, Türmer, Gorm Grymme, Feuerreiter, Schneider von Ulm) versucht, in Bereiche einzugreifen, die ihm als „Normalsterblicher" versperrt oder verwehrt sind (Feld des Bauern, Magie, Totenreich, Leben der Mitmenschen, Feuer, Luftraum). Die „Bestrafung" für dieses „unrechtmäßige" Tun, für die Sehnsucht nach dem Unmöglichen fällt dabei mehr oder weniger glimpflich aus (Tadel des Vaters, Schrecken, Tod). Dann sollte aber erkannt werden, daß sich Brechts Ballade von den anderen in einem entscheidenden Punkt unterscheidet: Der seine Grenzen überschreitende Mensch bekommt bei Brecht im Nachhinein recht. Der Schneider mußte zwar sterben, doch nur, weil er seiner Zeit voraus war. Der Griff nach dem Unerlaubten, Dämonischen muß vom Leser – so hat Brecht seinen Text angelegt – gebilligt, ja sogar gutgeheißen werden.
Die Ergebnisse dieses Vergleichs aller bisher behandelter Balladen werden in einem Arbeitsblatt (vgl. Beilage) festgehalten, das insbesondere den Unterschied zwischen Brechts Text und den anderen Texten deutlich macht. Das Fehlen des den Menschen bedrohenden Unheimli-

chen, die nachträglich legitimierte Grenzüberschreitung des Helden und das daraus folgende Ausbleiben seiner Bestrafung zeigen, daß Brechts „Schneider von Ulm“ thematisch vom bisher bekannten Balladenschema abweicht. Die Bezeichnung „Heldenballade“ kann von den Schülern leicht selbst gefunden werden, wenn sie einmal verstanden haben, daß das Handeln des Ulmer Schneiders als vorbildlich dargestellt und sein Tod nicht als Bestrafung verstanden werden darf.

Die Balladendefinition im Heft kann nun vervollständigt werden: „Die Heldenballade handelt vom vorbildlichen Tun eines Menschen.“

2. Sequenz: Typologie der Ballade (Jahrgangsstufe 7/8)

1. Stunde: Droste-Hülshoff: Der Knabe im Moor Beispiel für die naturmagische und totenmagische Ballade

Stundenziele

Die Schüler sollen
- sich in die Atmosphäre einer Moorlandschaft mittels Dias oder Bilder einstimmen lassen;
- den Inhalt der Ballade als Mischung aus optischen und akustischen Eindrücken sowie daraus resultierenden Vorstellungen des Knaben durchschauen;
- erfahren, was es mit den gespenstischen Erscheinungen des Moores auf sich hat und den Schutzengel als ihre Gegenfigur erkennen;
- die Fibel als weiteres Halt spendendes Element erkennen;
- wichtige Merkmale der Gattung Ballade wiederholen oder kennenlernen;
- die Bezeichnungen „naturmagische" und „totenmagische" Ballade kennenlernen und Droste-Hülshoffs Text als solche einordnen können;
- erkennen, daß sich in der Ballade die Standpunkte der erlebenden Person und eines darüberstehenden Erzählers mischen;
- die Begriffe auktoriale und personale Erzählhaltung kennenlernen;
- die Leistungen der personalen Sichtweise erkennen;
- erkennen, daß der Eindruck des Schaurigen durch Wortwahl, Lautung, Stilmittel, Reim, Metrum und Satzbau unterstützt wird.

Vorbemerkungen

Droste-Hülshoff verfaßte im Jahr 1841 das Gedicht „Der Knabe im Moor", das die für sie typische Heimat- und Naturverbundenheit sowie ihre tiefe Religiosität zeigt und von ihr selbst nicht unter die Balladen eingereiht wurde.
Sie schildert darin abwechselnd aus der distanzierenden Perspektive eines auktorialen Erzählers und der personalen Sicht des unmittelbar betroffenen Knaben, wie dieser auf seinem Nachhauseweg von der Schule durch das Moor läuft und in der typischen, von Heiderauch und Dünsten charakterisierten Atmosphäre dieser Landschaft die Vegetation (Föhren, Halme, Röhricht) und die durch seine Schritte verursachten Geräusche (Rascheln, Pfeifen, Knittern etc.) für das Wirken armer Seelen aus dem Fegefeuer hält, die wegen ihrer Schandtaten zu Lebzeiten nun als Geister nicht zur Ruhe kommen. Realistische Schilderung der Landschaft, psychische Vorgänge im Knaben und der Aberglaube des Volkes gehen ineinander über. Die personale Sicht objektiviert dabei das Geschehen, indem es die Erscheinungen des Moores als Einbildungen des Knaben hinstellt. „. . . die abgewogene Dosierung von Suggestion und Distanz durch beständiges Fluktuieren der Darbietungsperspektivik zwischen rein auktorialer und personal zentrierter Vermittlung . . . im Dienst einer erstaunlich modernen typisierenden Demonstration psychischer Kollektivismen an einem Einzelfall . . . ist als die besondere Leistung dieser Ballade festzuhalten." (Laufhütte, S. 229)
Am Ende kommt der Knabe heil am Ran-

de des Moores an, weil er einen Schutzengel hatte. Er erreicht „den biedermeierlich-häuslichen Bereich umhegter menschlicher Gemeinschaft". (Wiese, Benno von: Der Mensch in der Dichtung. Studien zur deutschen und europäischen Literatur. Düsseldorf 1958. S. 226f.) Freund sieht im Knaben die „Personifizierung der romantischen Lebensangst", die aber „eine entwicklungspsychologisch bedingte Durchgangsstufe" ist und „... im Laufe der charakterlichen Reifung überwunden wird." (Freund, 1978, S. 83) Der Schutz, den die heimatlich flimmernde Lampe (V. 43) in Aussicht stellt, ist Sinnbild für den Platz, der dem romantischen Ich in der geschlossenen Restaurationsgesellschaft angewiesen wird (vgl. a.a.O., S. 85). Kunisch dagegen glaubt, daß das Abenteuer des Knaben, der durch das Moor geht (= 1. Sinn), metaphysisch als drohender, dann aber abgewendeter (Schutzengel!) Abfall von Gott (= 2. Sinn), der durch die dämonischen Mächte der Tiefe ausgelöst wurde, und schließlich als Abenteuer des Menschen überhaupt, der mit Hilfe der Gnade allen Anfechtungen und Bedrohungen zum Trotz das Seelenheil gewinnt (= 3. Sinn), gesehen werden kann. Das Moor ist eine „Umschreibung für das Bodenlose des Daseins", der Knabe ist die „in Glaubensnot verstrickte Seele". (Kunisch, Hermann: Annette von Droste-Hülshoff. Der Knabe im Moor. In: Hirschenauer/Weber, S. 309–345. Hier S. 344)

Die bedrohlich wirkende, gespenstische Atmosphäre des Moors drückt Droste-Hülshoff durch die Verwendung lautmalender Verben, durch eine Vielzahl synonymer Adjektive zu „unheimlich", durch Nomen, welche die schemenhaft-ungreifbaren Nebel und Dünste bezeichnen, und durch Zisch- und f-Laute, welche die Geräusche der Schritte auf dem feuchten Boden nachahmen, aus. Die Erregung des Knaben schlägt sich nieder in den hellen i- und e-Lauten, seine Ängste und Vorstellungen werden durch dunkle Vokale, viele Vergleiche, Ausrufe, Fragesätze und Anaphern hervorgehoben. Die abwechselnd 3- und 5hebigen Verszeilen mit unterschiedlicher Senkungszahl und die kurzen Sätze entsprechen der inneren Unruhe des Knaben und seinem gehetzten Lauf. Der 5. und 6. Vers einer jeden der sechs Strophen weist den Paarreim auf, wogegen alle anderen Verse kreuzend reimen. Dadurch werden die Höhepunkte jeder Strophe, vor allem die Halluzinationen des Knaben und am Schluß sein Aufatmen, herausgehoben. Der Rahmen, der durch die große Ähnlichkeit zwischen dem ersten und letzten Vers entsteht, rundet den Text formal ab, grenzt das Moor vom festen, heimatlichen Boden ab.

Mit dem „Knaben im Moor" lernen die Schüler einen für die sogenannte „naturmagische", aber auch für die „totenmagische" Ballade charakteristischen Text kennen. Außerdem soll die interessante Perspektivik dieses Textes die Schüler mit einer für die Epik kennzeichnenden Kategorie, nämlich der Erzählhaltung, bekannt machen.

Unterrichtsverlauf

Einstieg:
Moorlandschaft

Bilder oder Dias einer typischen, nebelverhangenen Moorlandschaft können die Klasse am besten in die Ballade einstimmen. Dabei sollen die Schüler bereits äußern, was sie in so einer Umgebung empfinden würden. Vielleicht wird der eine oder andere sich sogar vorstellen können, von geheimnisvollen Gestalten umgeben zu sein. Wem keine Dias oder Bilder aus der Geographie-Sammlung der Schule zur Verfügung stehen, kann ersatzweise zu Friedrich Hechelmanns eindrucksvoller, das Schemenhafte, nicht Faßbare der Moorlandschaft vermittelnden Illustration von Droste-Hülshoffs Ballade greifen. (In: Pörnbacher, Karl (Hrsg.): Deutsche Balladen. München 1982. Illustration bei S. 129)

Phase 1:
Textbegegnung – Worterklärungen

Eine Rezitation der Ballade durch einen Schauspieler auf einer Kasette (vgl. Diskographie Nr. 3) sollte die Schüler mit dem Text (Mat. 14) bekannt machen. Danach müssen vermutlich einige schwierige Stellen erklärt werden:

„die Ranke häkelt am Strauche" (V. 4): Ranken der Sträucher haken sich an Kleidungsstücken fest.
„Fibel" (V. 9): Lesebuch
„Hage" (V. 12): Gebüsch, Gehege
„Torf" (V. 14): vermoderte Pflanzen, als brennbarer Stoff zu Heizzwecken gestochen (der Knecht betrügt den Bauern um den besten Torfstich und vertrinkt den Erlös)
„Haspel" (V. 24): Winde für das Aufwickeln von gesponnenem Garn
„Fiedler" (V. 31): Geigenspieler

Phase 2:
Gattung – Inhalt

Zunächst werden am Beispiel des Textes wichtige Elemente der Ballade wiederholt. Aus der Behandlung von Balladen in der 5. und 6. Jahrgangsstufe sollten die Schüler noch wissen, daß diese Gattung gekennzeichnet ist durch die Erzählung von Ereignissen in lyrischer Form (Hefteintrag). Mit der nun folgenden Aufgabe, nämlich die Geschehnisse im „Knaben im Moor" in einem einzigen Satz zusammenzufassen, schließt sich die inhaltliche Besprechung des Textes nahtlos an die Behandlung der Gattungsfrage an. Die Lösung wird in ein vorbereitetes Arbeitsblatt notiert: Ein Knabe geht durch ein Moor und erreicht (nach vielen Ängsten) festen Boden. Nachdem dieses Grobgerüst der Handlung feststeht, können die Einzelheiten besprochen werden. Dabei sollen die Schüler zunächst in arbeitsteiliger Stillarbeit aus der Ballade heraussuchen, was der Knabe auf seinem Gang durch das Moor sieht (Heiderauch, Dünste, Hauch, Moorgeschwele, Gestümpf, Föhre, Halme, Quellchen, Röhricht) bzw. hört (Rascheln, Rieseln, Knittern, Pfeifen, Bersten) und welche Auswirkungen das Gehörte auf den Knaben hat (Einbildungen: Gräberknecht, unselige Spinnerei, Geigenmann oder Fiedler Knauf, verdammte Margret). Die Ergebnisse der Stillarbeit werden wiederum im Arbeitsblatt festgehalten.
Die Frage, die nun vermutlich aus den Reihen der Schüler selbst kommt, ist, was es mit diesen Gestalten auf sich habe. Nach einigen Vermutungen aus der Klasse sollte man als Erklärung einen kurzen Ausschnitt aus Droste-Hülshoffs „Bilder aus Westfalen" vorlesen (Mat. 15). In diesem Text ist die Rede vom Aberglauben des Münsterländers und seiner Furcht vor Gespenstern in Moor und Heide. Letztere seien arme Seelen aus dem Fegfeuer, die wegen ihrer Freveltaten zu Lebzeiten nun als Geister spuken. Diese Erklärung wird im Arbeitsblatt festgehalten. Die Schüler dieser Altersstufe werden noch kaum in der Lage sein, die leichte Ironie, die in der distanzierenden Erklärung der Autorin liegt, zu erkennen.
Im Hinblick auf die zu erarbeitende Balladentypologie ist es wichtiger, daß die Schüler folgendes erkannt haben: Der Knabe fürchtet sich vor als magisch empfundenen Naturerscheinungen, in denen

er die Geister von Toten vermutet. An dieser Stelle werden die Bezeichnungen „naturmagische“ und „totenmagische“ Ballade eingeführt und deren Definition im Heft festgehalten (vgl. Stundenblatt). Daß der Schutzengel (V. 38) eine christliche Gegenfigur zu den Gestalten des heidnischen Glaubens darstellt, werden die Schüler leicht erfassen (Eintrag ins Arbeitsblatt). Der christliche Glaube wird der chaotischen Natur entgegengestellt. Der Lehrer könnte an dieser Stelle auf die tiefe Religiosität der Dichterin hinweisen. Die Phase endet mit dem Auftrag, ein anderes, dem Knaben Halt gebendes Requisit oder Motiv in der Ballade zu suchen. Neben dem Schutzengel in der vorletzten Strophe kommt nämlich in Strophe II die Fibel vor (V. 9), die dem Knaben vertraut ist und die er deshalb so fest hält. Schule und Kirche sind Bereiche, die außerhalb des Moores liegen.

Phase 3:
Erzählperspektive

Die Frage, wann denn die Rettung sichtbar werde, leitet über zur 3. Phase, da die Antwort nicht eindeutig zu geben ist: Für den Leser wird schon an der Stelle, wo der Schutzengel vorkommt (V. 37) deutlich, daß der Knabe unversehrt das Moor verlassen wird, während der Knabe selbst erst in Vers 45 aufatmen kann. Der Grund für diese doppelte Antwortmöglichkeit sind die wechselnden Erzählperspektiven. Damit soll eine Kategorie der Analyse epischer Texte auf die Ballade angewandt werden. In arbeitsteiliger Stillarbeit sollen die Schüler zunächst Stellen der Ballade unterstreichen, die ganz aus der Sicht des Knaben (V. 1, 7–8, 12–14, 21–24, 25, 30–32, 35–36, 47–48) erzählt werden bzw. in denen ein über dem Geschehen stehender, „allwissender“ Erzähler aus einer gewissen Distanz heraus das Geschehen berichtet (V. 2–6, 9–11, 16–20, 27–29, 33–34, 37–46) oder beurteilt (V. 10, 15, 26, 37). Die Begriffe auktoriale und personale Erzählhaltung können an der Ballade gut eingeführt und veranschaulicht werden. Nicht ganz einfach dürfte die Frage nach der Leistung der personalen Sicht sein. Die Schüler sollten aber herausfinden, daß wir Einblick in Gedanken und Gefühle einer Person bekommen. Dadurch wird der Inhalt einerseits subjektiv eingefärbt, andererseits werden die Moorgeister objektiviert, da sie nur in den Vorstellungen des Knaben existieren, also nicht als Realität vorkommen.

Phase 4:
Sprachliche Mittel

In Gruppenarbeit sollen die sprachlichen Mittel, die den Eindruck des Schaurigen vermitteln, untersucht werden.
Gruppe A: Wortwahl (Adjektive, Verben, Nomen)
Gruppe B: Lautung
Gruppe C: Stilmittel
Gruppe D: Reim und Metrum
Gruppe E: Satzbau
Die erwarteten Ergebnisse seien im folgenden knapp aufgeführt.

Gruppe A:
Es dominieren onomatopoetische (lautmalende) Verben (zischen, knistern, rascheln, rieseln, brodeln etc.) und Verben der schnellen Bewegung (rennen, jagen, sausen, springen). Die Adjektive stammen vorwiegend aus dem Wortfeld „unheimlich“ (unheimlich, schaurig, gespenstig, gespenstisch, unselig, gebannt, verdammt, fürchterlich). Schließlich fallen die vielen, etwas Schemenhaft-Unfaßbares bezeichnenden Nomen ins Auge (Heiderauch, Dünste, Hauch, Geröhre, Moorgeschwele).

Gruppe B:
Hervorzuheben sind die vielen dunklen o- und u-Laute, welche die Bedrohung und das Unheimliche der Landschaft ausdrükken, die hellen i- und e-Laute, die der Erregung des Knaben entsprechen, die Zischlaute (s, sch) und f-Laute, welche die wahrgenommenen Geräusche nachahmen.

Gruppe C:
Vergleiche (wie ein irres Rind, wie Speere, wie eine gespenstige Melodei, als wollt es ihn holen, wie ein wundes Reh). Ausrufe (hu, hu! ho, ho! weh, weh! o.) und Anaphern (V. 2, 6, 8, 23–24, 25–26) bringen die Angst des Knaben zum Ausdruck.

Gruppe D:
Die abwechselnd 3- und 4hebigen Verse mit unterschiedlicher Senkungszahl entsprechen der Unruhe des Knaben. Der Paarreim, der in jeder Strophe nach zwei Kreuzreimen und vor dem die Strophe wieder abschließenden Kreuzreim steht, hebt die Höhepunkte (vor allem die Einbildungen des Jungen und am Schluß seine Erleichterung) besonders hervor.

Gruppe E:
Die kurzen Sätze entsprechen der inneren Unruhe des Kindes und seinem gehetzten Lauf durch das Moor. Frage- und Ausrufesätze drücken seine Befürchtungen und Einbildungen aus.

Hausaufgabe:
Zwei mögliche Aufgabenstellungen bieten sich an:
a) Die Schüler bereiten einen wirkungsvollen Vortrag der Ballade vor.
b) Sie fertigen (eventuell auch im Kunstunterricht) eine Bleistiftzeichnung an, die den Knaben in der nebeligen Moorlandschaft und eine der unheimlichen Gestalten zeigt.

Bei der gemeinsamen Betrachtung der entstandenen Illustrationen in der folgenden Stunde ist es besonders interessant, darauf zu achten bzw. den Blick der Schüler darauf zu lenken, ob die Moorgeister als real vorhanden oder mehr als Einbildungen des Knaben gezeichnet werden. Je mehr sie der Vegetation ähneln, desto mehr werden sie als bloße Halluzinationen gesehen.

2./3./4. Stunde:
Fontane: Die Brück' am Tay
Beispiel für die naturmagische Ballade in einer technisierten Welt – Umsetzung der Ballade in ein Hörbild

Stundenziele

Die Schüler sollen
– das Verhältnis des Menschen zur Technik und die Gefahr, die von Naturgewalten ausgeht, überdenken;
– den Perspektivenwechsel als Strukturmerkmal von Fontanes Ballade erkennen;
– das Vorherrschen der inneren Vorgänge gegenüber der äußeren Handlung erkennen;
– Beispiele für Personifikationen im Text benennen können;
– die Funktion dieser Personifikationen verstehen;
– die Rahmenform der Ballade erkennen;
– mögliche Erklärungen für die Eisenbahn- bzw. Brückenkatastrophe finden;
– Unterschiede zwischen dem Zeitungsbericht und der Ballade erkennen;
– die Stimmen in den beiden äußersten Rahmenstrophen als die von Sturmhexen erkennen;
– Gemeinsamkeiten und Unterschiede zu

Droste-Hülshoffs „Knabe im Moor“ erkennen;
- den Text als naturmagische Ballade in einer von der Technik bestimmten Welt einordnen können;
- Unterschiede im Satzbau zwischen den Hexen-Strophen und den restlichen Strophen erkennen;
- auffällige lautliche Eigenheiten des Gedichts (Alliterationen, i-, ei- und a-Laute der Hexen-Strophen) und deren Funktion erkennen;
- die Ballade mit verteilten Rollen wirksam vorlesen können;
- Vorschläge zur Erstellung eines Hörbilds über die Ballade machen können.

Vorbemerkungen

Mit Theodor Fontane, der die Errungenschaften der modernen Technik in seine Balladen einbezog und der Gattung damit neue Impulse gab, erreicht diese einen neuen Höhepunkt. Diese modernen Inhalte gestaltete er aber in alten, überlieferten Formen. Er kannte die alten englisch-schottischen Volksballaden, von denen er einige auch übersetzte, aus den Sammlungen von Percy und Scott. In seiner Ballade „Die Brück' am Tay“, deren Quelle ein aktueller Zeitungsbericht war, der am 9. 1. 1880 in der „Zürcherischen Freitagszeitung“ erschien, erweisen sich die elementaren Naturkräfte als den Menschen und der von ihnen geschaffenen Technik überlegen. Der Mensch wird in seine Grenzen verwiesen. Die Brücke, ein Dingsymbol für die Verbindung von Mensch und Natur, wird zerstört. Der Glaube an den Fortschritt, der das 18. Jahrhundert so sehr bestimmt und ausgezeichnet hatte, ist stark eingeschränkt.
Bereits im Untertitel (28. Dezember 1879) und im vorangestellten Motto aus Shakespeares „Macbeth“ („When shall we three meet again?“) stoßen programmatisch das historische, reale Ereignis und die mythische, naturmagische Erklärung aufeinander. Durch die Verknüpfung des realen Geschehens mit dem Hexenmotiv aus Shakespeares „Macbeth“ bettet Fontane den technischen Vorgang in den Rahmen des Numinosen ein.
Die Stimmen der aus drei verschiedenen Windrichtungen kommenden (Strophe I) und wieder verschwindenden (Strophe VII) Sturmhexen, die die menschliche Ohnmacht angesichts der Zerstörung ihrer Werke verlachen, bilden den mythischen Rahmen der Ballade. Die häufigen i- und ei-Laute unterstreichen dabei das Schrille, Gespenstische des Vorgangs und den Übermut der Hexen, die a-Laute am Ende der beiden Rahmenstrophen verweisen auf das aus menschlicher Sicht grausige Geschehen. Was die personifizierten Winde als „Ringelreihn“ (Vers 6) ansehen, ist für die Menschen eine schreckliche Katastrophe. Die kurzen Wortfetzen und Ellipsen des Eingangs- und Schlußgesprächs kontrastieren mit den langen Sätzen des Mittelteils (Strophe II – VI) und seinem festgefügten, regelmäßigen, klar gegliederten Strophenbau.
Im Mittelteil geht es weniger um äußere, sichtbare Vorgänge als vielmehr um innere Handlungen, um die psychischen Reaktionen der Betroffenen, um ihre Erwartungen, Hoffnungen, Überzeugungen und Ängste. Dieses Vorherrschen des Psychologischen sowie der Verzicht auf einen Helden (Johnie ist nur Opfer!) und der zweimalige Wechsel der Perspektive (Brücknersleut' – Zugführer – Brücknersleut') verweisen schon auf die moderne Erzähltechnik. Die eigentliche Katastrophe wird nur relativ kurz erwähnt: „. . . als ob Feuer vom Himmel fiel“.
Daß das Schreckliche des Brückeneinsturzes mit dem Rührenden des Weihnachtsfestes, an dem das Unglück passierte, kon-

trastiert, wodurch ein melodramatischer Effekt entsteht, mag eine Schwäche der Ballade Fontanes sein. (vgl. Moritz, Karl: Deutsche Balladen. Analysen für den Deutschunterricht. Paderborn 1972. S. 157).
Die Behandlung der „Brück' am Tay“ rechtfertigt sich dadurch, daß der Problemkomplex „Natur – Technik – Mensch“ im Erfahrungs- und Interessenbereich der Schüler liegt. Auch in der heutigen Zeit werden sie, zumindest durch Vermittlung der Medien, mit Natur- und technischen Katastrophen konfrontiert.
Mit Fontanes „Die Brück' am Tay“ lernen die Schüler dieser Jahrgangsstufe ein weiteres Beispiel für die naturmagische Ballade kennen, wobei im Unterschied zu „Der Knabe im Moor“ das Geschehen in einer modernen, von der Technik bestimmten Welt spielt. Die Umsetzung der Ballade in ein „Hörbild“ (Kurzhörspiel, bei dem der Balladentext von einer Geräuschkulisse und eventuell von einer Hintergrundmusik untermalt wird) soll die Schüler besonders motivieren. Vor allem technisch interessierte Schüler werden dadurch aktiviert und gefordert. Dankbar wird man für die Hinweise sein, die Kriege hierzu gibt (vgl. Kriege, S. 33–34).

Unterrichtsverlauf

2. Stunde

Einstieg:
Aktueller Zeitungsbericht

Den Einstieg bilden die Lektüre eines kurzen, aktuellen Zeitungsberichts über den Einsturz einer Eisenbahnbrücke (Mat. 17) und ein Gespräch darüber. Zur Sprache kommen können dabei das Verhältnis des Menschen zur Technik und die Gefahr, die von Naturgewalten ausgeht. Die Frage, in welchen literarischen Gattungen man das Ereignis gestalten könnte, bildet die Überleitung zur Ballade Fontanes.

Phase 1:
Textbegegnung (außer Randstrophen) – Perspektivenwechsel

Den Schülern wird ein Text ausgeteilt, der die beiden äußersten Randstrophen nicht enthält, damit ihnen der Zugang zum Gedicht erleichtert wird. Die beiden Hexen-Strophen werden aufgrund ihrer Schwierigkeit später gesondert behandelt. Die Textbegegnung sollte entweder durch stilles Lesen oder durch Vorspielen einer Kassettenaufnahme der Ballade (vgl. Diskographie Nr. 3) erfolgen, wobei darauf zu achten ist, daß im letzteren Fall die Aufnahme erst mit Beginn der Strophe II einsetzt und vor der letzten Strophe gestoppt wird.
Die Erklärungen von Worten (Brücknersleut', Fährhaus) sowie des Handlungsortes (Tay bei Dundee) sollten durch Zeigen einer Folie mit einem Holzschnitt von der Tay-Brücke (Mat. 18) und einer Karte von Großbritannien unterstützt werden. Die sich an die Erläuterung des Ortes nahtlos anschließende Frage nach den Schauplätzen der Ballade und den Personen, die diesen Orten zugeordnet werden, leitet die gelenkte Texterschließung ein. Dabei wird der Perspektivenwechsel deutlich: Strophe II und III schildern die Reaktionen der Brücknersleut' im Brückenhaus, Strophe IV und V stellen das Geschehen aus der Sicht des Johnie dar, in Strophe VI wird wieder ins Elternhaus zurückgeschwenkt. Es ist ratsam, die Schüler auf die vergleichbare Technik des Bildschnitts in spannenden Filmen (zunehmend schneller erfolgender Szenen- und Ortswechsel, wenn die Filmhandlung Höhepunkten zustrebt) hinzuweisen. Die Er-

gebnisse dieser Phase werden in das Arbeitsblatt eingetragen.

Phase 2:
Inhalt – Inneres Geschehen

Nun wird der Inhalt der einzelnen Strophen von den Schülern knapp zusammengefaßt, wobei auf die Herausarbeitung der vorherrschenden inneren Handlung besonders Wert gelegt werden sollte. Das ungeduldige, nervöse, ruhelose Warten der Eltern auf ihren Sohn, die Zuversicht des Vaters, die Hoffnungen und gleichzeitigen dunklen Vorahnungen der Mutter, das Vertrauen des Sohnes auf die Technik, sein Stolz auf die Brücke und seine Erinnerungen an die Zeit ohne Brücke, schließlich das Bangen der Eltern dürften leicht erkannt werden. Die Ergebnisse werden wiederum im Arbeitsblatt festgehalten, dessen Raster den Umriß einer Brücke darstellen, wodurch eine größere Einprägsamkeit erzeugt werden soll.

Phase 3:
Personifikation

Die Frage, wer außer den eben erwähnten Personen (Eltern, Sohn) noch zu Wort komme, führt zur Erarbeitung des Begriffs „Personifikation": Einer Sache oder einem Abstraktum (hier dem Zug) werden menschliche Eigenschaften und Verhaltensweisen zugeschrieben. Ein Gespräch über die Funktion dieser „Vermenschlichung" des Zuges sollte bei den Schülern zur Einsicht führen, daß dadurch die Harmonie zwischen Mensch und Technik, wie sie durch Johnie, der sich im blinden Vertrauen auf seinen Zug völlig mit diesem identifiziert, repräsentiert wird, zum Ausdruck kommt.

Phase 4:
Innerer Rahmen

Die Aufforderung, sich die Strophe, in der der Zug personifiziert wird, genauer anzusehen, um eine andere Besonderheit herauszufinden, wird die Schüler darauf bringen, daß die ersten vier Verse dieser Strophe (Strophe II) identisch mit den entsprechenden Versen der Strophe VI sind. Daß der 2. Teil dieser Strophen verschieden ist, liegt daran, daß die Worte des Zuges am Ende nicht mehr wiederholt werden. Dies läßt sich damit erklären, daß der Zug in den Tay gestürzt ist und damit die Harmonie zwischen Mensch und Technik nicht mehr besteht. Ausgehend von den erwähnten Übereinstimmungen sollte nun der Begriff „Rahmen" eingeführt bzw. – wenn dies bereits bei der Behandlung einer anderen Ballade geschehen ist – wiederholt werden.
Jetzt verrät der Lehrer, daß die Ballade noch einen „größeren" Rahmen besitzt, die Strophen I und VII, die der Klasse bisher vorenthalten wurden. Die Schüler sollen zunächst Vermutungen darüber anstellen, was in diesem Rahmen stehen könnte. Vermutlich werden sie schnell darauf tippen, daß die äußeren Rahmenstrophen einen Erklärungsversuch für das Einstürzen der Brücke bieten. Hausaufgabe könnte sein, mögliche Erklärungen zu finden und sich zu überlegen, wie diese im Rahmen dargestellt werden könnten.

3. Stunde

Phase 5:
Erklärungsversuche – Vergleich der Ballade mit Zeitungsbericht

Die Ursachen für den Einsturz der Brücke werden die Schüler in der Technik suchen. Eine fehlerhafte Konstruktion, Rostschaden oder gar Sabotage können dazu geführt haben, daß die in Vers 48 erwähnten Winde das Brückenbauwerk zum Einsturz bringen konnten. Nun wird der Artikel aus der Zürcher Tageszeitung vom 9. 1. 1880 vorgelesen (Mat. 19), der eine Erklärung liefert: „Offenbar hat der Seitendruck, welchen der Orkan ausübte, den Zug mit der Brücke ins Wasser geworfen." Diese Information ist notwendig, damit die Schüler den Inhalt der nun verteilten Rahmenstrophen I und VII besser verstehen können. Diese Vorentlastung und der in der vorangegangenen Stunde eingeführte Begriff der „Personifikation" sollten den Schülern helfen zu erkennen, daß es personifizierte Stürme sind, die sich über die menschliche Technik lustig machen. Bei der Frage, in welcher Gestalt sich Stürme personifizieren lassen, sind die Schüler auf Vermutungen angewiesen. Es ist aber durchaus möglich, daß neben Geistern auch Hexen genannt werden. Als Hilfe könnte der Lehrer die Szene aus der Übersetzung von Shakespeares Drama „Macbeth" vorlesen, der Fontane das Motto seiner Ballade entnommen hat und in der die Sturmhexen vorkommen (Mat. 20).

An dieser Stelle ist ein kurzer Vergleich mit Droste-Hülshoffs „Der Knabe im Moor" angebracht. Die Gemeinsamkeiten (magisch dargestellte Naturmächte) und Unterschiede (Bedrohung der vom Menschen geschaffenen technisierten Welt) werden die Schüler leicht nennen können.

Die nächste Frage leitet zurück auf den Zeitungsbericht: Inwieweit wird die Ursache der Katastrophe dort anders gesehen? Der unheimlichen, übermenschliche Wesen als Erklärung heranziehenden Ballade steht der objektive, wissenschaftlich journalistische Text gegenüber. An weiteren Unterschieden zwischen Ballade und Zeitungsartikel sollte herausgearbeitet werden, daß Fontane das Geschehen aus der Sicht persönlich Betroffener darstellt und ein Einzelschicksal sowie den Zug in den Mittelpunkt stellt.

Phase 6: Sprachliche Merkmale

Die Frage, was die Rahmenstrophen neben den inhaltlichen Gesichtspunkten gemeinsam haben, führt zur Untersuchung der sprachlichen Form der Ballade. Der Satzbau dieser beiden äußersten Strophen ist durch unvollständige Sätze (Ellipsen), Ausrufe- und Fragesätze gekennzeichnet. Dagegen finden sich in den restlichen Strophen relativ lange, vollständige Sätze, die auffallend oft durch die Konjunktion „und" verbunden sind. Durch diese monotone Satzverbindung soll das Rollen des Zuges, die monotonen Bewegungen seines Radwerks, vielleicht sogar die Unausweichlichkeit der Katastrophe zum Ausdruck kommen. Auf die Frage, welches Stilmittel eine ähnliche Funktion hat, sollten die häufigen Alliterationen („ohne Rast und Ruh", „wie's auch rast und ringt und rennt") genannt werden. Die Alliteration in Vers 48 („wütender wurde der Winde Spiel") wird dagegen eher als Nachahmung des Geräuschs eines wehenden Sturms empfunden werden. Ein weiteres lautliches Phänomen, auf das die Aufmerksamkeit gelenkt werden sollte, sind die hellen, schrillen i- und ei-Laute des Hexengesprächs, am Schluß desselben die dumpfen, das Unheil andeutenden a-Laute.

Phase 7: Vorschläge für ein Hörbild

Der Versuch einiger Schüler, die grellen, unheimlichen Gesprächsfetzen der Hexen oder die ängstlichen, ungeduldigen Fragen der Brücknersleut' wirkungsvoll zu lesen, leitet zur abschließenden Phase der Kreativität über. Die Schüler sollen angeregt werden sich zu überlegen, wie man die Ballade in die Form eines später auf Kassette aufgenommenen Hörbildes bringen könnte. Man wird kurz erklären, daß man unter Hörbild eine Art „Kurzhörspiel" versteht, bei dem der Erzähl- und Dialogtext von Geräuschen und eventuell auch von Musik untermalt wird. Mit der Klasse zusammen wird man Überlegungen darüber anstellen,

- wieviele Sprecher man benötigt,
- wer in der Klasse welchen Part am besten sprechen kann,
- welche Geräusche man hören sollte,
- wie sich diese Geräusche erzeugen lassen,
- ob eine Hintergrundmusik erklingen soll und was sich dafür eignen würde,
- wie man durch Ein-, Aus- und Überblenden den zeitlichen Ablauf steuern kann,
- ob der Zeitungsbericht am Anfang des Hörbildes stehen sollte oder weggelassen wird.

Die Ergebnisse werden in einer Tabelle festgehalten, die folgende Spalten aufweisen müßte: Strophe/Vers, Handlung/Dialog, Sprecher, Geräusche/Musik, Blende. Mit etwas Phantasie lassen sich die benötigten Geräusche leicht künstlich erzeugen. Die folgenden Hinweise sollen nur als Anregungen dienen.

Donner: Kleine Kügelchen, zum Beispiel Murmeln oder Haselnüsse, in einen Luftballon stecken, diesen aufblasen und die Kugeln ganz dicht am Mikrofon kräftig gegeneinander donnern lassen.

Regen: Reis aus einer Tüte in eine Pappschachtel prasseln lassen, wobei das Mikrofon etwa einen Meter entfernt ist.

Wind: Mit einer Kleiderbürste über ein Stück Stoff oder Pappe reiben.

Dampflok: Zwei Papiere gegeneinander reiben (rhythmisch!).

Signalhorn: Über den Hals einer leeren Flasche blasen.

Brückeneinsturz: Einen mit Besteck gefüllten Kochtopf fallen lassen.

Aufschlag im Wasser: Einen mit einem Tuch umwickelten Bauklotz in eine Wasserschüssel fallen lassen, wobei das Mikrofon dicht am Schlüsselrand ist.

(Vgl. hierzu: Knister: Mikromaus mit Mikrofon. Spiele mit dem Kassettenrecorder. Würzburg ^{2}1988. [Arena-Taschenbuch Bd. 1549]. S. 50–64)

Hausaufgabe:
Das Besorgen der notwendigen Hilfsmittel (für Geräusche, Musik) und das Einüben der Sprecherrollen durch die dafür ausgewählten Schüler ist Bestandteil der Hausaufgabe, so daß in der nächsten Stunde das Hörbild aufgenommen werden kann. Man wird hierfür die gesamte Stunde benötigen, da sicherlich mehrere Durchläufe nötig sein werden
(= 4. Stunde).

5. Stunde: Fontane: John Maynard Beispiel für die Heldenballade – Umsetzung der Ballade in einen Zeitungsbericht

Stundenziele

Die Schüler sollen

- die Situation, die den Rahmenstrophen zugrunde liegt, erkennen;
- Vermutungen über John Maynards Leistungen äußern;
- den Inhalt der Ballade kurz zusammenfassen können;
- den Spannungsbogen der Balladenbehandlung erkennen;

- die Mittel, mit denen Fontane Spannung erzeugt, benennen können;
- das Stilmittel der Wiederholung erkennen;
- die Merkmale der Gattung Ballade am Text nachweisen können;
- die Unterschiede zu Fontanes Ballade „Die Brück' am Tay" erkennen;
- den Begriff Heldenballade kennenlernen;
- die Ballade wirkungsvoll vortragen können;
- einen Zeitungsbericht formulieren, der als Vorlage gedient haben könnte.

Vorbemerkungen

Wie in der „Brück' am Tay" geht es auch in „John Maynard" um das Gefährdetsein des Menschen angesichts des technischen Fortschritts (Dampfschiffahrt) und der Naturelemente (Wasser, Feuer). War in der „Brück' am Tay" aber die Natur den Errungenschaften der Technik überlegen, so stellt Fontane nun die Bewältigung der Katastrophe durch den Menschen in den Mittelpunkt. Die Naturelemente werden nicht mehr dämonisiert, sondern durch die sittliche Stärke des einzelnen überwunden. Seine literarhistorische Bedeutung erhält diese Ballade als „. . . beispielhafter Versuch, sittliche Vorbilder in der zeitgenössischen Wirklichkeit, genauer: in der modernen Arbeitswelt, zu entdecken." (Hinck, 1968. S. 97)
Während die „Brück' am Tay" als Beispiel für die naturmagische (bzw. nach Hinck für die nordische) Ballade stand, ist „John Maynard" typisch für die Helden- (bzw. legendenhafte) Ballade. Diese Unterschiede sowie das immer noch aktuelle, die Schüler interessierende Thema einer Schiffskatastrophe rechtfertigen die Behandlung dieser zweiten großen Ballade Theodor Fontanes.

Die Quelle des zwischen 1875 und 1886 entstandenen Textes war möglicherweise ein Zeitungsbericht oder die Chronik der Stadt Buffalo (vgl. Neis, Edgar: Interpretationen von 66 Balladen, Moritaten, Chansons. Analysen und Kommentare. Hollfeld ^{4}1981. S. 98).
Wie in der „Brück' am Tay" wählte Fontane wieder die Rahmenform. Doch ist das dramatische Geschehen nun nicht mehr in zwei die Ursache der Katastrophe nennende, sondern in zwei die Reaktionen der Mitmenschen schildernde Strophen eingebettet. Statt der Verächtlichmachung der menschlichen Werke durch personifizierte Naturgewalten erfolgt nun ein Lobpreis menschlicher Tugend. Der Name des Helden wird dabei durch die Reimlosigkeit und die exponierten Stellen, an denen er auftaucht (Strophenanfang, Strophenende, Versende), besonders herausgehoben.
Nach der Szene an Maynards Grab, an dem ein Fremder die Frage stellt, wer der Tote gewesen sei, wird das Geschehen auf dem Schiff, der Ausbruch des Feuers und die Panik unter den Passagieren bis zur Rettung und dem Begräbnis in einer für das moderne Erzählen typischen Rückblende aufgerollt. Der Mittelteil besteht aus einem Wechsel zwischen der knappen, drastischen Schilderung der zunehmenden Gefährdung der Passagiere und dem Dialog zwischen Steuermann und Kapitän. Die vielen sch-Laute, vor allem in Strophe II (Vers 9!), vermitteln durch die lautliche Imitation des aufschäumenden Wassers einen akustischen Eindruck von der frohen, zügigen Fahrt der „Schwalbe". Spannung erzeugt Fontane durch den mehrmaligen Schauplatzwechsel (Bugspriet, Steuerrad), durch den Wechsel zwischen Erzählerbericht und sich zuspitzendem Dialog, durch die Wiederholung der immer kürzer werdenden Zeitangaben und durch die Verwendung

des historischen Präsens (nur in Strophe III, Vers 3–4 wird das Imperfekt verwendet, vermutlich, um den Ausbruch des Feuers besonders hervorzuheben). Die kurzen Sätze, die durch Apokope und Synkope häufig verkürzten Wörter (Kajüt', sich's schallt's, halt's, Stund', Rund', klingt's) und die Häufung der Konjunktion „und" vermitteln neben den vielen Ausrufen dem Leser einen Eindruck von der dramatischen Rettungstat bzw. der Hektik auf dem Schiff. Die Strophe VII, ein Zweizeiler, schildert das Ende der Rettung und den Tod Maynards, der im vom Fahrtwind ans Steuer gewehten Qualm erstickt. Durch den Verzicht auf finite Verben und den Ersatz durch drei Partizipien wirken diese beiden, den Höhepunkt darstellenden Verse sehr statisch, betonen die Endgültigkeit des Zustandes, setzen eine Art Schlußpunkt. Gleichzeitig bildet diese Kurzstrophe die Gelenkstelle zwischen der Katastrophe und dem Begräbnis des Helden. Die beiden folgenden Strophen, die die Beerdigung zum Inhalt haben, führen den Spannungsbogen zurück zum Ursprung, dem Lobpreis Maynards. Die drei letzten Verse sind schließlich identisch mit den drei letzten Versen der ersten Strophe (Rahmen).

Unterrichtsverlauf

Einstieg:
Vers 1 der Ballade

Der Lehrer liest der Klasse zunächst nur den 1. Vers der Ballade vor: „John Maynard". Die Schüler werden sofort die Frage stellen, wer dies gewesen sei. Falls sie dies nicht tun, sollte man sie auffordern, darüber nachzudenken, welche Frage sich demjenigen, der die Ballade noch nicht kennt, an dieser Stelle des Gedichts stellt.

Phase 1:
Situation der Rahmenstrophen – Vermutungen über Maynards Leistung – vollständige Textbegegnung

Die Frage, die die Schüler nach dem kurzen Einstieg selbst formulierten, ist exakt der Vers 2 der Ballade: „Wer ist John Maynard?" Um sie zu beantworten, werden zunächst nur die erste und letzte Strophe der Ballade verteilt und vom Lehrer vorgelesen. Dann wird die Situation, die im Rahmenteil zugrunde liegt, erarbeitet. Dazu gehören der Ort des Geschehens (Friedhof), die Sprecher (Fremder, Besatzungsmitglied eines Schiffes) und der Grund für Maynards Verehrung (Heldentat bei einem Schiffsunglück). Die Schüler können nun noch Vermutungen darüber anstellen, welches Unglück passiert und was John Maynard dabei geleistet haben könnte. Dieses mündliche Vorgestalten soll bei den Schülern Interesse für das Gedicht wecken. Dann wird die Spannung gelöst und die Ballade vollständig vorgetragen bzw. mittels einer Kassettenaufnahme (vgl. Diskographie Nr. 3) vorgestellt (Mat. 21).

Phase 2:
Inhalt – Spannungsbogen

Nach einigen Worterklärungen (Eriesee, Bugspriet), die durch eine Karte Nordamerikas unterstützt werden können, sollen die Schüler den Inhalt der Ballade kurz zusammenfassen: Das Passagierschiff „Schwalbe" fährt von Detroit nach Buffalo auf dem Eriesee. Nach anfänglich heiterem Verlauf der Fahrt bricht an Bord Feuer aus, die Passagiere geraten in Panik und sammeln sich vorne am qualmfreien Bugspriet, während hinten am rauchverhangenen Steuerrad John Maynard durchhält, das Schiff ans Ufer setzt und im Qualm erstickt. Den Passagieren und Besatzungsmitgliedern hat er aber das Leben gerettet. Alle Einwohner der Stadt erweisen dem Helden bei seiner Beerdigung die letzte Ehre und stiften einen Grabstein. Auf einem vorbereiteten Arbeitsblatt (siehe Beilage) werden während und nach der Besprechung des Inhalts die Spannungskurve des Mittelteils und der Lobpreis der Rahmenstrophen festgehalten. Damit den Schülern die Ergebnisse der Behandlung besser im Gedächtnis haften bleiben, stellt das Schema ein Segelschiff dar, wobei die Form des Segels gleichzeitig als Spannungskurve dient. Der Inhalt der Gelenkstrophe (Strophe VII) steht an der Spitze des Segels (Höhepunkt).

Phase 3:
Sprache und Form

Nach der ausführlichen Besprechung des Inhalts und des Spannungsbogens sollen nun Sprache und Form im Mittelpunkt der Behandlung stehen. Die Überleitung hierzu erfolgt durch die Frage, wodurch Fontane die Spannung steigern konnte. Die Wiederholung von Zeitangaben wird sicher als spannungserzeugendes Mittel erkannt werden (Eintrag auf das Arbeitsblatt). Ein Vergleich mit spannenden Filmszenen, in denen immer wieder eine vorrückende Uhrzeit eingeblendet wird, bietet sich an. Ebenfalls dürfte den Schülern der mehrmalige Wechsel des Schauplatzes vom Film her bekannt sein (Bugspriet – Steuer). Aber auch der Wechsel zwischen Erzählerbericht und Dialog und das historische Präsens sollten erwähnt werden. Nicht vergessen werden sollten dabei die Verse 3–4 von Strophe III, die den Ausbruch des Feuers schildern und im Imperfekt stehen, wodurch sie besonders herausgehoben werden. Auf die Frage, wie sich die Hektik des Geschehens sprachlich niederschlage, sollten die kurzen Sätze, die durch Weglassen der Anfangs- und Endvokale verkürzten Wörter die Häufung der Konjunktion „und“ und die vielen Ausrufe genannt werden. Die kürzesten Sätze stehen in der kürzesten Strophe. Läßt man die Schüler versuchsweise die drei „Kurzsätze“ durch ein finites Verb vervollständigen („Das Schiff war geborsten. Das Feuer verschwelt. Gerettet alle.“), werden sie sicherlich schnell merken, wie Fontane durch die drei Partizipien die Endgültigkeit des Zustandes besonders hervorhebt und das Aufatmen der Passagiere nach der Rettung ausdrückt.
Als weiteres wichtiges Stilmittel sollten die Wiederholungen angesprochen werden: „Der schaut nach vorn und schaut in die Rund'“ (Vers 16), „Ein Qualm . . . Ein Qualm . . .“ (Vers 21–22), „Am Bugspriet . . . Am Bugspriet . . .“ (Vers 25–26; Vers 42/43).

Phase 4:
Merkmale der Ballade – Vergleich mit der „Brück' am Tay“

Dem Nachweis der Balladenmerkmale am Text (lyrische Form, Dialogteile, Erzählung einer Handlung) folgt ein Vergleich mit Fontanes „Brück' am Tay“. Die unterschiedliche Gestaltung des Rahmenteils, die fehlende Dämonisierung der Naturelemente und die sich schon in den unterschiedlichen Titeln andeutende Tatsache, daß nun nicht die Zerstörung eines technischen Werks, sondern die Heldentat eines Menschen in den Mittelpunkt gestellt wird, dürften die Schüler leicht erkennen. Der Typ der Heldenballade läßt sich nun leicht einführen und im Heft definieren: „Die Heldenballade stellt das beispielhafte Verhalten eines Menschen in einer schwierigen Situation dar.“

Phase 5:
Ausarbeitung eines wirksamen Vortrags – Vorbereitung der Hausaufgabe
(Verfassen eines Zeitungsberichts)

Die Zielangabe, einen guten Vortrag zu erarbeiten, leitet die letzte Phase ein. Herausgearbeitet werden müßte die unterschiedliche Betonung und Intonation von Rahmen und Erzählteil. Während Anfang und Ende der Ballade in einem feierlichen, getragenen Ton gehalten sein und relativ langsam gelesen werden sollten, muß man den Mittelteil zunächst beschwingt und fröhlich (Strophe II), dann immer hastiger, atemloser, gehetzter (Strophe III–VI), schließlich erleichtert und aufatmend (Strophe VII) und ruhig (Strophe VIII) lesen. Ein Vortragen mit verteilten Rollen (Erzähler, Fremder, Besatzungsmitglied, Maynard, Kapitän) bietet sich an.

Hausaufgabe:
Die Frage, was Fontanes Vorlage gewesen sein könnte, führt zur Stellung der Hausaufgabe: Die Schüler sollen einen Zeitungsbericht verfassen, der das Geschehen objektiv schildert. Wichtig ist der Hinweis auf die W-Fragen, die in einem vollständigen, informativen Zeitungsbericht beantwortet werden sollten. WAS geschah, WO, WANN, WIE, WARUM und WER war daran beteiligt? Bleibt noch Zeit, können die wichtigsten Antworten auf diese Fragen stichpunktartig gesammelt werden.

WO: Eriesee, auf der Strecke Detroit – Buffalo

WANN: abends („Dämmerlicht", Vers 13), 20 Minuten vor der Ankunft in Buffalo

WAS: Feuer aus Kajüte und Luke, Panik und Aufregung unter den Passagieren, die sich am Bugspriet versammeln, Landung am Strand von Buffalo, Brechen des Schiffes, Rettung der Besatzungsmitglieder und Passagiere, Tod des Steuermanns durch Ersticken, Beerdigung unter Anteilnahme der gesamten Stadt, Grabstein mit Dankspruch

WIE: Zugwind treibt Qualm ans Steuer, ständige Fragen des Kapitäns und Aufmunterungen

WER: John Maynard, Steuermann auf der „Schwalbe"

Fehlende Informationen, wie das genaue Datum oder die Ursache des Brandes, sollen die Schüler glaubwürdig erfinden und ergänzen. Als Beispiel könnte den Schülern ein aktueller Zeitungsbericht über einen Brand auf einem Fährschiff (Mat. 22) vorgelegt werden.

6. Stunde: Schiller: Die Bürgschaft Beispiel für die Ideenballade

Stundenziele

Die Schüler sollen
- den Inhalt der Ballade mit Hilfe von Worterklärungen verstehen;
- sich kritisch über die Glaubwürdigkeit des Geschehens äußern können;
- den Tyrannen als in sich widersprüchlichen Charakter erkennen;
- die für den Aufbau kennzeichnende doppelte Rahmenstruktur der Ballade durchschauen;
- die vierte Gefährdung Damons als die größte erkennen und die Gründe hierfür nennen können;
- erkennen, daß Freundschaft und ein gegebenes Versprechen dem Helden

wichtiger sind als sein Leben, und aus ihrer Sicht dazu Stellung nehmen;
- den Begriff „Ideenballade" kennenlernen;
- die Fragwürdigkeit der Ideale Schillers erkennen;
- sprachliche Mittel finden, die die Spannung und Dramatik der Ereignisse erhöhen.

Vorbemerkungen

Schiller schrieb seine Ballade 1798 und verarbeitete dabei eine lateinische Anekdote aus der Sammlung des „Hyginus" (Bibliothekar des Kaisers Augustus). Dieser Rückgriff auf ein Werk der Antike sowie die Idealisierung der Menschen weist die Ballade als typisches Erzeugnis der Klassik aus. Die humanistischen Ideale der Freundschaft und der Pflichterfüllung werden in der Figur des Rebellen Damon (in der Quelle: Möros) gezeigt, der nach einem mißglückten Umsturzversuch in Syrakus gekreuzigt werden soll, dann aber vom Tyrannen Dionys drei Tage Aufschub erhält, um seine Schwester zu verheiraten. Als Bürge muß ein Freund zurückbleiben, der hingerichtet werden soll, falls Damon nicht innerhalb der Frist zurückkehrt. Keines der Hindernisse, die sich Damon entgegenstellen (Unwetter, Räuber, Durst), können ihn davon abhalten, seiner sittlichen Pflicht nachzukommen. Seine Verbundenheit mit dem Freund gibt ihm übermenschliche Kräfte, die dem heutigen Leser übertrieben und unglaubwürdig vorkommen. Der Wille und der Selbsterhaltungstrieb sind stärker als die dämonischen Gewalten der Natur, deren Spielball der Mensch nun nicht mehr ist.
Die größte Gefährdung kommt aber auf ihn zu, als ihm zuerst die Hinrichtung des Freundes gemeldet wird und ihm dann sein Diener rät, wenigstens sein eigenes Leben zu retten. Damon muß nun seinen Selbsterhaltungstrieb überwinden, der ihm vorher so ungeheure Kräfte verliehen hat, und gelangt gerade noch rechtzeitig an den Ort der Kreuzigung, wo ihm der doch noch nicht getötete Freund in die Arme fällt. Damon handelt nach der kodifizierten Moral des bürgerlichen Untertans, „der im Zweifelsfalle sich stets für die überindividuellen Sinngebungen seiner Existenz entscheidet. Gewissenhafte Pflichterfüllung in Absehung von rein subjektiven Interessen ist das asketische Ideal des Bürgertums und in letzter Konsequenz das Geheimnis seines Erfolgs und seines sozialen Aufstiegs." (Freund, 1978, S. 46)
Der Glaube an das Gute im Menschen, der für die Epoche der Klassik kennzeichnend ist, hat sich bewahrheitet und zeigt sich nun auch noch in der überraschenden Bekehrung des Tyrannen, der wie Thoas in Goethes „Iphigenie" von der Humanität menschlich gerührt wird, Damon begnadigt und dem Freundschaftsbund beitreten möchte. Wie schon bei Damon wird die freie Entscheidung des Menschen zur sittlichen Tat vorgeführt. Die freundschaftliche Verbindung von Herrscher und Untertan kann als Ausdruck der Verflechtung feudalaristokratischer und großbürgerlicher Interessen am Ende des 18. Jahrhunderts gedeutet werden (vgl. a.a.O., S. 49).
Nicht nur das idealtypische Verhalten der Personen und der vermittelnde Schluß, auch der Aufbau der Ballade weist diese als Produkt der Klassik aus. Die symmetrische Anordnung der Strophen erinnert an das Aufbauschema des klassischen Dramas: Der die sich steigernden Gefährdungen schildernde Mittelteil (Strophe VI–XVII) wird umrahmt von den Strophen, in denen Damon und sein für ihn bürgender Freund handeln und sprechen

(IV/V–XVIII/XIX), und den Strophen, die den Konflikt zwischen Damon und Dionys bzw. dessen Lösung (I–III bzw. XX) zeigen.
Die Vorausdeutungen auf das dem Freund drohende Schicksal, die immer neuen Verzögerungen und retardierenden Momente, die vielen, die Ereignisse beschleunigenden „und" und die fast genauso zahlreichen, immer neue Hindernisse und Zwischenfälle in die Handlung einführenden „da", schließlich der ständige Hinweis auf den Stand der Sonne erhöhen die Spannung und die Dramatik der Ballade.
Schillers „Bürgschaft" kann als exemplarischer Vertreter des Typs der sogenannten Ideen- oder legendenhaften Balladen, die vor allem in der Klassik entstanden, stehen. Daraus rechtfertigt sich ihre Behandlung im Unterricht, auch wenn das übertriebene Pathos heute fast lächerlich, auf jeden Fall unglaubwürdig wirkt und die vorgeführten idealtypischen Verhaltensmuster heute nicht mehr aktuell sind und Anlaß zu Kritik geben, wozu den Schülern ausdrücklich Gelegenheit gegeben werden soll. Ferner soll das Schwergewicht der Behandlung auf der Untersuchung der strukturellen und sprachlichen Faktoren, die Schillers Intention entgegenkommen, liegen. Die idealistische Weltsicht wird vor dem Hintergrund der materialistischen Weltsicht Brechts deutlicher. Deshalb soll Brechts Gegentext „Über Schillers Gedicht ‚Die Bürgschaft'" in den Unterricht einbezogen werden.
Auf keinen Fall soll Schillers Ballade in Frage gestellt werden. Es soll lediglich die Inaktualität der dargestellten Ideale verdeutlicht werden.

Unterrichtsverlauf

Einstieg:
Historischer Hintergrund

Für die Behandlung von Schillers „Bürgschaft" ist es notwendig, den historischen Hintergrund vorab zu klären, um den Schülern das Verständnis des Textes zu erleichtern. Eventuell kann man dabei auch an den Geschichtsunterricht anknüpfen, der häufig in der 7./8. Jahrgangsstufe die Behandlung der Antike vorsieht. Der Lehrer sollte erzählen, daß Syrakus, ein griechischer Stadtstaat auf Sizilien, im Peloponnesischen Krieg (400 v. Chr.) einen Angriff der Athener abwehrte und unter dem Tyrann Dionysios (406–367) seinen politischen und wirtschaftlichen Höhepunkt erreichte. Da dieser aber in beständiger Furcht vor einem Umsturz lebte, wurde jeder Verdächtige hingerichtet. Von einer Heranziehung der Quelle, die von dem römischen Fabeldichter „Hyginus" (vermutlich ein Bibliothekar unter Augustus) stammt, ist abzuraten, da durch ihre Lektüre die gesamte Spannung von der Ballade genommen würde.

Phase 1:
Textbegegnung

Ein wirkungsvoller Vortrag der Ballade (Mat. 23) durch einen Schauspieler mittels einer Schallplatten- oder Kassettenaufnahme (vgl. Diskographie Nr. 1, 3 und 4) macht die Klasse mit dem Text bekannt. Nach jeder Strophe sollte aber das Gerät angehalten werden, um den Schülern nötige Erklärungen zu geben, die das weitere Verstehen des Textes ermöglichen. Da dadurch der Gesamteindruck der Ballade verlorengeht, sollte sie anschließend (evtl. auch erst am Schluß der Stunde) im Ganzen vorgespielt werden.

Folgende Erklärungen dürften notwendig sein:

„Häscher“ (I,3): Leibwachen
„in Bande schlagen“ (I,3): fesseln
„die Schwester dem Gatten freien“ (II,5): die Schwester verheiraten (es war die Aufgabe des ältesten Bruders, die jüngere Schwester zu verheiraten, falls der Vater nicht mehr am Leben war)
„Bürge“ (II,6): Gewährsmann, menschliches Pfand
„er muß erblassen“ (III,6): er muß sterben
„gebeut“ (IV,1): befiehlt, gebietet
„das frevelnde Streben bezahlen“ (IV,3): das Attentat sühnen
„die Bande lösen“ (IV,7): aus den Fesseln befreien
„die Frist verfehlen“ (V,7): zu spät kommen
„die Stimme, die rufende, schicket“ (VII,3): er ruft um Hilfe
„Nachen“ (VII,4): Boot
„so muß der Freund mir erbleichen“ (VIII,7): der Freund muß sterben
„die raubende Rotte“ (X,3): die Räuberbande
„für Schrecken bleich“ (XI,1): bleich vor Schreck
„die Sonne versendet glühenden Brand“ (XII,1): die Sonne sticht vom Himmel
„Matten“ (XIV,2): baumlose Wiesen, vor allem im Hochgebirge
„des Hauses redlicher Hüter“ (XV,6): Hausdiener
„kann ich ihm nicht ein Retter willkommen erscheinen“ (XVII,1–2): Wenn ich ihm nicht helfen kann
„dichter Chor“ (XVIII,5): Menge des Volkes
„Wundermär“ (XIX,5): wunderbare Geschichte
„leerer Wahn“ (XX,4): inhaltloses Gerede

Als Alternative wäre denkbar, den abgezogenen Text der Ballade mit den obigen Worterklärungen am Rand der jeweiligen Verse zu versehen und den Schülern zu verteilen, damit sie sich vor dem Anhören der Platte (Kassette) in einer Phase des stillen Lesens mit dem Inhalt und den schwierigen Passagen vertraut machen können.

Nachdem die Schüler die Ballade kennengelernt haben, sollen sie Gelegenheit erhalten, sich spontan zu ihrem Inhalt zu äußern. Dabei sollen kritische Äußerungen als durchaus berechtigt angesehen werden. So dürften vielen Schülern die Leistungen Damons, z. B. als er eine ganze Räuberbande in die Flucht schlägt, seine Rückkehr in buchstäblich letzter Sekunde oder der plötzliche Gesinnungswandel des Tyrannen recht unglaubwürdig erscheinen. Auch die zeitlich nur wenige Stunden auseinanderliegende Aufeinanderfolge von heftigen Regengüssen und großer Dürre klingt unlogisch. Unklar ist ferner, warum Damon nicht seinen Attentats- und Umsturzversuch fortsetzt und seinen Freund dadurch befreit. Alles in allem scheint der Vergleich mit einem Comic-Helden nicht abwegig zu sein.

Phase 2:
Charakter des Dionys

An die kritischen Äußerungen zum psychologisch unwahrscheinlichen und unerwarteten Wandel des Tyrannen anschließend, soll dessen Charakter kurz beschrieben werden. Hervorzuheben sind im Unterrichtsgespräch seine Arglist (III,1), denn er erwartet den Verrat Damons, seine Unbarmherzigkeit (er will den unschuldigen Freund wirklich hinrichten lassen), aber auch seine bereitwillige Fügung unter die heilige Sitte des Landes (er läßt Damon zu seiner Schwester) und seine menschlichen Regungen am Ende.

Phase 3:
Aufbau – Sieg der sittlichen Pflicht

Läßt man sich nach dieser Kurzcharakteristik des Tyrannen die Strophen nennen, in denen er direkt zu Wort kommt oder handelt, kann man zur Behandlung des Aufbaus überleiten. Es sind nämlich die Strophen I–III und XX, also Anfang und Ende der Ballade, wobei der Gesprächspartner stets der Rebell Damon ist. Die Handlung dieser Strophen wird stichpunktartig an der Tafel notiert und der Rahmen, den sie bilden, wird darum herum skizziert. Ebenso wird mit dem inneren, zweiten Rahmen verfahren, den die Schüler leicht ausmachen werden. Er besteht aus den Strophen IV/V und XVIII/XIX, da hier Damon und sein Freund handelnd und sprechend auftreten. Den Inhalt des verbleibenden Mittelteils (VI–XVII) sollen die Schüler in einer kurzen Phase der Stillarbeit gliedern. Die verbindende inhaltliche Klammer ist die Gefährdung der rechtzeitigen Rückkehr Damons (Tafelanschrieb). Die Ergebnisse der Stillarbeit ergänzen das Tafelbild: Hochwasser (VI–IX), Räuber (X–XI), Erschöpfung (XII–XIII) und der Rat des Dieners (XV–XVII) sind die vier Hindernisse auf dem Rückweg des Damon. Als Grund dafür, daß der ersten Gefährdung vier Strophen, den nächsten dagegen nur je zwei Strophen eingeräumt werden, soll von den Schülern die zunehmende Hektik des Geschehens, aber auch die steigende Angst Damons genannt werden. Als größte Gefährdung werden die Schüler auf die entsprechende Frage des Lehrers die letzte nennen, da Damon hier nach der Falschmeldung vom Tod des Freundes die verlockende Möglichkeit in Aussicht gestellt wird, sein Leben zu retten. Vorher wurde sein Leben von einer Naturkatastrophe, einer Räuberbande und körperlicher Erschöpfung bedroht. Dreimal erfolgte die Überwindung der Gefährdung aus dem Antrieb, sein Leben zu retten, jetzt besteht die Gefährdung der rechtzeitigen Rückkehr in der Möglichkeit, lebend davonzukommen. Damon muß nicht mehr sein Leben retten, er kann es. Herausgearbeitet werden muß auch, daß es jetzt nicht mehr um die Rettung des (angeblich hingerichteten) Freundes geht, sondern allein um den Beweis des pflichtgemäßen Verhaltens. Damon will zeigen, daß ihm die Einhaltung des gegebenen Versprechens wichtiger ist als sein Leben. Als Triebfedern für das sittliche Verhalten des Helden sollen die Schüler die Freundschaft und das Pflichtgefühl erkennen (s. Tafelanschrieb).

Diese Einsicht ist nötig, damit nun die Frage nach dem Balladentyp richtig beantwortet werden kann. Denn angemessener als die Bezeichnung „Heldenballade“ (was wohl einige Schüler vorschlagen werden) ist hier die Bezeichnung „Ideenballade“. Im Heft wird die für sie erarbeitete Definition festgehalten: Im Mittelpunkt der Ideenballade steht ein aktiv handelnder Mensch, der sein Leben für ein ihm wichtiger erscheinendes Ideal aufs Spiel setzt.

Abschließend sollten das Verhalten des Dionys und die Ideale, an denen es sich ausrichtet (Freundschaft, Pflicht), aus der heutigen Sicht kritisch überprüft werden. Diskutiert werden könnte z. B. die Frage, ob Dionys uns heute als Vorbild dienen kann.

Hausaufgabe:
Die formalen Besonderheiten der Ballade sollen die Schüler zuhause untersuchen. Als übergeordneter Auftrag kann auch untersucht werden, wie Schiller die Ballade spannend und dramatisch gestaltet.

7. Stunde: Brecht: Über Schillers Gedicht „Die Bürgschaft“ Gegentext zu Schillers Ideenballade

Vorbemerkungen

Vgl. Vorbemerkungen zur 6. Stunde.

Phase 1:
Besprechung der Hausaufgabe

Folgende Ergebnisse können erwartet werden:
- die vielen „und“ beschleunigen das Tempo, die vielen Versanfänge mit „da“ unterbrechen den Ablauf der Ereignisse und bringen neue Entwicklungen oder neue Hindernisse ins Spiel, wirken also verzögernd;
- auch die Monologe und Dialoge sind Verzögerungen;
- die Vorausdeutungen auf das dem Freund drohende Schicksal am Ende der Strophen VIII, XII und XIV erhöhen die Dramatik;
- die häufige Nennung des Sonnenstandes (V,4; VIII,4–5; XII,1; XIV,1; XV,3; XVIII,1) drückt Damons Zeitnot aus und erhöht ebenfalls die Spannung. Im Tafelbild läßt sich der Gang der Sonne mit einer Klammer, welche auch die Hektik der sich übersteigernden Ereignisse verdeutlicht, veranschaulichen.

Phase 2:
Inhaltliche Unterschiede zwischen Schillers Ballade und Brechts Gegentext

Nach der Behandlung der Hausaufgabe soll ein Vergleich mit Brechts Gegentext „Über Schillers Gedicht ‚Die Bürgschaft‘“ (Mat. 24) den Schülern nochmals die idealistische Position des Klassikers vor Augen führen. Nach der Lektüre des Brecht-Textes wird man zunächst die Frage nach den entscheidenden Unterschieden zu Schillers Original und ihrer Wirkung stellen. Auffallen dürfte zunächst, daß Brecht statt der inhaltsbetonten Ballade das sehr formbetonte Sonett als Gattung wählte, wodurch bereits ein Kontrast zwischen klassischer Formstrenge und inhaltlicher Kritik an klassischen Idealen entsteht. Auch müßten den Schülern sofort die umgangssprachlichen Formulierungen ins Auge fallen, die sich von der Sprache in Schillers Ballade absetzen: Die Namen der Personen werden zu „der eine“ und „dem andern“ (V. 2), wodurch das Geschehen auf die Ebene des Alltäglichen zurückgeführt wird. Dazu trägt auch bei, daß das Verhältnis zwischen Damon und Dionys zu der Beziehung Schuldner – Geldgeber (V. 2, 4, 5, 11) heruntergespielt wird. Dadurch wirkt das Geschehen in Schillers Ballade lächerlich und fragwürdig: Der Schuldner hat es bei Schiller mit dem Zahlen eilig (vgl. V. 11). Auch die Ursache der Bürgschaft wird banalisiert: Der Schuldner fährt auf eine Hochzeit (V. 4).

Phase 3:
Stilmittel in Brechts Gegentext und deren Funktion

Die Frage nach den sprachlichen Formulierungen, die auch in Schillers Original stehen könnten, leitet über zur Betrachtung der Stilmittel in Brechts Gegentext. Denn der erste Vers bei Brecht („O edle Zeit, o menschliches Gebaren“) entspricht dem Schillerschen Pathos und hebt sich von den anderen Versen Brechts ab. Er ist eine ironische Anspielung auf die Sprache der klassischen Ballade. Auch durch Antithesen („Der ist tyrannisch, doch er zeigt Geduld“, V. 3), Wortspiel („. . . natürlich die Natur“, V. 6) und Umkehrung („Am End war der Tyrann gar kein Tyrann", V. 14) wird Schillers Text verfremdet und als inaktuell dargestellt. Die Frage, warum Brecht soviel Kritik an Schiller übt, werden auch schon Schüler der 8./9. Jahrgangsstufe beantworten können. Als Hilfestellung könnte man fragen, welcher Tyrann ein Zeitgenosse Brechts war.

Phase 4:
Freundschaft

Eigene Erfahrungen der Schüler zum Thema Freundschaft könnten die Stunde abschließen.

8. Stunde: Heine: Belsazar Beispiel für die Schicksalsballade (Hybris-Typ) – Umsetzung der Ballade in einen Videofilm

Stundenziele

Die Schüler sollen
- einen Einblick in die Geschichte des babylonischen Reiches bekommen;
- Vorschläge zur filmischen Umsetzung der Ballade machen und dabei insbesondere die Gegensätze zwischen Teil 1 und 2 der Ballade hinsichtlich der Geräuschkulisse, der Mimik und Gestik Belsazars sowie den sich verengenden Blickwinkel von Strophe I bis VI erkennen;
- die herausragende Stellung der Strophe XIII inhaltlich, metrisch und strukturell begründen;
- die Begriffe Hybris und Nemesis kennenlernen und auf die Ballade anwenden;
- den Begriff „Schicksalsballade" kennenlernen;
- Unterschiede zwischen Balladentext und biblischer Vorlage erkennen;
- Gründe für Heines Veränderungen nennen können,
- Heines Intention erkennen;
- auffallende formale Gestaltungsmittel und ihren Bezug zum Inhalt erkennen.

Vorbemerkungen

1822 lag die Ballade erstmals gedruckt vor und wurde fünf Jahre später mit geringfügigen Änderungen dem „Buch der Lieder" einverleibt. Angeregt wurde Heine durch Lord Byrons Gedicht „Vision of Belshazzar" (1814). Als Vorlage dürfte ihm das Alte Testament (Buch Daniel, Kapitel 5, 1–30) gedient haben, das er aber seiner Intention gemäß abänderte. In beiden Texten läßt Belsazar die aus Jerusalem geraubten Tempelgefäße holen. Während in der Bibel der zechende babylonische König aber nur seinen Götzenbildern huldigte, läßt ihn Heine den christlichen Gott verhöhnen. Seine Schuld besteht nun nicht nur darin, daß er sich an Heiligtümern eines anderen Volkes vergeht und gegen göttliche Verbote verstößt, sondern darin, daß er sich in selbstherrlicher Manier als mächtigsten Mann Babylons bezeichnet und den Gott der Juden verhöhnt. Die metaphysische Hybris wurde zu einer politischen, das religiöse Problem zu einem macht- und gesellschaftspolitischen Fall (vgl. Windfuhr, Manfred: Heinrich Heine. Revolution und Reflexion. Stuttgart 1969. S. 31).
Während die biblische Quelle allgemein von der Tötung Belsazars spricht, fügte Heine ausdrücklich hinzu, daß die Mörder die Knechte des Königs waren, die kurz vorher noch mit ihm gefeiert hatten. (Vielleicht liegt dieser Änderung ein Mißverständnis Heines zugrunde. Bei Lord Byron waren mit „knights" Ritter und

Adelige gemeint, nicht Knechte, wie Heine verstanden haben mag.) Der Sturz Belsazars wurde von Teilen des Volkes herbeigeführt, was die Möglichkeit eines plötzlichen Umschlags der Macht verdeutlichen soll und dem Text seine politische Dimension gibt. Die Lehre, die Warnung vor politischer Selbstherrlichkeit, soll der Leser selbst finden. Heine ließ deshalb die Deutung der Schrift durch Daniel weg. Freund sieht in Belsazar eine deutliche Anspielung auf den absoluten Machthaber der Restauration (vgl. Freund, 1978, S. 74). Dem unterprivilegierten Leser „... sollte es im restaurativen Deutschland wie vorher schon Daniel in der babylonischen Tyrannei zufallen, das Ende des Unrechts und der Unterdrükkung einzuläuten." (a.a.O., S. 78). Auf diese politische Dimension des Textes weist auch sein Beginn hin, der den räumlichen Kontrast zwischen Stadt (unten) und Schloß (oben) erwähnt. Christmann dagegen sieht hinter der vordergründigen Balladenhandlung das Wirken der überirdischen Macht Gottes (vgl. Christmann, Helmut: Heinrich Heine. Belsazar. In: Hirschenauer/Weber, S. 261–266. Hier S. 265). „So ist am Ende dieser Ballade alles wieder in die richtige Ordnung gebracht, was beinahe aus den Fugen geraten wäre – das Verhältnis Mensch – Gott!" (a.a.O., S. 266).
Der Aufbau der Ballade unterstreicht die Intention Heines. Nach seiner 6strophigen Einführung, die mit einem Blick auf das nächtliche Babylon beginnt und nach zunehmender Verengung der Perspektive bei den roten Wangen des Königs endet, wird in steigender Anordnung die Hybris Belsazars geschildert, die in der Strophe XIII gipfelt, deren Sonderstellung durch die einzige wörtliche Rede der Ballade, den einzigen auftaktlosen Vers („Ich bin der König von Babylon") und den Wechsel ins Präsens in der Strophe vorher formal ausgedrückt wird. Die nachfolgenden Strophen schildern Belsazars Fall bis hin zur Ermordung durch seine Knechte. Der Unterschied zwischen der steigenden und fallenden Linie schlägt sich in auffallenden antithetisch angeordneten Motiven nieder, die die Mimik und Gestik des Königs (stolzer Blick – stierer Blick, leuchtende Wangen – totenblaß), seine Gemütslage (störrig, kecker Mut, frech – bang, schlotternde Knie), die Geräuschkulisse (Lärm, klirrende Becher, jauchzende, brüllende Knechte, laut rufender König – verstummendes Lachen, leichenstill, kein Laut), ja sogar die Temperaturangaben (heiß, Glut – kalt) betreffen. Auch der Wechsel von einem kraftvoll-wuchtigen zu einem fallenden Rhythmus drückt die psychische Entwicklung Belsazars aus.
Heines Ballade soll die Schüler mit einer typischen Schuld- und Sühnestruktur, wie sie in Texten dieser Gattung häufig vorkommt, bekannt machen. Neu eingeführt werden müssen dabei die Begriffe Hybris und Nemesis. Motivationsfördernd bei der Erarbeitung der zweiteiligen Struktur soll das Projekt einer filmischen Umsetzung der Ballade wirken.

Unterrichtsverlauf

Einstieg:
Aktuelles Ereignis und historischer Hintergrund

Der Klasse wird ein Zeitungsartikel vorgelegt, der das Ende des Ceausescu-Regimes in Rumänien im Dezember 1989 schildert und kommentiert (Mat. 26). Nach einer kurzen Phase spontaner Äußerungen durch die Schüler, welche möglicherweise aufgrund der Aktualität der Ereignisse noch weitere Informationen beisteuern können, kann durch die Frage, ob sich ähnliche Vorgänge schon viel früher, even-

tuell schon in vorchristlicher Zeit, zugetragen hätten, auf die Geschichte Babylons übergeleitet werden.
Der historische Hintergrund muß den Schülern kurz erläutert werden, damit sie später die Ballade besser verstehen und einordnen können. Der Lehrer sollte deshalb nach dem Vorwissen der Schüler über die Stadt Babylon am Euphrat, die 2000 v. Chr. zur Hauptstadt von Babylonien erhoben wurde, fragen. Zur Sprache kommen sollte im Unterrichtsgespräch bzw. im Lehrervortrag (je nach Wissensstand der Klasse), daß die Stadt nach mehrmaliger grausamer Zerstörung durch die Assyrer im 7. und 6. Jahrhundert v. Chr. zur Weltstadt wurde, als Nebukadnezar II (605–562), König von Babylon, sein Reich durch die Eroberung Syriens und Palästinas zur Großmacht erhob, daß Jerusalem bei einem Überfall der Babylonier in Schutt und Asche gelegt wurde und Zehntausende von Israeliten in babylonische Gefangenschaft deportiert wurden, daß aber nach Nebukadnezars Tod ein rascher Verfall des Reiches einsetzte, der damit endete, daß unter dem letzten König, dem heidnischen Göttern huldigenden Nabonid (555–539), die Perser das Land eroberten und dabei Nabonids Sohn Belsazar, der zeitweise die Regierungsgeschäfte führte und den Oberbefehl über die Truppen hatte, töteten. Die Verbannten durften nach Jerusalem zurück, der Perserkönig Cyros herrschte nun über Babylon, das damit als selbständiges Reich aus der Geschichte verschwand. Ein Modell Babylons zur Chaldäerzeit (Mat. 28) könnte die Ausführungen des Lehrers veranschaulichen.

Phase 1:
Textbegegnung – Mittel zur filmischen Umsetzung

Nach der Vorstellung der Ballade (Mat. 25) durch einen Vortrag des Lehrers sollen die Schüler nach Gemeinsamkeiten zwischen Belsazars und Ceausescus Schicksal suchen. Die Tötung zweier Tyrannen, die wichtige Rolle, die dabei Volk und Militär bzw. Knechtschaft spielten, der gespenstische Hintergrund und die Anmaßung der Gottähnlichkeit beider Diktatoren sind die wichtigsten Aspekte dieses Vergleichs. Anschließend sollen sich die Schüler in die Rolle von Regisseuren versetzen, die die Ballade verfilmen wollen. Die zur Verfilmung notwendigen Vorüberlegungen sollten in arbeitsteiliger Gruppenarbeit erfolgen:
Gruppe A: Kameraeinstellungen
Gruppe B: Requisiten und Kostüme
Gruppe C: Maske (vor allem bei Belsazer), Mimik und Gestik
Gruppe D: Erzähler, Dialogtexte zu den Strophen V, VII–IX, XX

Diese Phase lebt von der Kreativität und Phantasie der Schüler. Im folgenden sollen deshalb nur einige der möglichen bzw. erwarteten und von jeweils einem Gruppensprecher vorgetragenen Ergebnisse skizziert werden:

Gruppe A:
Von Strophe I bis VI verengt sich der Blickwinkel ständig (von der Totalen auf Babylon in I, dann auf das Schloß des Königs in II, über die Aufnahme des Königssaals in III und der feiernden Knechte in IV bis hin zur Großaufnahme der Becher in V und der Wangen des Königs in VI). Der Kontrast zwischen den bewegten und geräuschvollen Szenen in Strophe VII–XIII und den starren, stillen Szenen in Strophe XIV–XXI muß auch durch die

Kameraführung (bewegte Kamera – stehende, feste Kamera) ausgedrückt werden. Der stolze Blick Belsazars (in IX), sein schäumender, die Gotteslästerung hervorbringender Mund (in XIII) und sein stierer Blick (in XVIII) müßten wieder in Großaufnahme gezeigt werden.

Gruppe B:
Die Totalaufnahme von Babylon und vom Königsschloß wird natürlich das größte Kopfzerbrechen bereiten. Eine einfache Lösung ist es, eine bildliche Darstellung (evtl. eines Modells) von Babylon zu filmen. Die Geisterschrift kann durch filmische Tricks realisiert werden, eine Aufgabe, die die Schüler sicherlich reizvoll finden. (Z. B. Einsatz des Tageslicht-Projektors.) Benötigt werden ferner Gewänder für den König und seine Knechte, eine Krone (aus Pappe), goldene Becher, ein Schwert.

Gruppe C:
Deutlich gemacht werden müssen die roten Wangen des Königs in Strophe VI und sein blasser Gesichtsausdruck in Strophe XVIII. Wichtig ist auch der Gegensatz zwischen seiner grimmigen, stolzen Mimik und Gestik (Blick, aufgerichteter Körper) in den Strophen VI–XIII und seinem ängstlichen Gesichtsausdruck bzw. seiner Angst verratenden Körperhaltung (starrer Blick, zitternde Knie und Hände, wie zur Abwehr erhobener Arm) in den Strophen XIV–XIX. Als Hilfestellung könnte den Schülern Rembrandts Gemälde „Das Gastmahl des Belsazar" (1634) gezeigt werden. Es zeigt sehr deutlich Belsazars Gesichtsausdruck bei Erscheinen der Flammenschrift.

Gruppe D:
Ob ein den Balladentext vortragender Erzähler nötig ist, soll ganz den Schülern überlassen bleiben. Eine gelungene filmische Umsetzung der einzelnen Strophen sollte eigentlich ohne Sprecher im Hintergrund auskommen. Falls ein Erzähler eingesetzt werden soll, müßten die Unterschiede in Betonung und Intonation zwischen den Strophen IV–XIII und XIV–XXI herausgearbeitet werden. Erfunden werden muß aber auf jeden Fall ein passender Dialogtext zu einzelnen Strophen, wobei auch hier nicht nur auf den Wortlaut, sondern in erster Linie auf die passende Intonation, Lautstärke etc. zu achten ist.

Motivierend für die Klasse ist es natürlich, wenn die in Gruppenarbeit gemachten Überlegungen nicht nur eine abwechslungsreiche und neuartige Aufgabenstellung zur Balladenuntersuchung bleiben, sondern tatsächlich in Form einer filmischen Umsetzung des Textes fruchtbar gemacht werden. Eine Video-Ausrüstung dürfte inzwischen an den meisten Schulen zur Verfügung stehen. Zusätzliche Anregungen und Hilfen findet man in Erckmanns sehr detaillierter Beschreibung der Verfilmung von Fontanes „Archibald Douglas". (Erckmann, Rudolf: Ballade und Film. Ein Versuch mit ‚Archibald Douglas' auf der Mittelstufe. In: Der Deutschunterricht 8 (1956), Heft 4. S. 45–51.)
Auf jeden Fall aber sollten die Ergebnisse der Gruppenarbeit in ein Tafelbild Eingang finden, das die inhaltlich (Gotteslästerung), metrisch (fehlender Auftakt) und strukturell (einzige wörtliche Rede, Tempuswechsel ins Präsens in der vorangehenden Strophe) herausragende Stellung der 13. Strophe genauso verdeutlicht wie die gravierenden Unterschiede zwischen Teil 1 (bis Strophe XIII) und Teil 2 der Ballade hinsichtlich der Mimik und Gestik des Königs und der Geräuschkulisse.

Phase 2:
Einordnung der Ballade in den Schicksals-Typ

Nun sollen die Schüler Heines „Belsazar“ mit den bisher behandelten Texten der Gattung vergleichen, Gemeinsamkeiten und Unterschiede suchen. Dabei könnte zur Sprache kommen, daß wie in Schillers „Die Bürgschaft“ das Verhältnis Herrscher – Untertan thematisiert wird und daß wie in Droste-Hülshoffs „Der Knabe im Moor“ oder Fontanes „Die Brück‘ am Tay“ unheimliche, schwer erklärbare Mächte den Menschen bedrohen. Daraufhin kann die Frage gestellt werden, ob Heines Text als Ideenballade oder als naturmagische Ballade angesehen werden kann. Die eventuell bereits genannten gravierenden Unterschiede zur „Bürgschaft“ (nicht der von Idealen erfüllte Umstürzler, sondern der von seiner Macht geblendete Herrscher steht im Mittelpunkt) und zum „Knaben im Moor“ bzw. zur „Brück' am Tay“ (deren Helden sich keines Vergehens schuldig gemacht haben) sollten die Schüler zu der Überzeugung gelangen lassen, daß die bisherigen Typenbezeichnungen nicht auf Heines Ballade anwendbar sind. Vielleicht kommt aus den Reihen der Klasse selbst der Vorschlag, den Text als „Bestrafungs-“ oder als „Schuld- und Sühne-Ballade“ zu bezeichnen. Wenn nicht, muß der Lehrer diese Typenbezeichnung selbst nennen. Die Wörter „Schuld“ und „Sühne“ werden daraufhin auf dem aufsteigenden und absteigenden Pfeil des Tafelbilds notiert. Eingeführt und im Tafelschema festgehalten werden müssen an dieser Stelle auch die Begriffe Hybris (= Größenwahn, Anmaßung, Hochmut) und Nemesis (= strafende Gerechtigkeit).
Ein Hefteintrag der Definition der Schuld- und Sühne-Ballade schließt diese Phase ab: Die Schuld- und Sühne-Ballade erzählt von der Bestrafung eines Menschen, der seine Macht überschätzt hat (Hybris).

Phase 3:
Vergleich mit der biblischen Quelle – Intention

Die Wirkungsabsichten Heines werden besonders deutlich, wenn man die Ballade mit ihrer Vorlage, dem Buch Daniel, Kap. 5 (Mat. 27) vergleicht. In Stillarbeit sollen sie die Stellen der Vorlage unterstreichen, die bei Heine nicht oder anders vorkommen. Folgende Abweichungen sollten dabei festgestellt werden:
In der biblischen Vorlage
- zecht Belsazar mit den Großen des Reiches, nicht mit den Knechten;
- preisen Belsazar und die seinen ihre heidnischen Götzenbilder, während in der Ballade Belsazar allein den Gott der Christen lästert, indem er sich über ihn stellt;
- deutet der Prophet Daniel die Geisterschrift als „gezählt, gewogen, geteilt“ (mene mene tekel upharsin), während bei Heine eine Deutung ausbleibt;
- befiehlt der König ausdrücklich die Deutung, während in der Ballade die Magier ohne ausdrücklichen Befehl zu kommen scheinen;
- wird Belsazar nicht von den Knechten getötet.

Entscheidend ist nun die Frage nach den Gründen, die Heine zu diesen Änderungen bewogen haben könnten und die im Unterrichtsgespräch diskutiert werden.
Ergebnisse:
- Indem Daniels Deutung bei Heine fehlt, bleibt Gott als Gegenspieler des frevelnden Menschen rätselhaft und unfaßbar, ist der Leser der Ballade aufgerufen, die Schrift selbst zu deuten, d.h. die Position des Propheten einzuneh-

men. Ein bibelkundiger Leser wird die Deutung ohnehin kennen. Wer in der Heiligen Schrift weniger belesen ist, wird leicht herausfinden, daß das Todesurteil über Belsazar an der Wand stand.

- Indem die Knechte mit Belsazar feiern und ihn am Ende ermorden, zeigt Heine, wie schnell die Anhängerschaft in Feindschaft und Umsturzgelüste umschlagen kann und warnt damit allzu selbstherrliche Machthaber.
- Indem Belsazar sich über Gott stellt, statt nur seinen heidnischen Götzen zu huldigen, wird das religiöse Problem zu einem macht- und gesellschaftspolitischen Fall. Hierauf deutet ja auch schon der in Strophe I geschilderte räumliche Unterschied zwischen der Stadt mit ihren Bewohnern und dem oben auf dem Berg gelegenen Schloß hin.

Nun sollten die Schüler in der Lage sein, die Intention Heines zu formulieren. Er wollte Machthaber vor zu großer Überheblichkeit und Selbstverherrlichung warnen und ihnen zeigen, wie schnell seine Untertanen nicht mehr auf seiner Seite stehen.

Hausaufgabe:
Die Schüler sollen die formale Gestaltung der Ballade untersuchen. Dabei soll ihr Augenmerk vor allem dem Reim, dem Metrum, dem Rhythmus und der Lautung gelten.
Die erwarteten Ergebnisse sollen im folgenden kurz skizziert werden:

- Durch den Paarreim wirken die zweizeiligen Strophen in sich geschlossen. Die fast ausschließlich dunklen Tonvokale der Reimwörter (a – o – u) entsprechen dem düsteren Geschehen.
- Das Versmaß ist von Jamben und Daktylen geprägt. Auffallend ist der fehlende Auftakt in Vers 26 (Gotteslästerung, Höhepunkt). In der Strophe XV wird der inhaltliche Gegensatz zwischen Lachen (Daktylen) und Leichenstille (Jamben) metrisch sinnfällig gemacht. Der Anapäst steht in Versen, die den Frevel Belsazars schildern (Verse 14, 15, 21 und 23).
- Bis Strophe XIII ist der Rhythmus wuchtig-kraftvoll, dann fallend, was der seelischen Entwicklung Belsazars entspricht.
- Auffallend ist die Häufung von a und o in den Strophen I–III, von e – i – ei in den Stropen IV–XI (Frechheit des Königs, Geschrei) und des spitzen i in den Strophen XVI–XVIII (bedrohliche Stimmung während der Flammenschrift).

9. Stunde: Droste-Hülshoff: Die Vergeltung Beispiel für die Schicksalsballade (Vergeltungs-Typ) – Darstellung der Balladenproblematik in einer Gerichtsverhandlung

Stundenziele

Die Schüler sollen

- sich spontan zur Ballade äußern können;
- die Rolle des Zufalls erkennen;
- erkennen, daß eine überirdische Rechtsprechung die weltliche Gerichtsbarkeit ersetzt;
- die verschiedenen Funktionen, in denen der Balken vorkommt, erkennen;
- den Begriff „Dingsymbol" kennenlernen;
- das Schuld- und Sühne-Schema der Ballade erkennen und mit anderen bekannten Balladen („Belsazar", „Gorm Grymme") vergleichen;

– in Form einer fiktiven Gerichtsverhandlung darüber diskutieren können, ob der Mörder die Barmherzigkeit, nach der er verlangt, verdient hätte;
– die unterschiedlichen Erzählperspektiven im Text erkennen.

Vorbemerkungen

1841 entstand Droste-Hülshoffs Ballade als erste der sogenannten „Meersburger Balladen". Sie wird meist als Schicksalsballade bezeichnet. Ein französischer Passagier eines im Sturm untergegangenen Schiffes stößt einen anderen, kranken Passagier von einem Balken, wodurch er sein Leben retten kann. An ausgerechnet dem gleichen Balken wird er drei Monate später gehängt, da er, nachdem er von einem Piratenschiff aufgefischt worden war, nach der Gefangennahme der Korsaren trotz aller Unschuldsbeteuerungen für einen der ihren gehalten wird. Hinter der Ballade steht Droste-Hülshoffs tiefe Religiosität und der Glaube an die waltende Gerechtigkeit Gottes, die das Böse bestraft, wenn die weltliche Gerichtsbarkeit versagt. Nur so ist der Zufall zu rechtfertigen, der das Balladengeschehen bestimmt. Die entscheidende Rolle bei der Bestrafung des Franzosen kommt dabei dem Dingsymbol des Balkens zu. „Wie ein magischer Kreis dreht sich die Handlung um den Balken. An ihm wurde gefrevelt, an ihm vollzieht sich die Sühne, allerdings nicht im Sinne der menschlichen Richter." (Weber, Konrad. Die Vergeltung. Interpretation einer Droste-Ballade. In: Der katholische Erzieher, Bd. 12 (1959), Heft 11. S. 501–511. Hier S. 508.) Doch die Barmherzigkeit, um die der falsche Pirat fleht, verdient dieser nicht. Nicht nur weil er drei Monate vorher den ebenfalls vergeblich um Barmherzigkeit rufenden Kranken vom Balken und damit in den Tod stieß, sondern vor allem auch, weil er keine Einsicht in seine Schuld zeigt und seine Tat nicht bereut. „Seine Verstocktheit und Gnadenunwürdigkeit ergibt sich daraus, daß er angesichts des Todes (eines verdienten Urteils) auf sophistischer Rechtfertigung besteht. Ihm dient seine Unschuld im leichteren Verbrechen zur Verheimlichung des schwereren." (Hinck, S. 80.)
Mit der Ballade lernen die Schüler eine weitere der sogenannten „Schicksals- oder Schuld- und Sühne-Balladen" kennen. Ein neuer Aspekt bei der Behandlung ist die hier mögliche Frage nach der Gerechtigkeit des Schicksals, die in der motivierenden Form einer fiktiven Gerichtsverhandlung von den Schülern erörtert werden soll. Als neuer literarischer Fachbegriff wird der des Dingsymbols eingeführt.

Unterrichtsverlauf

Einstieg:

Die Ballade ist so spannend und pointiert, daß sie die Schüler fesseln wird. Ein besonderer motivierender Einstieg erübrigt sich.

Phase 1:
Textbegegnung – Dingsymbol „Balken"

Nach der stillen Lektüre der Ballade (Mat. 29) und der anschließenden Erklärung einiger Wörter (Spiere = Segelstange, Batavia = Hauptstadt von Java, das heutige Djakarta, Narwall = Einhornwal, Franke = Franzose) können sich die Schüler spontan zur Ballade und dem darin erzählten Geschehen äußern. Obwohl die Geschichte an sich spannend ist, wird sie nicht generell auf begeisterte Zustimmung stoßen. Für viele spielt der Zufall eine zu gro-

ße Rolle, so daß das Geschehen unglaubwürdig wirkt. Mit diesem sicherlich auftauchenden Einwand ist der Unterricht aber auch schon an einem entscheidenden Punkt angelangt. Die Frage, die sich der Klasse vielleicht sogar von selbst stellt, ist, wie Droste-Hülshoff diesen Zufall rechtfertigt. Die letzte Strophe zeigt, daß das überraschende erneute Auftauchen des Balkens vor dem Hintergrund eines unsichtbaren, gerechten Waltens einer göttlichen Macht gesehen werden muß: Gleich nachdem der Passagier „des Himmels Walten" als „seiner Pfaffen Gaukelspiel" verhöhnt hat, erkennt er den Balken, von dem er einst den Kranken gestoßen hatte, an der Inschrift „Batavia 510" wieder. Wenn der Klasse Droste-Hülshoffs Novelle „Die Judenbuche" bekannt ist, bietet sich ein kurzer Vergleich an. In beiden Texten versagt die weltliche Gerechtigkeit, so daß eine überirdische Gerichtsbarkeit die Gerechtigkeit auf Erden herstellen muß. Die Buche mit der zunächst nicht verstandenen Inschrift und der Balken werden zu Richtern über einen Verbrecher. Aber auch ohne den Hinweis auf diese Novelle der Autorin kann der Begriff „Dingsymbol" für den Balken angewandt und eingeführt werden. Die verschiedenen Funktionen, in denen er in der Ballade vorkommt, und die Verteilung von Schuld und Sühne auf die beiden großen Teile der Ballade (Strophe I–VIII/IX–XIII) werden als Tafelbild festgehalten.
Ein kurzer Vergleich mit Heines „Belsazar", dem ja ebenfalls das Schuld- und Sühne-Schema zugrunde liegt, soll zu folgender Erweiterung der Definition dieses Balladentyps führen: ... oder ein Verbrechen begangen hat (Vergeltung).

Phase 2:
Problem der Gerechtigkeit

Die Rolle des an mehreren Stellen vorkommenden Balkens wurde in der ersten Phase des Unterrichts behandelt. Die Frage, welches wichtige Wort ebenfalls in beiden Teilen des Textes vorkommt, leitet über zur nächsten Phase. Das Wort „Barmherzigkeit", das jeweils am Beginn des fünften Verses von Strophe VII und XII steht – einmal von dem kranken Passagier, unmittelbar bevor er vom Balken gestoßen wird, und einmal von dem am Galgen stehenden Mörder ausgerufen –, bezeichnet eine christliche Tugend. Es soll nun diskutiert werden, ob der irrtümlich für einen Piraten gehaltene Mann Barmherzigkeit verdient. Um mehr Abwechslung in den Unterricht zu bekommen, könnte man dieses Problem in Form einer fiktiven Gerichtsverhandlung erörtern. Je ein Schüler soll die Rolle des Richters, des Staatsanwalts, des Rechtsanwalts und des Angeklagten übernehmen. Eventuell kann man auch Zeugen erfinden: ein Überlebender der Schiffskatastrophe, der den Mord beobachtet hat, der Piratenchef. Zur Sprache kommen sollte in der Verhandlung nicht nur der Mord an dem Kranken. Auch die scheinheiligen Unschuldsbeteuerungen und die Verhöhnung der göttlichen Gerechtigkeit sollten vom Schüler-Staatsanwalt bei der Beurteilung des Angeklagten ins Feld geführt werden. Nach der Verhandlung könnten die restlichen Schüler wie Geschworene durch Abstimmung ein Urteil über den Franken fällen.
Die Verhöhnung Gottes, der ungebrochene Stolz des Mörders und nicht zuletzt die Balkeninschrift, – auch wenn ihr Inhalt an sich in diesem Text bedeutungslos ist –, sollten die Schüler an Heines „Belsazar" erinnern. Beiden Balladen liegt das Schuld- und Sühne-Muster zugrunde. Die

Schüler sollten aber erkennen, daß in Droste-Hülshoffs Text nicht die Hybris eines Menschen gesühnt, sondern ein Mord bestraft wird.

Phase 3:
Erzählperspektive

Das bei der Behandlung des „Knaben im Moor“ erworbene Wissen über Erzählperspektiven soll an der Ballade „Die Vergeltung“ der gleichen Autorin nochmals angewandt werden. In drei oder vier Gruppen sollen die Schüler jeweils einen Teil der Ballade auf die Kategorien „auktoriales“ und „personales“ Erzählen hin untersuchen.

Das Ergebnis der Gruppenarbeit, das jeweils ein Sprecher knapp vorträgt, sollte sein, daß ein Großteil des Geschehens aus der Sicht eines auktorialen Erzählers vermittelt wird, der sich aber jeglicher Wertung enthält. Daneben gibt es Stellen, die aus der personalen Perspektive des kranken Passagiers (II,3–8; V,1 und 5–8; VI,1 und 4–5) oder des Franken (VIII,3–4 und 8; XIII,1–4) erzählt werden.

3. Sequenz: Geschichte der Ballade (Jahrgangsstufen 9–11)

1. Stunde: Herder: Edward Ursprünge der Kunstballade (ohne Stundenblatt)

Stundenziele

Die Schüler sollen

- den Inhalt von Herders Ossian-Abhandlung kennenlernen;
- Merkmale der Volkspoesie im „Edward" verwirklicht sehen;
- erkennen, daß es in Herders „Edward" um elementare seelische Befindlichkeiten geht, die sich in der sprachlichen Gestaltung niederschlagen;
- erkennen, daß wesentliche Teile der Handlung im „Edward" fehlen;
- Vermutungen über das fehlende Tatmotiv äußern;
- über die Deutung der Mutter-Sohn-Beziehung als ödipales Verhältnis diskutieren;
- sprachliche Belege für die Verflechtung von Mutter und Sohn finden.

Vorbemerkungen

Die Blütezeit der sogenannten Volksballaden (= erzählende deutsche Volkslieder), die zunächst die Taten von Helden priesen (als Vorläufer kann das Hildebrandslied angesehen werden) und dann mehr und mehr von allgemein-menschlichen, privaten Themen, von inneren Befindlichkeiten wie Liebe, Leidenschaft, Treue etc., von Verbrechen und Katastrophen handelten, lag im 13.–15. Jahrhundert (vgl. Freund, 1978, S. 11). Das Ende dieser Gattung läuft einher mit dem Aufkommen des Humanismus und der Übertragung humanistischer Poesieideale auf die muttersprachlichen Werke. Der Name Martin Opitz ist mit dieser Entwicklung untrennbar verbunden (vgl. Grimm, S. 15). Die Wiederbelebung der Gattung durch das Entstehen der deutschen Kunstballade in der Epoche des Sturm und Drang kann zurückgeführt werden auf

- die antirationalistische, gegen den didaktischen Geist der Aufklärung gerichtete Grundhaltung der jungen Dichter der Geniezeit, welche mit der Ballade die Volkspoesie fördern wollten (vgl. a.a.O., S. 15);
- auf das infolge der sich ausbreitenden Geldwirtschaft ökonomisch bedeutsam und damit auch literarisch selbstbewußt gewordene Bürgertum, das den episch aktionsbestimmten Formen (z. B. auch dem Roman!) mehr Vorliebe entgegenbrachte als der lyrisch formbestimmten Barockliteratur (vgl. Freund, 1978, S. 9) und die Ballade als „bürgerliches Kleinepos" (a.a.O., S. 168) ansah;
- die als immer wichtiger angesehene Geselligkeit im bürgerlichen Familienleben, die das Vortragen literarischer Texte nach sich zog, was wiederum dem Charakter der Ballade entsprach;
- und auf die der ökonomischen Bedeutung entgegenstehenden politischen Bedeutungslosigkeit des Bürgertums, die in der Flucht in die heldische Selbsterfahrung und in eine von göttlichem Willen bestimmte Welt, wie sie die Balladen bieten, kompensiert wurde (vgl. a.a.O., S. 168).

Eine entscheidende Bedeutung kommt Herder zu, der durch seine theoretische Beschäftigung mit balladenhafter Volkspoesie („Auszug aus einem Briefwechsel über Ossian und die Lieder alter Völker", 1773), durch seine Sammlung europäischer Volkslieder und eigenen Nachdichtungen („Stimmen der Völker in Liedern", 1779) und nicht zuletzt durch die Übersetzung der Sammlung englischer und schottischer Volksballaden, Verserzählungen und Lieder des Bischofs Percy („Reliques of Ancient Poetry", 1765) die Wiederentdeckung der alten Gattung erheblich förderte. In den (1805 als Fälschung entlarvten) Gesängen des sagenhaften gälischen Barden Ossian, in Percys Volksballaden sowie in den Dichtungen Homers und Shakespeares sah er die ursprüngliche, naturnahe, volkstümliche Poesie einer besseren Vorzeit verwirklicht. Eine seiner Übersetzungen aus Percys Sammlung, die Ballade „Edward", kann als Muster für die praktische Verwirklichung seiner theoretischen Forderungen gelten. Sie wurde 1773 in Herders „Auszug aus einem Briefwechsel über Ossian und die Lieder alter Völker", der der erste Beitrag zu den fliegenden Blättern „Von deutscher Art und Kunst" war, veröffentlicht. Was Herder noch nicht wußte, aber durch die Überlieferungsgeschichte des Edward-Stoffes geklärt wurde, ist, daß das ursprüngliche Thema der Brudermord war und erst im 18. Jahrhundert durch einen von der Mutter angestifteten Vatermord ersetzt wurde. Der Fluch der Mutter über den Sohn wurde zum Fluch des Sohnes über die Mutter (vgl. Kaiser, Gerhard: Zu Johann Gottfried Herders „Edward". In: Grimm, S. 64).
Einer dreimal wiederholten Frage der Mutter nach der Tat Edwards, auf die der Sohn nach zwei Lügen erst beim dritten Mal (erster Höhepunkt) die Ermordung des Vaters gesteht (Strophe I–III), folgen drei Fragen der Mutter nach den Konsequenzen für den Mörder, seinen Besitz und Ruf sowie für seine Familie, was Edward mit der Ankündigung, Hof, Frau und Kind verlassen zu wollen, um aufs Meer zu fahren, beantwortet (Strophe IV–VI). In der letzten Strophe verflucht Edward nach der Frage seiner Mutter, was aus ihm werden solle, diese, weil sie ihn zum Mord angestiftet hat. Erst im letzten Vers, der den zweiten Höhepunkt bildet, wird dies enthüllt. Da in der Ballade Vor- und Nachgeschichte, Tathergang und Motiv fehlen, ist sie relativ offen für Deutungen des Lesers. Kaiser glaubt, daß Mutter und Sohn von frühen, unvergessenen Bindungen zwischen ihnen reden, d.h. daß die Ballade eine ödipale Familiensituation in der modernen Seele gestaltet (vgl. a.a.O., S. 67f.).

Unterrichtsverlauf

Phase 1: Herders Ossian-Abhandlung (Referat)

Die Stunde beginnt mit einem Schülerreferat, das eine inhaltliche Zusammenfassung von Herders „Auszug aus einem Briefwechsel über Ossian und die Lieder alter Völker" geben soll. (Herder, Goethe, Frisi, Möser: Von deutscher Art und Kunst. Einige fliegende Blätter. Hrsg. Hans Dietrich Irmscher. Stuttgart (Reclam) 1977. S. 7–62; auszugsweise in Mat. 31.)
Die wesentlichen Punkte werden in einer sich anschließenden Aussprache mit den Schülern wiederholt und in einer Gegenüberstellung der Grundsätze der „lahmen Kunstrichter und Pedanten" und des Wesens der „Volkspoesie" an der Tafel in zwei Spalten fixiert: Auf der einen Seite stehen das aus Regeln, aus dem Zählen von Silben und Skandieren, aus Denken

und Grübeln hervorgegangene „methodische Stammeln“, die künstliche und wissenschaftliche Denkart, welche nur erkünstelte Leidenschaften, Falschheit, „Knaben- und Schulexerzitien“ erzeugt, auf der anderen Seite steht der Naturverstand der „Wilden“, denen die „Lettern in die Seele gegraben“ sind, die nicht Regeln, sondern nur den Naturgesetzen folgen und durch Tätigkeit gebildet wurden, die aus der Begeisterung der Sinne heraus, unvorbedacht und unmittelbar, sehend und fühlend dichten. Ihre Aussagen werden beherrscht von Leidenschaften, von „Würfen und Sprüngen“ (in der Handlung). Die Sprache folgt nicht einem Silbenmaß, sondern inneren Befindlichkeiten. Elisionen sind deshalb nicht verboten, sondern ausdrücklich erwünscht.

Phase 2:
Textbegegnung – Merkmale der Volkspoesie

Nun wird den Schülern Herders „Edward“ (Mat. 30) vorgelegt oder vorgespielt (vgl. Diskographie Nr. 3), wobei darauf hingewiesen werden sollte, daß es sich hierbei um eine Übersetzung einer englischen Volksballade aus Percys Sammlung handelt und daß Herder den Text als mustergültiges Beispiel für die Poesie des Volkes in seine Ossian-Abhandlung aufnahm. Nach der stillen Lektüre der Ballade sollen die Schüler die Merkmale der Volkspoesie im „Edward“ aufzählen: Zwei Personen sprechen im Augenblick höchster Erregung, es geht um extreme Leidenschaften (Trauer, Wut, Verzweiflung), die sich in den zahlreichen Ausrufen und Interjektionen sowie in den doppelten Anreden niederschlagen. Auch die Elisionen (z.B. „wie ist's“) sind Kennzeichen des sich unmittelbar aussprechenden Gefühls. „Würfe und Sprünge“ sind insofern vorhanden, als der Tathergang des Vatermords oder das Motiv ausgeklammert bleiben.
Das Tafelbild wird durch diese Ergebnisse, die in eine rechte, dritte Spalte eingetragen werden, vervollständigt.

Phase 3:
Deutungen

Das fehlende Motiv für die Tat bildet den Übergang zur folgenden Phase, in der den Schülern Gelegenheit gegeben werden soll, das Geschehen zu deuten, d.h. zunächst einmal Vermutungen anzustellen. Möglicherweise kommen sie auf die in der Vorbemerkung erwähnte Deutung Kaisers, nach der es um eine ödipale Familiensituation in der modernen Seele geht. Es dürfte sich eine lebhafte Diskussion hierüber von selbst entwickeln.

Phase 4:
Sprachliche Besonderheiten

Die Frage des Lehrers, ob die umstrittene Verstrickung von Mutter und Sohn in der formalen und sprachlichen Gestaltung des Textes nachgewiesen werden könne, leitet über zur letzten Phase. Vielleicht sollen die Ähnlichkeit der Anreden („Edward, Edward“ – „Mutter, Mutter“) und Klagen („O!“) sowie die Verbindung von Frage der Mutter und Antwort des Sohnes im Reim die enge Beziehung zwischen beiden andeuten.

Hausaufgabe:
Falls in der nächsten Stunde Bürgers „Lenore“ behandelt werden soll, bekommen die Schüler den Text der Ballade (Mat. 32) und der „Sage von Lenore“ (Mat. 33) ausgehändigt. Sie sollen beide Texte lesen und darauf achten, ob Bürger die Forderungen Herders aus der Ossian-Abhandlung erfüllt.

2. Stunde: Bürger: Lenore
Die erste deutsche Kunstballade

Stundenziele

Die Schüler sollen
- erkennen, daß Bürger in seiner „Lenore" viele Forderungen Herders erfüllte;
- erkennen, daß es sich um ein typisches Erzeugnis der Epoche handelt, da viele Motive auch in anderen Werken des Sturm und Drang zu finden sind;
- Ähnlichkeiten zwischen Kirchenliedtexten und Aussagen Lenores oder ihrer Mutter finden;
- Stellung nehmen zu der Frage, ob sich Lenore gegen die Religion auflehnt oder ob ihre Liebe zu Wilhelm als Entsprechung ihrer Liebe zu Jesus anzusehen ist;
- zwei unterschiedliche Interpretationen der Ballade kennenlernen und dazu Stellung nehmen.

Vorbemerkungen

Als erste deutsche Kunstballade wird meist Bürgers „Lenore" angesehen, obwohl sein Text durch die Effekthascherei eher populär als echt volkstümlich zu nennen ist (vgl. Grimm, S. 16).
Gottfried August Bürgers Balladenstoff mit dem Motiv des Wiedergängers stammt aus der Volkssage. Man weiß, daß Bürger mit diesem Stoff durch ein plattdeutsches Volkslied bekannt gemacht wurde, dessen Text ihm aber nicht vorlag (vgl. Schmidt-Kaspar, Herbert: Gottfried August Bürger. Lenore. In: Hirschenauer/Weber, S. 130–146. Hier S. 132). „Immerhin kann man diese Vorlage durch Vergleich mit verwandten Lenorenmärchen aus Westfalen und Schleswig-Holstein einigermaßen genau rekonstruieren: Es ging in ihr um ein Mädchen, das nicht weiß, ob sein Geliebter, ein Kriegsmann, noch am Leben ist. Sie erschöpft sich in Klagen, bis er nachts angeritten kommt. Sie schwingt sich zu ihm aufs Pferd, umfaßt ihn. Es folgt ein atemloser Ritt, dreimalige Wechselrede, Kirchhof, offene Gräber, Roß und Reiter verschwinden. Ob der Schluß den Tod des Mädchens brachte, steht dahin." (Schöne, Albrecht: Gottfried August Bürger, ‚Lenore'. In: Wiese, Benno von: Die deutsche Lyrik, Band 1. Düsseldorf 1956. S. 190–210. Hier S. 200.)
Angeregt worden sein dürfte Bürger ferner durch eine englische Ballade mit dem Titel „Sweet William's Ghost" aus der Sammlung Percys. Ein Brief Bürgers an Boie vom 18. 6. 1773 zeigt, wie groß der Einfluß Herders und seiner Ossian-Abhandlung, in der Herders Übersetzung der englischen Ballade stand, bei der Abfassung der „Lenore" war:
„Der (Ton), den Herder auferweckt hat, der schon lang auch in meiner Seele auftönte, hat nun dieselbe ganz erfüllt, und – ich muß entweder daraus nichts von mir selbst wissen, oder ich bin in meinem Elemente ... Ich denke, Lenore soll Herders Lehre einiger Maßen entsprechen."
(Zitiert nach: Köpf, Gerhard: Die Ballade: Probleme in Forschung und Didaktik. Kronberg/Ts. 1976. S. 140f.)
In seiner „Lenore" erfüllte Bürger in der Tat die Forderungen Herders. Er knüpfte an die Volkspoesie an, indem er einen alten deutschen Sagenstoff mit der Gegenwart verband und dadurch größere Volksnähe erreichte (Wilhelm wird zum einfachen Soldaten unter Friedrich dem Großen). Er gestaltete das Schicksal und die Vorstellungswelt eines einfachen Mädchens, das über ihren nicht aus dem Krieg heimgekehrten Verlobten trauert und an Gott zweifelt. Diese Infragestellung der rationalistischen Theologie der Zeit ist ebenso typisch für den Sturm und Drang wie die Einbeziehung des Gespenstischen

und Makabren, einer Zeitmode, die im Gegensatz zum Vernunftglauben der Aufklärer stand.
Der tote Wilhelm taucht nachts bei Lenore auf und entführt sie in einem rasanten, gespenstischen Ritt auf den Friedhof. Kaum ein Motiv des Grauens wird dabei von Bürger ausgelassen: Leichenzug, Chor der Geister, Sarg, Leichen, Gräber, Galgen, Mondschein, Glockenschlag, Geheul und Gewinsel. Je schneller Wilhelm reitet, um so größer wird die Furcht seiner Geliebten, welche zunächst nicht ahnt, daß ihr Geliebter tot ist, dann aber aufgrund vieler Andeutungen Gewißheit erlangt. Hierzu gehören z.B. die Beschreibung des Hochzeitsbettes als „still, kühl und klein, aus sechs Brettern und zwei Brettchen" (vgl. Strophe XVIII, V. 3–4) oder die dreimalige Frage Wilhelms, ob es Lenore nicht vor den Toten grause (vgl. Strophe XX, V. 7–8, XXIV, V. 7–8, XXVII, V. 7–8). Am Ende wird Wilhelm zum Totengerippe, und Lenore stirbt.
Typisch für die Epoche des Sturm und Drang ist auch das Personal von Bürgers Ballade. Lenorens Mutter steht auf der Seite der herrschenden kirchlichen und weltlichen Macht, des Obrigkeitsdenkens und der restriktiven, Gelassenheit predigenden kirchlichen Moral, und kann verglichen werden mit den Mutterfiguren in „Kabale und Liebe", „Egmont" und der „Kindermörderin" (H. L. Wagner). (Vgl. Kaim-Kloock, Lore: Gottfried August Bürger. Zum Problem der Volkstümlichkeit in der Lyrik. Berlin 1963. S. 178.) Daß die Mutter Lenorens objektiv gültige Normsysteme verinnerlicht hat, zeigt sich nicht zuletzt darin, daß ihre Sprache im wesentlichen aus Bibel- und Gesangbuchzitaten besteht, sie also keine eigene Sprache spricht (vgl. Freund, 1978, S. 20). Lenore dagegen kann sich mit der Vertröstung auf ein Jenseits nicht abfinden. Ihr Liebesanspruch stellt sie auf eine Stufe mit Lady Milford aus „Kabale und Liebe" oder Adelheid aus „Götz von Berlichingen". Als Mädchen aus untersten Schichten, das an einer unerfüllten Liebesbeziehung zerbricht, steht sie Gretchen aus Goethes „Faust", Luise Miller aus „Kabale und Liebe" und Klärchen aus „Egmont" nahe. Der Wunsch, wegen dieser unglücklichen Liebe in den Tod zu gehen, ist auch bei Werther oder dem Bauernburschen im „Werther" und wiederum bei Luise Miller zu finden (vgl. Kaim-Kloock, S. 182). Das Schicksal von Frauen, die eine Beziehung zu einem in der Armee dienenden Mann haben, wird auch in Lenz' „Die Soldaten" oder H. L. Wagners „Die Kindermörderin" geschildert und rückt „Lenore" in die Nähe der sozialen Ballade (vgl. a.a.O., S. 187). Kaim-Kloock geht sogar soweit, in Lenore die „Trägerin eines entschiedenen Protestes gegen die herrschende Gewalt" (a.a.O., S. 187f.) zu sehen. Mit dem „alten Glauben" sei der orthodoxe christliche Glaube einerseits und der Glaube an die Richtigkeit des feudalen Systems andererseits in Frage gestellt (vgl. a.a.O., S. 175). Auch Freund deutet Lenore als Repräsentantin der aufbegehrenden Generation und belegt dies anhand Lenorens Umdeutungen sakraler Texte und Vorstellungen (vgl. Freund, 1978, S. 22). Entsagung und Vertröstung auf einen jenseitigen Lohn, wie sie von der Mutter gepredigt werden, sind die „ideologischen Fundamente des Untertanenstaates" (a.a.O., S. 20). Die allmächtigen Landesherren (Maria Theresia und Friedrich der Große) werden in Strophe II kritisiert, weil gezeigt wird, daß Krieg und Frieden von ihrer Willkür abhängen (vgl. a.a.O., S. 19). Sowohl Freund als auch Kaim-Kloock weisen aber darauf hin, daß die herrschenden kirchlichen und weltlichen Gewalten am Schluß der „Lenore" triumphieren und die überkommenen Normen sich noch einmal als stär-

ker erweisen (vgl. Kaim-Kloock, S. 186; Freund, S. 22). Daß es aber Geister sind, die Lenorens Verdammung aussprechen (vgl. Strophe XXXII), ist für Kaim-Kloock Blasphemie, also erneute Auflehnung gegen die Theologie (vgl. Kaim-Kloock, S. 186).

Im Gegensatz zu Kaim-Kloock und Freund sieht Staiger in Bürgers Ballade ein „grausiges Beispiel einer bestraften Gotteslästerung". (Staiger, Emil: Zu Bürgers ‚Lenore'. Vom literarischen Spiel zum Bekenntnis. In: studi germanici 1963. S. 67–100. Hier S. 68.)

Auch Schöne interpretiert die „Lenore" als religiöses Bekenntnis ihres Autors, der ein unerschütterlicher Christ gewesen sei. „Lenore" kehre nicht Textstellen aus der Bibel und dem Gesangbuch um, sondern ersetze lediglich Christus durch den Namen ihres geliebten Wilhelm (vgl. Schöne, S. 204).

„Nicht Glaubenszerfall ist hier gedichtet, sondern jene Unbedingtheit der Liebe, die in tragische Verfehlung stürzt, die in dem Toten den heimkehrenden Lebenden, im apokalyptischen Reiter den Bräutigam, der sie zur Hochzeit führt, im Tod das Leben und die Seligkeit zu sehen glaubt" (a.a.O., S. 110).

Eine psychologische Erklärung des Geschehens schlägt Grimm vor. Die Wiederkehr des Geliebten könne demnach auch als Wahnvorstellung Lenorens, als Kompensation des verlorenen Lebensglücks in Fieberphantasien gedeutet werden (vgl. Grimm, S. 85).

Einigkeit besteht dagegen bei allen Interpreten über die äußerst komplexe formale Gestaltung der Ballade. Populär wirkte Bürgers „Lenore" durch die vielen formelhaften, volkstümlichen Wendungen („Auf Wegen und auf Stegen", „Gruß und Kuß", „Sang und Klang" u. a.) und durch die vielen Vergleiche („Rabenhaar", „Lilienhände" u. a.). Die wechselnden Gefühlszustände der Titelheldin (Leid und Trauer, Überraschung und Freude, Verwunderung, Angst und Schrecken) schlagen sich in den vielen Fragen, Interjektionen, Ausrufen, Ellipsen, Wiederholungen und Doppelungen („Bei ihm, bei ihm ..." u. a.) sowie in der Schilderung extremer Gesten („Zerraufte sie ihr Rabenhaar und warf sich hin zur Erde mit wütiger Gebärde." u. a.) nieder. Auffallend ist auch die akustische Gestaltung der Ballade mit ihrer Vielzahl von Lautmalereien, Assonanzen, Alliterationen, Binnenreimen und Anaphern.

Unterrichtsverlauf

Phase 1: Besprechung der Hausaufgabe

Am Ende der vorangegangenen Stunde (in der Herders Ossian-Abhandlung und sein „Edward" behandelt wurden) erhielten die Schüler die Textblätter mit der langen Ballade zur häuslichen Lektüre, bei der vor allem darauf geachtet werden sollte, ob und wie Bürger die Forderungen seines Vorbilds Herder erfüllt. Ergebnisse der Hausaufgabe sollten sein, daß Bürger

- durch Gestaltung eines deutschen Sagenstoffes und die Verlegung der Handlung in die Gegenwart seiner Leserschaft die Forderung nach Volksnähe erfüllte;
- ein einfaches Mädchen in den Mittelpunkt der Handlung stellte;
- die Hauptperson von extremen Gefühlen beherrschen läßt, was sich in extremen Gesten und in der Sprache niederschlägt;
- durch volkstümliche Wendungen und Vergleiche eine Annäherung an die Sprache der einfachen Leute erreichte;
- Elisionen, Ausrufe und Interjektionen als Zeichen des sich unmittelbar äußernden Gefühls einbaute.

Phase 2:
Merkmale des Sturm und Drang

Nun sollen die Schüler weitere Motive in der Ballade suchen, die diese als typisches Erzeugnis der Sturm-und-Drang-Zeit ausweisen. Die Skeptik gegenüber der Religion, das Gespenstische und Makabre, der Selbstmordgedanke, die unerfüllt bleibende Liebe, Geliebte, die in der Armee dienen müssen und die Autoritätsgläubigkeit der Mutter kommen auch in anderen Werken der Epoche vor. Die Schüler brauchen nur an „Die Leiden des jungen Werthers“ und an „Kabale und Liebe“ erinnert werden, falls sie beide Werke kennen.

Phase 3
Ähnlichkeiten zu Kirchenliedern

Nun erhalten die Schüler ein Textblatt mit Auszügen aus Kirchenliedern (Mat. 35). In einer Stillarbeitsphase sollen sie ähnliche Formulierungen in der Ballade Bürgers finden. Dies führt zur Frage, ob die Änderungen Lenores an bekannten Kirchenliedertexten als Auflehnung gegen Gott zu verstehen sind oder ob – wie Schöne meint – an die Stelle Jesu nur ihr Geliebter getreten ist.

Phase 4:
Interpretationen von Kaim-Kloock bzw. Freund und Schöne

Nachdem die Schüler ihre Meinung zu obiger Frage geäußert haben, werden ihnen die wesentlichen Aussagen der Interpretationen Kaim-Kloocks (Mat. 36), Freunds (Mat. 37) und Schönes (Mat. 34) vorgelegt. Dadurch wird ihnen deutlich gemacht, wie unterschiedlich die Ballade in der Forschung eingeschätzt wurde. Anschließend können die Schüler nochmals ihre Meinung äußern und begründen, warum ihnen die eine oder die andere Deutung eher einleuchtet.

Phase 5 (fakultativ):

Reiner Unglaubs Vortrag der Ballade auf Kassette (vgl. Diskographie Nr. 3) könnte, falls noch genügend Zeit bleibt, die Stunde beschließen.

3. Stunde: Goethe: Erlkönig Ein Höhepunkt in der Geschichte der Kunstballade – Goethes Gattungsbestimmung

Stundenziele

Die Schüler sollen
- inhaltliche Ähnlichkeiten zwischen Bürgers „Lenore“ und Goethes „Erlkönig“ erkennen;
- Goethes „Erlkönig“ mit Herders „Erlkönigs Töchter“ vergleichen können und insbesondere die inhaltlichen und formalen Unterschiede erkennen;
- die unterschiedlichen Naturauffassungen des Sohnes und des Vaters erkennen, mit denen Fausts und Wagners aus dem Gespräch im „Osterspaziergang“ vergleichen können und den Zusammenhang zu den philosophischen Richtungen der Zeit (Rationalismus – Irrationalismus) und den daraus hervorgehenden literarischen Strömungen (Aufklärung – Sturm und Drang) herstellen;
- darüber diskutieren können, ob der Sohn oder der Vater die richtige Position vertritt;
- auffallende Merkmale des Reims und des Metrums beschreiben und mit dem Inhalt in Verbindung bringen können;
- Goethes Gattungsbestimmung kennenlernen.

Vorbemerkungen

Der „Erlkönig“, als Liedeinlage im Singspiel „Die Fischerin“ konzipiert, wurde 1782 von Goethe, der durch Herders Übertragung einer alten dänischen Volkssage angeregt wurde, verfaßt. Herders Balladentitel „Erlkönigs Töchter“ beruht auf einem Übersetzungsfehler. Der Dichter verwechselte das dänische ellerkonge „Elfenkönig“ mit „Erlkönig“. Wie in Herders Text wird auch in Goethes Ballade ein Mensch auf seinem nächtlichen Ritt von dämonischen Gestalten umworben und findet ein tödliches Ende. Während Herders Herr Oluf aber am Vorabend seiner Hochzeit unterwegs ist, um Gäste einzuladen, und von Erlkönigs Töchtern aus Eifersucht getötet wird, nennt Goethe weder einen Grund für den nächtlichen Ritt des Vaters mit seinem Sohn noch für die Tötung des Kindes (man könnte allenfalls hinter den Lockungen des Erlkönigs ein erotisches Motiv vermuten), wodurch das äußere Geschehen zugunsten der Schilderung der inneren Bedrohung des Sohnes durch die dämonischen Mächte zurücktritt. Das Magisch-Übernatürliche wird in Goethes Ballade viel deutlicher herausgearbeitet. Indem mit dem Vater eine dritte neutrale Figur, welche die Nachtgespenster nicht wahrnimmt, zur dämonischen Macht und dem von ihr bedrohten menschlichen Wesen hinzutritt, wird das Geschehen komplexer und dramatischer, denn mit dem Vater und seinem Sohn stehen sich zwei unterschiedliche Möglichkeiten der Naturauffassung und damit auch der Deutung des Geschehens gegenüber: die des rational denkenden, alles erklärenden Aufklärers und die des irrationalen, emotional empfindenden, die Grenzen sinnlicher Erfahrung überschreitenden Sturm und Drängers. Nach Freund spiegelt sich „im Leiden und Untergang des Kindes ... das tragische Lebensgefühl der jungen Generation aus der Mittelschicht“, während sich im Vater die „selbstbewußte Haltung des erfolgreichen Großbürgertums, dessen politisch-wirtschaftliche Interessen mit denen des Adels in vielfältiger Weise verflochten waren ...“ äußert (Freund, 1978, S. 32). Mit seinem „Erlkönig“, so Freund, wollte Goethe die destruktive Kraft der Einbildung aufzeigen und die Position des Vaters als die angemessenere hinstellen (vgl. a.a.O., S. 32f.).

Dagegen glaubt Ueding, daß in der Ballade der Naturauffassung des Kindes recht gegeben wird. „Die Natur, die das Kind sieht, erlebt, erleidet, ist die wahre, lebendige Natur ... Die Naturansicht des Vaters aber entpuppt sich als bloße rationalistische Konstruktion, als verständiger Schein und vernünftige Täuschung“. (Ueding, Gert: Vermählung mit der Natur. Zu Goethes „Erlkönig“. In: Grimm, S. 93–107. Hier S. 103.)

Formal hat Goethe die Einbettung der Dialogteile in erzählende Strophen (der Dialog zwischen Vater und Sohn wechselt strophenweise mit den Reden des Erlkönigs, bis in Strophe VII die Lockungen des Dämons und das Angstgeschrei des Kindes gemeinsam vorkommen), den Paarreim und den 4hebigen Vers von Herder übernommen. Doch Goethes Text ist gerade in sprachlicher Hinsicht viel ausgefeilter. Das unterschiedliche Wesen der Personen, ihre verschiedenen Wahrnehmungen und Absichten schlagen sich in der unterschiedlichen sprachlichen Gestaltung ihrer Reden nieder. So verleihen die doppelte Anrede „Mein Vater, mein Vater“ (V. 13), die Nachstellung der Anrede in Vers 6 (Siehst, Vater, ...), die fragenden Ausrufe des Sohnes in den Strophen II, IV und VI dessen wachsender Angst und die a-Assonanz in Vers 27–28 seinem erschreckten Aufschrei, als er vom Erlkönig ergriffen wird, Nach-

druck. Die Absichten des Erlkönigs werden durch die väterliche (V. 9) bzw. schmeichelnde Anrede (V. 27) und lautliche Stilmittel wie Alliterationen, Assonanzen und Anaphern zum Ausdruck gebracht, während der Vater durch sein beschwörendes, eindringliches Sprechen (V. 15 und 23) den Sohn beruhigen und alle Visionen auf natürliche Ursachen zurückführen will. Die meisten Verse weisen einen 4hebigen Jambus mit einem Anapäst auf, was dem galoppierenden Ritt Ausdruck verleiht. Auch im Reim lassen sich deutliche Entsprechungen zum Inhalt ausmachen. Während in Strophe II Worte des Vaters und des Sohnes miteinander reimen, reimen sich in den Strophen IV und VI nur jeweils die Aussagen des Sohnes und die des Vaters aufeinander, wodurch formal deutlich gemacht wird, daß die beiden sich in der Sicht der Naturvorgänge mehr und mehr voneinander trennen, aneinander vorbeireden. Die gleiche Wirkung wird erzeugt, indem zunächst zwei Verse des Vaters die beiden Verse des Sohnes umklammern (Strophe II), und dann aber erst dem Sohn zwei Verse und dann dem Vater zwei Verse (Strophen IV und VI) zugeordnet werden. In der abschließenden Erzählstrophe sind Vater und Sohn wieder im Reim verbunden, was dem Inhalt entspricht: Der Vater hält das ächzende Kind in seinen Armen.
Die Schüler lernen eine der bekanntesten Balladen des Sturm und Drang und einen Höhepunkt in der Geschichte der deutschen Kunstballade kennen. Außerdem dient „Der Erlkönig“ als Musterbeispiel für Goethes Versuch einer Gattungsbestimmung der Ballade (vgl. hierzu die fachwissenschaftliche Einführung, S. 15).

Unterrichtsverlauf

Einstieg:
Ähnlichkeit zwischen „Lenore“ und Goethes „Erlkönig“

Die Schüler sollten genügend Vorwissen haben, um eine Ballade nennen zu können, in der wie in „Lenore“ ein geheimnisvoller Ritt mit tödlichem Ausgang erzählt wird. Damit wird eine Überleitung zu Goethes „Erlkönig“ geschaffen.

Phase 1:
Textbegegnung – Unterschiede zu Herders „Erlkönigs Töchter“

Der Text (Mat. 38), der vielen Schülern schon bekannt sein dürfte, wird zunächst durch eine Schallplatten- oder Kassettenaufnahme (vgl. Diskographie Nr. 1, 3, 4 und 5) zum Vortrag gebracht. Nach der Erläuterung des Lehrers, daß Goethe von der Übertragung einer dänischen Volkssage ins Deutsche durch Herder angeregt wurde, soll Goethes Text mit dem Herders (Mat. 39) verglichen werden. Dies geschieht am besten in Stillarbeit. Neben wenigen inhaltlichen (nächtlicher Ritt, Werben durch dämonische Gewalten, tödliches Ende) und formalen Gemeinsamkeiten (Wechselgespräch und erzählende Teile, Rahmen durch epischen Beginn und Schluß, Paarreime, 4hebige Verse) werden den Schülern vor allem die Unterschiede auffallen:
- Goethe schildert die Landschaft ausführlicher als Herder.
- Das Magisch-Dämonische wird bei Goethe viel deutlicher herausgearbeitet.
- Goethe nennt keinen Grund für den nächtlichen Ritt und für die Tötung des Knaben. Bei Herder geht es um die Bestellung des Hochzeitaufgebots. Das Mordmotiv ist Eifersucht.

- Bei Goethe tritt das „äußere“ Geschehen zugunsten der Schilderung der inneren Bedrohung durch das Irrationale zurück.
- In die bei Herder geschilderte Beziehung zwischen Mensch und Elf tritt mit dem Vater eine dritte Person, die die Nachtgespenster nicht wahrnimmt oder nicht wahrnehmen will.
- In Herders Text unterscheiden sich die Personen in ihrer Sprechweise kaum voneinander. Anders bei Goethe. Die wachsende Angst des Kindes schlägt sich in der doppelten Anrede (Strophe IV), in der Vertauschung von Verb und Anrede (Strophe II) und in fragenden Ausrufen nieder, sein Aufschrei am Ende wird durch die a-Assonanz lautlich sinnfällig gemacht. Die Lockungen des Erlkönigs werden durch die väterliche Anrede („liebes Kind“) in Strophe III bzw. durch die verlockend-schmeichelhafte Anrede („feiner Knabe“) in Strophe V, durch Alliterationen („schöne Spiele spiel ich mit dir“) und Assonanzen („bunte Blumen“) sowie durch Anaphern (V. 18–19) ausgedrückt. Der beruhigende, fast beschwörende Ton des Vaters führt unter anderem zu eindringlichen Wiederholungen („Sei ruhig, bleibe ruhig, mein Kind!“/„Mein Sohn, mein Sohn ...“).

Phase 2:
Naturauffassung

Die unterschiedliche Naturauffassung von Vater und Sohn soll konkret am Text, dann allgemein erörtert werden. Zunächst werden Textbelege gesucht und im Tafelbild notiert, die die unterschiedliche Sichtweise des Vaters und des Sohnes beinhalten. Während der Sohn vom Erlkönig (V. 6) mit Kron und Schweif (V. 7), seinen leisen Versprechungen (V. 9–12, 14, 17–20), seinen Töchtern (V. 22) und seinen Drohungen (V. 25–26) spricht, erklärt der Vater die Wahrnehmungen akustischer und optischer Art als Nebelstreif (V. 8), als Säuseln des Windes in dürren Blättern (V. 16) und als alte Weiden im grauen Mondlicht (V. 24). Um die Interpretation dieser Aussagen vorzubereiten, erhalten die Schüler einen Ausschnitt aus Goethes „Faust I“ (Mat. 40), und zwar einen Teil des Gesprächs, das Faust während des Osterspaziergangs mit Wagner führt. Die beiden sehen einen Pudel und beurteilen dessen Verhalten ganz unterschiedlich. Möglicherweise kommen die Schüler (falls sie Goethes „Faust I“ kennen) auch ohne Betrachtung des Textes auf die Frage, in welcher Szene eines Theaterstücks von Goethe ebenfalls Naturerscheinungen unterschiedlich gedeutet werden, von selbst auf die nur kurz skizzierte Parallele: Faust meint erkennen zu können, daß der Pudel geheimnisvolle, magische, immer enger werdende Kreise um ihn zieht und einen Feuerstrudel hinter sich herzieht, während Wagner, der sich in der nebelverhangenen Dämmerung nach Hause sehnt, alles als natürliche Vorgänge erklärt. Der Hund sei unruhig und furchtsam, weil er zwei Unbekannte sehe, sein Wedeln mit dem Schwanz sei nur Hundebrauch. Die Gemeinsamkeiten zwischen Wagner und dem Vater sowie Faust und dem Sohn dürften den Schülern sofort auffallen. Der Vater vertritt wie Wagner die Position des rationalistischen Aufklärers, der die Naturvorgänge wissenschaftlich erklären will, während der Sohn wie Faust die Grenzen menschlicher Erfahrung überschreitet und für die Position des Irrationalismus eines Sturm und Drängers steht, der die Natur, in der er geheimnisvolle Mächte entdeckt, emotional sieht. Der Hof, den der Vater erreicht, repräsentiert das zivilisierte Leben, während sich das Kind durch seinen Tod mit der Natur wiedervereinigt. Die gegensätzlichen Naturauffassungen werden im Tafelbild 1 festgehalten. Im Anschluß daran könnte sich eine interessante und kontrovers geführte Diskussion der Schüler über die Frage, ob der Vater oder der Sohn mit seiner Sicht der Natur recht habe, entwikkeln. Die Parallelen zu „Faust I", die Tatsache, daß das Kind stirbt und daß es dem Vater, der schon in Strophe VI unsicher wurde (Doppeldeutigkeit von „scheinen" in V. 24: „Es scheinen die alten Weiden so grau."), am Ende selber graut (V. 29), sprechen dafür, daß der Sohn mit seinen Behauptungen recht hatte, daß es nicht bloße Halluzinationen waren. Geht man aber, wie es viele Schüler tun werden, davon aus, daß der Junge im Fieber lag und krank war, worauf Vers 4 hinweist („er hält ihn warm"), könnten auch bloße Fieberphantasien vorliegen. Infolge des Leidens könnte dann ein ganz natürlicher Tod eingetreten sein.

Phase 3:
Formale Untersuchung

In Gruppenarbeit sollen anschließend die formalen Kategorien Reim und Metrum in Goethes Ballade untersucht werden, wobei sich jeweils zwei oder drei Gruppen mit einer der beiden Kategorien beschäftigen. Wichtig ist der Hinweis, die Beziehung zwischen Form und Inhalt herauszuarbeiten. Je ein Mitglied jeder Gruppe soll die Ergebnisse knapp vortragen. Was dabei bereits von einem anderen Gruppensprecher erwähnt wurde, braucht nicht noch einmal dargelegt werden.
Reim:
Jede Strophe besteht aus zwei Paarreimen. Während in Strophe II die Worte des Vaters auf die seines Sohnes reimen, bilden in Strophe IV und VI die Worte des Vaters und die des Sohnes getrennte Paarreime. Dadurch wird das zunehmende Auseinanderklaffen in den Anschauungen der beiden deutlich. In der letzten Strophe, die rein episch ist, sind Vater und Sohn wieder im Reim verbunden, was dem Inhalt „Er hält in Armen das ächzende Kind" entspricht.
Die Worte des Vaters stehen in der Strophe II im ersten und vierten Vers, umklammern somit die Fragen des Sohnes. In Strophe IV und VI folgen auf zwei Verse, die der Knabe spricht, zwei Verse des Vaters. Dadurch wird die oben beschriebene inhaltliche Entsprechung noch unterstützt.
Metrum:
Die 4hebigen Jamben enthalten mindestens je einen Anapäst, was dem Rhythmus eines im Galopp reitenden Pferdes in etwa entspricht. Nur Vers 8 ist durchgehend jambisch und bringt die Sicherheit des Vaters und seine beruhigenden Worte zum Ausdruck. Die drei Anapäste in den Versen 13, 21 und 27 drücken die Angst des Knaben aus. Die Daktylen in Strophe V geben den Versen einen wiegenden, tanzenden Rhythmus, was dem Inhalt voll entspricht. In Vers 26 folgen drei Anapäste aufeinander, wobei die Hebungen sehr stark betont sind, was zu einem harten, unregelmäßigen Rhythmus führt und die hemmungslose, kaltblütige Rede des Erlkönigs unterstreicht.

Phase 4:
Die Gattungsfrage

Die Frage des Lehrers, ob aufgrund der soeben untersuchten lyrischen Kategorien der Text eindeutig der Gattung Lyrik zugerechnet werden müsse, leitet über zur letzten Phase. Nach einigen Äußerungen der Schüler, die sicherlich auf das epische Kennzeichen der Handlung hinweisen werden, liest der Lehrer Goethes eigene Aussagen zu diesem Problem vor (Mat. 41 oder fachwissenschaftliche Einführung, S. 15). Die Schüler sollen Goethes Gat-

tungsbestimmung in eigenen Worten zusammenfassen. Dabei entsteht an der Tafel ein Bild, das zeigt, daß sich Epik, Lyrik und Dramatik aus einem gemeinsamen „Ur-Ei“ entwickelt haben sollen (Tafelbild 2). Die eventuell bereits zu Beginn dieser Phase von den Schülern genannten Kennzeichen epischer, lyrischer oder dramatischer Literatur werden in das „Ei“ eingetragen. Noch fehlende Merkmale werden im fragend-entwickelnden Unterrichtsgespräch erarbeitet und im Tafelbild ergänzt.
An der Tafel befindet sich nun praktisch eine Definition der Gattung. Sie kann von einem Schüler in etwa folgender Form selbst formuliert werden: „Die Ballade ist die Erzählung einer Handlung in lyrischer Form. Sie kann Dialoge enthalten, rafft die Ereignisse meist stark und besitzt eine Zielspannung auf einen häufig tragischen Ausgang“.

4. Stunde: Das Lorelei-Motiv bei Brentano, Eichendorff und Heine (ohne Stundenblatt, mit Tafelanschrieb)

Stundenziele

Die Schüler sollen
- die Darstellung der Lorelei und ihrer Sprechabsichten in den drei Texten vergleichen können;
- erkennen, wer in den drei Texten der Titelgestalt verfällt und aus welchen Gründen dies geschieht;
- das unterschiedliche Ende in den drei Texten erkennen und deuten;
- erkennen, daß die Lorelei von Brentano über Eichendorff zu Heine immer abstrakter wird und schließlich nur noch Verkörperung einer Stimmung ist.

Vorbemerkungen

Bereits im Mittelalter wurde in Sagen von Stimmen erzählt, die vorbeifahrende Schiffer mit verführerischem Gesang vom richtigen Kurs ablenkten und ins Verderben stürzten. Brentano erfand 1800 die Phantasiefigur der Lore Lay, welcher er die geheimnisvollen Stimmen zuordnete, und verfaßte die gleichnamige Ballade. Lore Lay zieht durch ihre Schönheit alle Männer an, die ihr hoffnungslos verfallen, wurde aber von dem einzigen Mann, den sie liebt, verlassen. Wegen ihrer magischen Ausstrahlung wird sie vom Bischof vorgeladen, der aber selbst Opfer ihrer Schönheit wird und sie nicht verurteilen kann, obwohl sie doch selbst ausdrücklich den Sühnetod als einzigen Ausweg aus ihrer Lage herbeisehnt. Statt dessen soll sie ins Kloster gehen. Drei Ritter erhält sie als Begleitung. Doch sie steigt auf den hohen Rheinfelsen und stürzt sich in den Fluß hinunter zu einem Schiffer, den sie als ihren Geliebten bezeichnet. In der zu Beginn der letzten Strophe geäußerten Frage („Wer hat dies Lied gesungen?“) nimmt sich Brentano als Dichter der Kunstballade zurück, indem er vorgibt, es handle sich um ein Volkslied, dessen Verfasser anonym bleibt. Eichendorff griff das Motiv auf, nahm aber einige Änderungen vor. Zunächst einmal verlegte er den Schauplatz in den Wald und stellte Lorelei als Hexe vor. Ein einsamer Reiter begegnet ihr und begehrt sie, obwohl sie ihn warnt. Er wird den Wald nie mehr verlassen. Das Dämonische der Natur wird in Eichendorffs Text viel stärker betont als in Brentanos. Seine Lorelei ist die Personifikation der Gefahren und der Anziehungskraft des Waldes. Demzufolge tritt sie als konkrete, sichtbare Person nicht in Erscheinung, sondern nur als sprechende, also akustisch wahrnehmbare Rolle. 1823 verfaßte Heine sein Lorelei-Gedicht. Das typisch Balladenhafte ist hier noch weiter reduziert. Lorelei existiert nur noch als Erinnerung eines lyrischen Ichs an ein Märchen. Ihr Handeln beschränkt sich auf das Kämmen ihres Haars und das Singen eines Liedes, das vorbeifahrende Schiffer ablenkt. Das lyrische Ich glaubt, daß der Schiffer mit seinem Kahn untergeht. Das Romantische und Balladenhafte erscheint bei Heine somit als längst Vergangenes, an das man sich nur noch erinnern kann, und selbst dies nur lückenhaft. Der Autor distanziert sich von der Romantik, stellt das Vergessen der Realität als Gefahr dar. Von dieser Gefahr ist auch das lyrische Ich betroffen, das in trauriger Stimmung ist und damit in emotionaler Hinsicht die Rolle der Lorelei Brentanos und Eichendorffs innehat. Heines Lorelei ist die Verkörperung einer Stimmungslage. Zwischen den lyrischen Ich-Aussagen in den beiden Randstrophen und der Beschwörung des Märchenmotivs in den Strophen III bis V, Vers 2 wird die Landschaft geschildert, die sowohl dem Gefühl des Ichs entspricht als auch an das Märchen erinnert. Das Funkeln des Gipfels in der Abendsonne wird mit dem goldenen Geschmeide, Haar und Kamm der Jungfrau in Zusammenhang gebracht. Der Blick des betörten Schiffers nach oben ruft wieder den Rheinfelsen in Erinnerung. Stimmung, Landschaft und Märchen fließen ineinander, sind kaum noch zu trennen.

Der Vergleich der drei motivgleichen Texte soll den Schülern zeigen, wie die Romantik aufgrund der naturmagischen Thematik der Ballade einerseits zu dieser Gattung tendierte, sich aber andererseits von ihr wegbewegte, da die Schilderung von äußeren Vorgängen zugunsten der Schilderung von Seelenzuständen zurücktrat. Die Behandlung der drei Texte aus der Romantik eignet sich ferner recht gut zur Wiederholung der in der vorangegangenen Stunde erarbeiteten Gattungszuordnung bzw. Balladendefinition, da bei Brentano mehr epische, bei Eichendorff mehr dramatische und bei Heine mehr lyrische Elemente vorhanden sind. In Brentanos Fassung werden durch einen Erzähler mehrere Ereignisse in stark geraffter Form geschildert, wobei wie in anderen Erzähltexten Dialoge eingeschoben werden. Eichendorffs Ballade besteht wie ein Drama ausschließlich aus Rede und Gegenrede. Heines Text ist sehr stark durch die melancholische Stimmung eines lyrischen Ichs gekennzeichnet und enthält, wie bereits erwähnt wurde, kaum Handlungselemente.

Unterrichtsverlauf

Einstieg:

Zwei Möglichkeiten des Einstiegs sind denkbar. Man könnte der Klasse eine Abbildung (Photo, Diapositiv, Postkarte) des Loreleifelsens bei Bacharach zeigen und die Schüler fragen, was sie damit verbinden. Sie werden von der Sage zu berichten wissen und wahrscheinlich auch Silchers Vertonung des bekannten Gedichts von Heine nennen können. Man könnte aber auch ausgehen von der Frage nach typisch romantischen Motiven und Themen. Fast alles, was hier genannt werden kann (Liebe, Fernweh, Märchen, Wald, Tod, Unheimlich-Dämonisches, Natur, Abend und Nacht, Musik), kommt in einer oder mehreren der drei zu behandelnden Fassungen des Lorelei-Motivs vor.

Phase 1:
Inhaltliche Gemeinsamkeiten und Unterschiede

Nach der Verteilung der Textblätter (Mat. 42, 43, 44) werden mehrere Gruppen ge-

bildet, von denen jede eine der drei folgenden Aufgaben erhält:
Aufgabe 1: Was erfahren wir über die Figur der Lorelei und ihre Sprechabsichten?
Aufgabe 2: Wer wird das Opfer der Lorelei und welche Gründe gibt es hierfür?
Aufgabe 3: Wie endet das Geschehen? Wie kann das Ende gedeutet werden?
Folgende Ergebnisse können erwartet und im Tafelbild festgehalten werden:

Zu Aufgabe 1:
Bei Brentano ist die Titelfigur eine „Zauberin" (V. 2), die bei Bacharach am Rhein wohnt, von sehr schöner Gestalt ist (V. 12 u.a.), so daß ihr alle Männer rettunglos verfallen (V. 7–8), aber selbst an einer unglücklichen Liebe leidet (Strophe XI). Sie bittet in einer Gerichtsverhandlung den Bischof sie zu erlösen, indem er sie zum Sühnetod verurteilt (Strophe V, IX, X, XIII, XIV). Eichendorffs Lorelei ist eine Hexe (V. 12), die im Wald lebt (V. 2ff.), „wunderschön" (V. 10) ist und deshalb großen Reiz auf Männer ausübt, die ihr aber durch „Trug und List" (V. 5) das Herz gebrochen haben (V. 6). Sie bittet einen einsamen Reiter im Wald zu fliehen (V. 8), weil er sie nicht kenne. Bei Heine ist die Lorelei eine Märchenfigur (V. 3, 10–13) mit goldnem Geschmeide, Haar und Kamm, die „schönste Jungfrau" (V. 9). Ihre Gestalt, die in der Abendsonne funkelt (V. 7–8), lenkt vorbeifahrende Schiffer ab (Strophe V). Sie singt ein Lied, wobei unklar bleibt, ob sie dadurch bewußt die vorbeifahrenden Schiffer ins Unglück stürzen will.

Zu Aufgabe 2:
Der Bischof, der sie vorladen ließ (V. 9–10), vermutlich um sie zum Tode zu verurteilen, verfällt selbst ihrer schönen Gestalt (V. 12), so daß er sie begnadigen muß (V. 11) und nur ins Kloster schickt (Strophe XV–XVI), obwohl sie selbst sterben wollte.
In Eichendorffs Text begehrt ein einsamer Reiter die Waldhexe Lorlei trotz deren Warnungen und verfällt ihrem Zauberkreis.
Ein Schiffer läßt sich in Heines Fassung des Lorelei-Motivs vom wundersamen Gesang der schönen Jungfrau ablenken.

Zu Aufgabe 3:
In Brentanos Text stürzt sich die Titelfigur vom hohen Felsen in den Rhein. Drei Ritter, die sie eigentlich ins Kloster bringen sollten, mußten deshalb sterben. „Lore Lay" löst den tragischen Konflikt, in den sie verschlungen ist, durch den Tod. Andere Lösungsmöglichkeiten wurden ihr verwehrt (Sühnetod) oder widersprechen ihrem Wesen (Nonne im Kloster). Noch im Tod bringt sie Männern Unglück. Brentano folgt der Funktion der Erklärungssagen, indem er einen Zusammenhang zwischen Naturerscheinungen (Dreiritterstein, Echo) und dem Ende der Balladenhandlung herstellt.
Bei Eichendorff kommt der einsame Reiter nie mehr aus dem Wald heraus. Dies kann als Strafe für sein ungeniertes Werben angesehen werden. Der Wald, der in der romantischen Lyrik und speziell bei Eichendorff als landschaftliche Entsprechung bestimmter Stimmungen idealisiert wird, erscheint hier als dämonischer Bereich.
In Heines Text bleibt unklar, was mit dem Schiffer geschieht, der sich von Lorelei ablenken ließ. Das lyrische Ich vermutet, daß er mitsamt seinem Kahn von den Wellen verschlungen wurde. Möglicherweise soll die Realitätsflucht, das Verkennen der äußeren Umstände („Er schaut nicht die Felsenriffe") durch den Romantiker als Gefahr dargestellt werden, vor der es zu warnen gilt.

Im Unterrichtsgespräch sollen nun die entscheidenden Unterschiede nochmals rückblickend herausgestellt werden. Zunächst sollte auffallen, daß die Figur der Lorelei von Brentano über Eichendorff zu Heine immer unpersönlicher, körperloser, abstrakter wird. Während sie bei Brentano noch als konkret handelnde Person in Erscheinung tritt, kommt sie bei Eichendorff nur noch als sprechende „Rolle" vor. Der Hörer oder Leser nimmt sie nur durch ihre „akustische Gestalt" wahr. Zwar tritt Lorelei in Heines Text nicht nur durch ihren Gesang in Erscheinung, sondern auch durch „Handlungen", doch sind diese auffallend zwecklos und unbedeutend (Kämmen ihrer Haare). Außerdem ist sie keine konkret auftretende Gestalt, sondern existiert nur in der Vorstellung des lyrischen Ichs als Märchenfigur, die ihm nicht aus dem Sinn geht und die als bloße Verkörperung seiner Stimmungslage angesehen werden kann. Die Tatsache, daß die „Lore Lay" Brentanos sterben kann, bringt sie in die Nähe einer menschlichen Gestalt. Die Lorelei Eichendorffs und Heines dagegen scheint nur die Verkörperung romantischer Sehnsüchte zu sein. Vor allem bei Heine wird dieser Zug deutlich. Sollten die Schüler nicht alleine auf diesen Unterschied kommen, kann man ihnen zweifache Hilfestellung geben. Erstens dürfte ihnen die Frage, wer in den drei Texten jeweils die emotional leidende „Person" sei, zeigen, daß im Unterschied zu Brentano und Eichendorff bei Heine das lyrische Ich selbst die Rolle der „traurigen" (V. 2) Figur übernimmt (nicht mehr Lorelei), was aber nur die Verwandtschaft zwischen romantischer Melancholie und Lorelei verstärkt. Zweitens könnte man den Blick der Schüler auf den Aufbau von Heines Text lenken. Der Übergang von der Schilderung einer subjektiven Stimmungslage (Strophe I) zur Beschreibung einer sehr abstrakten, konturenlosen abendlichen Landschaft, die dem „Traurigsein" des Ichs entspricht (Strophe II) und deren auffallendstes Element, der funkelnde Berggipfel, die Existenz einer Jungfrau mit goldenem Geschmeide, Haar und Kamm nahelegt (Strophe III), ist genauso fließend wie der von der Schilderung der sparsamen Handlung (Strophe III–V, Vers 2) zur vom Blick des Schiffers ausgelösten Beschreibung des hohen Felsenriffs (Strophe V, Vers 3–4), welche wiederum das lyrische Ich Mußmaßungen über dessen Schicksal anstellen läßt (Strophe VI). Der symmetrische Aufbau und das Ineinanderfließen von Stimmung, Landschaft und Handlung können den Schülern die oben erwähnten Zusammenhänge verdeutlichen.

Phase 2:
Die Rolle der Landschaft

Anschließend sollen sich die Schüler Gedanken über die unterschiedliche Rolle der Landschaft in den drei Texten machen. Im Unterrichtsgespräch müßte herausgearbeitet werden, daß bei Brentano der Rhein und seine Felsen nur die Kulisse für die Handlung darstellen und am Schluß ganz wie in der Sage das Geschehen beglaubigen. Und der Tod der drei Ritter erklärt die Existenz des Dreirittersteins. Bei Eichendorff wird der Wald dem Mann zum Verhängnis. Die menschliche Sehnsucht nach dem Wald, aber auch dessen Gefahren werden in der Lorelei verkörpert. In Heines Text bildet die abendlich-leuchtende Landschaft das Bindeglied zwischen menschlicher Stimmung und Märchenwelt. Sie ist zugleich Handlungsort und Entsprechung der Trauer des lyrischen Ichs.

Phase 3:
Wiederholung der Balladendefinition

Die in der vergangenen Stunde erarbeitete Gattungszuordnung bzw. Balladendefinition soll nun an den drei Texten überprüft werden. Dabei wird den Schülern auffallen, daß Brentanos Text mehr der Epik (Erzähler, mehrere Ereignisse, Zeitraffung, eingeschobene Dialoge), Eichendorffs mehr der Dramatik (nur Rede und Gegenrede, Zielspannung) und Heines mehr der Lyrik (lyrisches Ich, lyrischer Grundton, Stimmung, kaum Handlung) nahesteht.

Phase 4 (fakultativ):
Erich Kästners „Der Handstand auf der Loreley"

Bleibt noch Zeit, könnte man Erich Kästners Loreley-Gedicht (Mat. 45) anschließen. Die Schüler werden merken, daß Kästner die wesentlichen Motive Heines (Rhein, Felsen, Kämmen der blonden Haare, Abendsonnenschein, Schiffer, Wehmut und Schicksal) übernommen, an wesentlichen Stellen aber entscheidende Veränderungen vorgenommen hat. Indem die Schiffer „verdrehte Hälse" bekommen, wird ihr Verhalten der Lächerlichkeit preisgegeben. Der Rhein ist heute „eingedämmt und reguliert", womit Kästner auf die Technisierung der Welt anspielt. Die Naturmächte sind gebändigt. In einer solchen technisierten und entmythisierten Welt sind Heldentaten unmöglich. Symbolisch wird dies durch den Handstand des Turners ausgedrückt. Der „Held" steht nicht mehr mit beiden Beinen auf dem Boden der Tatsachen, seine Tat ist völlig sinnlos und reine Show (Sportler werden in den Medien heute manchmal als die Helden unserer Zeit hingestellt). Das Heldentum wird verkehrt, auf den Kopf gestellt. Es ist weltfremd geworden.
Die Schüler sollten erkennen, daß Kästner die versteckte Kritik Heines an der Balladentradition und der Sentimentalität des Menschen auf die Spitze treibt.

5. Stunde:
Heine: Die schlesischen Weber
Die soziale Ballade als Neuansatz in der Gattungsgeschichte

Stundenziele

Die Schüler sollen
- eine Radierung von Käthe Kollwitz und die Wirkung, die von dieser ausgeht, beschreiben können;
- den historischen Hintergrund zu dem in der Radierung gezeigten Geschehen grob skizzieren können;
- den Aufbau des Textes erkennen;
- erkennen, daß sich die Wut der Weber in einer Revolte entladen wird;
- die Intention Heines beschreiben;
- formale Mittel finden, durch die Heine seine Absichten unterstreicht.

Vorbemerkungen

Wenige Wochen nach dem Weberaufstand in Peterswaldau (Juni 1844) erschien bereits Heines Ballade. Nur die beiden ersten Verse werden durch einen Erzähler vermittelt. Dann wechselt die Sprechhaltung, und die Weber selbst erhalten das Wort. Die restlichen Verse der Eingangsstrophe wiederholen sich an gleicher Stelle in der Schlußstrophe. Es wurde lediglich „Deutschland" durch „Altdeutschland" ersetzt, was den Willen der Weber zur Veränderung der gesellschaftli-

chen Verhältnisse ziemlich deutlich unterstreicht. Dabei soll aber die Idee einer nationalen Einheit nicht verlorengehen. Die beiden Randstrophen bilden durch die wörtlichen Übereinstimmungen einen Rahmen, in dem der Fluch der Weber auf Gott (Strophe II), den König (Strophe III) und das Vaterland (Strophe IV) eingebettet ist. Einer Nennung der jeweiligen Anklagepunkte folgt in jeder dieser drei Mittelstrophen eine knappe Beschreibung des Elends, in dem die Fluchenden leben. Wendungen wie „im düstern Auge" (V. 1), „keine Träne" (V. 1), „fletschen die Zähne" (V. 2), „Leichentuch" (V. 3 und 23), „kracht" (V. 21) und „Altdeutschland" (V. 23) zeigen den Veränderungswillen der Weber und Heines Intention. Der wütenden Entschlossenheit der Sprecher entspricht der wuchtige Rhythmus, der auch an das Geräusch eines Webstuhls denken läßt. Die Wiederholungen im Bereich der Lautung (Alliterationen), des Wortschatzes (Wortwiederholungen), des Satzbaus (Anapher, Parallelismus) und der Struktur (Refrain, gleichlautender Beginn der Mittelstrophen) verleihen den Drohungen größeren Nachdruck und vermitteln einen Eindruck von der Monotonie der Weberarbeit.
Der stärker werdende Wille der Weber, die gesellschaftlichen Verhältnisse zu verändern, der sich bereits im Ersatz von „Deutschland" durch „Altdeutschland" und in der Erhöhung der Arbeitsintensität (V. 21–22!) äußerte, findet auch im Reim der beiden ersten Verse der Schlußstrophe seinen Niederschlag: Diese weisen einen männlichen Reim auf, wogegen in den anderen Strophen die beiden Anfangszeilen weibliche Reime haben.

Unterrichtsverlauf

Einstieg: Betrachtung einer Illustration

Eine Radierung von Käthe Kollwitz mit dem Titel „Der Weberzug" (Mat. 47) wird den Schülern mittels einer an die Wand projizierten Folie gezeigt. Zunächst sollen die Personen beschrieben werden: Sie sind mager, haben feste, von der Arbeit gezeichnete Hände, laufen teilweise gekrümmt, sind einfach und dunkel gekleidet, blicken ernst und grimmig, einer ballt die Faust, andere tragen Beile und Sensen. Dann sollen die Schüler die Wirkung, die von der Radierung ausgeht, beschreiben. Durch die dunkle Horizontlinie unmittelbar über den Köpfen der Personen wirkt das Bild bedrückend. Die Enge und Hoffnungslosigkeit ihres Daseins wird dadurch ausgedrückt. Die Faust, die als einziges diese Linie durchbricht, die Geschlossenheit der Gruppe und ihre finsteren Mienen geben der Darstellung etwas Bedrohliches.

Phase 1: Historischer Hintergrund

Vom Geschichtsunterricht her sollten die Schüler wissen, worauf sich die Abbildung bezieht. Im Unterrichtsgespräch soll deshalb der historische Hintergrund nur knapp wiederholt werden. Hingewiesen werden sollte auf die Ablösung der Handarbeit durch Maschinen in der zweiten Hälfte des 18. Jahrhunderts, die von England ausging und zu tiefgreifenden Veränderungen in der Gesellschaft führte. Es kam zur Herausbildung eines vierten Standes, dem der städtischen Fabrikarbeiter, deren Löhne immer geringer wurden. Beim Stand der Weber sorgte die Erfindung der mechanischen Webstühle (1790) und der mit Dampfkraft betriebenen

Spinnmaschinen für das soziale Elend. 1842 führte eine Wirtschaftskrise zu Massenentlassungen. 1844 wurden Aufstände der Weber in Peterswaldau und Langenbielen (Schlesien) gewaltsam niedergeworfen. Die Lektüre einer anschaulichen Beschreibung des Weberelends (Mat. 48) könnte sich an diese Erläuterungen anschließen.

Phase 2:
Textbegegnung – Aufbau

Nach der stillen Lektüre des Textes (Mat. 46) oder einem Kassettenvortrag (vgl. Diskographie Nr. 3) wird im Unterrichtsgespräch sein Aufbau behandelt und in einem Tafelbild festgehalten. Dabei sollte zunächst einmal erkannt werden, daß die Strophen I und V durch das Bild der arbeitenden Weber, die Wiederholung von „Deutschland“ und den dreifachen Fluch einen Rahmen bilden. Die beiden ersten Verse dieser Strophen zeigen die Verbissenheit und die unterdrückte Wut der bislang passiven Weber (Strophe I) und ihre erhöhte Aktivität, hinter der sich aufkeimende Hoffnung verbirgt (Strophe V). Mit „Altdeutschland“ ist gemeint, daß die nationale Idee erhalten bleiben soll, daß die nationale Frage aber nur durch Bereinigung der sozialen Probleme, durch eine Änderung der ungerechten Gesellschaftsordnung gelöst werden kann. Der dreifache Fluch bezieht sich auf Gott, den König und das Vaterland. Vielleicht erkennen die Schüler die Ähnlichkeit zur Parole Preußens: „Mit Gott für König und Vaterland“. Diese drei Bereiche werden in den drei mittleren Strophen eingehender behandelt. Gott hat die Gebete der Weber nicht erhört, hat ihnen in der Not nicht geholfen, sondern sie nur vertröstet (Strophe II). Der König hat sie ausbeuten und teilweise sogar erschießen lassen (Strophe III). Das Vaterland bietet ihnen nur Not und Elend, fördert die Privilegierten, das Unrecht und die Korruption und weist eine veraltete Ordnung auf (Strophe IV). Die Kritik wird dabei jeweils mit einer Beschreibung der elenden Lage des Weberstandes gekoppelt. Sie hungern und frieren, können ihre elementaren Bedürfnisse nicht befriedigen (Strophe II), haben kein Einkommen und keine politischen Rechte (Strophe III), ihre Lebenserwartung ist deshalb gering (Strophe IV).

Phase 3:
Intention – Typ der sozialen Ballade

Die Frage, wie sich die Wut der Weber entladen wird, kann leicht beantwortet werden, da Wendungen wie „düsteres Auge“, „keine Träne“, „fletschen Zähne“, „kracht“, „Leichentuch“ und „Altdeutschland“ eindeutig auf eine Revolte hinweisen, und leitet über zur Behandlung der Intention Heines. Der Autor fordert ziemlich eindeutig zur Veränderung der gesellschaftlichen Verhältnisse auf.
Damit ist das Unterrichtsgespräch bei den auffallenden Abweichungen Heines von traditionellen Balladentypen angelangt. Neben der neuartigen Intention sollten die neue Thematik (soziales Elend) und das neue Personal (Arbeiter, Masse statt ein einzelner) genannt werden.

Phase 4:
Formale Besonderheiten

Wie Heine seine Intention durch formale Mittel unterstreicht, wird in einem kurzen Unterrichtsgespräch erörtert. Bei Zeitknappheit kann diese Untersuchung auch die Hausaufgabe bilden.
Folgende Ergebnisse sind zu erwarten:
- Der Wechsel der Sprechhaltung von Strophe I („Sie...“) zu Strophe II („Wir...“) verringert die Distanz zum

Geschehen und gestaltet die Forderungen der Weber dadurch eindringlicher.
- Der Rhythmus der Verse ist wuchtig und kraftvoll und entspricht der wütenden Entschlossenheit der Sprecher. Man fühlt sich auch an die Geräusche des Webstuhls erinnert.
- Die vielen Wiederholungen in Form von Anaphern (V. 18–19), wiederholten Stropheneinsätzen („Ein Fluch. . .") und Strophenschlüssen („Wir weben, wir weben!") erhöhen den bedrohlichen Charakter der Forderungen und Klagen, vermitteln aber gleichzeitig einen Eindruck von der gleichbleibenden, monotonen Arbeit der Weber. Auch die vielen Verbindungen mit „und" tragen hierzu bei.
- Die beiden ersten Verse der letzten Strophe weisen im Unterschied zu den beiden Anfangszeilen der anderen Strophen den männlichen Reim auf. Auch dadurch wird die Drohung eindringlicher und härter.
- Die vielen Alliterationen (Refrain, V. 9, 16, 17) geben den Worten der Weber mehr Nachdruck.

6. Stunde: Hofmannsthal: Ballade des äußeren Lebens Veränderte Auffassung vom Leben als Ursache für die Inaktualität der Ballade

Stundenziele

Die Schüler sollen
- sich spontan zum Text äußern und dabei die Problematik des Titels und des Schlußbildes erkennen;
- Hofmannsthals Sicht des menschlichen Lebens charakterisieren und an geeigneten Textstellen belegen können;
- formale Entsprechungen zum Inhalt des Textes herausfinden;
- das Schlußbild durch assoziative Erhellung bzw. durch Vergleich der ersten mit der letzten Zeile erklären und deuten können;
- erkennen, daß das „äußere Leben" auf ein „inneres Leben" verweist;
- erkennen, daß ein der Ballade angemessenes Leben dem Autor nicht mehr möglich erscheint.

Vorbemerkungen

Hofmannsthal nennt seinen 1894 entstandenen Text „Ballade", obwohl sein Inhalt alles andere als balladenhaft ist. Es wird nicht das herausragende Schicksal einer Einzelperson erzählt, sondern das Leben der Menschheit allgemein als sinn-, beziehungs- und richtungslos, monoton, vergänglich, flüchtig und anonym hingestellt. Die scheinbar willkürliche, zusammenhanglose und durch das fast penetrant wirkende „und" verbundene Reihung von Einzelbildern, die antithetische Gegenüberstellung von Werden und Vergehen, Leben und Tod, Lachen und Weinen, der monotone Rhythmus, die häufigen Klangwiederholungen in Assonanzen und Alliterationen, die eintönige, beliebig verlängerbare Reimfolge (abc bdb ded efe fgf etc.) und die artikellosen Nomen verdeutlichen dieses trostlose Bild der menschlichen Existenz.
Das Bild von dem Wort „Abend", aus dem Tiefsinn und Trauer rinnt wie schwerer Honig aus hohlen Waben, erinnert an den Lebensabend der Menschen, an eine Zeit der Ruhe und der Besinnung. Alle „äußeren" Aktivitäten des Menschen, alle Produkte seiner Arbeit sind vergänglich und rinnen davon wie der Honig, also das Produkt des Bienenfleißes. Die Waben sind hohl, so wie die Augen der Kinder

tief und unwissend sind. Was die Augen im Laufe eines Daseins aufnehmen werden, nützt nicht viel: „Was frommts, dergleichen viel gesehen haben?" (V. 19) Nicht die „äußeren" Aktivitäten sind wichtig, sondern das „innere Leben", die Besinnung auf die eigene Vergänglichkeit und auf Gott. Nur in dem Gedanken an das Jenseits steckt das sogenannte „Numinose", das der Ballade als Gattungsmerkmal oft zugesprochen wird. So wie das „äußere Leben" auf ein gegenteiliges verweist, soll die irritierende Gattungsbezeichnung zeigen, daß in Wirklichkeit ein heldenhaftes, individuelles Leben nicht mehr möglich ist.

Den Schülern soll die Behandlung dieses Textes zeigen, wie sehr die Gattung zur Zeit der Jahrhundertwende gefährdet war. Balladen scheinen nicht mehr möglich zu sein angesichts des sinnlosen, monotonen und anonymen Daseins. Hofmannsthals Text muß wohl eher als eine Art „Anti-Ballade" bezeichnet werden.

Unterrichtsverlauf

Einstieg:
Kurzer Lebensabriß Hofmannsthals

Ein kurzer Lebensabriß Hugo von Hofmannsthals soll die Stunde, die sich mit einer Ballade zum Thema „Lebenslauf" beschäftigt, einleiten.

Phase 1:
Textbegegnung – Kennzeichen des „äußeren Lebens"

Nach der stillen Lektüre des Textes (Mat. 49) durch die Schüler sollen diese Gelegenheit zu spontaner Aussprache bekommen. Sicherlich wird dabei auch die Frage nach dem schwer verständlichen Schlußbild gestellt werden. Ihre Beantwortung muß der Lehrer aber vorerst auf eine spätere Phase des Unterrichts verschieben. Daneben müßte auch der irritierende Titel genannt werden, der sich mit dem Inhalt des Textes nicht ganz vereinbaren läßt, da von einer Ballade die Erzählung eines herausragenden, individuellen Schicksals erwartet wird. Die Schüler werden aber erkennen, daß der Text das monotone, anonyme, sinnlose Dasein aller Menschen beschreibt oder besser umschreibt. Die durch die „Ballade" evozierten Merkmale und Kennzeichen des „äußeren Lebens" werden an der Tafel notiert: Das äußere Leben ist

- richtungs- und beziehungslos: „Und Straßen laufen durch das Gras, und Orte sind da und dort" (V. 10–11);
- sinnlos: „Wozu sind diese aufgebaut?" (V. 13), „Was wechselt Lachen, Weinen und Erbleichen?" (V. 15) „Was frommt das alles uns. . .?" (V. 16);
- flüchtig, vergänglich: „Und Kinder wachsen auf. . . und sterben" (V. 1–2), „Und süße Früchte werden aus den herben und fallen nachts wie tote Vögel nieder" (V. 4–5);
- monoton: „Und immer weht der Wind, und immer wieder vernehmen wir und reden viele Worte" (V. 7–8);
- anonym: „Und alle Menschen gehen ihre Wege" (V. 3), „Die wir doch groß und ewig einsam sind" (V. 17).

Phase 2:
Formale Kennzeichen

In Stillarbeit sollen die Schüler nun formale Entsprechungen dieser inhaltlichen Charakterisierung des Lebens im Text suchen. Die Ergebnisse werden wiederum im Tafelbild festgehalten:

- Die Richtungs- und Beziehungslosigkeit des Lebens schlägt sich nieder in der scheinbar zufälligen, losen Reihung verschiedener Einzelbilder.

- Die Flüchtigkeit und Vergänglichkeit des Daseins äußert sich in der antithetischen Nebeneinanderstellung von Wendungen wie „wachsen auf" und „sterben", „süße Früchte" und „herben", „Lust und Müdigkeit", „Lachen, Weinen" auf engstem Raum.
- Die Monotonie des Lebens findet ihre Entsprechung in dem eintönigen Rhythmus, in den vielen „und" (22 an der Zahl!), in Assonanzen und Alliterationen, die in fast jedem Vers zu finden sind, und in der Reimfolge: Der Mittelvers einer Strophe und der Anfangs- und Schlußvers der darauffolgenden Strophe reimen sich jeweils (mit Ausnahme der ersten und letzten Strophe).
- Die Anonymität des Daseins schlägt sich in den meist ohne jeglichen Artikel stehenden Nomen nieder.

Phase 3:
Das Schlußbild

Die Feststellung der Schüler, daß das monotone, scheinbar beliebig verlängerbare Reimschema am Schluß des Textes durchbrochen wird, führt zur Behandlung des dunklen Schlußbildes, das ja durch diese formale Abweichung eine Sonderstellung einnimmt. Um die letzten Verse zu erhellen, werden zwei Aufträge gegeben, von denen mehrere Gruppen jeweils einen bearbeiten.

Auftrag 1:
Welche Assoziationen verbinden Sie mit den drei Schlüsselbegriffen „Abend", „Honig" und „Waben" der Schlußverse? Welche der Assoziationen tragen zur Erhellung des Bildes bei?

Auftrag 2:
Vergleichen Sie die erste und die letzte Zeile des Textes! Welche Entsprechungen, die das Schlußbild erhellen, können Sie entdecken?
Jeweils ein Gruppenmitglied trägt die Ergebnisse, die im gemeinsamen Gespräch erzielt wurden, vor.

Zu Auftrag 1:
„Abend" wird verbunden mit Ruhe, Besinnung, aber auch mit Vergänglichkeit, Tod und Trauer. „Honig" ruft Assoziationen wie Nahrungsmittel, Biene, Fleiß, klebrig, süß, zähflüssig wach. Sechseck, Behälter und Fleiß fällt einem beim Wort „Waben" ein. Mit dem Schlußbild könnte gemeint sein, daß der menschliche Fleiß und die Produkte menschlicher Arbeit (≙ Honig) angesichts des Todes (≙ Abend) vergeblich (≙ rinnt, hohl) sind. So wie die Reimfolge „zur Ruhe kommt", hat auch das Leben ein Ende.

Zu Auftrag 2:
Das Bild der „tiefen Augen" (V. 1) erinnert an das der „hohlen Waben" (V. 22). Indem das Wort „Augen" sich nicht in das vorher festgestellte Reimschema einfügen läßt, wird die inhaltliche Entsprechung formal unterstützt, da ja auch „Waben" von diesem Schema abweicht.
Die Schönheit der Erde, die mit den Augen aufgenommen wird, die Produkte menschlicher Arbeit entsprechen dem süßen Honig, dem Produkt des Bienenfleißes. Doch die Augen sind tief, d.h. leer und unwissend (vgl. V. 2), erinnern an die Hohlheit der Waben. Es nützt nichts, viel gesehen zu haben (vgl. V. 19), da der Mensch und seine Werke vergänglich sind. Auch der Honig rinnt aus den Waben.

Die Ergebnisse beider Aufträge müßten sich also stark ähneln. Das schwierige Schlußbild wurde von zwei verschiedenen methodischen Ansätzen her geklärt . Das Tafelbild wird entsprechend ergänzt.

Phase 4:
Gattungsfrage

Indem die Gattungsproblematik angesprochen wird, kehrt der Unterricht zu seinem Ausgangspunkt zurück. Die Schüler werden aber nun leichter erkennen, warum Hofmannsthal seinen Text „Ballade" genannt hat. So wie das ebenfalls im Titel vorkommende „äußere Leben" an sein Gegenteil, nämlich ein „inneres Leben", d.h. an die Frage nach dem Sinn menschlicher Tätigkeiten denken läßt (vgl. Schlußbild), verweist die Gattungsbezeichnung darauf, daß Heroismus und individuelles Hervortreten aus der Masse eben nicht mehr möglich sind. Der Frage nach dem äußeren Leben läßt sich die Frage nach der Gattung anschließen. Die Beantwortung fällt jeweils ähnlich aus: Alles, was im Leben geschieht, ist sinnlos. Balladen gibt es nicht mehr. Inneres Leben (Besinnung, Ruhe, Vergänglichkeitsbewußtsein) und Anti-Ballade sind gefragt. Die Ballade scheint nach der Jahrhundertwende nicht mehr angemessen zu sein.

7. Stunde: Münchhausen: Der Wahlspruch der Beaumanoirs/Neumann: Der von Trawerz Der Verfall der Heldenballade – Ballade und Parodie

Stundenziele

Die Schüler sollen
- kritisch zu Münchhausens Ballade Stellung nehmen können;
- unterschiedliche Urteile der Literaturwissenschaft über Münchhausen mit dem jeweiligen historischen Hintergrund begründen können;
- Neumanns Text als Parodie auf Münchhausens Ballade erkennen;
- den Begriff „Parodie" definieren oder anhand von Neumanns Text erarbeiten können;
- inhaltliche und sprachliche Gemeinsamkeiten zwischen Original und Parodie erkennen;
- erkennen, daß Neumann die inhaltlichen und sprachlichen Elemente, die er aus dem Original übernimmt, stark übertreibt und dadurch lächerlich macht;
- die unterschiedlichen Intentionen beider Autoren formulieren können.

Vorbemerkungen

Börries von Münchhausen, der oft als Erneuerer oder als letzter Vertreter der traditionellen Ballade gesehen wird, verfaßte den „Wahlspruch der Beaumanoirs" 1904. Der Text ist typisch für die Heldenballaden des Autors. „Seine Helden fanden in der wilhelminischen Ära ebensolchen Anklang wie in der Zeit nach dem 1. Weltkrieg. Dort als Bestätigung des übersteigerten nationalen Denkens, hier als Kompensation für die als Schmach empfundene Niederlage und als Ausblick auf einen neuerlichen nationalen Triumph in naher Zukunft." (Freund, Winfried: Der „parodierte" Balladenheld. In: Blätter für den Deutschlehrer 1978. S. 16–24. Hier S. 17.)
Münchhausens Ballade spielt im 12. Jahrhundert, als England seinen Machtanspruch auf den Kontinent ausdehnen wollte, und erzählt, wie der Graf von Beaumanoir als einziger seines Geschlechts einen überraschenden Überfall englischer Ritter auf sein Schloß überlebt und das Blut seines Stammes rühmt. Neumanns 1927 entstandene Parodie „Der von Trawerz" zeigt deutliche inhaltliche (Perso-

nal, Freund-Feind-Schema, ideeller Sieg des Unterlegenen, gewaltsame Konfliktlösung, fehlende Problematisierung des Geschehens, Zahlenangaben) und sprachliche Parallelen (Inversion, parataktischer Satzbau, Personifikationen von Waffen, Wiederholungen, männlicher Paarreim, 6-Hebigkeit der Verse, Vierzeiligkeit der Strophen) zu Münchhausens Text (vgl. a.a.O., S. 18–21).
Durch die Übertreibung übernommener inhaltlicher und sprachlicher Elemente verzerrt er aber das Geschehen und gibt es der Lächerlichkeit preis. „Durch die komische superlativische Einführung des Helden, die groteske Verwendung des Attributs ‚deutsch', den nicht minder grotesken Fahnenfetischismus sowie durch das phantastisch-komische Eigenleben der Waffen und die bis zur Lächerlichkeit getriebenen hyperbolischen Zahlenangaben mit der burlesken Szene des Fahnenverschlingens wird der Balladenheld als nur noch komisch wirkender, dümmlicher Tatmensch entlarvt. Der Held ist in hohem Maße Opfer einer fragwürdigen, menschenverachtenden Ideologie". (Freund, 1982. S. 132f.) Was Münchhausen in seiner Ballade verherrlicht, nämlich Heldentum und Patriotismus, wird durch Neumanns Übertreibung verspottet und kritisiert. Münchhausen ist der letzte namhafte Vertreter des Typs der Heldenballade. Lange Zeit war er einer der gefeiertsten Autoren (vgl. Kayser, S. 275ff.). Angeblich zogen Soldaten des 1. Weltkriegs mit seinen Versbüchern im Tornister ins Feld (vgl. Hinck, S. 104). „Aber eben der Weltkrieg mußte auch zum Prüfstein der Ritter- und Heldenballade werden. Denn in den riesigen Materialschlachten erwies sich das frischfröhliche Drauflosreiten, das unproblematische Heldentum der Rittergestalten als eine sträfliche Beschönigung dessen, was dem Menschen an innerer Kraft zum Kämpfen und Sterben abverlangt wurde. Gegenüber den Bedingungen, die eine moderne Kriegstechnik heraufführte, nimmt sich dieser Balladenheroismus wie blutiger Hohn aus." (A.a.O., S. 104f.)
Münchhausens Ballade soll den Schülern als negatives Beispiel des aussterbenden Typs der Heldenballade vorgeführt werden. Die Parodie Neumanns soll als erkenntnisfördernde Form dem Original gegenübergestellt werden.

Unterrichtsverlauf

Einstieg:
Kurzer Lebensabriß Münchhausens

Ein kurzer Lebensabriß des Autors steht am Beginn der Stunde.
Börries Freiherr von Münchhausen wurde 1874 in Hildesheim geboren, studierte Jura, Philosophie und Naturwissenschaften in Heidelberg, München, Berlin und Göttingen. Nach der Teilnahme am 1. Weltkrieg lebte er auf seinen Gütern am Solling und in Thüringen. Er starb 1945 auf Windischleuba/Thüringen.

Phase 1:
Textbegegnung – kritische Stellungnahme

Münchhausens Ballade (Mat. 50) wird vom Lehrer vorgelesen, wobei der pathetische Ton des Textes beibehalten werden sollte. Die Ballade dürfte spontane Äußerungen der Schüler geradezu provozieren. In der Regel werden sie dem Inhalt des Textes und seiner sprachlichen Gestaltung kritisch gegenüberstehen. Wichtig ist, daß die vorgetragenen Meinungen auch begründet werden. Auf Ablehnung werden so z.B. die stereotype Personendarstellung („blauäugig und blond von Haar", V. 5,13), die übertriebene, kitschige Ausmalung von Szenen der Gewalt

(„Neunundfünfzig Lanzen brechen, und die Herzen dazu", V. 12; „Blut rinnt über sein Gesicht", V. 17), die Verharmlosung des Kampfes („ein Kampf ist Kurzweil ...", V. 10) etc. stoßen. Die Ähnlichkeit der Personendarstellung und Konfliktlösung in der Trivialliteratur (Prinz Eisenherz und andere Comic-Helden, Landser-Hefte) werden die Schüler leicht erkennen.

Zwei Urteile der Literaturwissenschaft mit verschiedenem historischen Hintergrund sollen diese Phase abrunden:

1. „Was Münchhausen zunächst auszeichnet, ist, daß seine Gedichte nicht einer unverbindlichen Haltung, sondern einem echten und betonten aristokratischen Sein entstammen, innere Verwandtschaft führt ihn zu seinen Vorbildern und zu der von ihnen geprägten Art. ... Der Leser findet sich immer wieder in der Welt des Adels, klirrende Sporen, blitzende Schwerter, all diese Dinge haben wieder ihren balladesken Eigenwert und ihre balladeske Gefühlswirkung, an der sich der Dichter berauscht." (Kayser, S. 275f.)
2. „Seltsam archaisch wirken die Bindung der Ballade an ein Standesgefühl und der Versuch, die Gattung gegen alle Demokratisierungserscheinungen zu sichern. Man wird erinnert an die sog. Ständeklausel für das Drama, die der Tragödie Personen fürstlichen Standes zuwies, die aber bereits im 18. Jahrhundert durch das bürgerliche Trauerspiel und seine Theorie endgültig überholt wurde. Wer noch um 1900 auf eine dichterische Gattung adlige Reservatansprüche erhob, konnte nur einem entwicklungsgeschichtlichen Anachronismus das Wort reden . ... Er (Münchhausen; der Verf.) vor allem ist dafür verantwortlich, daß die Ballade als eine restaurativen Zwecken verpflichtete, als eine überlebte Gattung in Mißkredit geraten konnte. Der Ausrufer der Ballade tat alles, um sie auch in Verruf zu bringen." (Hinck, S. 103f.)

Es wird den Schülern nicht schwerfallen, Kaysers positive Einschätzung Münchhausens aus dem Jahre 1936 mit dem zeitgeschichtlichen Hintergrund in Deutschland und der nationalsozialistischen Ideologie in Verbindung zu bringen. Aber auch die Tatsache, daß mit Börries von Münchhausen die Heldenballade ausstarb, sollte von den Schülern mit der historischen Entwicklung begründet werden können: In den beiden Weltkriegen wurde die kämpferische Auseinandersetzung Mann gegen Mann durch Materialschlachten abgelöst. Nicht mehr heroisches Verhalten einzelner, sondern die moderne Kriegstechnik entschied über Sieg und Niederlage. Die Grausamkeit der Auseinandersetzungen widersprach einem unproblematischen Heldentum.

Phase 2:
Textbegegnung mit Neumanns Parodie – Gemeinsamkeiten zwischen Original und Parodie

Nun kann Neumanns Parodie „Der von Trawerz" (Mat. 51) den Schülern vorgestellt werden. Dies kann durch stilles Lesen oder durch einen Lehrervortrag erfolgen. Die Schüler werden den Text sofort als Parodie auf die Ballade Münchhausens durchschauen. Falls der Begriff „Parodie" noch nicht eingeführt ist, sollte man ihn entweder vorab kurz definieren oder am Ende der Behandlung von Neumanns Text aus dessen besonderer Struktur (im Vergleich zu Münchhausens Ballade) heraus erarbeiten lassen:

„Dichtungsart, die ein ernstgemeintes Werk verspottet, indem sie zwar dessen äußere Form nachahmt, ihr aber einen nicht dazu passenden, ins Komische ge-

wendeten Inhalt gibt.“ (Kunze, Karl/ Obländer, Heinz: Grundwissen Deutsche Literatur. Stuttgart 1969. S. V 31)
In Gruppenarbeit sollten dann Gemeinsamkeiten von Original und Parodie herausgearbeitet werden. Zwei unterschiedliche Aufträge werden jeweils an mehrere Gruppen vergeben.

Auftrag 1:
Untersuchen Sie inhaltliche und strukturelle Gemeinsamkeiten zwischen Original und Parodie (Personendarstellung, Konflikt und seine Lösung, Handlung, Aufbau)!

Auftrag 2:
Untersuchen Sie sprachliche und stilistische Gemeinsamkeiten zwischen Original und Parodie (Stilmittel, Satzbau, Reim, Metrum, Strophenbau)!

Die Ergebnisse werden von jeweils einem Gruppenmitglied vorgetragen und im Arbeitsblatt festgehalten. Bereits erwähnte Ergebnisse brauchen dabei von nachfolgenden Gruppensprechern nicht mehr dargelegt zu werden.

Ergebnisse zu Auftrag 1:
- Die Hauptfiguren sind Adelige (Graf Beaumanoir = Baron Horst Trawerz).
- Zwei feindliche Nationen stehen sich gegenüber (Franzosen und Engländer bzw. Deutsche und Franzosen), wobei die moralische Umwertung der „guten“ Franzosen (Münchhausen) zu „bösen“ Franzosen (Neumann) die Willkürlichkeit dieser Stereotypie zeigt.
- Die kriegerischen Handlungen werden nicht problematisiert; die Ursachen der Auseinandersetzungen bleiben im Dunkeln; der Krieg erscheint als Zeitvertreib.
- Die Konflikte werden nur mittels Gewalt gelöst.
- Der Held steht gegen eine Übermacht, trägt aber als Unterlegener den ideellen Sieg davon, indem er lachend das eigene Geschlecht rühmt (Münchhausen) bzw. die eigene Fahne verschluckt und vor dem Feind rettet (Neumann).
- Wörtliche Reden werden zur Steigerung von Effekten eingesetzt.
- Beide Texte weisen eine Rahmenstruktur auf.

Ergebnisse zu Auftrag 2:
- Personifikationen von Lanzen (Münchhausen) bzw. Säbeln (Neumann).
- Viele Verse beginnen mit Zahlenangaben.
- Zu Beginn erzeugen Inversionen eine archaisierende, poetische Wirkung.
- Kurze, parataktische Sätze steigern die Dramatik.
- Wiederholungen von zentralen Wörtern haben einhämmernde Wirkung: „Blut“ und „lachen“ (bzw. „lachend“, „Lachen“) bei Münchhausen, „Fahne“ bei Neumann.
- Der männliche Paarreim ist der Härte des Kampfgeschehens angemessen.
- 6hebige Verse unterschiedlicher Füllung.
- Vierzeilige Strophen.

Phase 3:
Unterschiede zwischen Original und Parodie – Intentionen

Sicher wird ein Schüler einwenden, daß die festgestellten inhaltlichen Gemeinsamkeiten der Definition, in der von einem „nicht dazu passenden . . . Inhalt“ die Rede ist, widerspreche. Kommt der Einwand nicht spontan, kann man ihn leicht durch den Auftrag, die Definition mit den festgehaltenen Ergebnissen der Gruppenarbeit zu vergleichen, provozieren. Dadurch kann nämlich gut zur Phase 3 übergeleitet werden. Denn der Einwand sollte von den Schülern selbst widerlegt werden, indem sie erkennen, daß Neumann das, was er inhaltlich (und auch sprachlich) übernimmt, stark übertreibt (z. B. Zahlen, Tötung des Helden), um sich über Münchhausens Ballade lustig zu machen. Heroismus und Nationalismus werden verspottet und kritisiert, während Münchhausen gerade beides mit seiner Ballade verherrlichen, glorifizieren will. Auf den historischen Hintergrund (Nationalismus der Kaiserzeit und der Weimarer Republik) könnte noch kurz eingegangen werden.

8. Stunde: Wedekind: Brigitte B. Der Bänkelsang als Wurzel der modernen Ballade (ohne Stundenblatt, mit Tafelanschrieb)

Stundenziele

Die Schüler sollen
- unterschiedliche Einschätzungen der Gattung Ballade auf den jeweiligen historischen Hintergrund zurückführen können;
- erkennen, daß das skeptisch-rationalistische Weltbild und die beiden Weltkriege den Niedergang der Gattung beschleunigten;
- Hintergrundwissen über den Bänkelsang erwerben;
- ein typisches Bänkellied kennenlernen;
- Gemeinsamkeiten zwischen dem Bänkelsang und Wedekinds „Brigitte B." erkennen;
- erkennen, daß im Unterschied zum traditionellen Bänkelsang die bürgerliche Welt und ihre Normen in Frage gestellt werden und der gegen sittliche Gebote verstoßenden Brigitte Verständnis entgegengebracht wird.

Vorbemerkungen

Zu Beginn des 20. Jahrhunderts büßte mit den Balladen des Börries von Münchhausen, der eigentlich eine Erneuerung der Gattung im Sinn hatte, insbesondere der Typ der Heldenballade an literarischer Qualität ein oder wurde bewußt inhaltlich negiert (Hofmannsthal). Doch exakt in der Blütezeit der antiquierten Balladendichtung setzt eine Erneuerung der Ballade ein, die parallel zur revolutionären Entwicklung aller Gattungen verläuft, mit Arno Holz und Wedekind beginnt und in Brecht ihren bekanntesten Verfechter findet (vgl. Riha, 1965, S. 7f.). Angeknüpft wird an die Tradition des Bänkelsangs und der Moritat. (Zum Bänkelsang: vgl. Fachwissenschaftliche Einführung, S. 13.) Die Stellung des Bänkelsängers als gesellschaftlicher Außenseiter wird ein wichtiger Grund für die Übernahme gewisser Elemente des Bänkelsangs durch moderne Balladenautoren sein. Wie im ausgehenden 18. Jahrhundert (Herder, Bürger u. a.) werden durch Holz, Wedekind, später durch die Liedermacher (Degenhardt, Biermann u. a.) volkstümliche Liedformen wieder aktualisiert. Doch während für Herder, Bürger oder Brentano das populäre Liedgut als Muster poetischer Schönheit galt und deshalb die Kunstballade maßgeblich beeinflußte, ist es für moderne Balladenautoren die Trivialität der Volksdichtung und ihr Charakter als Gebrauchsform, der zur Übernahme bestimmter Elemente reizte (vgl. Weißert, S. 113). Ferner wird das typische Schuld-Sühne-Schema der Bänkellieder nicht übernommen, sondern umgekehrt. Im Gegensatz zum traditionellen Bänkelsang, der auf die Sensationsgier eines sich mit dem Geschehen identifizierenden Publikums baute, die Ereignisse in rührselig-schauerlicher Sprache erzählte und durch die häufige Thematik des bestraften Verbrechers systemstabilisierend wirkte, ist in der modernen, auf bänkelsängerische Elemente zurückgreifenden Ballade die ironische Distanz zum Erzählten sowie die Darstellung einer fragwürdigen Gesellschaftsordnung vorherrschend (vgl. Grimm, S. 21). Als typisches Beispiel hierfür kann Frank Wedekinds „Brigitte B." angesehen werden. Der Tradition des Bänkelsangs entsprechen die Struktur der zwölfstrophigen Ballade, die einer Bilderfolge gleicht, das Thema der Verletzung bürgerlicher Normen durch einfache, naive Menschen und die teilweise geschraubte Sprache. Zwar wird auch bei Wedekind die mehrfache Normverletzung bestraft, doch kann der Leser gleichzeitig der Titelheldin Verständnis entgegenbringen, während er den dargestellten bürgerlichen Verhaltensweisen bei genauerem Hinsehen kritisch gegenüberstehen muß (vgl. Freund, 1978, S. 123–130).

Freund weist darauf hin, wie sehr das Bürgertum in Wedekinds Ballade auf das rein Äußerliche Wert legt und dabei den Menschen und seine inneren Befindlichkeiten vernachlässigt. Dies äußert sich in der „Turnüre" (V. 25) der Baronin, in der auffallenden Betonung von Ansehen und Stellung (V. 4,7), in den erstarrten Konventionen (V. 33–34) und in der Tatsache, daß den gestohlenen Dingen mehr Wert beigemessen wird als dem geschändeten Mädchen (V. 27–28; 39–40) (vgl. a.a.O., S. 125–127).

„Der Leser weiß bereits nach den ersten beiden Strophen Bescheid, auf welcher Seite er stehen sollte. Keinesfalls kann er sich ja mit der sterilen bürgerlichen Moralkonvention konform erklären, da sie einprägsam genug zur Entfremdung des Menschen führt. Insofern erscheinen ihm auch Brigitte und ihr Liebhaber nicht etwa als Normverletzer und Übeltäter, sondern als Opfer einer inhumanen Moral." (A.a.O., S. 128.) Wedekind parodierte typische Strukturmerkmale des Bänkelsangs, um die bürgerliche Welt und ihre Normen zu kritisieren (vgl. a.a.O., S. 129).

Unterrichtsverlauf

Einstieg:

Die Schüler sollen überlegen, was zum Niedergang der traditionellen Ballade geführt haben könnte. Genannt werden müßte, daß dem Menschen von heute der Glaube an dämonische Mächte, die ihn bedrohen, fremd ist (skeptisch-rationalistisches Weltbild) (vgl. Baumgärtner, S. 34) und daß angesichts der beiden Weltkriege eine Darstellung von Heldenpathos unglaubwürdig wirkt (vgl. Piontek, S. 8f.). Schwieriger dürfte es für die Schüler sein, Gründe für den neuerlichen Aufschwung der Ballade zu finden. Deshalb soll an dieser Stelle ein Schülerreferat stehen, das über die Tradition des Bänkelsangs informiert.

Phase 1:
Referat über die Tradition des Bänkelsangs

Als Informationsgrundlage wurde dem Schüler ein leicht zugängliches Bändchen aus der „Sammlung Metzler" empfohlen oder zur Verfügung gestellt (Petzold, Leander: Bänkelsang. Vom historischen Bänkelsang zum literarischen Chanson. Stuttgart 1974. Folgende Seiten sind für das Referat besonders wichtig: S. 1, 4f., 9–12, 32f., 46f., 57f., 66–76, 88–93; auszugsweise in Mat. 53).

Die wesentlichen Informationen des Referats werden im anschließenden Unterrichtsgespräch wiederholt, zusammengefaßt und an der Tafel festgehalten (vgl. Tafelbild 1). Auf einer Folie könnte eine Illustration, die einen Bänkelsänger zeigt, an die Wand projiziert werden (Mat. 54).

Phase 2:
Vorstellung eines typischen Bänkelliedes

Es gibt zwei Textsammlungen mit Bänkelliedern als Taschenbuch:
- Petzold, Leander: Bänkellieder und Moritaten aus drei Jahrhunderten. Texte und Noten mit Begleit-Akkorden. Frankfurt 1982. (Fischer-TB 2971)
- Braungart, Wolfgang (Hrsg.): Bänkelsang. Texte – Bilder – Kommentare. Stuttgart 1985. Reclam-TB 8041)

Aus einer der beiden sollte man einen typischen Text auswählen, um an ihm nochmals die Kennzeichen des Bänkelsangs zu zeigen.
Als ein mögliches Beispiel sei ein Bänkellied aus Braungarts Sammlung (S. 29–33) vorgeschlagen (Mat. 55). An typischen Elementen des Bänkelsangs lassen sich im Unterrichtsgespräch herausarbeiten:
- die genauen Ortsangaben
- die Ankündigung des grausigen Geschehens zu Beginn
- die Struktur der Stationen- oder Bilderfolge
- die Moral am Schluß
- die drastische Sprache (Strophen VIII, X–XII)
- die Übertreibungen (über 30 große Wunden, mehr als 20 Degenhiebe)

Phase 3:
Wedekinds „Brigitte B." als Beispiel für das Anknüpfen an die Bänkelsangtradition

Nach der Textlektüre (Mat. 52) sollen die Schüler zunächst Gemeinsamkeiten zum Bänkelsang herausfinden. Der Lehrer hält diese (Struktur der Bilderfolge, geschraubte Wendungen, Verletzung bürgerlicher Normen) in einem neuen Tafelbild fest. Dann sollen die Unterschiede zur Sprache gebracht werden. Dabei könnte man den Schülern helfen, indem man nach der Bedeutung des Wortes „Turnüre" fragt (unter dem Rock getragenes Gestell) und den Symbolgehalt dieses Teils bürgerlicher Kleidung erarbeitet (Vortäuschung falscher Tatsachen, Überbetonung von Äußerlichkeiten). Nun dürfte es leichter sein, weitere Beispiele für diese „Veräußerlichung" der bürgerlichen Welt im Text zu finden: Bei den bürgerlichen Menschen zählen vor allem Ansehen und Stellung (V. 4 und 7), der Pfingstausflug ist zur erstarrten Konvention geworden (V. 33–34), den gestohlenen Wertgegenständen wird mehr Wert beigemessen als der verlorenen Unschuld der Brigitte (V. 27–28, 39–40). Auch das Verständnis, das der aufmerksame Leser der Titelfigur entgegenbringen kann, sollte als weiterer Unterschied zur traditionellen Ballade genannt werden. Die Ergebnisse werden wiederum an der Tafel festgehalten (Tafelbild 2).

9. Stunde: Degenhardt: Tonio Schiavo Die Liedermacher-Ballade in der Bundesrepublik

Stundenziele

Die Schüler sollen
- Probleme der Gastarbeiter in der Bundesrepublik Deutschland nennen können;
- die genannten Schwierigkeiten teilweise in Degenhardts Text wiedererkennen;
- begründen können, wie es zur Katastrophe kommen konnte;
- Gemeinsamkeiten und Unterschiede zum Bänkelsang nennen;
- die Funktion der eingesetzten Stilmittel (Umgangssprache, Übertreibungen,

Untertreibungen, Ironie, Wiederholungen, Doppeldeutigkeiten) erkennen;
- auffällige Charakteristika der Begleitmusik beschreiben und begründen können;
- kritisch zum Text Stellung nehmen;
- die Leistung der Gattung Ballade im Protestsong erkennen.

Vorbemerkungen

Degenhardts 1966 entstandener Protestsong schildert am konkreten Beispiel des italienischen Gastarbeiters Tonio Schiavo (dt. „Sklave“) die Problematik des zum Teil unwürdigen Daseins ausländischer Arbeitnehmer in der Bundesrepublik Deutschland. Aus dem Mezzo-Giorno, also dem südlichsten und ärmsten Teil Italiens kommend, erhofft sich Tonio im angeblichen Gastarbeiter-Paradies der Industriestadt Herne ein angenehmeres Leben. Vor allem will er viel Geld verdienen, um seine in Italien gebliebene Familie ernähren zu können. Doch angesichts der beengten Wohnverhältnisse, der unwürdigen Lebensumstände, der Ausbeutung am Arbeitsplatz und des Heimwehs entpuppt sich das Paradies mehr und mehr als Hölle (vgl. Bräutigam, Kurt: Zugänge zum sozialkritischen und politischen Gedicht. Eine didaktische Einführung mit Modellinterpretationen für die Sekundarstufe. Freiburg 1977. S. 114).
Als ihn schließlich auf einem Richt-Fest (ein doppeldeutiges Wort!) der betrunkene Polier beleidigt, ist der Südländer so sehr in seinem Ehrbegriff verletzt, daß er sein Schnappmesser in den Bauch des Vorgesetzten stößt. Daraufhin packen ihn vier seiner Kollegen und werfen ihn vom 20 Meter hohen Bau. „Es liegt da eine Kette von Fehlreaktionen vor, wurzelnd in den sozialen und menschlichen Mißverhältnissen der fremden Arbeiter, ausgelöst durch die elitäre Überheblichkeit des vorgesetzten Poliers ...“ (a.a.O., S. 112).
Tonio fällt vor die Füße von zehn Männern aus seiner Heimat, die eben ankamen. Dadurch deutet Degenhardt die Wiederholbarkeit dieses tragischen Falls an. „Das Gedicht ist ein provozierender Aufruf, die Lage der Gastarbeiter zu überdenken und diese fleißigen und willigen Kumpel nicht als minderwertige Ausbeutungsobjekte zu sehen“ (a.a.O., S. 112).
Der Beginn des Textes ist in der Tradition des Bänkelsangs gehalten: „Das ist die Geschichte von Tonio Schiavo ...“ (Vers 1). So oder ähnlich beginnen viele Bänkellieder. Auch die Schilderung eines grausigen, blutigen Verbrechens steht in der Tradition des Bänkelsangs. Doch im Unterschied zu dieser volkstümlichen Gattung werden in Degenhardts Protestsong die Tat und der Mörder nicht angeklagt. Es wird statt dessen versucht, das Verbrechen zu erklären (Lebens- und Arbeitsbedingungen Tonios, Mentalitätsunterschiede zwischen Deutschen und Italienern) und um Sympathie für den „Übeltäter“ zu werben. Indem er eine abstrakte Problematik an der konkreten Geschichte eines Mannes veranschaulicht, zielt Degenhardt auf ein breites Publikum und damit auf die Volkstümlichkeit, die einst dem Bänkelsang eigen war.
Die eingesetzten Stilmittel unterstreichen seine Aussageabsichten: Die umgangssprachlichen Wörter entsprechen dem Arbeitermilieu, die Übertreibungen verdeutlichen Tonios Lage, die Wiederholungen fördern die Einprägsamkeit des Textes, die ironischen Wendungen und Doppeldeutigkeiten fordern den Zuhörer zum Nachdenken auf.

Einstieg:
Probleme der Gastarbeiter

Wenn es möglich ist, könnte man von einer aktuellen Zeitungsmeldung über ein Verbrechen in Gastarbeiterkreisen ausgehen und mit der Klasse darüber diskutieren. Doch auch wenn sich ein solcher aktueller Ansatzpunkt nicht ergibt, sollte man mit einem Gespräch über die Probleme der Gastarbeiter in unserem Land beginnen. Angesprochen werden dabei sicherlich u. a. die Hoffnung der ausländischen Arbeitnehmer auf das „große Geld", die unwürdigen, beengten Wohnverhältnisse, die oftmalige Trennung von der Familie und das daraus resultierende Heimweh, die fehlende Integration in Deutschland, die schmutzige Arbeit, die sie oft leisten müssen, die Vorurteile der Deutschen, die Mentalitätsunterschiede und das Überangebot an ausländischen Arbeitskräften. Als Diskussionsanregung könnte auch ein kurzer Ausschnitt aus Wallraffs Reportage „Ganz unten" vorgelesen werden, in der der Autor in die Rolle eines türkischen Arbeiters schlüpft, um Mißstände bloßzulegen.

Phase 1:
Textbegegnung

Vor dem Hintergrund des soeben geschaffenen Problembewußtseins wird nun Degenhardts Protestsong vorgespielt (Degenhardt: Die Wallfahrt zum Big Zeppelin. Polydor 2371 138 oder: Väterchen Franz. Polydor-Kabarett 237 829 oder: Porträt Franz Josef Degenhardt. Polydor 2638 009). Die Schüler, die den Text (Mat. 56) mitlesen konnten, werden feststellen, daß viele der von ihnen eingangs genannten Schwierigkeiten, vor denen Gastarbeiter in der Bundesrepublik Deutschland stehen, in dem Lied, das seine Aktualität auch heute noch nicht verloren hat, angesprochen werden. Als Grund für die Umsiedlung Tonios nach Deutschland wird die finanzielle Not in der Heimat genannt (Strophe I). Ursachen für seine hitzige, gewalttätige Reaktion (Strophe IV) sind die unwürdigen Wohnverhältnisse (Strophe II), sein Heimweh (Strophe II), die Ausbeutung seiner Arbeitskraft (Strophe III) und nicht zuletzt der Mentalitätsunterschied mit dem strengeren Ehrbegriff (Strophe IV). Eigentlicher Anlaß ist der beleidigende Ausdruck „Itaker-Sau" (Strophe III) des Poliers. Wenn Tonio zufällig vor die Füße von zehn eben angekommenen Männern aus seiner Heimat fällt, soll sein Schicksal als wiederholbar dargestellt werden (Strophe V). Tonio steht stellvertretend für die Gruppe der Gastarbeiter. Außerdem wird dadurch das Problem des Überangebots an ausländischen Arbeitnehmern angesprochen.

Phase 2:
Elemente des Bänkelsangs und Stilmittel

Gemeinsamkeiten (blutiges Verbrechen, Einleitungssatz, Abzielen auf breiten Adressatenkreis) und Unterschiede (Sympathie für den „Übeltäter", Anklage der Gesellschaft) zum Bänkelsang sollten die Schüler schnell erkennen.
Eine Untersuchung der Stilmittel im Unterrichtsgespräch ergibt, daß
- die bewußt eingesetzten umgangssprachlichen Elemente („abgehaun", V. 5; „Kumpelhäuschen", V. 9; „hockte", V. 12; „Bau", V. 19; „blau", V. 20; „Itaker-Sau", V. 21; „schlapp", V. 37) dem Arbeitermilieu, in dem das Geschehen spielt, entsprechen;
- die zum Teil ironischen Übertreibungen („drei leben kaum", V. 3; „zweieinhalb Schwestern", V. 4; „schaffte für zehn", V. 19; „daraus floß sehr viel Blut und

viel Bier", V. 28) und Untertreibungen („Das hört er nicht gerne", V. 22) Tonios miserable Lage verdeutlichen;
- die Wiederholungen („Mezzo-Giorno", „Tonio Schiavo", „ins Paradies, und das liegt irgendwo bei Herne") den Text übersichtlich und einprägsam machen und dadurch die Aussageabsichten verstärken;
- die ironischen Wendungen („richtige Sterne", V. 14; „richtiges Geld", V. 17) und die Doppeldeutigkeiten (Schiavo = dt. „Sklave"; „Paradies" im wirtschaftlichen Sinn als Gastarbeiter-Paradies und in der desillusionierenden Bedeutung als Ort, an den man nach christlicher Vorstellung kommt; „Richtfest" als Fest nach der Errichtung des Dachstuhls und als Fest, wo gerichtet oder hingerichtet wird) das Geschehen verfremden und zum Nachdenken anregen.

Phase 3:
Begleitmusik

Auch die Funktion der Begleitmusik soll in einer Stunde über einen Protestsong nicht vernachlässigt werden. Die ersten fünf Verse jeder Strophe werden in einem scharf artikulierten Sprechgesang dargeboten. Im Refrain schlagen Stimmlage und Gitarrenbegleitung in ein für jede Strophe typisches, sentimentales, dann immer bedrohlicher werdendes Tremolo um. Die alte und neue Heimat Tonios (Mezzo-Giorno und Herne) werden musikalisch voneinander geschieden, indem dem Wort Mezzo-Giorno südländisch klingende Akkorde unterlegt werden und das Wort Herne ironisch-zerhackend (Her-her-ne) gesungen wird. Damit die Schüler diese musikalischen Charakteristika erkennen, muß der Song noch einmal vorgespielt werden.

Phase 4:
Intention – Kritische Stellungnahme

Am Ende der Stunde sollen die Schüler Gelegenheit bekommen, zum Text kritisch Stellung zu nehmen. Dazu anregen kann die Frage, ob Degenhardt mit seinem Song etwas bewirkt habe bzw. bewirken könne. Die Schülermeinungen werden differieren. Einige werden zugeben, daß sie neue Erkenntnisse gewonnen und unbekannte Zusammenhänge entdeckt haben (z. B. hinsichtlich des Problems der unterschiedlichen Mentalitäten). Andere werden einwenden, daß das Lied aufgrund seiner eingängigen Melodie nur akustisch genossen und konsumiert werden könne, so daß die gesellschaftskritische Absicht gar nicht erkannt wird. Auch durch die Wendung ans Gefühl könnte eine gedankliche Auseinandersetzung mit dem Problem beeinträchtigt werden. Ferner könnten die Einseitigkeit Degenhards und die plakative Vereinfachung des Problems bemängelt werden. Schließlich könnte das Fehlen von Lösungen für den dargestellten Konflikt kritisiert werden (der später von Degenhardt hinzugefügte Nachspann, der die Arbeiter aller Länder zur Vereinigung aufruft und das Ende der Probleme in Aussicht stellt, geht am eigentlichen Thema der Ballade vorbei). Aufschlußreich ist in dieser Phase auch die Heranziehung eines Interviews, in dem Degenhardt die verändernde Wirkung seiner Songs sehr hoch einschätzt (Mat. 57).
Die meisten Schüler werden mit Recht darauf hinweisen, daß Lieder die Welt nicht verändern können. Sie können aber zur gedanklichen Auseinandersetzung mit bestimmten Problemen anregen. Die Form der Ballade erlaubt es, ein abstraktes Problem an einem konkreten Fall zu veranschaulichen und dadurch eine breite Zuhörerschaft anzusprechen.

Hausaufgabe:
Auf freiwilliger Basis darf jeder Schüler einen aktuellen Protestsong seiner Wahl (Georg Danzer, Hannes Wader, Konstantin Wecker sind nur einige der Autoren, die in Frage kommen) in der nächsten Stunde vorstellen und analysieren. Bedingung ist der balladenhafte Charakter des Liedtextes.

10. Stunde: Biermann: Die Ballade von dem Drainage-Leger Fredi Rohsmeisl aus Buckow Die Liedermacher-Ballade in der ehemaligen DDR

Stundenziele

Die Schüler sollen
- einen Überblick über Biermanns Leben erhalten;
- Besonderheiten des Vortrags- und Gesangstils Biermanns sowie der Gitarrenbegleitung erkennen und begründen können;
- inhaltlich schwierige Stellen durch Erklärungen des Lehrers verstehen;
- Inhalt und Aufbau des Textes beschreiben können;
- die Funktion des Refrains erkennen;
- Biermanns Intention formulieren können;
- sprachliche Besonderheiten der Ballade erkennen;
- Gemeinsamkeiten und Unterschiede zum Bänkelsang nennen.

Vorbemerkungen

Die 1962 entstandene und 1965 veröffentlichte Ballade erzählt in sechs Strophen von einem Arbeiter der ehemaligen DDR, der verbotenerweise dem westlichen Vorbild folgend auseinander tanzt, sich mit Funktionären anlegt und als Konterrevolutionär 12 Wochen ins Gefängnis kommt, deshalb an der Gerechtigkeit des Staates zweifelt und nach einigen Jahren feststellen muß, daß nun selbst der Staatsanwalt auseinandertanzt. In den Refrains kommentiert Biermann das jeweilige Geschehen. In den vier Mittelstrophen wird die Frage, ob die geschilderten Vorgänge etwas nützen würden, stets mit „Nein“ beantwortet. In dem Refrain der Strophe I erfolgt auf die Frage, ob das Auseinandertanzen schade, ebenfalls ein klares „Nein“. Nur im letzten Refrain wird ein vorsichtiges (leises in Klammern gesetztes) „Ja“ angedeutet, nachdem Biermann nach dem Nutzen der Veränderung fragte. Die Frage nach dem gesellschaftlichen Nutzen und die Darstellung einer Veränderung hat Biermann von seinem Vorbild Brecht übernommen. Auch die sprachlichen Anklänge an den Bänkelsang („Das ist die Ballade von Fredi Rohsmeisl ...“) waren schon bei Brecht zu finden. Inhaltlich dagegen wird das Schema des Bänkelsangs umgedreht. Nicht die Verletzung der Norm wird verurteilt, sondern die kleinkarierte, bürokratische Norm selbst sowie der sie eine gewisse Zeit vertretende Staatsapparat. Der Normverletzer wird nicht wegen des Verstoßes gegen die Vorschriften kritisiert, sondern wegen seiner nutzlosen Reaktionen nach der ungerechten Bestrafung: Er weint und flucht. Was in „Buckow“ geschah, steht stellvertretend für den Konflikt vieler Bürger der ehemaligen DDR mit dem teilweise spießbürgerlichen, dem Wesen des Sozialismus unangemessene Vorschriften machenden Staatsapparat. Zwar wurden in der Zeit der sogenannten „Aufweichung“ nach Stalins Tod (1953) viele Anordnungen zurückgenommen oder zumindest gelockert, doch zweifelt Biermann noch leicht daran, ob diese geringfügigen Veränderungen etwas nützen. Einen vorsichtigen Optimismus hat er sich aber bewahrt. Trotz oder vielleicht sogar wegen der revolutionären Veränderungen, die sich seit November 1989 in der ehemaligen DDR vollzogen, hat die Ballade Biermanns an Aktualität nichts eingebüßt. Denn schließlich zeigen die politischen Umwälzungen dort, daß der Optimismus des Liedermachers durchaus angebracht war.

Unterrichtsverlauf

Einstieg:
Lebensabriß Biermanns

Das Referat eines Schülers über das Leben des Liedermachers Wolf Biermann steht am Beginn der Stunde.
Informationen hierzu findet der Schüler in Mat. 59 sowie in:
- Rothschild, Thomas (Hrsg.): Wolf Biermann. Liedermacher und Sozialist. Hamburg 1976. (rororo 4017)
- Arnold, Heinz Ludwig (Hrsg.): Wolf Biermann. München 1975. (Edition text+kritik)

Optisch unterstützt werden könnte die besondere Situation Biermanns vor seiner Ausreise durch eine Karikatur Horst Haitzingers (Mat. 60).

Phase 1:
Textbegegnung – Vortrags- und Gesangstil Biermanns

Nach dem Vorspielen des Liedes (auf: Wolf Biermann: Zu Gast bei Wolfgang Neuss. Philips twen-serie 42. Phonogramm Nr. 843 742 PY.; Text in Mat. 58) soll zunächst über Besonderheiten des Vortrags- und Gesangstils Biermanns sowie über dessen Gitarrenbegleitung gesprochen werden. Die Teilung jeder Strophe in zwei Abschnitte nach jeweils der 4. Zeile wird durch die hochgezogene letzte Silbe von Biermann deutlich markiert. Die letzten Verse vor dem Refrain singt er stets langsamer und leiser. Die letzten vier Zeilen von Strophe VI sowie die Zeilen 3 und 4 von Strophe IV sind zudem durch Pausen abgesetzt. Die Pause am Ende von Strophe I wird mit Gitarrenklängen ausgefüllt, was den Zuhörern Zeit zum Nachdenken geben soll (vgl. Moritz, S. 224).

Phase 2:
Inhaltliche Klärung

Nach der stillen Lektüre des Songtextes (Mat. 58) werden die Schüler wahrscheinlich an der Klärung einiger inhaltlich für sie nicht leicht zugänglicher Stellen interessiert sein. Der Lehrer sollte erläutern,
- daß das sogenannte Auseinandertanzen“ (V. 6) in der ehemaligen DDR lange Zeit verboten war, weil es aus der von Amerika beeinflußten westlichen „Beatmode“ übernommen wurde;
- daß die „zwei Kerle“ (V. 15), die Fredi Rohsmeisl packen und verhauen, Funktionäre des Staatssicherheitsapparates der ehemaligen DDR waren, die auf Einhaltung von Verboten und Geboten achteten und wegen ihrer oft brutalen und unangemessenen Reaktionen berüchtigt waren;
- daß der „zehnte Sputnik“ (V. 65) im Jahre 1961 gestartet wurde, womit Biermann auf die Entstalinisierung (Stalin starb 1953) anspielt, eine Zeit, die in der ehemaligen DDR auch Epoche der „Aufweichung“ genannt wird;
- daß „Buckow“ stellvertretend für die ehemalige DDR steht.

Der Inhalt der sechs Strophen läßt sich anschließend schnell in ein paar Stichworten an der Tafel festhalten.

Phase 3:
Refrain – Intention – Sprache

Bei der Zusammenfassung des Inhalts wird man natürlich auch auf den Refrain und seine Funktion eingehen müssen. Er enthält jeweils den Kommentar Wolf Biermanns zu den erzählten Vorgängen und unterstreicht die lehrhaft-finale Entwicklung des Textes. Im Kehrreim von Strophe I beurteilt der Liedermacher zunächst aus seiner Sicht das von den Funktionären als Straftat angesehene Auseinandertanzen: Es schadet uns (= den Bürgern der DDR) nicht. Im Refrain der folgenden vier Strophen übt er Kritik, aber nicht nur an den brutalen Funktionären (Strophe II), sondern auch an der Passivität der DDR-Bürger (Strophe III) und an der sich mit Weinen (Strophe IV) und Verfluchen des Staates begnügenden Resignation (Strophe V) Fredi Rohsmeisls: „Aber nützt uns das? Nein!“ Im Refrain der letzten Strophe schließlich gibt der Liedermacher seinem vorsichtigen Optimismus angesichts der erfolgten Änderung Ausdruck. Das auf die Frage „Aber nützt uns das?“ gegebene „Ja“ ist im Text eingeklammert und wird im Vortrag sehr zaghaft, leise und in fragendem Unterton gegeben. Vor dem Hintergrund der politischen Veränderungen, die sich seit November 1989 in der ehemaligen DDR vollzogen, sollten die Schüler kurz zu Biermanns vorsichtigem Optimismus Stellung nehmen.
Anschließend sollen die Schüler die Intention des Textes nochmals in eigenen Worten zusammenfassen: Biermann kritisiert das Auseinanderklaffen zwischen dem befürworteten Sozialismus („Er ist für den Sozialismus und für den neuen Staat“ heißt es in Strophe V von Rohsmeisl) und den abgelehnten kleinkarierten, bürokratischen Vorschriften, den sinnlosen und intoleranten Verboten, also der Ausprägung der sozialistischen Ideologie in der Realität der ehemaligen DDR. Die Frage, wie Biermann seiner Sympathie für Rohsmeisl Ausdruck verleiht, führt zu einer kurzen Behandlung der Sprache des Textes. Durch die umgangssprachlichen, teilweise sogar vulgären Worte stellt sich der Liedermacher auf die Ebene der Proleten, identifiziert sich mit ihnen („Kerle“, „schmissen“, „Fresse“, „kriegte er einen Prozeß an Hals“, „Knast“ u. a.). Auch der umgangssprachliche, teilweise falsche Satzbau (z. B. V. 26–29) und die Ellipsen (z. B. V. 4) sind hier zu nennen.
Der Refrain und die Formulierung der Anfangszeile („Das ist die Ballade von Fredi Rohsmeisl ...“) sind Elemente des Bänkelsangstils. Erkannt werden sollte aber von den Schülern, daß im Unterschied zum traditionellen Bänkelsang hier die Sympathien dem „Übeltäter“ gelten. Abschließend ist die Frage anzusprechen, warum Biermann in diesem und vielen anderen seiner Songs die Form der Ballade wählte. Wichtige Gründe, die genannt werden sollten sind, daß Biermann dadurch eine große Zahl von Zuhörern erreicht, daß seine einfachen, konkreten Geschichten seine Kritik an der Realität des Sozialismus auch einfachen Leuten nahe bringen.

11./12. Stunde:
Brecht: Legende von der Entstehung des Buches Taoteking auf dem Weg des Laotse in die Emigration
Die Erneuerung der legendenhaften Ballade

Stundenziele

Die Schüler sollen
- den 78. Spruch des Laotse kommentieren;

- aus einer bildlichen Darstellung Laotses Rückschlüsse auf seinen Charakter ziehen;
- eine kurze Biographie Laotses kennenlernen;
- Unterschiede zwischen Laotses Spruch und der Brechtschen Fassung erkennen;
- Brechts Spruch auf die konkrete historische Situation zur Zeit der Entstehung des Textes beziehen;
- das Verhältnis zwischen Laotse und dem Zöllner charakterisieren;
- Gemeinsamkeiten zwischen Brechts und Laotses Leben erkennen;
- Gemeinsamkeiten zwischen Brechts und Laotses Werken erkennen;
- erkennen, daß der Zöllner für den Leser der Werke Brechts steht;
- die Intentionen des Textes beschreiben;
- die Parallelen zwischen dem Inhalt des Spruches und dem Inhalt der restlichen Ballade erkennen;
- Laotse und seine Lehre mit Gandhi und Martin Luther King und deren Lehren vergleichen;
- den Zusammenhang zwischen Rhythmus, Erzählweise des Textes und seinem Inhalt erkennen;
- das Metrum beschreiben können und die Funktion der verkürzten Schlußzeilen jeder Strophe erkennen;
- die Gattungsfrage kritisch diskutieren;
- die bewußte Abhebung Brechts von der Heldenballade erkennen.

Vorbemerkungen

Die Ballade entstand 1938 im dänischen Exil des Dichters und gehört zu den Svendborger Gedichten. Eine chinesische Tuschezeichnung auf Seide aus dem 12. Jahrhundert, die Laotse auf einem Büffel an der chinesischen Grenze zeigt, bildete die Anregung. Brechts persönliche Lage entsprach ziemlich exakt der des um ca. 300 v. Chr. lebenden Tempelschreibers Laotse aus der Residenz der Tschou-Kaiser, der einer Legende nach angesichts der ihm widerstrebenden politischen Verhältnisse sein Amt niederlegte und auf einem Büffel reitend emigrierte. An der Grenze diktierte er einem Zöllner auf dessen Bitte angeblich seine Offenbarungs- und Tugendlehre, bestehend aus 81 Spruchgedichten. Laotse kann als „Projektion eines Brechtschen Ideals“ (Hinck, S. 143) gesehen werden. Dennoch ist der Text keine Heldenballade. Ganz „unheldisch“ verläßt der 70jährige Laotse in Brechts Text mit einem Knaben das Land, weil die „Bosheit“ wieder einmal die Oberhand gewann, und wird von einem Zöllner, den ein Spruch Laotses stutzig machte, zurückgerufen und aufgefordert, ihm seine Lehre zu diktieren, was Laotse nach kurzer Prüfung des armen, aber Veränderung anstrebenden Zöllners in seiner humorvollen und gelassenen Art auch tut. Deshalb, so die Ballade, sei auch der Zöllner zu rühmen, denn ohne dessen Wißbegierde würde Laotses Weisheit vergessen werden. Erst durch den Zöllner werden Laotses Erkenntnisse zur kostbaren Ware (vgl. V. 18). Auch Brecht stand vor dem Problem, seine Wahrheiten aus dem Exil heraus in die Hände derer gelangen zu lassen, die sie brauchten. Wie Laotses Sprüche wollen auch Brechts Werke zum Nachdenken über eine veränderbare Wirklichkeit anregen. Der Spruch Laotses, den in Strophe V der Knabe zitiert, hat Brecht leicht verändert, indem er die langfristige Bewegung als Voraussetzung für den Sieg des Wassers über den Stein betont. Veranschaulicht wird Laotses Sentenz einerseits durch die Handlung der Ballade, indem der in ärmlichen Verhältnissen lebende („Flickjoppe. Keine Schuh.“), unterdrückte („Auch du?“), sich Existenzsorgen machende, aber wißbegierige und nachdenkliche („die Stirne eine einzige Falte") Zöllner von Laotse in Bewegung versetzt wird („Da kam plötzlich Fahrt in unsern Mann"), andererseits durch die unpathetisch-lässige, heiter-gelassene Erzählweise mit den zum Teil ironischen oder respektlosen Erzählereinschüben, die dem Wesen des Laotse entsprechen (vgl. Mennemeier, Franz Norbert: Von der „Freundschaft" zur „Freundlichkeit". Zu Bertolt Brechts „Ballade von der Freundschaft" und „Legende von der Entstehung des Buches Taoteking auf dem Weg des Laotse in die Emigration". In: Grimm, S. 402–424. Hier S. 421), das Geschehen und die Erkenntnisse des Philosophen auch verfremden, aber dadurch wiederum verdeutlichen. Eine weitere Verfremdung liegt in der Verlagerung von Brechts persönlicher Situation und seinen Problemen in ein fernes Land und eine ferne Vergangenheit.

Der Schlußpunkt, der durch die in jeder Strophe auffallend kurze letzte Zeile gesetzt wird, „. . . macht die Erzählabschnitte zu Stationen und betont so die relative Selbständigkeit der Teile." (Hinck, S. 142) Das vorwiegend trochäische Versmaß erinnert an den Bänkelsang. Trotz der legendären Gestalt Laotses und des Aufforderungscharakters des Textes wird man ihn kaum als Legende bezeichnen können, zumal das Große und Legendenhafte ja absichtlich klein und bescheiden dargestellt wird (vgl. Mennemeier, S. 419). Auch dadurch, daß der Name des großen Philosophen nur in der Überschrift des Textes genannt wird und zudem in deren langer Formulierung fast untergeht, werden das Geschehen und sein „Held" auf ein menschliches Maß zurückgeführt. Damit setzt sich Brecht aber über den vorherrschenden Typus der Heldenballade hinweg. „Dem aristokratisch-elitären Wesen damaliger Geschichtsbücher wie auch dem vorherrschenden Balladen-Typus wird listiger Widerstand entgegengesetzt" (a.a.O., S. 419). Neben dem Verhalten des Laotse und der Lehre seines 78. Spruches ist es auch die überwundene Form der Ballade, die Kritik an Heroisierung übt. Moritz nennt Brechts Text eine Parabel (vgl. Moritz, S. 191), obwohl er ihn als Ballade in seinem didaktischen Werk vorführt, und übersieht, daß nur der in Strophe V erwähnte Spruch parabelhaft ist. Behrendt spricht von einer „Anti-Legende" (Behrendt, Martin: Lyrik im Unterricht. Textanalysen für den Lehrer. München, Wien, Baltimore 1981. S. 64), was auf die Umkehrung des traditionellen Heldenbegriffs hinweist. Offensichtlich wählte Brecht die Bezeichnung „Legende", weil für ihn die Ballade zu stark mit aktiven Helden, mit dem heroischen Handeln herausragender Menschen verbunden war, was für Laotses Wesensart nicht zutrifft. Das Referat, mit dem die folgende Stunde beginnen wird, wird die Schüler mit dem von Hinck (1968) geschaffenen Begriff der „legendenhaften Ballade" bekannt machen und dadurch Brechts Titelwahl nochmals rechtfertigen.

Mit diesem Text Brechts lernen die Schüler nach Wedekinds „Brigitte B." einen weiteren Versuch der Erneuerung der Ballade kennen, nämlich die Erneuerung der legendenhaften Ballade, die sich bis auf Goethe („Der Gott und die Bajadere") zurückführen läßt.

Unterrichtsverlauf

11. Stunde

Einstieg:
78. Spruch Laotses – Bildbetrachtung

Den Einstieg bilden der 78. Spruch des Laotse (Mat. 63), der den Schülern vorgelesen wird, und die chinesische Seiden-

tuchmalerei aus dem 12. Jahrhundert, die Brecht zu seiner Ballade angeregt hat (Mat. 62), und die mittels einer Folie an die Wand projiziert wird.
Die Schüler sollen sich über die Bedeutung des Spruches, seine Anwendbarkeit und Richtigkeit äußern. Das deutsche Sprichwort „Steter Tropfen höhlt den Stein" wird ihnen sicher als Parallele einfallen. Die Malerei wird auf einer Folie an die Wand projiziert und soll die Schüler Rückschlüsse auf das Wesen des Laotse (Weisheit, demütige Haltung, Bescheidenheit) ziehen lassen. Die Frage der Schüler, welche Situation in Laotses Leben auf der Abbildung dargestellt sei, führt auf die Erläuterung des biographischen Hintergrunds durch den Lehrer. Laotse war um ca. 300 v. Chr. Tempelschreiber in der Residenz der Tschou-Kaiser. Wegen seiner Unzufriedenheit mit den politischen Umständen legte er sein Amt nieder und emigrierte. Als er auf einem Büffel reitend die Grenze des chinesischen Zentralstaates überschritt, bat ihn ein Zollbeamter, seine Lehre niederzuschreiben. Es entstanden die 81 Spruchgedichte der Offenbarungs- und Tugendlehre des Laotse.

Phase 1:
Textbewegung – Parallelen zur historischen Situation – Verhältnis Zöllner – Laotse

Der Text von Brechts Ballade (Mat. 61) wird zunächst nur bis zur Strophe V einschließlich vorgelesen. In ihr kommt Laotses Spruch in der Fassung Brechts vor. Die Schüler werden die entscheidende Veränderung erkennen, die darin besteht, daß ausdrücklich Wert gelegt wird auf die langfristige Bewegung des Wassers als Voraussetzung für den Sieg über den harten Stein. Auch die Übertragung des Spruchs auf den menschlichen, politischen Bereich und speziell auf die historische Situation in Deutschland zur Zeit der Entstehung des Textes (Nationalsozialismus) wird der Klasse ohne Mühe gelingen. Das Tafelbild hält die Ergebnisse fest. Daß Brecht den Nationalsozialismus für überwindbar und vergänglich hält, zeigt schon seine Darstellung als moralische Kategorie („die Bosheit", V. 4), die „wieder einmal" zunahm (vgl. Mennemeier, S. 420).
Ein Exkurs zu Brechts „Ballade vom Wasserrad", die man in der von Therese Giehse gesprochenen Fassung (Brecht – Giehse. An die Nachgeborenen. Deutsche Grammophon 2755012) vorstellen könnte und in der ebenfalls die treibende Kraft des Wassers und die Auflehnung gegen die Unterdrücker vorkommen, ist an dieser Stelle möglich.
Nach der Darbietung der restlichen Strophen wird im Unterrichtsgespräch das Verhältnis zwischen Laotse und dem Zöllner behandelt. Angesprochen werden sollte dabei auf jeden Fall das humorvolle, gelassene und freundliche Verhalten Laotses (vgl. Weichheit des Wassers!), die Wißbegierde des Zöllners und der Grund dafür, daß Laotse ihm sein Wissen anvertraut: Der Zöllner ist ebenfalls ein armer Mann und gehört dem unterdrückten Volk an. Indizien sind seine „Flickjoppe" und Schuhlosigkeit (V. 42), die den Erzähler zu der Feststellung „Ach, kein Sieger trat da auf ihn zu" (V. 44) und Laotse zur Identifikation („Auch du?", V. 45) mit dem Zöllner führen. Ob die Falte auf der Stirn des Zöllners (V. 43) dabei als Zeichen einer sorgenvollen Existenz oder eines beständigen Nachdenkens, einer nie versiegenden Wißbegierde interpretiert wird, ist unerheblich. So wie das Wasser beständig, wenn auch unauffällig Dinge bewegt und verändert, so wird auch der Zöllner durch Laotse in Bewegung versetzt („Da kam plötzlich Fahrt in unsern Mann", V. 29). Ihm kommt die Aufgabe

zu, für die Verbreitung der Lehre zu sorgen, weshalb auch ihm Dank gebührt (V. 64). Das Tafelbild wird durch die Ergebnisse des Unterrichtsgesprächs ergänzt.

Phase 2:
Parallelen zu Brechts Biographie

Nachdem bereits festgestellt wurde, daß mit Wasser und Stein konkrete politische Zustände angesprochen werden, liegt es nahe zu fragen, ob Laotse und der Zöllner nicht auch für andere Personen stehen können. Das Vorwissen der Schüler über Brecht sollte ausreichen, um die Gemeinsamkeiten zu Laotse zu erkennen: Wie der chinesische Philosoph emigrierte auch er wegen der unzumutbaren politischen Zustände in seiner Heimat, um zunächst in Dänemark im Exil zu leben. Weitere Parallelen ergeben sich, wenn man einen Ausschnitt aus dem Kapitel „Fünf Schwierigkeiten beim Schreiben der Wahrheit" vorliest (Mat. 64).
Auch Brecht stand also vor dem Problem, die Wahrheit in die Hände derer gelangen zu lassen, die sie brauchten. Wie Laotses Sprüche sollten auch seine Gedichte, Geschichten und Stücke zum Nachdenken anregen und gesellschaftliche Wirklichkeiten durchschauen und verändern helfen. Der Zöllner, der sich für die Sprüche des Weisen interessiert und ihn um die Niederschrift seiner Lehre bittet, steht für die Leser Brechts, von denen ein erkenntnisgeleitetes, zielgerichtetes Handeln verlangt wird. Erst durch sie wird die wertlose geistige „Ware" des Schriftstellers zur Kostbarkeit. Dies zu erkennen wird den Schülern leichter fallen, wenn man sie auf den Vers 18 hinweist: „Kostbarkeiten zu verzollen?" – „Keine."
Schwieriger ist nun die Frage, in welcher Beziehung der sentenzhafte Spruch des chinesischen Weisen (V. 23–25) zur Geschichte des Laotse und des Zöllners steht. Die Aufgabe, nach der Intention des Textes zu suchen, wird den Schülern weiterhelfen. Denn sowohl die Einsicht in die unmerkliche, aber beständige Veränderung des Starren und Mächtigen durch das Weiche und Einflußlose als auch das Bewußtsein von der Bedeutung des Lesers im Kommunikationsprozeß politischer Lyrik wird von den Schülern als Brechts Absicht formuliert werden. Läßt man beide Intentionen miteinander verknüpfen, sollten die Schüler erkennen, daß die Geschichte von dem wißbegierigen, durch Laotse aktivierten Zöllner als Veranschaulichung des Spruches angesehen werden kann. Denn wenn viele „Zöllner" (= Leser) Laotses Weisheit erfahren und in Bewegung geraten, werden sie wie das Wasser auf die Dauer das Harte (= Mächtige) besiegen. Diese Erkenntnisse werden im Tafelbild festgehalten.
Sowohl Laotses Wesen als auch die Aussage, die in seinem 78. Spruch steckt, erinnern die Schüler möglicherweise an die „sanfte Gewalt", die Gandhi oder Martin Luther King predigten (vgl. Mennemeier, S. 421).

Hausaufgabe:
Die Schüler haben zuletzt Einblick in die komplizierte und raffinierte Struktur des auf den ersten Blick einfachen Textes gewonnen. Daß diese Struktur noch komplexer ist, soll die formale Untersuchung zeigen, die in der Hausaufgabe vorbereitet wird. Es wird der Auftrag gegeben, den Rhythmus der Ballade und die Rolle des auktorialen Erzählers zu charakterisieren sowie das Metrum zu untersuchen.

12. Stunde

Phase 3:
Formale Untersuchung (= Besprechung der Hausaufgabe)

Die Schüler sollten herausgefunden haben, daß die ruhige, gelassen dahingleitende, salopp-unpathetische, fast schnodderige Erzählweise mit den zum Teil ironisch-humorvollen (V. 19–20[1], 52–53, 58) oder respektlosen (V. 55) Stellungnahmen des Erzählers einerseits dem Wesen des bescheidenen, ruhigen (V. 2!), freundlichen und humorvollen Laotse entspricht (vgl. Mennemeier, S. 421) und andererseits aber im Kontrast steht zu den ausgereiften Erkenntnissen eines großen Philosophen, diese verfremdet und durch diesen Effekt aber wiederum die Lehre und das Geschehen veranschaulicht. Der Brechtsche Verfremdungseffekt sollte den Schülern dieser Jahrgangsstufe bekannt sein. Bei dieser Gelegenheit könnte auch die an den „Guten Menschen von Sezuan“ erinnernde Verfremdung durch den weit weg von Westeuropa liegenden Ort angesprochen werden. Der gemächliche Rhythmus des Textes wird teilweise durch das häufige „und“ (17mal am Versanfang) erzeugt. Die veranschaulichende und verfremdende Wirkung der Sprache sollte das in der Stunde vorher begonnene Tafelbild komplettieren.
Die Untersuchung des Metrums sollte ergeben, daß der Text fast durchgehend im an den Bänkelsangton anknüpfenden Trochäus gehalten ist. Die letzte Zeile einer jeden Strophe ist jeweils kürzer als die vorangegangenen Zeilen. Dadurch entsteht nach jeder Strophe eine gewisse Pause, die Strophen erscheinen als eigenständige Stationen.

[1] Die Doppeldeutigkeit von „erklären“ sollte zur Sprache gebracht werden (1. darlegen / 2. vor dem Zoll erklären).

Phase 4:
Gattungsfrage

Abschließend muß noch die Gattungsfrage angesprochen werden, da Brecht seinen Text im Titel als „Legende“ bezeichnet. Vermutlich wird die Frage aus der Klasse selbst kommen. Ihre Beantwortung wird bewußt ans Ende gestellt. Als legendenhaft werden die Schüler allenfalls die „legendäre“ Gestalt Laotses und den Aufforderungscharakter des Textes (Legende: lat. das zu Lesende) ansehen. Gegen diese Einordnung spricht, daß der Text nicht von Hohem und Heiligem handelt, daß Großes absichtlich klein und bescheiden gehalten wird. Wie sorglos Brecht mit Gattungsbezeichnungen umging, kann ein erneuter Blick auf die „Ballade vom Wasserrad“ zeigen, die wenig balladenhaft ist.
Trotz des epischen Charakters der „Legende von der Entstehung des Buches Taoteking ...“ und seiner eingeschobenen Dialogteile läßt sich aber auch die Einordnung als Ballade diskutieren. Inhaltlich setzt sie sich nämlich deutlich ab vom heroisierenden, im 19. und Anfang des 20. Jahrhunderts vorherrschenden Balladen-Typus. Festgehalten werden muß, daß Brecht mit Gattungsbezeichnungen eher spielerisch umging und daß er den Typus der Heldenballade bewußt auf ein menschlicheres Maß zurückführte. Die Bezeichnung „Ballade“ war für Brecht offensichtlich zu sehr mit dem aktiven Heldentum, dem heroischen Handeln herausragender Menschen verbunden. Wie sehr sich Brechts Text von den Balladen Fontanes oder Münchhausens unterscheidet, zeigt den Schülern auch schon der Hinweis auf das Vorkommen der Namen in den Texten. Während in der traditionellen Heldenballade der Name des Helden nicht nur im Titel, sondern auch sehr oft im Text genannt wird,

kommt der Name Laotses nur im Titel vor, der zudem so lang und kompliziert ist, daß der Name fast untergeht. Dadurch wird der große Philosoph stark vermenschlicht. Die Heroisierung von Personen in Balladen wird kritisiert.

13./14. Stunde: Kunert: Wie ich ein Fisch wurde Die parabelhafte Ballade – Gattungstypologien (ohne Stundenblatt, mit Tafelanschrieb)

Stundenziele

Die Schüler sollen
- den dialektischen Aufbau der Ballade erkennen;
- die Synthese selbst finden können;
- erkennen, daß mit der Sintflut der Einbruch eines totalitären Systems und mit dem Fisch der angepaßte Mensch gemeint ist;
- die Funktion des Metrums, der Alliterationen und eines Enjambements erkennen;
- zwei traditionelle Gattungstypologien kennenlernen;
- die verwendeten Fachbegriffe erklären können;
- den vorgeschlagenen Typen passende Beispiele zuordnen können;
- die traditionellen Typologien kritisch beurteilen können;
- zwei neuere Versuche einer Gattungstypologie kennenlernen;
- die verwendeten Fachbegriffe erklären können;
- den vorgeschlagenen Typen passende Beispiele zuordnen können;
- die Vorteile der neueren Typologien erkennen.

Vorbemerkungen

Günter Kunerts Ballade ist etwa 1960 entstanden. Der Aufbau ist dialektisch. Der These, daß man sich bei einer Sintflut dem Element des Wassers anpassen müsse, um zu überleben, folgt die antithetisch gegenübergestellte Einsicht, daß bei einer Trockenheit eine Rückverwandlung schwierig wäre. Der Sinn dieser parabelhaften Ballade ergibt sich aus der Biographie des Autors. In einem Interview äußerte Kunert auf die Frage „Kann man Ihre politische Einstellung an Gedichten erkennen, etwa an ‚Wie ich ein Fisch wurde'?" folgendes: „Wenn man eine politische Einstellung aus einem Gedicht herausliest, frage ich mich immer: Und wo ist das Gedicht? Gedichte als politische Konfessionen zu lesen, täte sowohl dem Gedicht wie dem Denken des Gedichtschreibers unrecht. Ich bin übrigens ganz sicher, daß sogar hochpolitische Gedichte, vorausgesetzt, daß sie ihre Bezeichnung zu Recht tragen, nicht aus politischen Motiven heraus geschrieben sind, sondern aus der psychischen Befindlichkeit ihres Autors – eine Befindlichkeit, die sich in seinem Falle eben politisch artikuliert. Damit will ich Lyrik nicht psycho-analytisch erklären, sondern nur sagen: Die Initialzündung eines Gedichtes liegt latent in der Biographie des Autors." (Günter Kunert. Begleitheft zur Ausstellung der Stadt- und Universitätsbibliothek Frankfurt/Main. 28. April – 30. Mai 1981. S. 19)
Günter Kunert lebte vor seiner Umsiedlung in den Westen im ständigen Konflikt mit der SED. Er wollte sich von dem totalitären System nicht „schlucken" (vgl. V. 7) lassen und äußerte in seinen Werken offen seine Meinung. Von der Möglichkeit, sich an die Verhältnisse anzupassen, wie ein Fisch im Strom mitzuschwimmen und stumm zu bleiben, machte er keinen Gebrauch. Die Ballade „Wie ich ein Fisch

wurde“ beschreibt die Versuchung des Dichters, sich anzupassen, und die Einsicht in das „Risiko“ eines solchen Tuns. Der Text beginnt mit freien Rhythmen, geht aber dann genau an der Stelle, an der sich die Flüsse über das Land ausgedehnt haben, in einen gleichförmigen Trochäus über, der bis zum Ende durchgehalten wird. Dadurch und durch die mit Strophe IV einsetzenden Alliterationen wird die Gleichschaltung der Menschen im totalitären Staat ausgedrückt. Das Ausbreiten der Flüsse über das Land findet seine formale Entsprechung in dem Enjambement von Vers 2 zu 3.
Kunerts Text ist ein wichtiges Beispiel für die parabelhafte Ballade, ein Balladentypus, den erst in jüngerer Zeit Hassenstein vorgeschlagen hat (vgl. Hassenstein, S. 46f.). Doch schon lange vorher hat sich die Forschung um die Aufstellung einer Balladentypologie bemüht (vgl. hierzu die fachwissenschaftliche Einführung, S. 17ff.). Kunerts „Wie ich ein Fisch wurde“ ist sehr gut geeignet, den Schülern die Problematik der traditionellen Einteilungen, die in zwei Kurzreferaten vorgestellt werden sollen, und die Vorteile der neueren Balladentypologien, die in der Hausaufgabe erarbeitet werden sollen, vor Augen zu führen.

Unterrichtsverlauf

13. Stunde

Phase 1:
Schülerreferate zu zwei traditionellen Gattungstypologien

Am Beginn der Stunde stehen zwei Kurzreferate über die beiden bekanntesten Gattungstypologien der Ballade. Die Grundlage hierfür bilden zwei Texte, die mindestens eine Woche vorher an die betreffenden Schüler ausgegeben werden:

1. Kämpchen hat sein 1930 erstmals veröffentlichtes Einteilungsschema in einem 1956 erschienenen, knappen Aufsatz nochmals zusammengefaßt:
   Kämpchen, Paul: Von den Typen der deutschen Ballade.
   In: Der Deutschunterricht Bd. 8 (1956), Heft 4. S. 5–18. (Auszugsweise in Mat. 67)
2. Einen kurzen Überblick über seine Typologie gibt Hinck im 1. Kapitel seines Buches:
   Hinck, Walter: Die deutsche Ballade von Bürger bis Brecht. Kritik und Versuch einer Neuorientierung. Göttingen 1968. S. 16–17. (Mat. 68)

Die beiden Referenten sollen die von Kämpchen bzw. Hinck genannten Unterarten der Ballade nennen und erklären und ihnen – soweit möglich – bekannte Texte zuordnen. Den Referenten bzw. der Klasse sollte auffallen, daß der in den beiden vorangegangenen Stunden behandelte Text von Brecht nicht in das Schema von Kämpchen, aber problemlos in das von Hinck eingeordnet werden kann. Daraus wird ersichtlich, daß Hincks Klassifizierung auf die Neuentwicklung der Gattung seit Beginn des Jahrhunderts weit mehr eingeht als die von Kämpchen (obwohl auch sie nicht alle modernen Balladenformen abzudecken vermag, wie der weitere Verlauf der Stunde zeigen soll). Dem Lehrer wird es keine Schwierigkeiten bereiten, die beiden Gattungstypologien in einem tabellenartigen oder die Form eines Strukturdiagramms aufweisenden Tafelbild festzuhalten (vgl. hierzu die fachwissenschaftliche Einführung, S. 17ff.). Die Ankündigung des Lehrers, daß die beiden Einteilungsmuster nun an Kunerts Ballade „Wie ich ein Fisch wurde“ überprüft werden sollen, leitet zur folgenden Phase über.

Phase 2:
Lebensabriß Kunerts – Textbegegnung – Inhalt und Aufbau

Zum besseren Verständnis des Textes wird den Schülern ein kurzer Lebensabriß des Autors gegeben:
Günter Kunert wurde 1929 in Berlin geboren. Nach seinem Studium an der Hochschule für angewandte Kunst in Berlin-Weißensee begann er, Gedichte, Satiren und Kurzgeschichten zu schreiben, wobei er von J. R. Becher gefördert wurde. Im Jahre 1979 siedelte er in die Bundesrepublik Deutschland über. Von Kunerts Ballade existiert eine Vertonung Biermanns (auf: Wolf Biermann: Hälfte des Lebens. CBS Nr. 83922), die man der Klasse vorspielen sollte. Erst dann wird der Text (Mat. 65) verteilt. Eine Wiedergabe des Inhalts in eigenen Worten durch die Schüler soll mit der Frage nach dem Aufbau verbunden werden. Als Ergebnis sollte formuliert und in einer Tafelskizze festgehalten werden, daß die Ballade dialektisch aufgebaut ist: Die These besagt, daß man sich bei einer Naturkatastrophe, wie im Falle der geschilderten Sintflut, an die neuen Verhältnisse anpassen müsse, um dem Tod zu entgehen (Strophe I–IV). Der Mensch ändert sich, paßt sich den Naturelementen an und wird zum Fisch (Strophe V–VI). Die Antithese nennt die Gefahr einer Trockenheit, d. h. der Wiederherstellung der alten Zustände, in der eine Rückverwandlung ins „Menschsein" schwer ist, „weil das Menschsein sich zu leicht vergißt" (V. 32). Die Synthese muß der Leser selbst leisten: Die vorschnelle Anpassung an neue Verhältnisse läßt sich nicht mehr leicht rückgängig machen.

Phase 3:
Zuordnung der Ballade zu bestimmten Typen

Welchem der eingangs gehörten Balladentypen ist der Text nun zuzuordnen? Die Vorschläge aus den Reihen der Schüler werden zeigen, daß dies nicht so einfach ist. Die Gewalt des alles verschlingenden Elements Wasser läßt zunächst an eine naturmagische (Kämpchen) oder nordische (Hinck) Ballade denken. Doch lassen sich auch einige Kennzeichen der Ideenballade (Kämpchen) oder legendenhaften Ballade (Hinck) anführen. Vor allem die „gelassene, im Erdulden standhafte, opferwillige oder kontemplative... Haltung zur Welt und zum Schicksal" (Hinck, S. 16) lassen an Hincks zweiten Typus denken.

Hausaufgabe:
Nachdem sich die traditionellen Einteilungsmuster als wenig hilfreich erwiesen haben, sollen in der Hausaufgabe zwei neuere Gattungstypologien untersucht werden. Die Klasse wird hierzu in zwei Gruppen geteilt.

Gruppe 1
Textgrundlage:
Hassenstein, Friedrich: Die deutsche Ballade. Grundlagen und Beispiele. Hannover 1986. S. 40–51. (Auszugsweise in Mat. 70)
Auftrag:
Welche Gattungstypen schlägt Hassenstein vor? Nennen Sie jeweils einige Ihnen bekannte Beispiele! Worin sehen Sie den Vorteil dieser Einteilung?

Gruppe 2
Textgrundlage:
Freund, Winfried: Deutsche Balladen. Arbeitstexte für den Unterricht. Stuttgart 1982. S. 115–123. (Auszugsweise in Mat. 69)

Auftrag:
Welche Gattungstypen schlägt Freund vor? Nennen Sie jeweils einige Ihnen bekannte Beispiele! Worin sehen Sie den Vorteil dieser Einteilung?

14. Stunde

Phase 4:
Neuere Versuche einer Gattungstypologie

Die Ergebnisse der Hausaufgabe lassen sich ähnlich wie die Typologien von Kämpchen und Hinck in einem tabellenartigen oder die Form eines Strukturdiagramms aufweisenden Tafelbild festhalten (vgl. hierzu die fachwissenschaftliche Einführung, S. 17 ff.). Vor allem sollten die Schüler erkennen, daß die neueren Versuche vollständiger und widerspruchsfreier sind als die Einteilungen Kämpchens oder Hincks. Kunerts Text läßt sich nun eindeutig entweder dem Sublimierungstyp der kompensatorischen Ballade (Freund) oder der Parabelballade (Hassenstein) zuordnen. Falls den Schülern die Gattung der Parabel nicht bekannt ist, wird ihre Definition (Mat. 66) gelesen.

Phase 5:
Deutung von Kunerts Ballade

Die Einordnung von Kunerts Ballade in die Typologie Hassensteins leitet über zu ihrer Deutung. Die parabelhafte Ballade verlangt geradezu nach einer Interpretation durch den Leser. Es wird nicht vieler Anstöße durch den Lehrer bedürfen, um die Schüler zu Äußerungen, welche den Sinn des Textes betreffen, zu bewegen. Kunerts zu Beginn der vorangegangenen Stunde gegebene Kurzbiographie wird die Interpretation der Ballade dabei erleichtern, so daß etwa mit folgenden Deutungen gerechnet werden kann:
Mit der sintflutartigen Überschwemmung ist der Einbruch eines totalitären Staatssystems gemeint, das zur Gleichschaltung aller Bewohner führt. Bildlich wird dies ausgedrückt durch die alles schluckenden, keinen Unterschied machenden Flüsse und Ozeane (Strophe II). Eine Zeitlang wird man sich gegen den Zugriff des totalitären Systems wehren oder sich entziehen können (vgl. V. 4 und 9), doch über kurz oder lang wird man doch beseitigt. Auch die Dichter und Liedermacher, die trotzig weitersangen, folgen den anderen ins Grab (vgl. V. 11–12). Deren „schrille Stimmen“ (V. 11) könnte man sogar in Zusammenhang bringen mit Biermanns bewußt verzerrter Stimme bei der Vertonung des Textes. Die einzige Möglichkeit, nicht unterzugehen, ist die Anpassung an die neue politische Situation (Strophe IV). Der Fisch steht für den angepaßten Menschen, den Mitläufer. Er schwimmt im Strom mit und empfindet das System nicht mehr als kalt und unmenschlich (V. 20). Zudem ist dem Fisch wie dem angepaßten Menschen der Mund verschlossen (V. 23). Was an der Spitze des Staates vor sich geht, merkt man nicht, so wie der Fisch weder Wellen noch Wind spürt (V. 26). Der Mitläufer ist „träge“ (V. 25), läßt sich „gleiten“ (V. 25). Der Fisch unterscheidet sich vom Menschen auch durch die fehlende Denkfähigkeit und das nicht vorhandene Gedächtnis. Auch der angepaßte Mensch hat verlernt, sich seines Verstandes zu bedienen. Er hat vergessen, wie es früher war (V. 32). Deshalb muß er die Wiederherstellung der alten Verhältnisse (Trockenheit) fürchten.

Phase 6:
Formale Besonderheiten

Wie sich die geschilderte Anpassung formal im Text niederschlägt, soll nun im Unterrichtsgespräch geklärt werden. Zu nennen sind dabei der ab dem Vers 4 durchgehende Trochäus, der die durch die in Vers 1–3 erwähnte Überschwemmung herbeigeführte Uniformität der Menschen ausdrückt, das Enjambement von Vers 2 zu 3, das dem Ausbreiten des Wassers entspricht, und die ab Strophe IV vorkommenden Alliterationen, in denen sich ebenfalls die Gleichschaltung der Untertanen niederschlägt.

15./16. Stunde:
Grass: Die Ballade von der schwarzen Wolke. Die groteske Ballade – Verzerrung des Schemas der numinosen Ballade

Stundenziele

Die Schüler sollen
- den Kontrast zwischen typischen Balladenhelden und den Handlungsträgern in Grass' Ballade erkennen;
- nach der Strophe VII Vermutungen über den Fortgang der Handlung machen können;
- sich spontan zum Text äußern können;
- Merkmale der Ballade im Text ausfindig machen können;
- die Unterschiede zur traditionellen Ballade erkennen;
- die Rolle des hervortretenden Ichs beschreiben;
- Ursachen für die Negierung der traditionellen Balladenhandlung nennen können;
- die Funktion der Eisenbahn in diesem Zusammenhang bestimmen können.

Vorbemerkungen

Günter Grass' „Ballade von der schwarzen Wolke“ erschien 1960 in dem Gedichtband „Gleisdreieck“ des Autors. Jede der 12 dreiversigen Strophen besteht aus einem Satz, mit Ausnahme der letzten, die nicht mit einem Punkt endet, sondern in einer abgesetzten, weiteren Zeile fortgeführt wird. Das geschilderte Geschehen ist an Banalität nicht mehr zu übertreffen: Eine Henne brütet ihre Eier im Sand, den die Maurer gelassen hatten. Eine schwarze Wolke taucht über ihr auf, doch wird das Tier weder von einem Blitz noch von einem Habicht getötet. Die Wolke zieht weiter. Die Henne erhält im Text eine Reihe positiver Merkmale: Sie ist makellos (V. 7, 17, 30), fleißig (V. 8), geht ernst und behutsam mit ihren Eiern um (V. 13–15). Ihre positive Charakterisierung sowie die Wiederholung von „makellos“ erinnert an die Heldenballade. Ihrer Ausdauer und Beharrlichkeit entspricht z. B. die Durchhaltekraft eines John Maynard. Die schwarze Wolke, welche die Henne bedroht, könnte als Symbol für die überirdischen Mächte der sogenannten naturmagischen Balladen gedeutet werden. Das „Verhältnis“ (V. 22) zwischen Henne und Wolke könnte als Anspielung auf die Balladen verstanden werden, in denen der Mensch von einem übermächtigen Schicksal bedroht wird (vgl. Laufhütte, Hartmut: ‚Nein, fuhr kein Blitz aus der Wolke'. Zu Günter Grass: Die Ballade von der schwarzen Wolke. In: Grimm, S. 445–457. Hier S. 450).
Das Besondere, Einmalige dieser Konstellation wird aber schon in den Strophen VI und VII ins Banale, Alltägliche gewendet. Das „Verhalten“ der Wolke und der Henne ist nicht anders als das Verhalten anderer Wolken und Hennen. Die Doppeldeutigkeit von „(sich) verhalten“ scheint bewußt gewählt zu sein. Das Wort-

spiel wird in der folgenden Strophe fortgeführt, in der das Nomen „Verhältnis" auftaucht, mit dem die Beziehung zwischen Wolke und Henne gemeint ist. Einen Vers später kommt überraschenderweise ein „Ich" vor, das die bisherigen Vorgänge beobachtet hat und als Balladenautor interpretiert werden könnte. Nicht die Henne wird durch einen Wolkenbruch überrascht, sondern der Leser durch das plötzlich sich zu Wort meldende Ich eines Beobachters. Indem dieser „hinter dem Schuppen der Mauer" (V. 24) steht, befindet er sich außerhalb eines Raums, der den Handwerkern zugeordnet ist, könnte also als Intellektueller bezeichnet werden. Dieser intellektuelle Beobachter hat bemerkt, daß das Verhältnis zwischen Wolke und Henne völlig normal und alltäglich ist (Strophe VIII). Deshalb nimmt das Geschehen auch einen ganz harmlosen Verlauf (Strophe IX und X). Die „Eisenbahn", die bereits in Strophe II erwähnt wurde, kommt nun ziemlich am Ende des Textes (V. 32) wieder vor und erzeugt damit den für die Ballade typischen Rahmen, der durch die Wiederholung von „Sand" und „Mauer" (Strophe I – letzte Zeile) noch unterstützt oder verstärkt wird. Außerdem könnte die zweimal vorkommende Eisenbahn auf die technisierte Welt von heute verweisen, in der der Glaube an überirdische, naturmagische Mächte verlorengegangen ist Damit ist aber auch die Aufgabe des Erzählers oder Beobachters erfüllt. Das Ich hatte erkannt, daß die Katastrophe aufgrund der Alltäglichkeit der technisierten Welt und des fehlenden Glaubens an ein übermächtiges Schicksal ausbleiben muß. Es bricht den Erzählvorgang ab, so daß niemand jemals erfahren wird, was aus den Eiern der Henne wurde (Strophe XII). Im übrigen ist auch belanglos, was aus den Eiern geschieht, denn jeder Leser weiß, daß aus Eiern wieder neue Hennen entstehen, die sich eines Tages so verhalten werden wie die Henne in der „Ballade". Laufhütte glaubt, daß am Schluß des Textes ein oft variierter Gedichtschlußtypus („und ward nicht mehr gesehn" – „und keiner weiß" – „wer weiß wo") parodiert wird (vgl. a.a.O., S. 453). Außerdem weist er darauf hin, daß Grass die beliebige Verfügbarkeit des numinosen und Schicksalsschemas dadurch demonstriert, daß es auch auf dem Hühnerhof funktioniert (vgl. a.a.O., S. 456f.). In seiner „Ballade" geht der Autor spielerisch mit dem Schema der numinosen Ballade um. Mit Recht verweist Laufhütte darauf, daß schon Goethes „Totentanz" oder Heines „Die Nixen" ähnliche Ziele verfolgen (vgl. a.a.O., S. 456).

Unterrichtsverlauf

15. Stunde

Einstieg:
Bekannte Balladenhelden

Zunächst sollen die Schüler Balladenhelden nennen, an die sie sich gut erinnern können. Drei große Gruppen lassen sich ausmachen: Kinder (Riesenfräulein, Zauberlehrling, Knabe im „Erlkönig", Knabe im Moor), Herrscher und Adelige (Riesenvater, Herr von Ribbeck, Gorm, Belsazar, Ritter Delorges, Graf Beaumanoir u.a.), Arbeiter (Weber, Fredi Rohsmeisl, Tonio Schiavo). Dann werden sie gefragt, ob sie sich eine Henne als Held einer Ballade vorstellen können, eine provokative Frage, die eher Heiterkeit als ernsthafte Antworten zur Folge haben wird. Der Lehrer erklärt aber, daß es eine solche Ballade gibt. Die Neugier der Schüler sollte geweckt sein.

Phase 1:
Textbegegnung – spontane Äußerungen

Der Text (Mat. 71) wird zunächst nur bis zur Strophe VII vorgelesen, da sich die Klasse zum erwarteten Fortgang der Ballade äußern soll. Die meisten Schüler werden auf ein Unwetter tippen, in dessen Verlauf vielleicht die Eier durch Hagelkörner zerstört oder die Henne durch einen Blitzschlag getötet wird. Um so größer wird die Überraschung der Schüler sein, wenn man nun den Text zu Ende vorliest. Er wird die Klasse sicherlich zu spontanen Meinungsäußerungen reizen. Vermutlich werden viele Schüler mit Unverständnis oder Kritik reagieren.

Phase 2:
Merkmale der Ballade – Unterschiede zur traditionellen Ballade

Zunächst soll die Diskussion auf die Gattungsfrage gelenkt werden. Die Schüler sollen Merkmale der Ballade in Grass' Text aufsuchen. Formal müßten die angedeutete Rahmenstruktur (Wiederholung von „Eisenbahn", „Sand" und „Maurer" am Beginn und am Ende), die Wiederholung des Heldenlobs („makellos") und die Strophenstruktur genannt werden. Inhaltlich sollte das „Verhältnis" zwischen der makellosen, fleißigen, behutsam mit den Eiern umgehenden Henne und der sie bedrohenden, an eine überirdische Macht erinnernde schwarze Wolke die Schüler an den Typ der numinosen Ballade erinnern. An dieser Stelle sollten dann die Abweichungen von der traditionellen Ballade erwähnt werden. Der Ort (Hühnerhof?), die Handlungsträger (Henne, Wolke), die Banalität und Alltäglichkeit des Vorgangs sowie der harmlose Verlauf des Geschehens sollten schnell als für die traditionelle Ballade untypisch erkannt werden. Dies gilt auch für die trockene, unsentimentale Sprache des Textes, die sich vom pathetischen Stil traditioneller Balladen abhebt. Nicht das Gefühl des Lesers oder Hörers wird angesprochen, sondern der Verstand. In diesem Zusammenhang sollten die Schüler auch erkennen, daß durch das Hervortreten eines Ichs zusätzlich Distanz zum Geschehen geschaffen wird. Die Frage, wo das Ich sich aufhalte und was dies bedeuten könnte, sollte die Schüler darauf bringen, daß das Ich der Balladenautor sein könnte. Die Frage, ob dem Ich neben der Beobachtung der Vorgänge noch ein anderes Verdienst zukomme, kann mit dem Hinweis auf das Erkennen der Banalität und Alltäglichkeit der Ereignisse beantwortet werden. Das Verhalten der Wolke über der Henne und das Verhalten der Henne unter der Wolke werden als wiederholbar hingestellt. Hier könnten sich die Schüler an Hofmannsthals „Ballade des äußeren Lebens" erinnert fühlen, in der eine herausragende, einmalige, heldische Tat angesichts der Monotonie des Lebens nicht geschildert werden kann. Vielleicht erkennen die Schüler sogar, daß die zweimal erwähnte Eisenbahn (V. 5 und 32) ein Hinweis auf die Technisierung der heutigen Welt sein könnte, in der sowohl der Glaube an ein überirdisches Schicksal als auch die Möglichkeit heldenhaften Verhaltens verloren gegangen sind.
Die Ergebnisse dieser Phase werden in einem Tafelbild zusammengefaßt.
Damit die Schüler selbst die Bezeichnung „groteske Ballade" finden, könnte ihnen Christian Morgensterns bekanntes groteskes Gedicht „Das Huhn" (Mat. 72) vorgelegt werden, das auffallende inhaltliche Ähnlichkeiten zur Ballade von Grass aufweist.

Phase 3:
Vergleich mit anderen modernen Balladen

Ob mit den festgestellten Unterschieden zwischen Grass' Text und traditionellen Balladen ein allgemeingültiger Merkmalkatalog der modernen Ballade gefunden wurde, soll die anschließende kurze Gruppenarbeit zeigen. Jede Gruppe soll an einer der in dieser Sequenz schon behandelten modernen Balladen (Wedekind, Biermann, Degenhardt, Brecht, und Kunert sind ihre Autoren) untersuchen, ob die bei Grass gefundenen Abweichungen von der traditionellen Ballade zutreffen.
Ergebnisse der Gruppenarbeit:
Neue Handlungsträger weisen auch die Balladen Wedekinds, Biermanns, Degenhardts, Brechts insofern auf, als dort sozial niedrig stehende Menschen balladenfähig werden. Eine Tendenz zur Banalität der geschilderten Ereignisse ist in den Texten von Wedekind und Biermann zu beobachten, da es dort nicht um Leben oder Tod, sondern „nur" um vergleichsweise harmlose „Vergehen" geht. Das Schicksal einzelner in den Balladen Degenhardts und Kunerts verweist auf das Schicksal einer ganzen Gruppe (Gastarbeiter) oder Staatsbevölkerung (DDR). Den geschilderten Ereignissen wird dadurch das Besondere und Einmalige genommen. Ein erzählendes, Distanz schaffendes Ich tritt noch bei Biermann und Kunert, ein Wir bei Brecht (letzte Strophe) hervor. In trockener, unsentimentaler Sprache verfaßt sind die Balladen Brechts und Kunerts, während Wedekind, Biermann und Degenhardt noch vorwiegend den sentimentalen, z.T. pathetischen Ton vom Bänkelsang übernommen haben. Auffallend ist aber, daß mit Ausnahme des Textes von Kunert alle anderen umgangssprachliche Formen enthalten. Der Verstand wird in allen modernen Balladen angesprochen, wenngleich sich die „bänkelsängerischen" Texte Wedekinds, Biermanns und Degenhardts auch deutlich an die Emotionen der Leser bzw. Hörer wenden und erst über den Umweg der gefühlsmäßigen (emotionellen) Betroffenheit auf eine intellektuelle Verarbeitung der dargestellten Ereignisse zielen.
Der Frage, ob aufgrund der festgestellten Unterschiede zur traditionellen Ballade der neue Terminus „Erzählgedicht" angebracht ist, soll in einer arbeitsteiligen Hausaufgabe nachgegangen werden. Die eine Hälfte der Gruppen soll sich mit den Texten von Müller-Seidel (Mat. 73), Piontek (Mat. 74) und Graefe (Mat. 75) beschäftigen und folgende Fragen beantworten:

1. Worin sehen Müller-Seidel und Piontek die Gründe für das Ende der Gattung Ballade?
2. Warum führt Piontek als neue Bezeichnung den Terminus „Erzählgedicht" ein?
3. Was sind nach Piontek und Graefe die Kennzeichen des Erzählgedichts?

Die andere Hälfte der Gruppen soll anhand der Texte von Riha (Mat. 76) und Grimm (Mat. 77) folgende Fragen bearbeiten:

1. Welche Vorbilder waren für die Erneuerung der Gattung nach Riha und Grimm ausschlaggebend?
2. Was hat die modernen Balladendichter an diesen Autoren so gereizt?
3. Warum übernehmen Riha und Grimm die Bezeichnung „Erzählgedicht" nicht? Was sind ihrer Ansicht nach die Merkmale der modernen Balladen?

16. Stunde

Phase 4:
„Erzählgedicht“ oder „Moderne Ballade“
(Besprechung der Hausaufgabe)

Folgende Ergebnisse der Hausaufgaben sollten im Unterrichtsgespräch zur Sprache kommen:
Die Dienstbarmachung der Ballade für nationale Interessen („Deutschheit“) und die Ernüchterung angesichts der Schrekken der beiden Weltkriege brachten insbesondere die Heldenballade in Mißkredit. Der Bruch mit der konventionellen Ballade macht laut Piontek einen neuen Terminus notwendig. Das Erzählgedicht ist gekennzeichnet durch den neuen Moritatenton, durch seine antibürgerliche Haltung, durch die Tendenz zum Ungereimten, durch anonyme Figuren, die an die Stelle der Helden treten, durch Sachlichkeit und Genauigkeit der Berichterstattung, durch die Hinwendung zum Alltäglichen und die Aussparung des Dramatischen, durch die Verwerfung der Chronologie, durch epische Distanz, die den Hörer in eine entspannte, von kritischer Reflexion geprägte Haltung versetzt. Vorbilder für die Erneuerung der Gattung waren Bänkelsang, Moritat, Kabarettpoesie und Couplet. Die modernen Balladenautoren wollen ihre Texte als Volksdichtung verstanden wissen, was sie in die Nähe der Bänkelsänger rückt. Sie fanden Gefallen an der einfachen, trivialen Form der Bänkellieder, an der von ihnen ausgehenden Schock- und Zeigewirkung und an der antipathetischen Weltsicht ihrer Sänger. Eine neue Bezeichnung ist nach Riha oder Grimm aber überflüssig, da auch Roman und Drama nach der Jahrhundertwende Veränderungen unterworfen waren, ohne daß deswegen nach neuen Bezeichnungen gesucht wurde. Die Gattung der Ballade wurde lediglich modifiziert und aktualisiert. Außerdem verbindet die modernen Balladen manches mit ihren traditionellen Vorgängern. Letztere sollten ursprünglich (Herder, Bürger) Volkspoesie sein, und den Antrieb, der Schiller und andere zum Schaffen von Balladen drängte, spürten und spüren auch Brecht und andere moderne Balladendichter.

Phase 5:
Balladenschluß

Abschließend sollen die Schüler noch auf den Schluß der Ballade hingewiesen werden. Sie sollen nachdenken, warum man nichts über das Schicksal der Eier erfährt. Der Beobachter interessiert sich nicht für sie, weil das immergleiche Aufeinander von Werden und Vergehen nicht Thema einer Ballade sein kann, weil schon vorher feststeht, was sich aus den Eiern entwickelt und wie sich die späteren Hennen verhalten werden. Den Schülern fällt vielleicht wieder die Entsprechung zu Hofmannsthals „Ballade des äußeren Lebens“ auf. Vielleicht erinnern sie sich aber auch noch an die letzte Strophe aus Kästners „Handstand auf der Loreley“:

„P.S. Eins wäre allerdings noch nachzutragen:
Der Turner hinterließ uns Frau und Kind.
Hinwiederum, man soll sie nicht beklagen.
Weil im Bezirk der Helden und der Sagen
die Überlebenden nicht wichtig sind.“

Wie Kästner erkannte auch Grass und der Beobachter seiner Ballade, daß nur der Tod eines „Helden“ für die Ballade traditioneller Prägung erwähnenswert ist. Wer die Gefahr übersteht, ist für den Balladendichter nicht mehr interessant.

Kommentierte Bibliographie

1. Balladen-Anthologien

1.1. Elsner, Wilhelm (Hrsg.): Unvergängliche deutsche Balladen. München 1953.

In seiner Einleitung (47 Seiten) stellt der Herausgeber die Geschichte der deutschen Ballade dar. Es folgt eine Sammlung von 259 Balladen vom jüngeren Hildebrandslied bis Benn. Im letzten Teil werden bedeutende Balladenautoren in knappen Monographien vorgestellt.

1.2. Freund, Winfried (Hrsg.): Deutsche Balladen. Arbeitstexte für den Unterricht. Stuttgart 1982.

Die derzeit wohl preisgünstigste Anthologie enthält 44 Balladen von Bürger bis Meckel sowie 12 knappe Auszüge aus theoretischen Texten (meist Definitionsversuche der Ballade). Im Anschluß daran erläutert der Herausgeber einige Aspekte der Balladenbehandlung im Unterricht. Unter anderem stellt er seine bereits an anderer Stelle (vgl. 2.1.2.) dargestellte Gattungstypologie nach Funktionstypen vor.

1.3. Fromm, Hans (Hrsg.): Deutsche Balladen. München [10]1985.

Die Anthologie enthält 250 Balladen von der Volksballade bis Christa Reinig. In seinem Nachwort erläutert der Herausgeber auf 27 Seiten Geschichte und Wesen der deutschen Ballade.

1.4. Nussbächer, Konrad (Hrsg.): Deutsche Balladen. Stuttgart 1967.

Die preisgünstige, in Reclams Universal-Bibliothek erschienene Sammlung enthält 231 Texte vom älteren Hildebrandslied bis Wolf Biermann. Ein Nachwort zur Geschichte und Theorie der Ballade und Anmerkungen zu den Texten schließen den Band ab.

1.5. Pinkerneil, Beate (Hrsg.): Das große deutsche Balladenbuch. Königstein/Ts. 1978.

Die derzeit umfangreichste Anthologie alter und moderner Balladen enthält 841 Texte vom jüngeren Hildebrandslied bis André Heller. Ein 10seitiger Anhang bietet Worterklärungen zu den Texten.

1.6. Piontek, Heinz (Hrsg.): Neue deutsche Erzählgedichte. Stuttgart 1964.

Der Herausgeber versammelt in seinem Band 248 „Erzählgedichte" des 20. Jahrhunderts, die er thematisch anordnet. In seinem Vorwort grenzt er den Terminus „Erzählgedicht" von der „traditionellen Ballade" ab. Die neue Bezeichnung konnte sich letztlich nicht durchsetzen.

1.7. Pörnbacher, Karl (Hrsg.): Deutsche Balladen. München 1982.

263 Balladen vom jüngeren Hildebrandslied bis Meckel sind in diesem Band versammelt, der außerdem 18 schöne Illustrationen von Friedrich Hechelmann enthält.

1.8. Pratz, Fritz (Hrsg.): Moderne Balladen. Frankfurt 1967.

Der als Fischer-Taschenbuch erschienene Band enthält 85 Balladen des 20. Jahrhunderts, darunter 12 Erstveröffentlichungen. In seinem Vorwort gibt der Herausgeber einen knappen Abriß (7 Seiten) der Gattungsgeschichte.

Sehr ausführliche Bibliographien von Balladen-Anthologien findet man bei Müller-Seidel (2.1.8.) und Köpf (2.3.3.).

2. Sekundärliteratur

2.1. Literaturwissenschaftliche Werke

2.1.1. Freitag, Christian: Ballade. Bamberg 1986.

Der Band aus der Reihe „Themen – Texte – Interpretationen" enthält im ersten Teil eine Sammlung wichtiger und bekannter Sekundärtexte zur Balladentheorie, die teilweise durch Ausführungen des Verfassers ergänzt oder verbunden werden.

Der zweite Teil besteht aus 48 Volks-, Bänkel- und Kunstballaden, denen jeweils Literaturhinweise, teilweise Vergleichs- und Ergänzungstexte sowie knappe Ausschnitte aus einschlägigen Interpretationen folgen. Im dritten Teil schließlich sind bekannte Interpretationen von 8 Texten vollständig abgedruckt.

2.1.2. Freund, Winfried. Die deutsche Ballade. Theorie, Analysen, Didaktik. Paderborn 1978.

In 20 sozialgeschichtlichen Analysen vorwiegend bekannter Balladen von Bürger bis Biermann zeigt der Autor, daß die Balladengattung tief in der Sozialgeschichte des Bürgertums verwurzelt ist. Er sieht in der Ballade das „Ausdrucksmedium des konfliktreichen bürgerlichen Selbstverständnisses in wechselnden historischen Situationen" (S. 13). Die Dialektik von Handlungsförderung im wirtschaftlichen Bereich, die ein steigendes Selbstwertgefühl zur Folge hatte, und Handlungsbeschneidung in der Politik führte je nach Akzentuierung des einen oder anderen Pols zu unterschiedlichen Ausprägungen der Selbstdarstellung des Bürgertums in der Ballade, die als bürgerliches Kleinepos empfunden wurde. Die Aktivitätshemmung bedingte die Typen der kompensatorischen (Unterwerfung unter göttlichen Willen, Vertrauen auf positive Geschichtsentwicklung, Flucht in Privatbereich, Fiktion heldischer Selbstentfaltung) und defätistischen (Resignation, Katastrophenbewußtsein) Ballade, der Aktivitätsdrang die Typen der didaktischen (reformatorisch-aufklärende Ballade der Klassik) und appellativen (Auflehnung gegen Unterdrückung, Gesellschaftskritik) Ballade.

2.1.3. Graefe, Heinz: Das deutsche Erzählgedicht im 20. Jahrhundert. Frankfurt 1972.

Unzufrieden mit Bezeichnungen wie „Anti-Ballade", „Balladen-Parodie" oder „moderne Ballade" und einer Anregung Pionteks (vgl. 1.6.) folgend, versucht der Autor die Bezeichnung „Erzählgedicht" begrifflich zu präzisieren und als eigenständigen Lyriktyp zu etablieren, indem er in 38 knappen Analysen lyrischer Texte des 20. Jahrhunderts die Strukturmerkmale des Erzählgedichts herausarbeitet. Er entwirft eine typologische Unterteilung, deren Grundtypen je nach Vorgangsstrukturierung der Entfaltungs- (mit zwei Unterarten) bzw. der Raffungstyp (mit 3 Unterarten) sind, und ergänzt diese Typologie durch 8 weitere Typen. Er unterscheidet das Erzählgedicht von der Ballade durch Kategorien, die an Brechts Unterscheidung zwischen epischem und aristotelischem Theater erinnern.

2.1.4. Hinck, Walter: Die deutsche Ballade von Bürger bis Brecht. Kritik und Versuch einer Neuorientierung. Göttingen 1968.

Ausgehend von der Feststellung, daß die Blickrichtung der Interpreten bisher allzu einseitig auf jenen Balladentypus ausgerichtet war, den er „nordische Ballade" nennt, stellt der Verfasser diesem Typus die „legendenhafte Ballade" als Alternativform gegenüber und schafft dadurch eine wichtige gattungsgeschichtliche Neuorientierung. Im Mittelpunkt der „legendenhaften Ballade", deren erstes künstlerisch bedeutendes Zeugnis Goethes „Der Gott und die Bajadere" war und die von Brecht erneuert wurde, steht ein passiver, nicht kämpferischer Held.

2.1.5. Kämpchen, Paul: Die numinose Ballade. Versuch einer Typologie der Ballade. Bonn 1930.

Der Verfasser teilt die Balladen ein in Helden- (auch Ideen-), numinose und psychologische Problemballaden, wobei er den numinosen Typ weiter aufgliedert in naturmagische, totenmagische und Schicksalsballaden. Diese Typologie war zumindest bis Hincks Neuansatz (vgl. 2.1.4.) richtungsweisend. Eine knappe Zusammenfassung seiner Einteilung veröffentlichte Kämpchen später in der Zeitschrift „Der Deutschunterricht", Band 8 (1956), Heft 4.

2.1.6. Kayser, Wolfgang: Geschichte der deutschen Ballade. Berlin 1936.

Kaysers Untersuchung deutscher Balladen vom Mittelalter bis Börries von Münchhausen stellt die erste Gattungsgeschichte der Ballade dar, ist aber teilweise stark von nationalsozialistischer Ideologie durchdrungen. Vor allem die Auffassung, es handle sich um eine typisch deutsche Gattung, und die Hochschätzung des „Göttinger Kreises" um Münchhausen sind heute längst überwunden. Die immer wieder eingestreuten Typenbezeichnungen (z. B. Geister-, Ortssagen-, erotische, volkstümliche Balladen) ergeben keine systematische, in sich stimmige Typologie.

2.1.7. Laufhütte, Hartmut: Die deutsche Kunstballade. Grundlegung einer Gattungsgeschichte. Heidelberg 1979.

Ausgehend von der Überlegung, daß Gattungsbegriffe durch permanente Neudefinition mit ihren sich entwickelnden Gegenständen wachsen, gewinnt der Autor aus der mit Hilfe eines an episch-fiktionaler Dichtung orientierten Beschreibungsrasters durchgeführten Analyse von 21 bekannten Balladen von Bürger bis Heine eine Definition („Modellformel") der Ballade, die möglichst vielseitig anwendbar sein und dem Bedürfnis nach ständiger Überprüfung und Neuanpassung an die Texte Rechnung tragen soll. Die Ballade ist nach Laufhütte eine episch-fiktionale Grundart in weitgehend lyrischer Form, die alle Grunddarbietungsweisen der Epik, aber im Gegensatz zu dieser eine spezifisch teleologische Vorgangsstrukturierung besitzt. Es wird suggestiv-unmittelbar oder distanziert, ernsthaft oder humoristisch bzw. ironisch erzählt. Spezifisch balladische Themen gibt es nicht. Je nach Vorgangsstrukturierung sind zwei Grundtypen mit vielen Zwischenformen zu unterscheiden: der Stationen- (Höhepunkte eines Gesamtgeschehens) und der Konzentrationstyp (relativ vollständige und geschlossene Präsentation eines Vorgangs).
Laufhüttes Verfahren ist tautologisch: Durch mit Hilfe epischer Strukturmerkmale analysierte Balladen kommt er zu dem Ergebnis, die Ballade sei eine episch-fiktionale Gattung. Darüber hinaus ist sein Definitionsversuch zu lang und komplex und führt nicht zu einer überschaubaren Gattungseinheit.

2.1.8. Müller-Seidel, Walter (Hrsg.): Balladenforschung. Königstein/Ts. 1980.

Der Band enthält wichtige Texte zur Theorie und Geschichte der europäischen Ballade, zur Volksballade und verwandten Formen (Heldenzeitlied, Bänkelsang), zur komischen Romanze und Kunstballade, zu balladischen Formen der Moderne und zum Typus der deutschen Balladenanthologie.

2.1.9. Riha, Karl: Moritat-Song-Bänkelsang. Zur Geschichte der modernen Ballade. Göttingen 1965.

Der Verfasser zeigt, wie die Gattung der Ballade unter dem Einfluß von Moritat, Song und Bänkelsang und den veränderten Bedingungen der modernen Lyrik zu Beginn dieses Jahrhunderts neubelebt wurde, und plädiert für eine Erweiterung des dadurch zu eng gewordenen Balladenbegriffs. Obwohl man die Definition der Ballade in ihrer erweiterten Form vermißt, stellt das Werk einen wichtigen Beitrag zur Geschichte der Ballade im 20. Jahrhundert dar.

2.1.10. Riha, Karl: Moritat, Bänkelsong, Protestballade. Zur Geschichte des engagierten Liedes in Deutschland. Frankfurt 1975.

Das erste Kapitel des Buches („Von der Moritat zum Song") faßt Rihas Werk aus dem Jahre 1965 knapp zusammen. Die anderen vier Kapitel stellen eine Art „Fortsetzung" dar und behandeln „Parodistische Bänkellieder und politische Spottgedichte im Umkreis der bürgerlichen Revolution von 1848/49", „Brechts ‚Legende vom toten Soldaten'", die als satirische Heldenballade eingestuft wird, das „literarische Kabarett und Rollengedicht nach dem 1. Weltkrieg" und den „Protestsong der Gegenwart".

2.1.11. Weißert, Gottfried: Ballade. Stuttgart 1980.

Dieser Band der „Sammlung Metzler" gibt eine knappe, aber sehr klare und umfassende Einführung in die Theorie und Geschichte der Ballade sowie einen knappen Abriß (5 Seiten) der Geschichte der Balladendidaktik. Er ist für den Lehrer, der sich schnell einen zuverlässigen Überblick über den Stand der Balladenforschung verschaffen möchte, unentbehrlich.

2.2. Interpretationssammlungen

2.2.1. Baumgärtner, Alfred Cl.: Ballade und Erzählgedicht im Unterricht. München ^{3}1979.

Den beiden Kapiteln zur Poetik und Didaktik der Ballade folgen Interpretationen von 15 bekannten Balladen.

2.2.2. Bräutigam, Kurt: Die deutsche Ballade. Wege zu ihrer Deutung auf der Mittelstufe. Frankfurt 1963.

In seiner Einleitung steht Bräutigam zur Theorie des Balladenalters, versucht sich in einer Definition und Typologie der Gattung, gibt einen Überblick über die Gattungsgeschichte und macht einige allgemeine Anmerkungen zum Balladenvortrag in der Schule.

Es folgt eine Sammlung eigener und fremder Interpretationen von 14 bekannten Balladen.

2.2.3. Bräutigam, Kurt: Moderne deutsche Balladen. Versuche zu ihrer Deutung. Frankfurt 1968.

Der Verfasser interpretiert 16 Texte des 20. Jahrhunderts, deren Zuordnung zur Gattung Ballade allerdings in einigen Fällen (z.B. Brecht: „Die Ballade vom Wasserrad", Eich „Inventur", Celan „Todesfuge") zumindest zweifelhaft ist.

2.2.4. Grimm, Gunter E. (Hrsg.): Gedichte und Interpretationen. Deutsche Balladen. Stuttgart 1988.

In seiner Einleitung gibt der Herausgeber auf 14 Seiten einen knappen Abriß des Forschungsstandes (insbesondere hinsichtlich der Gattungszuordnung und der Typologie der Ballade) und der Gattungsgeschichte. Es folgen 25 Deutungen bekannter und weniger bekannter Balladen vom Hildebrandslied bis Mossmann durch verschiedene Interpreten.

2.2.5. Hinck, Walter (Hrsg.): Geschichte im Gedicht. Texte und Interpretationen (Protestlied, Bänkelsang, Ballade, Chronik). Frankfurt 1979.

Der Herausgeber gibt eine Sammlung von 32 Interpretationen meist unbekannterer Texte von Vogelweide bis Kunert.

2.2.6. Hirschenauer, Rupert/Weber, Albrecht (Hrsg.): Wege zum Gedicht. Band 2. Interpretationen von Balladen. München und Zürich 1964.

Der Gattungsgeschichte von Müller-Seidel und den methodisch-didaktischen Bemerkungen Hirschenauers folgt eine Sammlung von 45 Interpretationen meist bekannter Balladen vom Heldenlied bis Brecht. Der Band ist das Standardwerk der Balladendeutung.

2.2.7. Moritz, Karl: Deutsche Balladen. Analysen für den Deutschunterricht. Paderborn 1972.

Der Verfasser analysiert 37 bekannte Balladen von Bürger bis Biermann und macht nach jeder Analyse einige Aufgabenvorschläge.

2.2.8. Neis, Edgar: Interpretationen von 66 Balladen, Moritaten, Chansons. Analysen und Kommentare. Hollfeld [4]1981. (Titel älterer Auflagen: Wir interpretieren Balladen. Materialien zum Verständnis klassischer und moderner Balladen)

Nach einem kurzen Abriß der Gattungsgeschichte interpretiert der Autor 66 meist bekannte Texte von Bürger bis Biermann. Jeder Analyse folgen Literaturangaben.

Einzelinterpretationen zu Balladen sind ferner in den Werken von Freitag (2.1.1.), Freund, 1978 (2.1.2.), Graefe (2.1.3.), Laufhütte (2.1.7.) und Fritsch (2.3.1.) zu finden.

2.3. Didaktische Werke

2.3.1. Fritsch, Gerolf: Die deutsche Ballade zwischen Herders naturaler Theorie und später Industriegesellschaft. Ein literaturdidaktischer Kurs. Stuttgart 1976.

Im theoretischen Teil des Werkes erläutert der Autor sehr ausführlich Herders Poetologie und legt die Gattungsgeschichte unter stark ökonomischem und sozialem Blickwinkel dar. Im didaktischen Teil werden 19 Balladen verschiedener Typen (Helden-, naturmagische, sozialkritische, groteske und legendenhafte Balladen) unter starker Berücksichtigung des jeweiligen sozialhistorischen Kontextes interpretiert und mit Aufgabenvorschlägen versehen, die ausschließlich für die Sekundarstufe II oder den Seminarbetrieb an der Universität gedacht sind. Der ausführliche Materialienteil schließlich enthält 67 Texte, vor allem sozialgeschichtliche Quellen und Vergleichstexte zu den Balladen.

2.3.2. Hassenstein, Friedrich: Die deutsche Ballade: Grundlagen und Beispiele (Sekundarstufe 1). Hannover 1986.

Das in der Reihe „Deutschunterricht konkret" herausgegebene Bändchen enthält im theoretischen Teil einen knappen, aber umfassenden Forschungsbericht zu Problemen der Balladentheorie

(Begriff und Entwicklung, Typologie und Struktur der Ballade), wobei der Autor die traditionellen Balladentypologien durch einen eigenen Vorschlag („Einteilung nach Erzählmustern") ergänzt. Im didaktischen Teil gibt der Verfasser einen Überblick über die Entwicklung der Balladendidaktik von ihren Anfängen bis heute und macht eigene Vorschläge zur Methodik des Balladenunterrichts. Der praktische Teil schließlich enthält weitgehend unbekanntere Balladentexte und didaktische Kommentare zu vier thematisch orientierten Unterrichtseinheiten („Bestrafte Balladenkinder", „Treue – um jeden Preis?", „Balladen von der Zeitlichkeit", „Das bucklige Männlein").

2.3.3. Köpf, Gerhard: Die Ballade: Probleme in Forschung und Didaktik. Kronberg/Ts. 1976.

Im ersten Teil gibt der Verfasser einen umfassenden und klaren Überblick über den Stand der Forschung zur Geschichte, Definition und Typologie der Ballade. Im zweiten Teil übt er Kritik an der traditionellen Balladenideologie und an der Theorie vom Balladenalter. Der dritte Teil enthält sechs Kursmodelle für Schüler der Oberstufe und Studenten (z. B. „Geschichte und Geschichtlichkeit", „Die soziale Ballade", „Zeitgenössische Balladendichtung"). Diese Modelle bestehen jeweils aus einem Lernzielkatalog, einer Reihe von Aufgabenstellungen und Fragen und einem umfangreichen Materialienteil (Sozialgeschichte, Textgenese und -rezeption, Ideologisierung der Texte). Ihr Ziel ist, den Schülern bzw. Studenten Einsichten in den Zusammenhang von ästhetischer Struktur und politisch-sozialer Entwicklung zu vermitteln.

2.3.4. Kriege, Angelika: Balladen – hören, spielen, verstehen. Werkstatt Literatur. Stuttgart 1989 (mit Hörkassette; vgl. Diskographie Nr. 7). Klettnr. 30628.

Die Autorin zeigt an beispielhaften Balladen, wie deren Behandlung im Unterricht durch produktiv-kreative Verfahren aufgelockert und motivierender gestaltet werden kann. Die Umsetzung von Balladen in ein Schattenspiel oder Hörspiel, die Vertonung oder Illustrierung von Balladen sind nur einige der vorgestellten methodischen Varianten. Zu dem Buch gibt es eine Kassette mit gesprochenen Balladen.

2.3.5. Lang, Paul: Die Balladik. Basel 1942.

Nach einer Darstellung der Gattungsgeschichte und seiner Balladensystematik (geheimnisvolle Ballade mit neun Unterarten und Heldenballade mit drei Unterarten) gibt der Autor Hinweise zur Behandlung der Ballade im Unterricht. Seine didaktischen Ausführungen waren lange Zeit richtungsweisend, gelten heute aber als überholt.

Kürzere didaktische Kapitel enthalten ferner die Werke von Freund, 1978 (2.1.2.), Weißert (2.1.11.), Baumgärtner (2.2.1.), Bräutigam, 1963 (2.2.2.) und Hirschenauer/Weber (2.2.6.).

2.4. Fachzeitschriften

Folgende Fachzeitschriften haben Themenhefte zur deutschen Ballade herausgebracht:

2.4.1. Der Deutschunterricht, Band 8 (1956), Heft 4
2.4.2. Praxis Deutsch, Heft 35 (1979)
2.4.3. Literatur für Leser, Heft 2 (1983)

Kommentierte Diskographie

Die zahlreichen Schallplatten mit gesprochenen Balladentexten, auf die Moritz (2.2.7.) hinweist, sind inzwischen nicht mehr auf dem Markt erhältlich, teilweise aber noch in einigen Stadt- oder Landesbildstellen ausleihbar. Doch sind einige neue Tonträger mit Balladenaufnahmen erschienen. Diese sollen hier aufgeführt werden.

1. Deutsche Gedichte vom Barock bis Brecht. Deutsche Grammophon Literatur 2755 010.

Auf den drei Langspielplatten, die 1980 anläßlich des 25jährigen Jubiläums der Literatur-Produktion der Deutschen Grammophon konzipiert und herausgegeben wurden und ältere Aufnahmen verschiedener Sprecher enthalten, sind folgende in den vorliegenden Stundenblättern vorkommende Balladen zu finden:
- Goethe: Erlkönig (Sprecher: Ernst Ginsberg)
- Schiller: Die Bürgschaft (Sprecher: Ernst Ginsberg)
- Heine: Ich weiß nicht, was soll es bedeuten (Sprecher: Martin Held)
- Fontane: Herr von Ribbeck (Sprecher: O. E. Hasse)
- Brecht: Der Schneider von Ulm (Sprecherin: Therese Giehse)

2. Balladen für Kinder. Zusammengestellt und gesprochen von Lutz Görner. Mit Musik von Ulrich Türk. Zweitausendeins Nr. 11860.

Die mit Hindergrundgeräuschen unterlegten und recht frisch und lebendig gesprochenen Balladentexte sind an einigen wenigen Stellen behutsam geändert, um sie für die Kinder verständlicher zu machen. Auf der Kassette, die nur bei Zweitausendeins erhältlich ist und dort 1986 herausgegeben wurde, sind folgende in den Stundenblättern vorkommende Balladen zu finden:
- Goethe: Der Zauberlehrling
- Heine: Ich weiß nicht, was soll es bedeuten
- Fontane: Herr von Ribbeck

3. Lenore fuhr ums Morgenrot. Deutsche Balladen. Verlag für Hörbuchproduktionen. ISBN 3-926610-32-8.

Reiner Unglaub, der von Geburt an blind ist, als Sprecherzieher am Berliner Rundfunk arbeitet und an zahlreichen Hörfunkproduktionen des Bayerischen und Hessischen Rundfunks beteiligt war, spricht auf den drei über den Buchhandel erhältlichen Kassetten fast alle bekannten Balladen des 18. und 19. Jahrhunderts, darunter auch die folgenden in den Stundenblättern vorkommenden Texte:
- Herder: Edward
- Goethe: Der Zauberlehrling
- Goethe: Erlkönig
- Schiller: Die Bürgschaft
- Schiller: Der Handschuh
- Brentano: Lore Lay
- Droste-Hülshoff: Der Knabe im Moor
- Mörike: Der Feuerreiter
- Heine: Die schlesischen Weber
- Heine: Ich weiß nicht, was soll es bedeuten
- Fontane: Die Brück' am Tay
- Fontane: John Maynard
- Fontane: Herr von Ribbeck

4. Oskar Werner spricht Goethe und Schiller. Teldec Wort und Stimme Nr. 16.41759.

Der bekannte Bühnen- und Filmschauspieler spricht in teilweise recht pathetischer, dramatisierender Art und Weise folgende in den Stundenblättern vorkommende Balladen:
- Goethe: Erlkönig
- Goethe: Der Zauberlehrling
- Schiller: Der Handschuh
- Schiller: Die Bürgschaft

5. Johann Wolfgang von Goethe. Jugendlyrik und Balladen. Polygram Klassik Nr. 1043008.

Ernst Ginsberg spricht unter anderem Goethes „Totentanz“ und „Erlkönig“.

6. Brecht – Giehse. An die Nachgeborenen. Deutsche Grammophon Literatur Nr. 2755 012.

Therese Giehse war Mitglied an Brechts Berliner Ensemble und gilt als die beste Interpretin der Texte Brechts. Auf den vier 1966 und 1969 aufgenommenen Platten befinden sich alle in den vorliegenden Stundenblättern vorkommenden Texte Brechts.

7. Balladen – hören, spielen, verstehen. Werkstatt Literatur. Klettnr. 306281.

Die zum gleichnamigen Werkstattheft (vgl. Kommentierte Bibliographie 2.3.4.) erschienene Kassette enthält unter anderem Aufnahmen von Goethes Balladen „Der Zauberlehrling“ und „Der Totentanz“ sowie Camille Saint-Saëns „Danse macabre“.

Inhalt des Materialienheftes „Balladen“

(Klettbuch Nr. 26909)

32 Gottfried August Bürger: Lenore
33 Die Sage von Lenore
34 Albrecht Schöne: Gottfried August Bürger, „Lenore“
35 Parallelen zwischen Bürgers „Lenore“ und Kirchenliedern
36 Lore Kaim-Kloock: Über Bürgers „Lenore“
37 Winfried Freund: Über Bürgers „Lenore“
38 Johann Wolfgang von Goethe: Erlkönig
39 Johann Gottfried Herder: Erlkönigs Tochter
40 Johann Wolfgang von Goethe: Auszug aus „Faust. Teil 1“
41 Johann Wolfgang von Goethe: Ballade, Betrachtung und Auslegung
42 Clemens Brentano: Lore Lay
43 Joseph Freiherr von Eichendorff: Waldgespräch
44 Heinrich Heine: Ich weiß nicht, was soll es bedeuten
45 Erich Kästner: Der Handstand auf der Loreley
46 Heinrich Heine: Die schlesischen Weber
47 Käthe Kollwitz: Der Weberzug (Radierung)
48 Hans Schwab-Felisch: Das Elend der Weber
49 Hugo von Hofmannsthal: Ballade des äußeren Lebens
50 Börries Freiherr von Münchhausen: Der Wahlspruch der Beaumanoirs
51 Robert Neumann: Der von Trawerz
52 Frank Wedekind: Brigitte B.
53 Leander Petzoldt: Bänkelsang
54 Bänkelsänger
55 Anonym: Natürliche Vorstellung und accurater Abriß des ermordeten Franciscus Hortig
56 Franz Josef Degenhardt: Tonio Schiavo
57 Auszug aus einem Interview mit Degenhardt
58 Wolf Biermann: Die Ballade von dem Drainage-Leger Fredi Rohsmeisl aus Buckow
59 Manfred Jäger: „Frische Musenmilch und bitterer Wahrheitssaft“. Ein Rückblick auf Biermanns frühe Jahre im Lichte heutiger Erfahrungen
60 Horst Haitzinger: Karikatur Biermanns
61 Bertolt Brecht: Legende von der Entstehung des Buches Taoteking auf dem Weg des Laotse in die Emigration
62 Chinesische Zeichnung
63 Lau-Dse: Der achtundsiebzigste Spruch
64 Bertolt Brecht: Das Urteil, jene auszuwählen, in deren Händen die Wahrheit wirksam wird
65 Günter Kunert: Wie ich ein Fisch wurde
66 Definition der Parabel
67 Paul L. Kämpchen: Von den Typen der deutschen Ballade
68 Walter Hinck: Die deutsche Ballade von Bürger bis Brecht
69 Winfried Freund: Deutsche Balladen. Der funktionale Aspekt
70 Friedrich Hassenstein: Die deutsche Ballade. Einteilung nach Erzählmustern.
71 Günter Grass: Die Ballade von der schwarzen Wolke
72 Christian Morgenstern: Das Huhn

73 Walter Müller-Seidel: Die deutsche Ballade. Umrisse ihrer Geschichte
74 Heinz Piontek: Neue deutsche Erzählgedichte. Vorwort
75 Heinz Graefe: Das deutsche Erzählgedicht im 20. Jahrhundert
76 Karl Riha: Moritat – Song – Bänkelsang
77 Gunter E. Grimm: Gedichte und Interpretationen. Deutsche Balladen. Einleitung

W0378354

Disney Cruella

Le roman du film

Au personnel et aux élèves du CCLCS qui, chaque jour,
enseignent et apprennent l'importance qu'il y a
à se montrer honnête envers soi-même.

« Ce qui vous distingue des autres vous fait parfois l'effet d'être un fardeau,
alors qu'il n'en est rien. Bien souvent, c'est ce qui vous rend formidable. »
– Emma Stone

© 2021 Disney Enterprises, Inc.

© Hachette Livre, 2021 pour la présente édition.
Tous droits réservés.

Adapté par Elizabeth Rudnick.
D'après le scénario de Dana Fox et Tony McNamara.
D'après une histoire d'Aline Brosh McKenna et Kelly Marcel & Steve Zissis.
D'après le roman *Les Cent Un Dalmatiens* par Dodie Smith.
D'après le film Disney *Cruella*.

Traduit de l'anglais par Christophe Rosson.
Conception graphique du roman : Audrey Thierry.

Hachette Livre, 58, rue Jean-Bleuzen, 92178 Vanves Cedex.

Disney
Cruella
Le roman du film
hachette
JEUNESSE

Cruella

PROLOGUE

Cruella d'Enfer n'est pas comme les autres. Cruella d'Enfer est une *création.*

Pourtant, c'est un être de chair et de sang qui se prénomme Estella. Et la rumeur veut que, la nuit où elle est née, aucune étoile n'ait brillé dans le ciel, et que la lune ait préféré se cacher derrière des nuages d'orage… D'aucuns racontent que les loups hurlaient, d'autres prétendent que l'eau des rivières autour de chez elle s'est mise à bouillir.

Mais les gens disent beaucoup de choses et, bien souvent, ces choses ne sont pas vraies.

Du moins, pas toutes.

À sa naissance, Estella est comme tous les bébés : elle gigote et s'époumone. Mais dès les premiers moments de sa vie, il apparaît qu'elle est à part. Certains la qualifient d'unique, d'autres, de spéciale. Des âmes plus charitables, la croisant dans son landau, ont la bonté de la trouver mignonne. Mais ces gens-là sont rares. Et sitôt qu'ils découvrent les cheveux du bébé, ils changent d'avis. Noir de jais d'un côté, blanc immaculé de l'autre. Une chevelure épaisse et à nulle autre pareille dès sa naissance. Si bien que, lorsqu'ils la voient, les gens ne trouvent plus Estella *mignonne*, mais plutôt *bizarre*.

Toutefois, l'amour rend aveugle, surtout en ce qui concerne les mères. Et celle d'Estella ne fait pas exception à la règle ! Aux yeux de Catherine, Estella est parfaite et formidable dès l'instant où elle pousse son premier cri.

Les jours et les années passant, Estella change : l'étrange bébé gracieux devient une petite fille qui réclame de tout faire toute seule. Elle sait marcher avant tous les autres enfants de son âge et, à deux ans, elle tient des conversations en bonne et due forme avec sa mère. Estella ne semble jamais remarquer les regards intrigués qui pèsent sur elle, ni s'étonner que personne ne leur rende visite, à sa mère et à elle, dans leur modeste mais douillette chaumière.

Aux yeux d'Estella, sa petite maison n'est ni terne ni triste. Les habits que sa mère, couturière, rapièce, égaient l'endroit et deviennent très vite son univers. L'enfant caresse les soies, les mousselines et les taffetas, et s'émerveille de leur douceur. Elle compare les étoffes, imagine des motifs inédits…

En grandissant, d'autres talents se manifestent chez elle. Auprès de sa mère, Estella apprend à manier l'aiguille. Très vite, elle reprise des chaussettes et fait les ourlets des jupes. Quand les rares meubles de la maison commencent à s'user, elle crée des galettes colorées à partir de chutes de tissu.

La couture est une seconde nature pour Estella. En revanche, l'enfant a plus de mal à suivre les règles…

Plus d'une fois, sa mère doit la réprimander gentiment :

– Il faut respecter le patron. On ne peut pas faire n'importe quoi.

– Mais c'est moche ! répond alors Estella en comparant le patron en question avec celui qu'elle a imaginé pour une robe de poupée.

– C'est cruel de ta part de dire cela. N'oublie pas que tu t'appelles Estella, et non Cruella.

« Cruella » est le surnom dont Catherine affuble l'enfant quand celle-ci fait une crise. À deux ou trois ans à peine, lorsqu'Estella se laisse emporter, il lui arrive de se montrer méchante. Sa mère lui rappelle qu'elle doit contrôler « Cruella ». La fillette secoue parfois la tête, ou bien elle déchire un patron, ou encore elle tape des pieds. Mais chaque fois, elle finit par aller faire un câlin à sa mère en s'excusant. Estella ne veut pas être cruelle. Elle veut simplement coudre.

À l'âge de douze ans, elle est devenue une couturière émérite.

Elle n'a peut-être pas beaucoup d'amis, mais sa mère lui rappelle tous les jours qu'elle n'est pas comme les autres :

– Tu peux devenir qui tu veux et ce que tu veux, ma douce, affirme Catherine. Tu n'es pas simplement noire ou blanche. Tu es toutes les couleurs de l'arc-en-ciel.

Et Estella la croit. À quoi bon avoir des amis ? Sa mère et son imagination lui suffisent. Alors, pour l'essentiel, Estella est heureuse.

Les choses ne vont, hélas, pas tarder à changer…

CHAPITRE 1

La rentrée des classes

Du haut de ses douze ans, perchée sur sa bicyclette, Estella découvre l'immense bâtiment de pierre qui se dresse devant elle. L'endroit respire l'argent et les privilèges. La journée qu'elle attend depuis… toujours, pour tout dire, est enfin arrivée.

La jeune fille va effectuer sa rentrée dans une école privée chic. Cette idée l'enthousiasme un peu, mais la terrifie, surtout. Elle contemple le bâtiment en frottant, distraite, la doublure de sa veste. Le contact du tissu la rassure. Estella sourit. Cette école est peut-être comme sa veste, qui sait ? L'intérieur ne ressemble peut-être en rien à l'extérieur.

Estella pousse un soupir. Cela l'étonnerait beaucoup.

Voilà bientôt qu'une marée d'enfants se déverse dans la cour. Tous portent des uniformes impeccables et bien repassés. Des voitures de luxe font la queue dans l'allée, prêtes à déposer d'autres élèves encore. Estella entend glapir les fillettes, ravies de se revoir enfin après les grandes vacances, ainsi que les voix plus graves des garçons, qui se retrouvent, eux aussi. Estella a l'impression qu'ils parlent une langue étrangère.

L'adolescente se tourne vers sa mère, qui l'accompagne à bicyclette, elle aussi. Les cheveux grisonnants de Catherine semblent invariablement chercher à s'échapper de son chignon. Quant à son éternelle blouse, elle est, comme toujours, tachée.

Catherine ne ressemble en rien aux dames qui adressent des petits signes à leurs enfants depuis l'habitacle de leur automobile. Les cheveux de ces femmes sont parfaitement lissés, leur maquillage irréprochable et leur mise impeccable. Une sensation inconnue envahit Estella : lorsqu'elle regarde sa mère, elle est presque gênée.

Mais Catherine la sort de sa transe lorsqu'elle lui rappelle :

– N'oublie pas : tu as ta place ici, autant que les autres.

À ces mots, c'est à son égard qu'Estella sent déferler la honte. Honte du regard qu'elle pose sur sa mère alors que celle-ci se saigne aux quatre veines depuis des années pour lui permettre d'intégrer cette stupide école.

Estella prend une grande inspiration puis décrispe ses mains sur le guidon de sa bicyclette. Elle ne connaît peut-être pas ces enfants, mais elle ne va pas se laisser démonter pour autant. Du moins, elle n'en montrera rien à sa mère.

– D'accord, répond-elle avec une assurance qu'elle ne possède pas vraiment.

Catherine hoche la tête, puis ajoute :

– Et que diras-tu à Cruella, si elle essaie de te faire faire des bêtises ?

Estella pousse un soupir. Cela l'exaspère que sa mère désigne encore par ce sobriquet son côté légèrement « méchant ». Catherine n'a cependant pas tort de la rappeler à l'ordre. Estella doit maîtriser ses nerfs.

– « Merci d'être passée, mais tu peux t'en aller, maintenant », récite sagement l'adolescente.

Satisfaite par cette réponse, sa mère lui adresse un petit sourire. Puis elle observe tour à tour l'immense et imposante bâtisse et sa fille. Son regard se fait distant. Estella se demande bien à quoi elle peut songer… Elle lit sur son visage comme une absence, une profonde tristesse.

Estella s'intéresse ensuite à un groupe de filles, toutes vêtues du même uniforme, un chapeau incliné de façon guillerette sur leur tête. Elle-même arbore la même veste simple et immonde et la même jupe, mais le tout est agrémenté de quelques retouches dont sa mère ignore tout, bien sûr. Hors de question de porter le chapeau, en revanche. Jamais de la vie.

Estella inspire de nouveau à fond, puis elle dit au revoir à sa mère, parque sa bicyclette à un râtelier, et rejoint le flot des élèves qui entrent dans l'école. Arrivée en haut des marches, elle tourne la tête. Sa mère est toujours là, qui l'observe. Estella lui adresse un signe de la main, avant de passer les portes de l'établissement.

Sitôt que sa mère ne peut plus la voir, Estella retire sa veste. Elle la retourne et esquisse un sourire. Le tissu écossais bleu terne qui la grattait est remplacé par une soie que la jeune fille a teinte d'un jaune vif. Un ton criard qui détonne dans cette école chic. Parfait.

Estella remet sa veste et se passe la main dans les cheveux. Une onde de confiance l'envahit. Elle se sent toujours mieux lorsqu'elle porte ses propres créations.

Sans prêter attention aux regards des élèves, dont certains se sont figés et l'observent, bouches bées, Estella se fraie un chemin dans le couloir. Malgré la pénombre, sa veste resplendit. Estella n'est pas peu fière. Elle a travaillé très tard, la veille, pour confectionner cet habit. Elle s'est donné du mal pour obtenir la teinture parfaite, et a subtilisé des chutes de soie à sa mère par petites quantités afin que celle-ci ne se rende compte de rien. Le résultat est à la fois unique et 100 % elle. Hélas, cela ne signifie pas pour autant que tout le monde le comprendra... Les autres élèves n'ont pas l'habitude qu'un des leurs sorte du rang. À l'école, on porte l'uniforme et on obéit aux règles. Or, ce dernier point n'a jamais été le fort d'Estella.

Deux garçons se plantent devant elle. La jeune fille s'immobilise et les observe, la mine impassible. L'un des deux a une tignasse rousse et l'air méchant. L'autre a un regard aussi cruel que son expression est désagréable. La mère d'Estella lui a appris à se montrer gentille en toutes circonstances.

L'adolescente fait alors ce que l'on fait en pareille situation, lorsqu'on est gentil : on se présente.

– Bonjour, prononce-t-elle d'une voix chaleureuse. Je m'appelle Estella. Je suis nouvelle et j'ai hâte de me faire des amis.

Les garçons restent un long moment sans répondre, la tension monte.

Après quoi le roux prend la parole :

– Tu as vu ? demande-t-il à son compère. Il y a un putois dans l'école.

Estella plisse les yeux. Comment ce rustre ose-t-il l'insulter ? Il ne sait rien d'elle. Une petite boule de rage se forme dans son ventre : Cruella veut sortir.

– Ignore-les.

Estella se retourne et découvre une fille de son âge. L'inconnue porte le même uniforme qu'elle, mais Estella ne peut s'empêcher d'aviser une touche de couleur sous son chemisier. Quelqu'un d'autre aurait-il une once de goût vestimentaire dans cet établissement ? Toujours est-il qu'Estella adresse à cette élève un sourire reconnaissant.

– Tout à fait, déclare-t-elle en tournant le dos aux goujats. Je saurai bien les faire changer d'avis. Moi, c'est Estella.

– Anita, réplique l'autre fille avec un sourire.

Au même instant, un projectile humide frappe Estella en pleine joue. D'une main, celle-ci retire la boulette de papier imprégnée de salive, et elle aperçoit le roux et son compagnon qui rigolent. Estella bat des paupières pour ravaler ses larmes.

Elle n'est manifestement pas près de les faire changer d'avis.

Le reste de la journée, Estella a beau multiplier les efforts, il semble que les autres élèves cherchent à la dégoûter de l'école. D'autres boulettes lui sont jetées dessus dans le couloir. Lorsqu'elle ouvre son casier, elle le découvre rempli d'ordures. Où qu'elle aille, elle entend des gloussements et des murmures, et elle repère même un garçon qui la montre du doigt. Elle qui pensait que sa veste jaune serait son armure… Elle comprend très vite que ce vêtement la fait remarquer – et pas en bien.

Après le déjeuner (une horreur), Estella retourne en classe. Elle s'installe au dernier rang, le regard rivé sur la pendule qui égrène lentement les minutes. Autour d'elle, ce ne sont que des ricanements. Tout à coup, elle avise le garçon du couloir – le roux – qui se glisse dans la salle de classe. Il est en retard, ce qui n'a rien d'étonnant. Le Rouquin Maléfique n'est pas du genre à se soucier de la ponctualité. Là, il a dans le regard une lueur malfaisante. Rien d'étonnant non plus.

Le garçon entre en douce tandis que la professeure note quelque chose au tableau et ne s'aperçoit de rien. Il lui décale sa chaise de quelques centimètres. Juste assez pour que la professeure s'écroule lorsqu'elle voudra s'asseoir.

C'est une chose que ce caïd s'en prenne à Estella, mais celle-ci ne peut tolérer qu'il humilie en plus une enseignante. Alors elle se lève, se dirige vers le tableau et s'apprête à empoigner la chaise. Hélas, elle n'a pas le temps de la remettre en place, que la professeure va pour s'asseoir… et atterrit sur les fesses. La classe entière éclate de rire.

– Ce n'est pas ce que vous croyez, tente de se défendre Estella.

La professeure la foudroie du regard.

– Je… je… bredouille Estella.

Elle voudrait bien protester, mais c'est peine perdue. L'enseignante lui montre la porte.

Estella sort, la tête haute. Mais sitôt la porte refermée derrière elle, elle souffle et chevrote. Les larmes lui montent aux yeux. Elle n'a pas fini sa première journée que, déjà, elle doit se rendre chez le directeur. Estella est boursière. « Ton comportement doit être irréprochable », lui rappelait encore ce matin même sa mère. Si elle accumule les réprimandes, elle risque d'être renvoyée de l'école.

Cette journée s'annonçait exceptionnelle… À présent, Estella a hâte qu'elle se termine.

CHAPITRE 2

De mal en pis

La situation ne s'améliore pas. Les semaines suivantes, Estella se prépare chaque matin pour l'école comme si elle partait à la guerre. Elle refuse de donner à quiconque la satisfaction de la voir souffrir, alors elle continue de porter son uniforme personnalisé comme une armure. Mais en son for intérieur, elle souffre. Chaque journée apporte son lot d'humiliations. Quel que soit le cours, quoi qu'elle puisse dire, elle est prise pour cible.

Le professeur de sport l'envoie chez le directeur pour avoir fait tomber le Rouquin Maléfique pendant une partie de ballon prisonnier alors que c'est lui qui avait commencé.

En cours de dessin, sa vision de la peinture gestuelle déplaît au professeur, qui l'envoie lui aussi chez le directeur. La photo de classe elle-même se passe mal : sa veste voyante lui vaut d'être exclue du portrait de groupe.

À chaque réprimande, à chaque humiliation, Estella répond par un bout de tissu plus criard encore, ou par un coup de pinceau plus voyant encore. Ils auront beau se démener, ils n'arriveront pas à la faire craquer ! Elle ne leur montrera pas Cruella. Le seul endroit où elle se sent un tant soit peu à l'aise, c'est dehors, loin de l'atmosphère étouffante de l'école.

Hélas, la cour aussi devient bientôt un champ de bataille… Un jour qu'elle y déjeune, seule, Estella se fait accoster par le Rouquin et son groupe de copains aussi malfaisants que lui. Le Rouquin a les joues aussi rouges que ses cheveux, et toujours cette lueur maléfique dans les yeux. Estella croise les doigts pour qu'ils la laissent tranquille.

Mauvaise pioche. La malheureuse a beau protester et se débattre, le Rouquin et sa bande la saisissent et vont l'enfermer dans une benne à ordures.

Estella se retrouve noyée sous les vieux papiers, les assiettes sales et les restes de nourriture. Elle réussit à remonter à la surface, un masque de fureur au visage, et son regard croise ceux des garçons, qui la toisent. La colère monte en elle. De quel droit ont-ils pu faire cela ? Qu'est-ce qui ne tourne pas rond chez eux ? Qu'a-t-elle bien pu leur faire pour mériter pareil traitement ?

– Pourquoi êtes-vous si méchants ? lance-t-elle aux garçons qui se dispersent.

Mais au même moment, du coin de l'œil, elle remarque une lueur argentée dans la benne. Distraite par cet éclat, Estella se met à fouiller les ordures.

Un gémissement léger lui parvient. L'adolescente se fige. Un autre gémissement résonne. Estella redouble d'efforts. Une créature vivante est enfouie dans ces ordures ! Et, enfin, elle parvient à en extraire une boîte. À l'intérieur, Estella découvre un minuscule chiot. L'animal frissonne et gémit mais, dès qu'Estella le prend dans ses bras, il lui couvre la figure de léchouilles.

Voilà au moins quelqu'un qui semble l'apprécier, dans cette école !

Assise sur son canapé élimé, ce soir-là, Estella tripote un bout de fil. La longue douche qu'elle a prise ne l'empêche pas d'empester encore. Et chaque inspiration ajoute à la colère qui l'inonde.

Le chiot, qu'elle a baptisé Bandit, renifle le mobilier. Sa petite queue s'agite frénétiquement. *Toi, au moins, tu es heureux*, songe Estella. *Ceux qui t'ont abandonné dans cette benne sont aussi méchants que les élèves de mon école.* Elle savait qu'il ne lui serait pas facile de s'intégrer dans ce nouvel établissement, mais jamais elle n'aurait cru que ce serait aussi dur.

Perdue dans ses pensées, Estella n'entend pas sa mère qui entre dans le salon.

Sa voix la fait sursauter :

– Je connais ce regard, déclare Catherine, sans bien comprendre ce qui se passe. Tu nous mijotes une nouvelle création du tonnerre ?

– Non, lui répond Estella. Je prépare ma vengeance.

– Estella… tente de protester sa mère.

Mais la jeune fille secoue la tête.

– Je ne vais quand même pas les laisser me traiter ainsi !

Catherine reste un moment sans rien dire. Elle s'assied à côté de son enfant, tout contre elle. La sensation est réconfortante, mais Estella refuse de s'abandonner à la chaleur maternelle. Sa mère lui caresse les cheveux. D'abord les mèches noires, puis les blanches.

– Tends l'autre joue, finit par conseiller Catherine. Ils n'insisteront plus. La vengeance ne résout rien.

Estella pousse un soupir. Sa mère a raison, comme toujours. Il n'empêche, l'idée de laisser ces garnements la maltraiter impunément la hérisse…

Un hochement de tête et elle se lève, non sans déposer un baiser sur le front de sa mère.

– Dommage, dit-elle, j'avais un plan sensationnel. Vraiment génial.

– Garde ton génie pour tes créations, lui recommande sa mère.

Estella fait de son mieux. Sincèrement. Mais après deux autres journées de harcèlement, elle décide qu'il est temps d'employer son génie pour se venger.

C'est donc avec jubilation qu'elle voit le Rouquin et ses sbires ouvrir leurs casiers et… se retrouver la figure maculée de teinture verte. Ses victimes, elles, jubilent moins.

Et le directeur encore moins. Estella croit deviner qu'elle est allée trop loin, et elle ne se trompe pas.

– Vous devez vous douter de ce qui vous attend, déclare le directeur après que la mère d'Estella a répondu à sa convocation.

Une main menaçante posée sur le carnet de correspondance de l'adolescente, il ajoute :

– Estella, vous êtes ren…

Mais il n'a pas le temps d'achever sa phrase que la mère d'Estella se lève et le coupe :

– Je retire ma fille de votre école.

Estella regarde tour à tour sa mère et le directeur. Une détermination sans faille se lit sur le visage de Catherine. Sur celui du directeur, c'est plutôt la sidération, ainsi que la colère. L'homme secoue la tête, bredouille.

– Je la renvoie, affirme-t-il pour tenter de reprendre le contrôle de la situation.

– Trop tard, réplique la mère d'Estella. Je l'ai déjà retirée. Ce renvoi ne pourra pas figurer dans son dossier.

Estella écarquille les yeux lorsqu'elle comprend ce que sa mère vient de faire. Si le directeur avait terminé sa phrase, son dossier scolaire aurait été entaché définitivement, et elle aurait eu ensuite toutes les peines du monde pour être acceptée dans un autre établissement. Sa mère lui a sauvé la mise… Une fois de plus.

– J'avais dit « renvoyée », insiste le directeur. J'avais prononcé le mot.

– Pas du tout, lui renvoie Estella.

Elle rayonne à l'idée de ne plus jamais avoir à remettre les pieds dans ce sinistre établissement, ni dans ce bureau tout aussi sinistre – et à la décoration atroce, qui plus est.

Catherine se retourne alors vers le directeur, dont la figure s'empourpre violemment, pour ajouter :

– Et si je peux me permettre, votre école fabrique des enfants infects, dépourvus de toute créativité ou compassion.

Le directeur pose un regard noir sur Estella et sa mère.

– Ma foi, reprend-il, tous ou presque travaillent ensuite dans la finance, alors…

Puis, comme s'il s'apercevait qu'il n'avait pas à s'expliquer, il rougit davantage encore et montre la porte d'un doigt tremblant.

– Sortez ! Ouste !

Estella n'a pas besoin qu'on le lui dise deux fois. Elle ramasse son carnet, le fourre dans son cartable et sort du bureau, sa mère sur ses talons.

Mais une fois les portes de l'école franchies, la jeune fille passe du triomphe à l'angoisse. Que lui est-il passé par la tête ? L'éducation était sa seule chance de quitter cette ville et de se faire un nom. La voilà désormais condamnée à y passer le restant de ses jours, comme assistante de sa mère. Les grands moments qui l'attendent seront les fois où elle confectionnera les toilettes que ses anciennes camarades de classe porteront au bal. De frustration, elle tape du pied. Il a fallu qu'elle fasse des siennes ! Pourquoi diable n'a-t-elle pas écouté les conseils de sa mère ?

Estella tourne la tête lorsqu'elle sent une main se poser sur son épaule. Sa mère la couve d'un regard embué. La jeune fille culpabilise davantage encore.

Que vont-elles pouvoir faire, à présent ?

CHAPITRE 3

Le grand départ

Estella avait bien raison d'angoisser. Tout acte a des conséquences. Et malheureusement, si le Rouquin est méchant, il est aussi le fils de l'une des familles les plus aisées de la ville. Et, sitôt rentré chez lui, il a raconté à ses parents ce qui lui était arrivé. La mère d'Estella a alors commencé à recevoir des coups de téléphone : les notables n'avaient plus besoin de ses services. Dès le lendemain, Catherine se retrouve sans emploi, Estella sans école, et toutes deux ont besoin d'échafauder un nouveau plan.

Or, quand on rêve d'un nouveau départ, il n'y a pas de meilleur endroit que… Londres. Catherine et sa mère chargent donc leurs maigres affaires dans le coffre de leur voiture, puis elles quittent leur village.

Bandit fait le voyage sur les genoux d'Estella qui, elle-même, regarde le paysage par la vitre. Elle culpabilise. C'est elle, la cause de ce départ soudain. Et pourtant… elle trépigne intérieurement. Londres ! Sa mère et elle partent pour Londres ! Là où vivent les stylistes les plus tendance, et où la mode est reine… Nul doute qu'on y appréciera son style, qu'elle se fera engager chez un grand couturier, et qu'ensuite… Tous les espoirs sont permis !

Estella feuillette un guide touristique. Les images de la capitale défilent : bâtiments gigantesques et rues animées. L'adolescente s'attarde sur la photo d'une fontaine située au cœur d'un joli parc. Alentour, des jeunes gens vêtus à la dernière mode. Tous sourient.

– Londres, nous voici ! s'exclame Estella, incapable de contenir son enthousiasme.

Sa mère pose sur elle un regard qui en dit long.

– Nous n'avons pas vraiment le choix, rappelle-t-elle à sa fille. Tu n'as plus d'école, la ville entière s'est liguée contre toi et, moi-même j'ai perdu mes contacts.

Catherine marque une pause avant d'ajouter :

– Il n'y a pas de quoi faire la fête.

L'enthousiasme d'Estella retombe un peu.

– Je sais, dit-elle.

Aussitôt, elle baisse les yeux et caresse distraitement la page de son guide.

– Je m'excuse, souffle-t-elle encore.

Les traits de sa mère s'adoucissent.

– Mais bon, ce n'est pas dans une petite ville que tu deviendras créatrice de mode, indique Catherine.

Estella lève les yeux vers elle et découvre qu'elle lui sourit. Alors elle lui rend son sourire. C'est peut-être un mal pour un bien : un coup de pied aux fesses qui les force à quitter un endroit où les rêves d'Estella étouffent.

L'excitation revenant, Estella désigne la photo du parc.

– On pourra aller voir cette fontaine ? demande-t-elle.

Sa mère jette un coup d'œil au guide.

– À Regent's Park ? répond Catherine.

Estella n'est jamais sortie de son village, mais Catherine, elle, a passé quelques années à Londres, dans sa jeunesse. Elle hoche la tête et son visage s'illumine.

– Quand nous arriverons en ville, nous commencerons par aller trouver cette fontaine, prendre le thé, et réfléchir au moyen de réaliser tes rêves.

Estella ouvre de grands yeux. Sa mère la fait-elle marcher ? Elle sait qu'elles déménagent pour des raisons financières, mais elle ne se doutait pas que sa mère songeait à ses rêves *à elle*.

Le regard rivé sur sa mère, Estella remarque un détail.

– Pourquoi portes-tu ta plus belle robe ? l'interroge-t-elle.

Elle ne s'en était pas rendu compte jusque-là. Cette robe, à la coupe chic et aux tons vifs, ne quitte jamais le placard de sa mère, d'ordinaire. La seule fois où Estella a entendu crier sa mère, c'est le jour où elle la lui a empruntée pour jouer.

– Je dois faire un détour afin de demander un petit coup de pouce à une amie, répond Catherine.

Ses mains se crispent et se décrispent autour du volant.

Une amie ? Estella n'a jamais rencontré une seule amie de sa mère. Elle ne lui en connaissait d'ailleurs aucune jusqu'à cet instant. L'amie en question doit toutefois être un personnage important si sa mère estime bon de porter sa plus belle robe pour aller la voir… Et si cette perspective la rend nerveuse.

– Je vais me tenir sage, dorénavant, affirme Estella comme pour apaiser l'angoisse de sa mère. Je te le promets.

Catherine lui adresse un petit sourire tandis que la voiture poursuit sa route dans un balancement qui berce les passagères. Estella appuie sa tête contre la vitre. L'avenir s'annonce radieux, elle en est persuadée. Après toutes les épreuves que sa mère et elle ont endurées, il est grand temps que la chance leur sourie !

Estella se réveille en sursaut. Elle faisait un cauchemar dans lequel le Rouquin mesurait dix mètres de hauteur et la pourchassait. L'adolescente calme sa respiration, se redresse sur son siège et regarde par la vitre. Sa mère a quitté la nationale, et les voilà engagées sur ce qui ressemble à un chemin privé. Une haute clôture borde la voie.

Tout à coup, un immense manoir apparaît de l'autre côté de la clôture. Une vraie demeure de conte de fées ! À chaque angle de l'imposante structure carrée se dresse une tour ronde. De la lumière se déverse par les innombrables fenêtres et, devant elle, Estella observe une file de voitures venues déposer des invités devant la porte d'entrée.

Un éclair zèbre le ciel tandis que la voiture de Catherine et sa fille franchit un grand portail. Le véhicule roule à présent sur du gravier, dont les crissements réveillent Bandit. Le petit chien regarde par la vitre et se met à grogner. Estella se tourne dans la même direction, et ce qu'elle voit lui cause un mouvement de recul : un blason orné d'un dalmatien terrifiant… à trois têtes. À la faveur d'un autre éclair, l'adolescente parvient à lire le nom de la propriété : « Hellman Hall ».

La mère d'Estella coupe le contact puis lisse sa robe avec des gestes nerveux. Elle rajuste son chapeau et tripote le pendentif qu'elle porte autour du cou. Estella la regarde faire, à la fois perplexe et curieuse. Elle n'a jamais vu sa mère dans un tel état…

Puis elle s'intéresse aux invités qui se dirigent vers la riche bâtisse. Tous ont l'air de sortir d'un magazine de mode. Enfin, *presque* tous, remarque Estella à la vue d'un homme vêtu à la mode de l'an dernier. Le valet qui officie à la porte doit penser la même chose, car il lui refuse l'entrée. Apparemment, le style est un critère d'admission. Estella se réjouit que sa mère ait opté pour sa belle robe.

Catherine, justement, prend une longue inspiration avant d'ouvrir sa portière et de basculer les jambes hors du véhicule. Estella s'apprête à en faire autant. Bandit frétille déjà de la queue et glapit d'impatience.

– Vous deux, vous restez dans la voiture, ordonne la mère d'une voix résolue.

Après quoi, elle porte de nouveau une main à son cou pour tripoter son pendentif. Un rictus de douleur au visage, elle le retire et le remet à Estella.

Celle-ci secoue la tête.

– Garde-le, dit-elle. Il te va bien.

Mais sa mère insiste :

– Je serai plus jolie sans, je crois.

Un haussement d'épaules, puis elle ajoute :

– Il te serait revenu un jour, de toute façon. C'est un bijou de famille. Garde-le pour moi.

Sur ce, sans laisser à Estella le temps de protester davantage, sa mère descend de voiture. Là encore, la jeune fille va pour lui emboîter le pas.

– Estella.

Oh, oh ! L'intéressée connaît ce ton. C'est la voix « sérieuse » de sa mère.

– Reste dans la voiture. Je n'en ai pas pour longtemps.

Par la portière ouverte, Estella voit les petits groupes qui se forment. Chaque invité a un verre en cristal à la main. L'atmosphère chatoie quand pierres précieuses et bijoux captent la lumière de ce qui doit être un millier de bougies. Estella n'a jamais rien désiré aussi fort que de prendre part à cette réception… Elle implore sa mère du regard.

– Maman… insiste-t-elle pour la faire craquer.

Hélas, Catherine secoue la tête.

– Tu n'as pas déjà oublié la promesse que tu m'as faite ?

Estella soupire. Bien sûr. La promesse de se tenir sage. Quelle idée saugrenue…

Sa mère lui adresse un sourire reconnaissant. Puis, sur la banquette arrière, elle récupère un vieux chapeau gris qu'elle lui plaque sur le crâne.

– Et ne te fais pas remarquer.

– Avec un chapeau sur la tête ? lui renvoie Estella.

– Précisément, conclut Catherine.

Après quoi elle gratifie la jeune fille et Bandit d'un baiser, puis elle referme sa portière. Elle redresse alors les épaules, relève la tête, et se dirige vers le perron. Estella la suit du regard. Elle meurt d'envie de la suivre !

Lorsque Catherine franchit la dernière marche, le valet pâlit visiblement. Estella incline la tête. Cet homme semble reconnaître sa mère... Mais elle n'a pas le temps de s'interroger que la foudre fait trembler la voiture. S'ensuit un nouvel éclair qui illumine l'immense manoir en lui conférant une lueur menaçante. Bandit gémit d'angoisse.

– Ne t'en fais pas, lui chuchote Estella. Tout va bien se passer.

La jeune fille s'aperçoit brusquement qu'elle a parlé davantage pour elle-même que pour Bandit. Il flotte dans l'air quelque chose qui la met mal à l'aise.

Au même instant, une dame descend d'une limousine et tire Estella de ses pensées. Cette inconnue porte la plus belle robe que l'adolescente ait vue dans sa vie. Le visage collé à la vitre, Estella contemple la ligne de ce modèle haute couture du XIXe siècle.

– Fourrure *et* mousseline ? murmure-t-elle.

Ses doigts se referment sur la poignée de la portière, prêts à l'ouvrir. Bandit grogne comme pour la mettre en garde. Estella hésite. Elle sait qu'elle ne devrait pas céder à la tentation, mais…

– Je vais juste jeter un minuscule coup d'œil, Bandit, assure-t-elle tout bas.

Elle ouvre sa portière et descend de voiture. Bandit lui emboîte le pas. Sourire aux lèvres, Estella se réjouit d'avoir au moins un peu de compagnie.

Elle repère un domestique qui pousse un grand chariot vers une porte de service. Elle le rejoint sur la pointe des pieds. Profitant de ce que l'homme regarde ailleurs, elle se glisse sous la nappe qui recouvre le chariot, Bandit dans ses bras. Une seconde plus tard, le chariot s'ébranle.

Et Estella pénètre dans le manoir.

Cruella

CHAPITRE 4

L'incroyable réception

Estella est extatique. Ses doigts brûlent d'écarter la nappe pour découvrir les somptueuses toilettes… Mais elle se retient jusqu'à ce que le chariot s'arrête.

La jeune fille ferme les yeux, inspire à fond, puis elle rouvre les paupières et soulève un coin de nappe. Elle doit alors réprimer un soupir d'aise. Ce qu'elle voit est encore plus incroyable que ce qu'elle avait imaginé ! Le chariot s'est immobilisé au bout d'un podium installé au milieu d'une gigantesque salle de bal. Des messieurs et des dames discutent et rient. Tous sont vêtus à la mode de la cour de Marie-Antoinette : taille haute, décolletés plongeants, et couleurs et motifs à couper le souffle. Sur le podium, des mannequins présentent des modèles plus modernes. Estella a le cœur qui cogne fort, les yeux écarquillés de bonheur. Chaque mannequin arbore une tenue plus complexe et époustouflante que le précédent. Des œuvres d'art ambulantes !

Ça, c'est mon univers, songe Estella, au bord des larmes.

Un nouveau mannequin s'engage sur le podium. Ses longues jambes la conduisent rapidement au milieu de l'espace où elle s'immobilise avant de tourner sur elle-même, devant Estella. Celle-ci observe de la fausse fourrure d'écureuil cousue à l'ourlet. Lorsque le mannequin reprend son défilé, les « écureuils » en font de même.

Estella sent Bandit se raidir à ses pieds. Lui aussi a repéré les petits rongeurs.

L'adolescente n'a pas le temps d'intervenir que le chien jaillit de sous le chariot en aboyant.

– Bandit ! s'écrie Estella en s'extirpant tant bien que mal de sa cachette. Reviens tout de suite !

Hélas, le petit chien n'a d'yeux que pour les écureuils. Il bondit sur le podium et prend en chasse le mannequin. Estella prend Bandit en chasse à son tour. Elle slalome entre les mannequins et se cache comme elle peut derrière les belles robes. « Pour ce qui est de ne pas se faire remarquer, c'est loupé », dit-elle à part. Et comme si cela ne suffisait pas, un énorme projecteur vient balayer le podium… Estella apparaît un court instant au grand jour, les yeux comme des soucoupes, le souffle coupé. Si jamais sa mère l'aperçoit, elle est dans de beaux draps.

Par chance, le projecteur la quitte aussi vite qu'il l'a trouvée. Estella suit du regard le faisceau qui se dirige vers l'imposant escalier qui domine le mur du fond. Là, perchée sur une balancelle surplombant les marches se trouve une femme à côté de laquelle toutes les autres pâlissent.

Ce n'est pas que cette femme soit plus belle que les autres – bien qu'elle soit, en effet, magnifique. Ce n'est pas qu'elle porte davantage de bijoux – bien que ce soit le cas. Ce n'est pas qu'elle semble flotter comme par magie devant d'épaisses tentures. Non. Cela vient de sa façon de se tenir. La tête droite, les épaules en arrière. Sa présence à elle seule dégage autorité et pouvoir, comme si cette dame était une cheffe militaire se préparant à la guerre. Elle réclame clairement l'attention, et tous les regards sont rivés sur elle depuis qu'elle a fait son apparition.

La mystérieuse dame se pose ensuite au sommet des marches dans un silence stupéfait. Les pieds fermement plantés sur le sol, elle descend de sa balançoire.

D'un geste ample du bras, elle annonce :

– Que l'on serve le gâteau.

Derrière elle, ce qu'Estella prenait pour des tentures se révèle être une traîne accrochée à la robe de la dame. Et lorsque cette dernière s'avance, la traîne tombe par terre et révèle la présence d'un énorme gâteau sur lequel s'affichent en lettres de néon les mots : « Que l'on serve le gâteau ».

Estella retient son souffle. Cette robe est à l'avant-garde de la mode. Un pur chef-d'œuvre. Les vivats et les applaudissements retentissent dans la salle de bal.

Estella, elle, ne quitte pas des yeux l'inconnue. Le menton relevé, celle-ci descend l'escalier d'une démarche chaloupée. Trois énormes dalmatiens l'accompagnent. Les chiens au pelage noir et blanc, un collier scintillant autour du cou, arborent une mine féroce. Estella n'a besoin de personne pour comprendre que ce ne sont pas des tendres, et qu'ils défendront sans doute leur maîtresse coûte que coûte.

Enfin parvenue au pied des marches, la dame confie les chiens à un domestique avant d'aller saluer la foule de ses admirateurs. Elle tend la main, distribue baisers et sourires. Les invités sont attirés par cette femme comme des papillons de nuit par une flamme…

Le valet qu'Estella a vu parler à sa mère se fraie un passage à travers l'assemblée. Dressé sur la pointe des pieds, il chuchote trois mots à l'oreille de la dame. Un éclair incrédule passe sur le visage de celle-ci. Après quoi son regard s'assombrit. Elle tourne les talons et quitte la réception telle une furie, s'éclipse par une porte située au fond de la salle.

Son message transmis, le valet s'apprête à repartir. Mais, ce faisant, il repère Estella. Ses paupières se plissent. Les sourcils froncés, il se dirige vers l'adolescente.

– Hé, toi ! l'interpelle-t-il. Viens là !

Surprise, et encore un peu sonnée par la mise en scène que vient d'offrir l'inconnue, Estella prend ses jambes à son cou. Elle n'est hélas pas assez rapide. Le valet réussit à lui arracher son chapeau. Aussitôt, la chevelure noire et blanche de l'adolescente apparaît au grand jour.

Le valet a un mouvement de recul.

– Mon Dieu, souffle-t-il. Remets-le immédiatement avant que l'on voie cette…

– Qui êtes-vous ? La brigade des cheveux ? le coupe Estella en se coiffant de nouveau du chapeau.

Elle va ensuite pour quitter la salle de bal. Mais brusquement, elle s'arrête. Pourquoi battrait-elle en retraite ? Parce qu'un vieux bonhomme en costume de pingouin n'apprécie pas ses cheveux ? Quelle farce.

Pivotant sur ses talons, Estella regarde le podium et le gâteau.

Elle s'avance vers ce dernier. Bandit, qui a oublié les écureuils, la rejoint. Estella découvre les détails du gâteau à mesure qu'elle s'en approche.

Comme pour la robe de la maîtresse de maison, on a dépensé sans compter.

– J'espérais m'offrir une part de gâteau, déclare-t-elle avec un sourire.

Du coin de l'œil, elle lit un mélange de peur et de colère sur les traits du valet.

– Pas d'insolence, la prévient celui-ci.

Mais l'angoisse qu'il dégage ôte tout poids à sa menace.

Estella n'a aucune chance de quitter le manoir par la grande porte. Mais peut-être que…

Elle tend la main, puis hésite.

– Je te l'interdis, la tance encore le valet.

Le sourire d'Estella s'évase et, avant que l'homme ait pu ajouter un mot, elle donne une infime pichenette au gâteau.

Il n'en fallait pas plus. Déjà alourdie par les innombrables couches de génoise et les fleurs en sucre, la structure bascule, s'écroule. Les invités poussent de hauts cris. Estella en profite pour se précipiter vers l'autre bout du podium et le franchir d'un bond, suspendue à la balancelle sur laquelle la maîtresse de maison a fait son entrée. En contrebas, les dalmatiens aboient frénétiquement mais elle s'en moque : elle atterrit au milieu d'un groupe d'invités avant de s'engouffrer dans un couloir. Elle hésite uniquement lorsque des cliquetis de griffes sur le parquet lui parviennent. Craignant d'avoir affaire aux dalmatiens, elle pousse un soupir de soulagement quand elle constate que ce n'est que Bandit. Estella encourage son compagnon et reprend sa course. Elle ne s'arrête qu'après avoir franchi une porte et l'avoir claquée derrière elle et son chien.

Le souffle court, Estella lève les yeux et découvre une immense baie vitrée qui donne sur la pelouse de la propriété et les falaises au-delà. Un éclair illumine le ciel nocturne et l'adolescente perçoit des aboiements proches de la salle de bal. Elle n'en a cure.

Elle a réussi son coup. Jusqu'ici.

Mais le soulagement est de courte durée. Un nouvel éclair lui montre deux silhouettes au bord de la falaise. Elle s'approche de la baie vitrée, colle son front à la paroi de verre et cherche à distinguer ces personnages. Soudain ses yeux s'écarquillent : elle a reconnu sa mère.

Que fait-elle donc là, dehors ? s'interroge Estella.

Dans son dos, les aboiements forcissent. Bandit gémit, anxieux, à ses pieds. Estella doit filer. Et découvrir ce que fabrique sa mère, également. Alors elle prend Bandit dans ses bras, pousse la porte de la baie vitrée et s'enfonce dans la nuit noire.

Le vent mugit, le ciel déverse des trombes d'eau au pied de la falaise. La baronne von Hellman, l'hôtesse de la réception et la plus grande styliste du monde, se tient au bord du précipice, face à Catherine. L'arrivée surprise de cette dernière au manoir contrarie manifestement la baronne. Celle-ci n'apprécie pas que ses projets capotent, et encore moins qu'une femme comme Catherine vienne lui mettre des bâtons dans les roues. Qu'est-ce qui l'amène, d'abord ? Leurs routes se sont séparées il y a bien longtemps, et la baronne a bien stipulé qu'elle ne tenait plus à revoir Catherine. Si elle a accepté de lui parler ce soir, c'est uniquement pour l'éloigner de la réception et des invités. Sa réputation serait en péril si la presse apprenait que de simples mortels assistent à ses soirées.

La baronne a conduit Catherine au bord de la falaise. Elle attend désormais que l'intruse prenne la parole.

– J'aurais besoin d'un petit coup de pouce pour nous relancer… commence Catherine. Ma fille est toute ma vie, mais je redoute que, si on ne canalise pas son tempérament…

Elle ne peut en dire davantage.

La baronne perçoit la douleur dans sa voix, mais elle demeure impassible sous son maquillage élaboré. Un soupir, puis elle se tourne vers le manoir comme si cette conversation l'importunait.

– Tout cela est d'un terne.

Les paroles de la baronne retentissent malgré le fracas des vagues en contrebas et les mugissements du vent.

– Vous avez l'audace de revenir ici. Dans un vulgaire chiffon de prêt-à-porter.

Catherine lisse de nouveau sa robe et jette un coup d'œil par-dessus son épaule à la fête qui bat toujours son plein. Elle semble peser ce qu'elle va dire ensuite.

– Je sais des choses, souffle-t-elle. Et ma robe n'est pas si mal.

La baronne ne saurait dire ce qui l'offense le plus : que Catherine sous-entende qu'elle peut la faire souffrir, ou qu'elle estime que sa robe n'est « pas si mal ». Dans un cas comme dans l'autre, elle se trompe lourdement.

– J'ai simplement besoin d'un peu d'aide, insiste Catherine, sans percevoir la rage qui monte chez son interlocutrice. Et je ne dirai rien à personne. Je ne remettrai jamais les pieds ici.

La baronne en a assez entendu. Catherine était peut-être sa domestique préférée, autrefois, mais elle n'est désormais plus qu'une épine dans son pied. Si elle quittait la propriété et allait raconter qu'elle « sait » des choses, elle risquerait de causer des tracas à la baronne. Or, cette dernière n'apprécie pas les tracas. Plus elle toise cette femme, plus ses pensées se font aussi noires et orageuses que le ciel.

Catherine réclame un coup de pouce ? Soit. La baronne connaît le moyen de régler leurs problèmes, à toutes les deux. Elle porte un sifflet à ses lèvres et produit une note inaudible.

Tout cela sera bientôt terminé.

Estella a couru se cacher derrière une haie impeccablement taillée. Accroupie, elle cherche à mieux voir les deux femmes quand, soudain, elle dérape et s'étale. Le souffle coupé, elle relève la tête et constate que sa mère et la dame se sont encore rapprochées du bord de la falaise.

– Maman ! s'écrie Estella sans plus redouter d'être surprise.

Hélas, sa voix se perd dans les grondements des vagues et du vent. L'adolescente se précipite, longeant les haies quand, enfin, elle parvient à entendre les voix des adultes.

– Le chapitre est clos, prononce la dame.

– Maman ! lance encore Estella, derrière sa haie.

Les deux femmes ont entendu son appel et pivotent dans sa direction. Mais Estella est dissimulée par la végétation.

Tout à coup, un tintement strident résonne dans ses oreilles. L'instant d'après, elle reconnaît les aboiements distinctifs des dalmatiens. Elle se retourne, terrifiée, et voit les molosses fondre sur elle ! Estella se jette aussitôt à couvert, une main sur le dos de Bandit. Elle cherche à se rassurer au contact de son pelage. Elle ferme les yeux. Les aboiements se rapprochent, se rapprochent encore et toujours…

Mais au dernier moment, au lieu de l'attaquer, les chiens bondissent par-dessus son corps prostré, franchissent la haie, et poursuivent leur course.

Sous le regard horrifié de l'adolescente, les animaux déboulent sur la pelouse.

Enfin, dans un dernier concert d'aboiements, ils se jettent sur sa mère.

Un éclair de tissu, et Catherine trébuche au bord du gouffre. Ses bras moulinent dans le vide. Un petit cri retentit.

Et puis plus rien.

L'endroit où sa mère se tenait l'instant d'avant est à présent désert.

Estella est pétrifiée. Le regard rivé sur la place que vient de quitter sa mère, elle cherche à démêler ce qui s'est passé. Les chiens aboient toujours, ils tournent en rond et hument l'air comme s'ils voulaient flairer sa piste. Mais ils ont accompli leur travail : Catherine n'est plus. Son corps repose au pied de la falaise.

Quant à Estella… Elle est seule.

Toujours incapable du moindre geste, l'adolescente entend des voix qui s'approchent, en provenance du manoir. Elle a tout juste le temps de se mettre à couvert avant que le valet paraisse, suivi par un policier. Un groupe d'invités se tient en retrait, ils échangent des murmures et pointent du doigt la falaise.

Un colosse se fraie un passage à travers la foule. Contrairement aux invités, il n'est pas sur son trente et un, mais en uniforme.

– Commissaire Weston, l'appelle la maîtresse de maison. Il y a eu un terrible accident. Une femme… elle venait me réclamer de l'argent. Elle m'a menacée. J'ignorais que les chiens étaient en liberté. Je croyais… qu'ils pourchassaient quelqu'un.

Estella sent qu'on la tire par son pull, mais elle reste immobile. Les mensonges de cette femme sont évidents ! On la tire encore, en même temps que le commissaire ordonne à ses hommes de fouiller les lieux.

On la tire une troisième fois. Avec plus d'insistance, cette fois. Et Estella sort enfin de sa transe. Près d'elle, elle avise Bandit, qui gémit d'angoisse. Alentour, les policiers commencent à fouiller le terrain à l'aide de leurs lampes torches. Estella prend Bandit dans ses bras et s'enfuit.

Elle court sans se retourner, pas même lorsque les aboiements des dalmatiens retentissent de nouveau. Elle court à l'aveuglette, dans le noir, s'éloigne de la falaise et de la scène d'horreur à laquelle elle vient d'assister. Elle bondit par-dessus le mur de pierre qui la sépare de la route. Là, elle marque une pause face au camion qui approche. Estella n'a qu'un instant pour prendre une décision qui va modifier le cours de sa vie. Rester ici et affronter la colère de la maîtresse des lieux, ou se jeter à l'arrière du camion et peut-être trouver un refuge.

Estella saute à l'arrière du camion. Elle atterrit sèchement au milieu de débris de meubles et reste allongée. Elle frissonne. Lorsque les aboiements et les cris faiblissent, Bandit pointe sa tête hors de la veste d'Estella et lui léchouille la joue. L'attention, quoique minuscule, fait craquer Estella. Elle fond en larmes à mesure que la réalité lui apparaît.

Elle est seule.

– Elle est partie, Bandit, prononce-t-elle entre ses larmes.

Puis elle porte une main à son cou pour tâter le collier que lui a remis sa mère.

Hélas, lui aussi a disparu.

Estella se réveille en sursaut plusieurs heures plus tard. Elle étire ses membres et son cou engourdis. Une migraine lui cause des élancements derrière les yeux. Elle a dû s'endormir, bercée par les cahots de la route. Elle se rassied, jette un coup d'œil discret par-dessus la rambarde du véhicule et ouvre de grands yeux.

Elle n'est plus à la campagne. Adieu clôtures et moutons au pâturage. À la place, elle découvre d'immenses immeubles et des dizaines de voitures garées dans des rues étroites. Le camion l'a conduite à Londres !

Alors que le véhicule s'arrête à un feu rouge, Estella retient son souffle. Ils longent Regent's Park, là même où sa mère et elle comptaient se rendre dès leur arrivée. Une nouvelle vague de douleur déferle en elle, suivie par un accès de nostalgie. Estella sait ce qu'elle a à faire : elle saisit Bandit et se hisse hors du camion. Tandis que l'engin s'éloigne sans remarquer le départ de ses passagers temporaires, l'adolescente traverse la rue et entre dans le parc.

L'endroit est somptueux. Le clair de lune baigne les moindres recoins d'une lueur blanche magique. Un gazon vert et impeccablement tondu entoure la fontaine ronde composée de trois vasques, chacune plus volumineuse que la précédente, où l'eau s'écoule en cascade. Le clair de lune fait scintiller les gouttelettes comme autant de diamants.

À l'évocation des diamants, Estella songe à la propriétaire du manoir et son ventre se crispe.

Elle se dirige vers la fontaine et s'assied sur un banc. Le siège est humide, parsemé de rosée nocturne, mais c'est à peine si elle s'en aperçoit.

– Tout est ma faute, Bandit, souffle Estella.

Les paroles qui la hantent mais qu'elle n'osait prononcer jusque-là se déversent enfin.

– Et maintenant… elle est partie.

L'épuisement envahit la jeune fille. Il lui est presque impossible de garder les paupières ouvertes. À bout de forces, incapable de lutter, elle cède.

Quelques instants plus tard, Estella est endormie.

Cruella

CHAPITRE 5

Nouvelles têtes

Estella fait un rêve formidable dans lequel elle contemple les mannequins qui défilent sur un long podium, présentant ses créations à une foule conquise. À son côté se tient sa mère, rayonnante de fierté.

Un sourire aux lèvres, Catherine lui dit :

– Je suis très fière de toi, Estella. Tu as su te faire un nom. Même sans moi…

Estella sort du sommeil, bat des cils et les vestiges de son rêve s'évanouissent. Elle se rassied et constate que le jour s'est levé. Des messieurs en costume doublent d'un bon pas la fontaine sans s'émouvoir de sa beauté. Des dames à la mise superbe, malgré l'heure matinale, cheminent tranquillement tandis que, derrière elles, leurs nounous poussent leurs landaus.

Estella repère un garçon – il doit avoir son âge mais semble avoir été malmené par la vie – qui s'avance vers la fontaine. Un petit chihuahua borgne trottine sur ses talons. Le garçon jette des coups d'œil latéraux avant de plonger une canne à pêche artisanale dans la fontaine et d'en ressortir les pièces que les passants y ont lancées. Pièces qu'il lance ensuite dans un grand sac.

Qu'est-ce qu'il fabrique ? s'interroge Estella. Elle observe le manège quelques minutes. Personne d'autre ne semble l'avoir remarqué, si bien qu'Estella en vient à se demander si la pêche en fontaine n'est pas un passe-temps courant à Londres.

Laissant son regard dériver, elle avise alors un autre garçon, aussi crasseux et pathétique que le premier, du même âge environ. Avec une facilité sans doute travaillée, celui-ci « heurte » sans arrêt les passants et leur fait les poches. Il engloutit portefeuilles, billets et menue monnaie. Estella l'observe, fascinée par la nonchalance et la grâce avec lesquelles ce garçon exécute ses larcins.

Le pickpocket doit soudainement sentir qu'on le regarde, car il se tourne vers Estella.

Celle-ci retient son souffle et ferme les yeux pour faire semblant de dormir. Mais la ruse ne fonctionne pas.

– Bonjour, prononce une voix, sans doute celle du pickpocket.

Estella garde les paupières closes.

– C'est quoi, ça ? demande une autre voix, à l'accent plus rude et au ton moins amical, plus réservé.

Estella manque de rouvrir les yeux pour répliquer qu'elle n'est pas une chose. Mais elle se ravise.

Apparemment, le garçon voulait savoir ce qu'elle faisait.

– Elle nous observe, déclare le premier. Mais en faisant semblant de dormir.

– Une policière en civil ? croit deviner l'autre.

– Non, regarde-la… Elle a l'air trop effrayé pour ça.

– Je n'ai pas peur, intervient Estella, les yeux toujours fermés, bien que son stratagème ait été éventé.

Elle se sent un peu bête. Mais tant qu'elle ne rouvre pas les yeux, elle espère que les deux garçons vont peut-être s'en aller. Mauvaise pioche.

– En plus, je lui donne dans les douze ans, estime la voix douce. Donc trop jeune, on va dire…

N'y tenant plus, Estella rouvre les yeux et se lève d'un bond. À son grand plaisir, elle fait sursauter les garçons, qui reculent de trois pas.

– N'approchez pas ! leur ordonne-t-elle, encouragée par leur réaction.

À ses pieds, Bandit gronde. Le plus grand des deux garçons, le pêcheur, roule les yeux.

– Je m'en occupe, annonce-t-il.

La voix méchante était la sienne. Il s'avance vers Estella, mais il n'a pas le temps de lever la main que la fille lui assène un coup de pied au ventre. Le garçon se plie en deux.

– Aïe ! étouffe-t-il.

Estella se tourne alors vers son compère. Un peu moins costaud et les joues roses, celui-ci dégage une innocence trompeuse. Son regard, en revanche, est dur. Estella se plante devant lui, les poings serrés.

– Écoute, ma belle, lui dit le garçon d'une voix calme et posée, comme s'il cherchait à amadouer un animal sauvage. Les flics passent dans le coin tous les matins à huit heures. C'est réglé comme une horloge.

Une pause, comme si le garçon cherchait ses mots.

Puis il se hâte d'ajouter :

– Tu ferais mieux de nous suivre.

Toujours plié en deux, son collègue lui adresse un regard noir et secoue frénétiquement la tête.

– Pas question, s'indigne-t-il. Retourne dans ta famille, gamine.

– Elle n'a pas de famille, affirme le grand maigre quand Estella ne répond pas.

L'adolescente l'interroge d'un regard incrédule. Comment est-il au courant ? C'est à peine si elle lui a dit deux mots.

– Ça saute aux yeux, ajoute le garçon comme en réponse à sa question muette.

Estella sent les larmes lui monter. Elle les essuie d'un geste rageur. Il ne sait rien du tout. Et pourtant… Il lui offre un remède à sa solitude. C'est tentant.

Mais avant qu'elle puisse répondre, Bandit se met à glapir. Estella baisse la tête : son compagnon et le chihuahua jouent déjà ensemble ! La jeune fille grogne avant de se tourner vers le garçon.

– Je ne sais même pas qui tu es, dit-elle tout bas.

Pour la première fois depuis leur rencontre, le garçon sourit, révélant une dentition chaotique et une petite fossette qu'Estella aurait peut-être trouvée charmante dans un autre contexte.

– Moi, c'est Jasper, révèle le garçon. Ravi de faire ta connaissance.

Il a prononcé ces mots sur un ton chaleureux. Puis il désigne son camarade, toujours incapable de se tenir droit.

– Et lui, c'est Horace. Dis bonjour, Horace.

L'intéressé secoue la tête.

– Alors ça, sûrement pas !

Jasper s'apprête à répliquer mais il se retient. Estella regarde dans la même direction que lui et aperçoit un policier. Jasper sort une montre de sa poche.

– Huit heures *moins cinq* ! C'est pas juste, râle-t-il.

Sur ce, il range sa montre et déclare :

– Nous devons filer. Et vite !

Estella hésite, le temps de voir l'agent porter son sifflet à ses lèvres et souffler dedans. Il ne lui en faut pas davantage. Elle tourne les talons et emboîte le pas à Jasper et Horace qui déguerpissent du parc, Bandit et le chihuahua sur les talons.

Il semble qu'Estella se soit fait de nouveaux amis.

Jasper court en s'assurant régulièrement que la fille suit toujours. Pour elle, une chose est sûre : elle n'a jamais couru aussi vite et longtemps de toute sa vie. Jasper doit bien lui reconnaître qu'elle tient le rythme ! Le petit groupe enfile les rues, enjambe les caisses abandonnées, franchit les jardinets, enchaîne les détours et finit par quitter les beaux quartiers de Londres pour des rues nettement moins bien famées. Et le policier les suit toujours.

Enfin, Jasper se faufile à travers un trou dans une clôture et accède à la cour d'une usine désaffectée. Il poursuit son effort et gagne un autre trou, dans un mur de brique du bâtiment. Le garçon se retourne. Voyant que la fille hésite, il l'encourage du geste. Mais la fille ne bouge pas, son regard reflète son tourment intérieur. Jasper croit lire dans ses pensées. Il a vécu la même chose. L'adolescente est à un tournant de sa vie… Si elle le rejoint, son univers va changer à tout jamais. Si elle reste sur place, en revanche, le policier ne manquera pas de la trouver… Et que deviendra-t-elle ensuite ? Bandit gémit aux pieds de la fille. Le bruit la décide. A-t-elle réellement le choix ?

Jasper conduit la petite troupe au premier étage du bâtiment. Il ne reste que la cage d'escalier, le reste de l'étage a disparu. Les jeunes franchissent une porte, un toit, après quoi les deux garçons se jettent dans une conduite à charbon. Derrière eux, la fille prend une longue inspiration avant de les imiter.

Jasper atterrit sèchement sur un tas de matelas et se relève. À son côté, Horace marmonne une histoire de cachette secrète qu'il ne faudrait pas montrer à l'inconnue. Trop tard, hélas. L'inconnue a tout vu.

– Où sommes-nous ? demande-t-elle d'ailleurs.

Elle se remet debout et époussette ses habits nappés d'une fine couche de suie.

– Dans notre nid douillet, répond Jasper.

La fille contemple le décor, la mine sceptique. Jasper suit son regard et s'efforce de voir les lieux par ses yeux. Il y a d'autres matelas par terre, ainsi que ce qui a dû être autrefois un tapis mais qui n'est plus aujourd'hui qu'un torchon. Elle avise une chaise bancale dans un coin, et la seule lumière provient d'une verrière à l'autre bout de la pièce.

Un nid ? Possible. Douillet ? À voir.

Sans relever l'air défiant de la fille, Jasper s'assied sur l'un des matelas les plus propres.

– Alors, explique-nous, réclame-t-il.

L'inconnue est dans leur repaire, autant se montrer aimable.

Horace, lui, semble moins s'embarrasser des bonnes manières.

– Où sont tes parents ? demande-t-il sèchement.

Aussitôt, les yeux de la fille s'embuent. Jasper remue sur son matelas, gêné. Horace et lui échangent des regards sans savoir quoi faire hormis attendre que les larmes de la fille aient séché, et qu'elle se soit ressaisie.

– Ma mère est morte, finit par déclarer l'invitée en réponse aux deux questions.

Sa voix assurée contraste avec son visage strié de larmes.

Jasper hoche la tête. Il s'attendait à cet aveu.

– J'estime, déclare-t-il après une pause, que tu devrais rester. Rejoins donc notre gang, euh…

Il laisse la phrase en suspens, comme pour inciter la fille à révéler son prénom.

– Estella, dit justement l'intéressée.

Jasper sourit. Horace, pour sa part, affiche la même moue qu'après qu'Estella l'a frappé.

– Non mais tu rigoles ? s'exaspère-t-il. On n'en a même pas discuté !

– Une fille nous sera utile pour faire diversion. Avec elle, on attirera moins les regards, argumente Jasper.

Horace incline la tête.

– C'est vrai qu'elle a l'air super triste, maigrichonne, pathétique et perdue…

Il n'en dit pas davantage car Estella vient lui donner un coup de poing au bras.

– Hé ! s'indigne le garçon. Pourquoi tu n'arrêtes pas de me taper ?

– Je fais ça uniquement quand tu parles, tempère Estella.

La réplique lui vaut un sourire de la part de Jasper et une nouvelle moue d'Horace.

Estella laisse passer un bref silence, puis elle ajoute :

– Vous êtes des criminels.

Le mot lui paraît plus dur lorsqu'elle le prononce à voix haute.

– « Criminels » ? répète Jasper en haussant les épaules. Je dirais plutôt « entrepreneurs ».

– Moi, je veux devenir styliste, pas voleuse, souffle Estella.

– C'est marrant, observe Horace. Tu n'es qu'une gamine.

L'adolescente va pour protester mais Jasper s'interpose.

– Il a raison. Tu n'as pas tellement d'autres choix.

Estella s'écroule sur un matelas. La franchise de Jasper l'a comme vidée de ses forces. Elle se prend la tête à deux mains.

– Elle pleure encore ? demande Horace tout haut.

– Sa mère est morte, rappelle Jasper. Tu as oublié ce que ça fait ?

Son compère garde le silence un moment.

– Non, avoue-t-il ensuite, un ton plus bas.

À ces mots, Estella relève les yeux. Le mouvement lui fait perdre son chapeau et révèle sa chevelure. Horace glapit. Gênée, la fille ramène ses cheveux en arrière et cherche son chapeau.

– Je vais devoir arranger cela, décide-t-elle.

– Moi, j'aime bien, lui assure Jasper.

La confidence lui vaut un petit sourire.

Il n'empêche, Estella a raison. Sa chevelure est trop reconnaissable. Pour faire partie du « gang », elle doit pouvoir se fondre dans la foule, se cacher, passer inaperçue. Horace semble être parvenu à la même conclusion car le voilà qui farfouille dans une boîte. L'instant d'après, il en ressort deux flacons de teinture.

– Rouge ou jaune ? demande-t-il.

Laissant son chapeau où il est, Estella se dirige vers la salle de bains du repaire. Elle ferme la porte derrière elle, et l'on n'entend alors plus que le bruit de l'eau qui coule.

Lorsqu'enfin Estella ressort, ses cheveux noirs et blancs ont disparu. Elle est à présent rousse. Elle incline la tête à droite et à gauche.

Pas mal, estime Jasper.

– Alors ? prononce Estella sans prêter attention aux regards curieux des garçons. Comment est-ce qu'on s'y prend ?

Jasper esquisse un sourire.

– Ne t'en fais pas, dit-il. On va t'initier avec des trucs simples.

Le moment est venu d'enseigner à Estella l'art de la fauche.

Jasper tient parole. *Ironique, venant d'un voleur*, estime Estella. Toujours est-il que, comme promis, il commence par lui apprendre « des trucs simples ».

Tout d'abord, la méthode de base. Le plus difficile est de bien coordonner les actions de chacun

– y compris celles des chiens. Horace est censé bousculer un passant, à qui Estella fait les poches avant de confier le butin à Bandit. L'animal trotte ensuite, la gueule pleine, jusqu'à Jasper, qui récupère le trésor. La victime n'a même pas tourné au coin de la rue que son portefeuille est abandonné sur le trottoir, vide, tandis que le gang part dans la direction opposée, les poches pleines. Fastoche !

Mais les techniques se complexifient ensuite. Rapidement. Et Estella les assimile toutes, de plus en plus vite.

Elle apprend donc à sonder les poches. À faire diversion. À repérer un policier en civil, ou une proie. Elle maîtrise également « Les Grandes Eaux » : technique qui consiste à faire croire à un automobiliste qu'il a percuté Bandit, et qui s'achève toujours dans un torrent de larmes. La jeune fille réussit même à créer de toutes pièces plusieurs scénarios.

À sa grande surprise, Estella s'adapte vite à sa nouvelle vie. Lorsque les garçons et elle ne sortent pas en mission d'« entrepreneurs », elle s'affaire à rendre sa nouvelle demeure un peu plus… douillette. Elle remplace ainsi les matelas crasseux. Dans les poubelles des beaux quartiers de Londres, elle déniche des articles très potables : tableaux, coussins, assiettes et autres objets de décoration. Jasper l'aide à transporter tout cela au repaire et, en un rien de temps, les murs de l'endroit ne sont plus nus. Quelques lumières éclairent les lieux, et Estella parvient même à dégotter des paravents qui lui permettent de se ménager un espace à elle.

La question du repaire réglée, Estella s'intéresse ensuite aux garçons. Leurs missions régulières leur rapportent des revenus décents, mais elle sait qu'ils peuvent faire mieux. Le seul ennui, c'est qu'ils sont limités dans leurs zones d'action. Leur garde-robe n'est pas assez fournie, et leur hygiène… douteuse. Ils portent la plupart du temps des habits souillés, déchirés ou rapiécés. S'ils veulent s'attaquer aux notables, ils vont devoir ressembler à des notables – ou du moins, à ceux qui travaillent pour eux.

Son nouvel objectif arrêté, Estella établit un plan. Elle a assez de talent pour relooker les garçons. Le reste coulera de source. Il suffirait qu'elle mette la main sur…

Quelques jours plus tard, le trio se retrouve à la porte de service d'un tailleur, en pleine nuit. Les jeunes gens dansent d'un pied sur l'autre, mal à l'aise. La rue est trop calme, et eux-mêmes sont trop visibles. Cette mission sort de leur ordinaire, et cela ne leur plaît pas.

Toutefois, comme Estella leur a fait observer plus tôt, ils doivent impérativement s'introduire dans la boutique et y récupérer ce qu'elle recherche.

– Nous pourrons être plus ambitieux… et plus riches, leur a-t-elle assuré. Ayez confiance, c'est tout ce que je demande. Je sais ce que je fais.

Horace a été conquis dès la promesse de richesse. Jasper, lui, hésite encore. Toujours est-il qu'Estella sait ce qu'elle fait. Dressée sur la pointe des pieds, elle entrouvre une lucarne située au-dessus de la porte. Horace y glisse leur chihuahua, appelé Clin d'œil, et tous entendent l'animal qui retombe en douceur à l'intérieur. Un moment plus tard, on gratte à la porte de derrière, qui s'ouvre bientôt. Estella franchit le seuil comme un fantôme tandis que les garçons montent la garde. L'adolescente se dirige vers la table de travail du tailleur. Là, dans la faible lumière qui provient de la ruelle, elle découvre une machine à coudre flambant neuve.

Estella a le cœur qui déborde. Elle soulève la machine qu'elle plaque contre son cœur et pousse un long soupir satisfait. Après quoi elle quitte la boutique, les garçons sur ses talons.

De cet instant, c'est Estella qui va décider quelles missions le gang entreprendra. Elle confectionnera des tenues d'enfant de chœur afin qu'Horace et Jasper puissent aller faire la quête, le dimanche, pour les « nécessiteux » ; des livrées de majordome afin que les garçons aillent se mettre au service des notables, et leur fassent les poches. Son imagination débridée lui permettra de créer une ribambelle de costumes à partir de tissu volé, sous le regard ébahi de ses complices.

Estella est heureuse. Elle ne s'en rend pas compte dans un premier temps mais, si elle pense encore à sa mère chaque matin au réveil, ou lorsqu'elle aperçoit une fontaine ou un éclair de tissu, la douleur du deuil s'amenuise grandement.

La jeune fille mène désormais une nouvelle vie. Sans doute pas celle qu'elle imaginait enfant, mais elle n'a pas trop à se plaindre. Elle peut coudre ; elle a des amis ; un toit (percé, certes) au-dessus de sa tête.

Oui, elle est heureuse. Et c'est dans cet état de satisfaction générale que les années défilent.

Cruella

CHAPITRE 6

Treize ans plus tard…

Les yeux plissés, la langue pincée entre les lèvres, Estella se concentre sur sa machine à coudre. Le ronronnement régulier l'apaise et noie tous les autres bruits du repaire : Horace qui crie contre le téléviseur, les chiens qui jappent sans cesse, Jasper qui tape du pied à l'étage inférieur…

De temps à autre, la jeune femme se redresse sur sa chaise et s'étire – elle a les épaules engourdies et douloureuses après une nuit entière de travail. Et chaque fois qu'elle s'étire, elle ne peut réprimer un sourire.

Au fil des ans, la partie du repaire qu'elle s'est réservée commence de plus en plus à ressembler à un atelier de styliste. Des rangées de costumes (du simple uniforme de policier à des ensembles plus complexes) forment trois murs entiers autour de la jeune femme. Des photos de mannequins arborant différents styles sont punaisées aux murs, mais aussi éparpillées par terre. Des esquisses de projets – certaines abouties, d'autres encore au stade d'ébauches – s'empilent sur une table. Trois mannequins en plastique se dressent dans un équilibre précaire, ornés de fragments d'habits.

Estella se repenche sur sa machine. Du pied, elle actionne la pédale, et l'aiguille se met en mouvement. Elle sait qu'elle dispose de peu de temps avant qu'Horace et Jasper l'interrompent, et elle tient absolument à terminer cette création.

– Estella !

La voix de Jasper la fait sursauter, son pied glisse de la pédale. Elle se retourne et découvre le jeune homme planté à l'autre bout du repaire. En treize ans, il a grandi, mais ne s'est pas épaissi. On dirait une asperge affublée d'une tignasse marron qui ne tient en place que sous une casquette ou un chapeau. Ses yeux, en revanche, n'ont pas changé : ils dégagent toujours gentillesse, bonté et sagesse. Et une pointe d'impatience, en l'occurrence.

– On y va, là ! presse Jasper.

Estella se lève d'un bond et le rejoint, non sans choisir trois costumes au passage. Horace, lui, est assis dans le canapé qui trône au milieu du repaire. Il suit un match de football sur l'une des dernières acquisitions du trio : un téléviseur. Vêtu du maillot d'une des équipes, il est excité comme rarement. Le maillot semble près de se déchirer au niveau de son embonpoint.

Avisant ses deux collègues, il les implore :

– Deux minutes, s'il vous plaît. On joue les arrêts de jeu.

– On y va, et *tout de suite*, insiste Jasper.

Estella réprime un sourire quand Horace se lève en grognant. Malgré les années, elle s'amuse encore des petits numéros de ces deux zouaves. Ils sont un peu comme un vieux couple. Estella s'interroge : cela fait-il d'elle leur sœur ? Ou plutôt leur fille ? Elle secoue la tête. Aucune des deux options ne lui plaît. Non, elle est leur partenaire, leur complice, au sens criminel du terme.

Estella lance leurs tenues à Jasper et Horace, et la petite troupe quitte le repaire en vitesse. Il est l'heure de se mettre au travail. La cible du jour : un restaurant chic dans le quartier des théâtres.

Chemin faisant, Jasper et Estella se préparent. Une fois devant l'établissement, ils sont impeccablement vêtus. Estella porte une robe de soirée, et Jasper un costume. Ils pénètrent dans le restaurant et patientent un moment près du vestiaire – le temps de vider les poches de quelques clients – avant de sortir retrouver Horace, qui les attend au volant d'une voiture de luxe. Leur camarade en descend aussitôt, et Estella observe avec satisfaction la tenue qu'elle lui a confectionnée. Sa livrée de chauffeur est irréprochable. Le temps qu'Estella et Jasper montent dans « leur » voiture, Horace retourne sa veste. Le voici à présent vêtu d'un smoking. Le voiturier du restaurant ne se rend compte de rien tandis qu'Horace lui adresse un signe de tête et s'éloigne dans la rue. Première mission réussie.

Mais dans leur métier, les missions doivent s'enchaîner. Le lendemain, les trois compères se retrouvent dans le quartier financier où Estella, parée d'une robe moulante et d'escarpins vertigineux, se dandine dans la foule des riches hommes d'affaires. Tandis que ces messieurs admirent ses longues jambes, Jasper et Horace les soulagent de leurs portefeuilles. La cible de l'après-midi est ensuite une joaillerie. Estella contemple les présentoirs en se tapotant la lèvre d'une main gantée : elle incarne à merveille la jeune fille de famille fortunée.

– Il me faut quelque chose de scintillant, dit-elle par-dessus son épaule à Jasper, d'une voix aussi snob que la robe qu'elle s'est cousue.

Au même instant, un ensemble boucles d'oreilles et rivière de diamants assorties apparaît… avant de disparaître dans la foulée, lorsque Bandit fait irruption dans la boutique. La diversion idéale !

Les jours et les missions se suivent ainsi. Les créations d'Estella ouvrent toutes les portes au trio ; les ruses des jeunes gens leur remplissent les poches. Toutefois, l'argent a tendance à leur filer entre les doigts. Aussi vivent-ils toujours au repaire. Estella ne s'en plaint pas. Sa part du butin lui sert à acheter du tissu, des accessoires pour les costumes et ses rêves de styliste. Elle aimerait simplement qu'une occasion plus reluisante se présente à eux.

Voire… à elle seule.

Estella contemple la rue à travers une fenêtre sol-au-plafond. Les garçons et elle sont en train de faire le ménage. Mais les pièces qu'il s'agit de nettoyer sont des chambres d'hôtel, et l'opération tient plutôt du pillage organisé. Estella ramasse bibelots et objets sans quitter des yeux la fenêtre. Sur la façade du bâtiment d'en face, une immense affiche fait la réclame des dernières créations de la baronne : des tenues toutes plus originales et éclatantes les unes que les autres.

– Un souci ?

La voix de Jasper fait sursauter Estella. De mauvaise grâce, elle détourne son regard de l'affiche et découvre son complice dans l'embrasure de la porte. À sa mine, elle comprend que quelque chose l'intrigue. Mais elle hausse les épaules et quitte la chambre, tendant au passage un portefeuille à Jasper.

– Je m'ennuie, c'est tout, déclare-t-elle.

– Tu t'ennuies ? s'étonne Horace, qui rejoint ses complices. Tu nous fais marcher… J'ai trouvé un mini téléviseur. Le client, un Japonais, était endormi. Regarde.

D'un mouvement de tête, il désigne la chambre qu'il vient de nettoyer. Estella y aperçoit en effet un homme endormi. Elle éclate de rire. Il n'y a bien qu'Horace pour réussir une prouesse pareille !

Mais tout à coup, la porte de l'escalier s'ouvre, au bout du couloir. Les trois jeunes gens voient apparaître le directeur de l'hôtel. Celui-ci les repère instantanément.

– Qui êtes-vous ? les interroge-t-il d'une voix puissante.

– On s'en va, murmure Jasper entre ses dents.

C'est le signal pour le plan de fuite habituel. Mais Estella en a assez de courir, tout comme elle en a assez de répéter les mêmes missions tous les jours. Cette routine l'ennuie. Elle veut du changement, un objectif qui sorte de l'ordinaire. S'amuser un peu ! Alors elle fait non de la tête à Jasper et se dirige vers le directeur. Dans son dos, elle entend son camarade qui tente de la retenir. Elle l'ignore.

– Qui nous sommes ? lance-t-elle avec un accent londonien à couper au couteau. Je vais vous le dire, qui nous sommes. Nous travaillons pour le Groupement des consultants hôteliers, nous sommes ici incognito, mandatés par les propriétaires de ce palace douteux afin de réaliser un état des lieux.

Le directeur en reste bouche bée. Planté dans le couloir, il bredouille des bouts de phrase incohérents tandis qu'Estella poursuit son numéro :

– Et le premier mot qui me vient à l'esprit est… négligence.

– Négligence, répète Jasper en rejoignant la jeune femme. Notre rapport s'annonce accablant.

– Mais vous avez de la chance, Frederick, assistant directeur, enchaîne Estella en lisant le prénom de son interlocuteur sur son badge, nous pouvons vous exempter de tout reproche.

L'homme retrouve soudain sa voix et hoche la tête.

– Merci, je… commence-t-il.

– Contre rémunération, naturellement, le coupe Estella, une main tendue.

Et tandis que l'assistant directeur sort son portefeuille, elle adresse un clin d'œil à Jasper. La jeune femme s'ennuie peut-être dans son travail, mais cela ne signifie pas pour autant qu'elle ne l'aime pas.

Ce même soir, allongée dans son lit, Estella admire les photos de mannequins scotchées au plafond. Elle se remémore l'affiche des créations de la baronne. Son petit numéro à l'hôtel l'a bien amusée, mais l'enthousiasme est retombé. L'ennui a repris ses droits. Elle vit de chaparde depuis si longtemps, maintenant... Et à chaque mission, elle sent son rêve d'enfant s'estomper un peu plus. Que dirait sa mère si elle la voyait ? Couchée dans le repaire, sans autre possession que des dizaines de costumes servant à détrousser des innocents ? Estella grimace. Catherine ne dirait sans doute rien de bon...

Des bruits de pas la sortent de sa rêverie. Jasper et Horace entrent dans sa chambre. Un petit sourire remplace son masque de tristesse sitôt qu'elle découvre ce qu'ils apportent : un gros gâteau piqué d'une bonne vingtaine de bougies ! Bandit

et Clin d'œil les accompagnent, tous deux coiffés d'un chapeau pointu.

C'est son anniversaire. Elle l'avait complètement oublié ! Le visage rayonnant, elle se lève.

– C'est mon plus bel anniversaire depuis… prononce-t-elle après avoir soufflé les bougies. Depuis le temps où ma mère était là.

Les larmes lui montent aux yeux, alors elle les essuie bien vite. Pas question de pleurer. Pas ce soir.

Jasper hoche la tête. Mais pour toute réponse, il se contente de lui remettre une enveloppe.

– Qu'est-ce que c'est ? l'interroge Estella, perplexe.

– Ça, révèle Jasper, un large sourire aux lèvres, c'est une offre d'emploi chez Liberty.

Horace tique. Il n'était visiblement pas dans la confidence.

– C'est un restaurant, Liberty ? demande-t-il. Ce serait super…

Estella n'en revient pas. Non, Liberty n'est pas un restaurant. Loin de là. C'est le grand magasin le plus tendance de Londres.

– Comment as-tu fait pour… bredouille-t-elle, sous le choc.

Jasper hausse les épaules. Ça a été assez simple, lui explique-t-il. Un petit tour de passe-passe et une diversion, le temps de déposer une candidature (rédigée par ses soins et agrémentée d'une photo d'Estella) sur la pile des dossiers « acceptés ». Bon, tout n'a sans doute pas été sans mal, ajoute-t-il quand Estella émet des doutes. Jasper est peut-être passé près de la catastrophe lorsqu'il s'est retrouvé suspendu à un vasistas au-dessus du bureau de la secrétaire. Mais rien d'insurmontable non plus !

Estella ressent mille émotions déferler en elle. La joie. La peur. La surprise. L'admiration. Jasper vient de lui offrir le plus beau présent qu'on aurait pu lui faire. La possibilité de travailler dans un grand magasin où elle côtoiera toutes les dernières créations ! Être entourée chaque jour de tous ces tissus, toute cette beauté ! C'est un rêve qui se réalise.

– Liberty, ! J'adore ! claironne la jeune femme.

Jasper esquisse un sourire timide et embraie :

– Je sais. Je vois ta tête quand on passe devant. Bon, il m'a fallu un peu étoffer ton CV. Le créer de toutes pièces, dirons-nous. Inventer quelques références. Si on te pose la question, tu connais le prince Charles… Une histoire de match de polo.

Estella observe tour à tour la lettre d'acceptation et Jasper. Elle irradie de bonheur. Puis elle se jette au cou de son bienfaiteur.

– Merci ! lui dit-elle en le serrant fort.

Horace, lui, est un peu perdu.

– C’est quoi, la cible ? demande-t-il.

La question n’a rien de saugrenu. D’ordinaire, il y a toujours une cible. Cette offre d’emploi présage-t-elle un coup monté ? Aujourd’hui, rien de tout cela. Jasper secoue la tête.

– Il n’y en a pas, annonce-t-il.

– Bon, réplique Horace. Mais sinon, c’est quoi, la cible ?

– La cible, c’est qu’Estella va avoir une chance de réussir parce qu’elle a trop de talent pour continuer à chaparder avec nous.

Horace en reste muet de surprise. Jasper adresse ensuite un sourire à Estella. Celle-ci sent une douce chaleur monter en elle, lui rosir les joues. Elle secoue la tête et remercie de nouveau Jasper. Puis elle lui donne un petit coup de poing au bras – comme chaque fois que les mots lui manquent. Mais aussi parce qu’Horace et lui sont ses amis, et que les amis sont là pour ça.

Et apparemment, ils sont aussi là pour l’aider à réaliser ses rêves.

Cruella

CHAPITRE 7

Chez Liberty

Avant de se présenter chez Liberty pour son premier jour, Estella fait un détour par Regent's Park. Au fil du temps, elle s'est créé une tradition : elle s'y rend pour prendre le thé et dire « Bonjour » à sa mère. Elle en profite pour lui raconter ses missions les plus spectaculaires ou pour lui montrer l'esquisse d'une robe dont elle raffole particulièrement. Cela l'aide à se sentir proche de sa mère, quand bien même cette dernière n'est plus.

Aujourd'hui, elle s'est assise sur un banc face à la fontaine, une seconde tasse de thé posée près d'elle.

– Je tiens ma chance, maman, dit-elle après avoir bu une gorgée de thé. Celle que j'attends depuis toujours.

Elle sourit et se caresse les cheveux tout en imaginant le visage de sa mère, son nez qui se plisse quand elle lui rappelle d'être sage.

– Je vais travailler dur et je réussirai, ajoute-t-elle.

Un rapide « Au revoir », et elle range ses tasses dans son sac, se lève et prend la direction de chez Liberty. Il ne lui reste maintenant plus qu'à franchir les portes.

Hélas, ses pieds sont comme congelés. Cette « mission » l'effraie bien plus que toutes celles qu'elle a pu effectuer avec le gang. Elle compte autrement plus à ses yeux... Estella prend une longue inspiration, passe ses mains sur son chemisier, puis entre chez Liberty.

Et reste bouche bée. Elle s'est rendue plusieurs fois dans ce grand magasin depuis qu'elle vit à Londres – pour le simple plaisir de flâner dans les rayons en se rêvant dans la peau d'une cliente –, pourtant, chaque visite lui coupe le souffle. Le plafond immense mêle style gothique, armature métallique et verre. Les balcons de bois travaillé entourent un gigantesque atrium à plusieurs étages où l'on trouve toutes les marchandises possibles et imaginables. À pas lents, Estella découvre le rayon cosmétiques, les comptoirs à bijoux, les sections haute couture... Non loin d'elle, un groupe de jeunes femmes se tient à la disposition des clientes. Estella inspecte les lieux pour guetter la personne qui saura lui venir en aide. Malheureusement, elle ne voit que des clientes sur leur trente et un, les bras chargés de sacs. Les plus riches d'entre elles ne se donnent d'ailleurs même pas la peine de transporter leurs achats. Elles ont des employés vêtus de l'uniforme du grand magasin pour cela.

– Estella ?

L'intéressée se retourne à son prénom. Un homme la toise, la mine sévère, un carnet en main. Il tape du pied, en signe d'impatience. Estella en déduit qu'il s'agit de son chef. Elle le rejoint en vitesse et lui emboîte le pas tandis que l'homme s'enfonce dans les entrailles du magasin. Chemin faisant, il lui explique que son travail ne consiste pas à flâner dans le magasin ni à faire des retouches ou proposer ses conseils sur la mise en place des vitrines. Non, son travail, affirme-t-il avec une satisfaction un peu trop marquée, consiste à *nettoyer* derrière les clientes.

Estella s'efforce de dissimuler sa surprise. Elle croyait avoir décroché une place au rayon mode.

Erreur. Terrible erreur. Estella a été embauchée comme femme de ménage.

Estella pousse la porte des toilettes du personnel et dépose un seau d'eau sale à ses pieds. Croisant son reflet dans le miroir, elle grimace. Son uniforme est terne, et elle doute qu'il ait été lavé depuis au moins dix ans. Son chignon se défait et elle a des traînées noires sur les joues. Son regard se pose sur ses mains. Le vernis qu'elle avait appliqué sur ses ongles pour son premier jour a fini de s'écailler depuis belle lurette. La jeune femme grimace. Ce n'est pas la place dont elle rêvait. C'est un cauchemar.

Depuis son premier jour, elle s'efforce d'obtenir son transfert au rayon mode. Elle a multiplié les sourires aux vendeuses, les conseils aux couturières, et elle est même allée jusqu'à faire des courbettes devant les filles du rayon parfumerie, dont la seule tâche consiste à vaporiser des fragrances sur les clientes qui le désirent. Mais elle a beau faire, elle ne reçoit en retour que des regards froids et condescendants. Elle est au bas de l'échelle et elle en a bien conscience.

Estella déprime donc dans les toilettes lorsque son chef, Gerald, en pousse à son tour la porte. À tous les coups, se dit-elle, *il devait rôder dans le coin, chercher à me prendre en défaut.* L'homme lui adresse un regard noir puis note trois mots dans son carnet. *Exactement comme le directeur, à l'école,* songe Estella.

– S'il vous plaît, monsieur ? prononce-t-elle de sa voix la plus chaleureuse.

Elle pose délicatement les sacs-poubelles qu'elle est censée aller jeter dans la benne à ordures et s'approche de Gerald.

– Monsieur, enchaîne-t-elle, je sais me servir d'une aiguille, alors je pourrais peut-être…

– Pourquoi parlez-vous au lieu de faire le ménage ? la coupe Gerald.

Estella pousse un soupir en le regardant s'éloigner.

– Vous n'auriez pas à le regretter… achève-t-elle sur une note d'espoir.

Hélas, l'homme est trop loin pour l'entendre. Estella ramasse donc ses sacs et se dirige vers la porte de service. Une fois dans la ruelle située derrière le magasin, elle rejoint la benne à ordures qui y est parquée. Elle a du mal à hisser le premier sac à hauteur du rebord. Elle rate sa cible et le sac retombe de l'autre côté. Estella grogne. De mieux en mieux…

– Super glamour, dis donc !

Estella se retourne : Jasper et Horace sont là, dans la ruelle, un sourire amusé aux lèvres.

– Tu as oublié ton déjeuner, ajoute Jasper en montrant un sac en papier. Et sinon, ça va ?

Estella redresse les épaules. Elle pourrait révéler la vérité : à savoir que sa journée a été horrible jusqu'ici, et qu'elle a envie de démissionner. Ou bien, elle peut suivre un des conseils de sa mère : se concentrer sur le bon côté des choses. C'est ce qu'elle décide de faire.

– Des tas d'opportunités s'offrent à moi, comme tu l'avais dit, affirme-t-elle. Je vais gravir les échelons, croyez-moi.

Elle a prononcé cette phrase pour se convaincre elle-même autant que ses complices.

– Je suis calme et patiente, ajoute-t-elle.

À ces mots, Jasper et Horace éclatent de rire. « Calme » et « patiente » ne sont pas les adjectifs qui décrivent le mieux Estella.

– Je n'en doute pas, déclare tout de même Jasper en hochant la tête.

Estella lui renvoie un regard reconnaissant et, ce faisant, elle note qu'Horace observe une fenêtre ouverte au-dessus de la benne à ordures. Aussitôt, elle secoue la tête.

– Non, dit-elle.

– « Non » quoi ? la relance Horace.

Il joue l'innocent mais Estella n'est pas dupe.

– Non, répète-t-elle, je ne te laisserai pas entrer par cette fenêtre pour aller tenter de forcer le coffre.

– Ce n'est pas la cible ? s'étonne Horace.

– Il n'y a pas de cible ! s'écrient en chœur Estella et Jasper.

Ce dernier éclate de rire puis tire son ami par la manche. Une fois au bout de la ruelle, il se retourne et adresse un signe de la main à Estella, qui le lui rend.

Après quoi la jeune femme pousse un soupir et se remet au travail. Le second sac-poubelle rate lui aussi la benne, mais il se déchire au passage contre un bout de fer qui dépassait. Pelures d'orange, marc de café et autres détritus se déversent sur Estella.

– Non mais je rêve ! s'exclame-t-elle avant de jeter les autres sacs dans la benne.

Estella veut ensuite rentrer se changer dans le grand magasin. Il y a urgence. Hélas, lorsqu'elle tourne la poignée, celle-ci ne bouge pas. La malheureuse est enfermée dehors.

Elle grogne une fois de plus. Cette fois, elle va avoir du mal à voir le bon côté des choses. Estella décide de rentrer dans le magasin par la grande porte. Quelques passants l'observent d'un œil curieux. Elle-même voûte les épaules comme si cela pouvait dissimuler son uniforme et les immondices. Elle approche de la porte lorsqu'elle observe du mouvement dans l'une des vitrines. Elle lève les yeux.

Une jeune femme, guère plus âgée qu'elle, s'efforce de faire pivoter le bras d'un mannequin tout en arrangeant une écharpe. Estella secoue la tête. Cette vitrine est une horreur. La tenue que les stylistes ont choisie est à la fois terne et fade. Le décor lui-même, censé « créer l'espace », est sans relief. Rien ne s'accorde. Il n'y a pas de thème, pas de message. À croire que les stylistes ont pris des articles au hasard !

Sans réfléchir, Estella toque à la vitre. L'employée lève les yeux vers elle et incline la tête, perplexe.

– Ça m'attriste que tu trouves ça beau, dit Estella.

Pardon ? mime avec les lèvres son interlocutrice.

– Ça m'attriste…

Estella se tait sitôt que son chef pénètre dans la vitrine. Elle se fige. L'homme la toise d'un regard menaçant. D'un geste sec, il lui signifie de rentrer. Estella n'a pas besoin de l'entendre pour savoir qu'il pense *tout de suite.*

Un dernier coup d'œil affligé à la vitrine ratée et Estella regagne le grand magasin. Mais là, au lieu de raser les murs tête basse, comme son chef le voudrait sans doute, elle inspire à fond, redresse le menton et s'avance d'une démarche nonchalante. Elle va sans doute perdre sa place, alors pourquoi ne pas en profiter pour se montrer sous son vrai jour : comme une spécialiste de la mode qui n'a pas besoin de ce travail ?

Estella croise des clientes élégamment vêtues, à qui elle adresse des signes de tête.

– Bien le bonjour, lance-t-elle à l'une.

– Charmant foulard, assure-t-elle à une autre, qui hésite entre deux modèles. Du moment qu'il cache votre cou, ce sera parfait.

La cliente ouvre de grands yeux indignés ; Estella se contente de sourire. Quand enfin elle se retrouve devant son chef, elle attend l'inévitable sermon.

– Vous avez un bout de banane sur la joue, lui dit Gerald d'une voix glaciale.

Estella retire le bout de banane. Puis, sous le regard incrédule de son supérieur, elle le mange, tout en s'efforçant de ne pas pouffer face au dégoût qu'elle lit sur le visage de Gerald. On ne survit pas tant d'années dans la rue sans se forger le caractère !

Là, comme s'il sentait que quelque chose a changé chez Estella, Gerald lui fait signe de le suivre dans son bureau.

– Finissez votre journée, ordonne-t-il après avoir refermé la porte derrière eux. Nettoyez mon bureau de fond en comble, puis rendez votre uniforme et partez retrouver votre misérable vie.

Estella relève la tête, surprise.

– Remarque fort déplacée, commente-t-elle.

Puis, estimant n'avoir plus rien à perdre, elle ajoute :

– Je pense que, sous votre costume raide et étriqué se cache un homme qui ne demande qu'à donner une seconde chance à une jeune femme brillante.

Mais il faut croire qu'elle se trompe, car Gerald lui rétorque :

– Au travail ! Et que cela saute !

Deux heures plus tard, Estella inspecte le bureau immaculé de Gerald. Dehors, le jour tombe. Les paroles d'Horace lui reviennent alors en mémoire : « C'est quoi, la cible ? » De cible, il n'y en avait pas. Au départ. Mais elle a peut-être écarté cette idée un peu hâtivement… Il y aurait peut-être moyen de…

Estella retire sa blouse, puis défait sa queue-de-cheval. Quel bonheur de se détendre un peu ! Et maintenant, passons aux choses sérieuses.

Lorsqu'elle ressort du bureau, la lune brille dans le ciel et le grand magasin est désert. Elle approche de l'entrée et sursaute aux moindres bruits. Enfin, elle avise la vitrine détaillée tantôt. *Quelle tristesse !* songe-t-elle. Mais elle peut y remédier.

Estella pénètre dans la vitrine et écarte délicatement le mannequin qui a attiré son regard cet après-midi. Même dans le noir, sa tenue est hideuse.

– Je ne peux pas te laisser comme ça, dit-elle. Ce serait cruel.

Sur ce, elle lui arrache son chapeau et se met au travail.

Estella fait un cauchemar atroce. Elle est prisonnière d'une benne à ordures contre laquelle un mystérieux personnage martèle sans arrêt. Pourquoi un tel acharnement ? Les coups forcissent et se rapprochent. Estella veut crier… Et là, elle se réveille.

Elle ouvre les yeux et retient son souffle. Les coups ne provenaient pas de son cauchemar. C'étaient Jasper et Horace ! Les deux jeunes hommes l'observent, devant la vitrine. Et autour d'eux un attroupement grossit de minute en minute.

Oh non, oh non, oh non ! panique Estella en même temps qu'elle se relève. Elle a dû s'endormir quand elle a eu fini de jouer avec la vitrine. Elle promène d'ailleurs son regard autour d'elle. Malgré la peur qui fuse dans ses veines, elle ne peut réprimer un sourire. La vitrine est fabuleuse. Elle a tagué le mur du fond à la bombe ; remplacé une robe sac par un blouson de cuir et un pantalon ; affublé l'autre mannequin d'une tenue fluo. Elle a même réussi à insuffler de la vie au décor en y mêlant textures et couleurs qui contrastent mais se marient très bien à la fois. La vitrine est

métamorphosée : lumineuse, audacieuse, brouillonne et provocatrice.

Estella examine son œuvre en se mordant la lèvre. Lumineuse, audacieuse, brouillonne et provocatrice, ce n'est pas un cocktail très Liberty… mais c'est 100 % elle.

C'est donc un sourire de fierté qui étire ses traits lorsqu'elle se tourne vers les mannequins et leur adresse un clin d'œil.

– Sérieusement, souffle-t-elle, vous n'êtes pas mieux comme ça ? Je vous trouve plus rayonnantes.

De nouveaux coups résonnent à la vitre, Estella lève une main à l'attention de Jasper et Horace. Ils peuvent attendre.

– J'arrive dans une… commence-t-elle.

Mais les coups continuent. La jeune femme regarde par-dessus son épaule et manque de s'étrangler. Ce n'est pas Jasper qui tape. Ni Horace.

Mais Gerald.

– Oh zut, dit Estella.

Son ancien chef a l'air furieux. Elle-même soupire puis quitte la vitrine à l'instant où le grand magasin ouvre ses portes à sa clientèle. Et au milieu de la foule qui pénètre chez Liberty, Estella avise son ancien chef qui fond sur elle.

– Vous ! s'écrie Gerald. Plus un geste ! J'appelle la police !

La police ? Voilà qui s'appelle surréagir. Elle n'a rien fait de mal, elle a plutôt effacé un outrage au style. Non, la personne qu'il faudrait arrêter, c'est la styliste qui avait réalisé la précédente vitrine. Hélas, Gerald ne semble pas le comprendre. Il réclame toujours à cor et à cri les forces de l'ordre. Estella se retourne. Les vigiles à l'entrée l'ont repérée et se dirigent vers elle. D'autres encore arrivent du fond du magasin. Elle est faite comme un rat !

Elle avise Horace, qui a réussi à entrer dans le magasin, mais il est trop occupé à faire les poches de Gerald pour lui venir en aide. En revanche, elle ne voit Jasper nulle part… En panique, elle cogite. Mais la fuite a toujours été le fort de Jasper, pas le sien. Aucune idée ne lui vient.

C'est alors que l'un des sbires de son ancien chef accourt auprès de celui-ci.

– Elle arrive ! lui annonce-t-il tout essoufflé. La baronne !

À ce mot, Gerald blêmit. Il pivote sur lui-même et tape des mains. Le claquement retentit dans tout le magasin, fige tous les employés… ainsi que quelques clientes.

– Tous à vos postes de combat ! ordonne Gerald.

Estella ne va pas laisser passer l'aubaine. Elle pivote sur elle-même et court se tapir derrière un présentoir.

Et soudain, du coin de l'œil, elle repère enfin Jasper qui vient s'accroupir près d'elle.

– On sort par où ? lui demande son complice.

Estella secoue la tête. Elle ne veut pas fuir, du moins, pas tout de suite. Pas avant d'avoir vu la baronne.

– Tu n'as pas entendu ? réplique-t-elle. La baronne sera bientôt là.

Jasper la regarde comme si elle avait perdu la tête.

– Mais enfin, il faut profiter de la diversion ! siffle-t-il.

Estella ne relève même pas. Elle reste les yeux rivés sur la porte du magasin. L'instant d'après, un garde du corps – véritable armoire à glace – flanqué de deux agents de sécurité, moins imposants, font leur entrée. La baronne les suit.

Estella s'étouffe presque lorsqu'elle découvre la créatrice de mode. La baronne ressemble aux photos qui ornent les unes de toutes les revues ou gazettes mondaines. Estella n'arrive pas à détacher son regard de la célèbre visiteuse. Cette femme respire la condescendance. Sa bouche dessine un rictus de mépris, son regard est de glace. Toutefois, c'est à peine si Estella s'en rend compte. Tout ce qu'elle voit, c'est le chic fou qu'elle dégage dans sa tenue originale.

– C'est elle…

Jasper lève les yeux au ciel. Il va pour répliquer mais la voix de la baronne l'en empêche. Celle-ci résonne dans tout l'atrium.

– Là, dehors. Cette vitrine.

Gerald s'avance vers elle, tout penaud.

– Je suis confus, bredouille-t-il. Je peux tout expliquer…

Sentant qu'on la tire par la manche, Estella se désintéresse de l'échange. Jasper lui montre les agents de sécurité qui les ont repérés.

– Bien vu, déclare Estella. Allons-y !

CHAPITRE 8

Changement de voie

Estella tente de se relever. À sa droite, Jasper en fait autant, mais les deux complices ne sont pas assez rapides. Jasper s'écroule lorsqu'un vigile le maîtrise. Un autre se plante devant Estella avant que celle-ci ait pu dépasser le présentoir derrière lequel Jasper et elle se cachaient. Le garde lui plaque la tête contre le présentoir. Estella a beau se débattre, elle ne parvient pas à se dégager.

– Navré, baronne, s'excuse Gerald. C'est la vaurienne qui a vandalisé notre vitrine. Nous allons nous en occuper.

Un silence s'installe. Estella aimerait voir la réaction de la baronne, mais elle a toujours la joue pressée contre le présentoir. La styliste reprend enfin la parole.

– Elle travaille ici ?

– Nous l'avons renvoyée, se hâte de préciser Gerald. Nous nous efforçons de donner leur chance à ces pauvrettes, mais leur éducation…

Estella marmonne trois mots qui poussent son cerbère à resserrer l'étau.

– Elle ne travaille donc pas ici ? tente de clarifier la baronne.

– Je… je… bégaie Gerald qui ne sait plus ce que la dame attend de lui.

Celle-ci secoue la tête.

– Vous transpirez, note-t-elle.

Le commentaire fait sourire Estella malgré la tension qui règne.

– Et je sens votre odeur. Reculez.

– Entendu, embraie très vite Gerald.

À ces mots, le sourire d'Estella s'évase encore. Quel plaisir de voir son chef sur le gril, pour une fois.

– Toi, la souillon.

La voix de la baronne a changé. Estella se tord le cou autant qu'elle peut et aperçoit la baronne qui l'observe.

Celle-ci pointe un doigt vers un petit homme qui se tient à l'écart et reprend :

– Jeffrey, carte.

Un hochement de tête, et l'intéressé accourt vers Estella. Il sort une carte de la pochette de son veston.

– Tu es engagée, annonce-t-il. Cette adresse. Cinq heures demain matin. Sois ponctuelle.

Il tente de remettre la carte à Estella mais le vigile refuse de lâcher prise.

– Bouche, indique Estella.

C'est en effet le seul moyen qu'elle a d'accepter la carte. D'un geste hésitant, Jeffrey lui glisse la carte entre les lèvres. Estella la lui arrache presque des doigts puis gigote et se dégage enfin des pattes du garde. Au même instant, Jasper se défait lui aussi de son gorille. Et, comme si c'était écrit, Horace reparaît à son tour, chargé de deux sacs de butin.

Sans attendre la suite des événements, le trio prend la poudre d'escampette. Dans leur dos, la baronne observe la scène avec une curiosité détachée.

Au moment où Estella atteint la porte de chez Liberty, elle entend la styliste déclarer à Gerald :

– Vous êtes un sot. Cette fille a réalisé la plus belle vitrine que j'aie vue en dix ans.

Les trois complices sortent du grand magasin. Estella a un sourire rivé aux lèvres, et la carte au creux de la main. Elle ne rêve pas : la baronne a aimé sa vitrine ! Mieux, elle lui a offert un nouveau travail ! Bye bye, Liberty. Estella vient de monter en grade !

Jasper, Horace et elle grimpent à l'arrière d'un camion pour regagner le repaire. Estella n'arrive pas à détacher son regard de la carte de visite. Une carte, au papier velouté et épais, qui dégage une impression d'importance, à l'image de la femme qui la lui a remise. Au milieu du petit rectangle, on peut lire, en caractères gras, les mots « Maison baronne ». En dessous, en plus petit, une adresse. Estella caresse les lettres gaufrées qui lui provoquent un frisson de plaisir.

Lorsque le camion passe à proximité du repaire, les garçons et elle sautent en marche. Estella ne quitte toujours pas la carte des yeux. Une fois rentrée au bercail, elle s'écroule sur son lit et tend la carte à bout de bras.

– Elle a aimé ma vitrine, Jasper, dit-elle d'une voix douce.

Elle croise alors le regard de Jasper. Celui-ci attendait patiemment qu'elle prenne la parole.

– Elle a aimé ma vitrine !

– Je m'en réjouis pour toi, lui répond Jasper avec un sourire.

Sourire qu'Estella lui rend, avant de confier :

– Tout cela, c'est à toi que je le dois.

Occupé à trier le butin rapporté de chez Liberty, Horace lève soudain les yeux et demande :

– C'était ça, la cible ?

Estella éclate de rire. Il est vraiment incorrigible. Mais elle s'en moque. Il n'y avait pas de cible. À partir de demain matin, elle va enfin mettre le monde de la mode à ses pieds.

Cinq heures du matin. Déjà. Estella n'a pratiquement pas dormi de la nuit tant elle était excitée. Lorsqu'elle a réussi à trouver le sommeil, ses rêves étaient peuplés de têtes de mannequins et de rouleaux de tissu. Et quand son réveil a sonné, elle était déjà habillée et prête à partir depuis une heure !

La voici à présent devant un gigantesque entrepôt. Le soleil n'est pas encore levé et il fait sombre dans la rue, où crachotent de rares lampadaires. Les grandes portes de l'entrepôt ne sont pas encore ouvertes. Estella danse nerveusement d'un pied sur l'autre. Elle jette un coup d'œil à la carte de visite pour s'assurer qu'elle ne s'est pas trompée d'adresse.

Et tout à coup, la porte s'ouvre. Jeffrey, l'assistant de la baronne, capte son regard.

– Ah, c'est toi, dit-il, comme surpris de la voir, alors que c'est lui-même qui lui a donné rendez-vous. Entre.

Estella n'hésite pas une seconde. Et lorsque Jeffrey lui fait découvrir l'entrepôt, elle ne sait pas où donner de la tête, tant elle voudrait tout enregistrer. De l'extérieur, l'endroit n'a rien d'extraordinaire. À l'intérieur, en revanche…

Un éclairage doux illumine les murs, les fait scintiller et révèle la présence de mannequins vêtus de certaines des créations les plus stupéfiantes de la baronne. Estella reconnaît avec délectation ses modèles phares. Ils sont tous là, si proches qu'elle pourrait les toucher…

Derrière une autre porte, Estella et Jeffrey pénètrent dans un grand espace aux parois de verre : l'atelier. Une vraie ruche. Les couturières cousent. Les stylistes dessinent. Des rouleaux de tissu voyagent. Où qu'elle regarde, Estella voit des esquisses de vêtements à différents stades de développement : du simple croquis à la version aboutie. C'est la pièce la plus fabuleuse dans laquelle elle a jamais mis les pieds.

Estella évolue comme dans du coton. Mais tout à coup, une sensation étrange l'envahit, comme si on l'observait. Elle promène son regard alentour. Tous les employés sont concentrés sur leur travail. Elle lève alors la tête et se fige quand elle découvre le bureau perché au-dessus de l'espace. Un bureau entouré d'un balcon, et qui semble flotter dans le vide.

Sur ce balcon, debout en train de la toiser, la baronne.

La baronne observe Estella et Jeffrey qui s'aperçoivent l'un après l'autre de sa présence. Il est rare que quiconque ou quoi que ce soit l'impressionne – hormis elle-même et ses créations. Mais elle a trouvé comme une inspiration dans la vitrine imaginée par Estella. Dès qu'elle l'a vue, elle a décidé d'engager la jeune femme. Surtout pour l'avoir à l'œil et éviter que son travail inspire la concurrence. La baronne met un point d'honneur à toujours éliminer les menaces potentielles. Estella n'en constitue pas encore une, mais mieux vaut être prudente. Le visage neutre, la baronne lit avec un mélange de joie et de fierté la panique sur les traits de ses employés. Elle laisse Jeffrey faire son travail.

– Silence ! s'écrie justement celui-ci.

Aussitôt, toute activité cesse dans l'atelier. Personne ne bouge. Chacun retient son souffle, sauf un homme qui respire discrètement.

– J'entends, déclare la baronne.

– J'ai de l'asthme, tente de s'expliquer l'accusé. Je…

La baronne n'a qu'à arquer un sourcil pour que le malheureux retienne à son tour son souffle. Elle se détourne ensuite de cet employé dont la figure vire au rouge pivoine et s'adresse aux autres :

– Mon dernier défilé a été un triomphe. Dois-je vous lire le compte-rendu qu'en a fait *Tattletale* ?

Sans même attendre de réponse, elle s'empare d'un journal. Estella reconnaît la rubrique Mode qu'elle-même lit avidement tous les jours.

– « Les créations de la Maison Baronne éblouissent par une réinvention du trapèze, avec coupe en biais et une ligne relevée qui redessine la sil… »

En contrebas, l'asthmatique inspire bruyamment. La baronne s'interrompt.

Puis, les sourcils froncés, elle reprend :

– … la silhouette avec une audace folle, qui lui vaut immédiatement un tonnerre d'applaudissements. La baronne est un authentique génie. »

Ce dernier mot prononcé, la baronne acquiesce.

– Dois-je relire ce passage ? « La baronne est un authentique génie. »

Elle replie le journal.

– Un triomphe. Un de plus. Prenez le temps de le savourer.

Un court instant, les employés semblent se détendre. Des sourires se dessinent sur leurs lèvres. L'asthmatique respire. La baronne les laisse profiter de ce bref bonheur. La suite n'en sera que plus délectable pour elle. Lorsqu'elle sent que chacun s'est calmé, elle jette son journal, le charme est rompu.

– Assez ! prononce-t-elle. Passons au nouveau défilé. J'exige la perfection ! Au travail !

Ses ordres donnés, la femme pivote sur ses talons et regagne son bureau. Être la patronne est un pur délice. Être la patronne la plus effrayante du monde de la mode l'est encore plus. La baronne s'autorise un sourire quand elle prend place dans son fauteuil. Ce qu'elle peut aimer sa vie…

Estella ne sait que faire. L'atelier bourdonne de nouveau, mais elle n'est pas sûre de devoir se transformer elle aussi en abeille. Jeffrey remarque sa perplexité et tape des mains pour attirer son attention.

– Toi, la fille de la vitrine, prends un mannequin, du tissu, et prépare-nous quelque chose. La baronne réclame des looks.

Un hochement de tête sec, et il s'en va.

C'est tout ? « Prépare-nous quelque chose » ? Estella hésite. Elle observe les autres stylistes qui s'affairent. Chacun semble avoir une idée précise en tête. Mais depuis quand travaillent-ils ici ? Les modèles qu'ils préparent leur ont peut-être demandé des semaines, voire des années d'efforts. Et elle-même devrait en créer un sur-le-champ ? Elle ne sait même pas où se procurer du tissu.

Estella prend une longue inspiration et redresse les épaules. Elle n'est pas arrivée jusqu'ici en lambinant. Si la baronne veut un nouveau look, elle va lui en confectionner un ! La jeune femme repère une porte à l'autre bout de l'atelier et s'y dirige. C'est ici que sont entreposés les tissus, elle y trouvera peut-être d'autres choses.

Bien vu. Sitôt la porte franchie, Estella arrive dans une cage d'escalier. Des rangées de tissus occupent l'espace. Malgré la pénombre, les couleurs vives ressortent. Estella sourit. Voilà qui devrait faire l'affaire !

Elle se met en quête de tissu. Un mètre par-ci, un mètre par-là. Mousseline, soie, jean ; toutes les matières possibles et imaginables sont là. Estella se retrouve très vite les bras chargés. Elle peut regagner l'atelier.

L'heure qui suit, elle se plonge dans le travail. Les bruits de l'atelier s'estompent à mesure qu'elle dessine, plie, découpe, épingle et coud. Elle n'avait pas d'idée à la base mais, comme toujours, c'est une fois le tissu en main qu'une silhouette a commencé à prendre forme dans son esprit. Sans se l'expliquer, elle a été attirée par des matières roses. Peut-être à force de travailler les coloris ternes qui lui permettent de passer inaperçue ? Ou bien parce qu'elle est de bonne humeur ? Toujours est-il que, point par point, les différentes nuances de rose s'associent ; leurs dégradés subtils forment un ensemble à la fois simple et accrocheur…

Et quand Estella se redresse pour s'étirer, elle constate que le silence a envahi l'atelier. Bien que nouvelle dans la maison, elle sait que cela ne peut signifier qu'une chose : la baronne arrive. Les stylistes ont pris place à côté de leurs mannequins, les mains jointes en signe de nervosité. Estella va se placer à côté du sien et attend la suite.

Comme de juste, la baronne entre dans l'atelier. Sans un mot, elle défile devant les mannequins, les détaille et les jauge en une fraction de seconde.

– Ridicule, commente-t-elle pour le premier.

– Farfelu, attribue-t-elle à un autre.

Elle s'arrête ensuite devant un modèle particulièrement original, un patchwork rehaussé de motifs de perles complexes.

– Vous êtes viré, décide-t-elle.

La voici enfin devant la création d'Estella. Elle s'arrête devant le mannequin. Estella retient son souffle. Elle sent peser sur elle les regards des autres stylistes tandis que la baronne examine sous tous les angles la ligne simple de sa robe. La tête inclinée, celle-ci marque une pause qui semble s'éterniser.

– Pas mal, déclare ensuite la patronne.

Estella s'apprête à relâcher son souffle, lorsque la baronne se saisit d'un rasoir et, d'un geste vif, retire l'excédent de tissu. Estella avait prévu de le faire ; il ne lui a manqué que cinq minutes. Toutefois, elle doit reconnaître qu'elle n'aurait pas fait aussi bien. En quelques coups de rasoir, la baronne a épuré la ligne de la robe. Une dernière retouche, et c'est terminé. Estella, elle, grimace : la lame l'a entaillée au passage.

– Aïe, souffle-t-elle.

Un point rouge vient d'apparaître sur sa main.

– Pourquoi parles-tu ? lui renvoie la baronne.

Estella lui montre sa main et explique :

– Toutes mes excuses. Je crois que vous m'avez coupée.

– Hmm.

La maîtresse des lieux saisit la main d'Estella et l'approche de son visage.

Elle inspecte de près la goutte de sang, puis lance par-dessus son épaule :

– Tissu ! Apportez-moi un rouge du même ton !

Sur ce, sans ajouter un mot, elle s'en va. Estella la suit du regard. Son cerveau turbine à cent à l'heure. La baronne n'a pas détesté sa création, certes… Mais elle n'a pas dit non plus qu'elle l'aimait. Enfin, elle ne l'a pas renvoyée, au moins…

Ce n'est déjà pas si mal, non ?

Cruella

CHAPITRE 9

Une relation particulière

Les jours se suivent et une routine agréable s'installe. Du moins, autant qu'une routine puisse être agréable quand on travaille pour une styliste impitoyable, sujette aux accès de colère et susceptible à la frustration. Estella arrive toujours très tôt le matin, avant ses collègues. Jusqu'à l'heure du déjeuner, elle s'enferme dans son petit monde : elle dessine, elle coud, elle rapièce. Chaque jour apporte un nouveau rouleau de tissu et une nouvelle inspiration.

Puis, au moment où le ventre d'Estella se met à gargouiller, la baronne fait son apparition dans l'atelier. Le point positif, c'est que sa présence suffit en général à calmer l'estomac de la jeune femme. Le point négatif, c'est qu'elle ne sait jamais de quelle humeur sera la patronne.

Certains jours, elle est froide – synonyme de « gentille », chez elle. D'autres jours, elle est glaciale, et parfois même, pire encore. Il n'empêche, tant que cette femme continuera de l'inspirer et de lui permettre de progresser, Estella saura s'accommoder de son caractère.

Les jours se suivent, donc, et même si Estella est littéralement vidée lorsqu'elle rentre au repaire, elle n'a jamais été aussi heureuse de sa vie.

Un jour, en fin de matinée, alors qu'elle s'apprête à peaufiner un croquis, elle entend les cliquetis des escarpins de la baronne à la porte de l'atelier. Estella pose son stylo et se met au garde-à-vous. Un coup d'œil à la pendule : 11 h 30. C'est en effet presque l'heure à laquelle la baronne envoie un employé lui chercher son déjeuner.

Un instant plus tard, l'intéressée paraît – Jeffrey à son côté, comme toujours. La patronne parcourt du regard l'atelier, puis son regard se pose sur Estella.

– La souillon, prononce-t-elle.

Estella jette un coup d'œil à sa tenue. La baronne s'adresse-t-elle à elle ? Elle a pourtant lavé ses habits hier soir. Ses mains sont toutefois maculées d'encre, il est vrai.

– Mon déjeuner.

Et elle enchaîne par une commande si détaillée qu'elle ferait frémir la plus expérimentée des serveuses. Estella l'écoute attentivement, s'efforce de mémoriser chaque détail. Les tranches de concombre devront avoir une épaisseur précise. Les brins de persil devront être en nombre précis. Il faudra en outre qu'ils soient « ciselés, et non hachés ». Estella hoche la tête et s'éclipse avant d'avoir tout oublié.

Heureusement pour elle, la baronne est une habituée d'un certain restaurant où l'on ne s'émeut pas lorsqu'Estella répète la commande. La jeune femme se ronge les ongles : la préparation semble s'éterniser. Or la baronne déteste qu'on la fasse attendre. Le repas enfin prêt, Estella court le livrer.

Elle s'arrête à la porte du bureau. Celle-ci est ouverte, mais deux hommes sont en train de discuter avec la baronne. Le visage de cette dernière est un masque. Estella hésite à entrer.

– Nos grands magasins écoulent vos collections, dit l'un des hommes. Alors nous estimons que vous pourriez peut-être nous donner des infos.

L'autre inconnu, vêtu du même costume que son compagnon, acquiesce et précise :

– Des détails.

La baronne hausse un sourcil impeccablement épilé.

– Soit, déclare-t-elle.

Les deux hommes se détendent déjà, mais elle poursuit :

– Je vais vous en donner, des détails : vous êtes petit, vous êtes gros, vous sentez les anchois, vous êtes daltonien mais vous le cachez.

Le plus petit des deux visiteurs gigote nerveusement sur sa chaise. Estella croit deviner qu'il cherche à vérifier s'il sent vraiment l'anchois.

La baronne s'adresse ensuite au second :

– Votre chiffre d'affaires a chuté de douze et demi pour cent, votre fréquentation de quinze.

L'homme s'étonne manifestement d'entendre ces chiffres.

– Oui, embraie la baronne, j'ai mes sources. Votre magasin n'a pas été remis à neuf depuis la dernière guerre : les clients ne savent plus s'ils doivent y faire leurs emplettes ou se mettre à couvert.

Estella écoute avec un mélange de peur et de fascination. Elle n'a jamais entendu personne s'exprimer avec tant d'audace et d'assurance, surtout pas une femme. C'en est jubilatoire. Estella espère cela dit qu'elle n'aura jamais à subir pareil traitement.

Et la baronne n' a pas terminé.

– L'essentiel du budget rénovation, vous le détournez sur un compte suisse.

Lorsqu'elle précise le montant exact, les deux hommes pâlissent.

– Bien, j'ai fini, conclut-elle, une note de satisfaction dans la voix. À votre tour. Je vous écoute.

Les visiteurs se lèvent en vitesse.

– Au revoir, bredouille le plus grand des deux avant de prendre la poudre d'escampette.

Son collègue l'imite, et tous deux frôlent Estella en sortant. La jeune femme est quasi sûre d'en avoir entendu un renifler.

Au même instant, la baronne lève la tête.

– Déjeuner ! réclame-t-elle. Maintenant !

Estella se presse de la servir, en espérant que le repas n'a pas refroidi, et que les sept brins de persil – ciselé et non haché – n'ont pas fané.

La baronne se penche afin d'examiner le plat d'aussi près qu'elle examinerait un croquis. Puis elle hoche la tête et déclare :

– Enfin quelqu'un de compétent.

Le compliment fait rougir Estella, qui s'apprête à la remercier quand un bruit l'interpelle à la porte : un jeune homme vient de trébucher en entrant dans le bureau.

– Et un incompétent… soupire la baronne.

À la grande surprise d'Estella, elle continue de s'adresser à elle.

– Voici Roger, mon avocat. Il passe le plus clair de son temps à jouer du piano dans un bar miteux.

– Bonjour, intervient Roger.

Les mains pleines de documents, il fait tout de même signe aux deux femmes.

– Bonjour, lui répond Estella.

Et comme la formule lui semble un peu courte, elle ajoute :

– Le piano, c'est joli.

La baronne ne leur prête aucune attention : elle prélève deux tranches de concombre de son déjeuner, s'allonge dans la chaise longue installée dans le coin de son bureau, et les dépose sur ses yeux.

– C'est l'heure de mes neuf minutes de sieste intense, annonce-t-elle. Estella, mets mon repas de côté.

Elle sait comment je m'appelle ! s'enthousiasme l'intéressée tout en exécutant l'ordre. C'est la première fois qu'elle entend la baronne appeler un employé par son prénom. Que faut-il en conclure ? Y a-t-il du changement ?

Estella verse le reste du repas dans une boîte puis se tourne vers sa patronne.

– Bon, dit-elle.

Au même instant, Roger demande :

– Pourrais-je…

Mais la baronne dort déjà.

Estella et Roger échangent un regard puis quittent le bureau sur la pointe des pieds. Estella sait qu'il vaut mieux ne pas réveiller un chien qui dort si on ne veut pas qu'il vous morde. Son entrevue avec la baronne s'est plutôt bien passée, autant ne pas risquer de tout gâcher.

Estella angoisse. La baronne lui accorde toujours des bribes d'attention, mais combien de temps cela va-t-il durer ? Dès lors, chaque requête formulée, chaque minute à l'atelier, chaque croquis est source de tension. Et ce matin ne déroge pas à la règle. La baronne est sortie sur le balcon qui entoure son bureau juste avant midi et a demandé, ou plutôt *ordonné*, à Estella de la rejoindre. Quelques instants plus tard, la jeune femme est assise à l'arrière de la voiture de la baronne. Désignant du menton le carnet qui ne quitte jamais Estella, celle-ci lui demande de reprendre une vieille esquisse.

Puis elle se laisse aller sur la banquette en cuir moelleuse face à Estella, et entame son déjeuner tandis que son employée se met au travail.

Au gré du trajet, la voiture tressaute sur un nid-de-poule. La baronne semble prendre pour une offense personnelle le piteux état des rues. Son regard se pose ensuite sur le carnet qu'Estella a sur les genoux.

– Une doublure, peut-être ? dit-elle.

Estella incline la tête. Bonne idée, en effet.

– Un peu de tulle permettrait de l'étoffer, propose-t-elle en brodant sur la suggestion de sa patronne. De lui donner du corps.

La baronne hoche la tête, prend une dernière bouchée de son repas avant de jeter le reste par la vitre.

Au regard surpris que lui lance Estella, elle hausse les épaules et déclare :

– Pour les voisins. Ils me haïssent. Une femme qui travaille, une fortune récente… Mais bon, quitte à ce qu'ils me détestent, autant leur fournir une raison.

Tout à coup, elle avise le portail du manoir d'Ipswich et se redresse.

– Ah, nous arrivons.

Estella écarquille les yeux à mesure que la voiture approche du manoir. De part et d'autre de l'allée se dressent des plantes impeccablement entretenues : pas une fleur ni une feuille ne dépasse. Le gravier lui-même semble avoir été aplani, si bien que l'on ne ressent pas le moindre cahot. Mais tout cela n'est rien en comparaison de la bâtisse. Celle-ci compte des dizaines de fenêtres et dépasse d'un étage toutes les résidences voisines. Les domestiques sortent se mettre en rang afin d'accueillir la maîtresse de maison.

La voiture s'arrête et la baronne refuse d'un geste la main que lui tend son chauffeur. Elle ignore également les domestiques, et entre directement. Chemin faisant, elle ôte ses gants et son chapeau. Les deux gardes du corps qui ne la quittent jamais restent à proximité, tandis qu'un trio de dalmatiens accourt en aboyant. La baronne les ignore, eux aussi.

Derrière elle, Estella a du mal à tenir le rythme. Son regard reste rivé sur les chiens. En général, elle aime ces bêtes mais… pas les dalmatiens, pas depuis la nuit où trois d'entre eux ont tué sa mère. Estella ravale d'ailleurs la nausée qui lui monte à la vue des trois molosses qui se tiennent à côté de la baronne.

Cette dernière la conduit jusqu'à sa chambre. Une chambre plus vaste que l'atelier de l'entrepôt.

Le plafond culmine à plus de six mètres de hauteur, les murs sont tapissés d'un riche papier peint. Sous ses pieds, Estella sent une moquette épaisse.

La baronne se plante devant un miroir en pied où elle attend que deux domestiques viennent l'habiller. Elle reste figée comme un mannequin, une moue aux lèvres, tandis qu'on lui fait enfiler sa robe.

Estella, elle, se met à crayonner dans son carnet, inspirée par ce qu'elle voit autour d'elle.

– Estella !

La voix de la baronne fait sursauter la jeune femme, qui retourne aussitôt à la page sur laquelle elle travaillait dans la voiture.

– Le corsage. Le plus fin possible, peut-être. Bijoux !

Ce dernier mot s'adressait à John, le valet de chambre. Celui-ci presse aussitôt la main contre le mur du fond. Un panneau secret coulisse, révélant une porte fermée à clé. John sort la clé de sa poche, ouvre la porte et disparaît de l'autre côté.

– Le corsage, l'as-tu dessiné le plus fin possible ? demande ensuite la baronne à Estella.

Pour toute réponse, celle-ci hoche la tête. Elle se concentre sur son dessin. Quelques instants plus tard, le valet de chambre reparaît avec un plateau de bijoux. La baronne descend du piédestal sur lequel elle se tenait et s'avance vers lui.

L'air absent, elle tâte diamants, saphirs, rubis et émeraudes. Elle écarte certaines des plus petites pierres avant de se décider pour un ensemble diamant : collier, boucles d'oreilles et énorme bague.

– Bien, prononce-t-elle en se retournant. De quoi ai-je l'air ?

– Vous êtes fabuleuse, lui répondent d'une même voix toutes les personnes présentes.

La baronne ne réagit pour ainsi dire pas à ce compliment mécanique.

– Estella, embraie-t-elle à la place. Montre-moi.

L'intéressée la rejoint aussitôt. Elle tend le carnet sur lequel elle a dessiné le modèle dicté. La baronne acquiesce sèchement.

– Comment t'y serais-tu prise ? demande-t-elle.

Estella hésite. La styliste attend-elle qu'elle la contredise ? Est-ce un piège ? Après un temps de réflexion, elle prend un risque : elle apporte quelques retouches à l'esquisse puis elle la soumet à sa patronne en retenant son souffle.

La baronne examine la page un long moment.

– Je pense que tu es… un sacré numéro, affirme-t-elle enfin.

Sur ce, sans un mot de plus, elle tourne les talons et sort de sa chambre, son personnel sur les talons.

Cruella

CHAPITRE 10

La baronne démasquée

Estella a mal aux yeux. Voilà près d'une heure qu'elle scrute une esquisse punaisée sur le mur du bureau de sa patronne pour tenter de « l'améliorer ». La baronne, elle, est assise à sa table de travail. Elle pointe les défauts les uns après les autres. Chaque fois qu'Estella dessine une amélioration, elle la punaise à côté du modèle pour comparer. Les critiques ne la dérangent pas, elles lui permettent de progresser. Et bien qu'elle n'apprécie pas vraiment la baronne, elle respecte énormément son coup d'œil. C'est ce qui lui permet d'encaisser les commentaires et les remarques acides.

– Un détail m'irrite, déclare justement la baronne en examinant le dernier dessin. Or, je me fie toujours à mon instinct.

Estella exécute en vitesse une autre esquisse, qu'elle punaise au mur.

– Je pensais qu'on pourrait peut-être resserrer la silhouette ? suggère-t-elle.

– Oh, tu « pensais », n'est-ce pas ? ironise la baronne.

Estella désigne du menton le nouveau dessin. Elle a pris de l'assurance dans son rôle. Cependant, elle n'ose toujours pas contredire sa patronne. Du moins, jusqu'à aujourd'hui.

– Je trouve ça mieux, affirme-t-elle.

Un silence tendu s'installe, Estella se mord la lèvre. Mais à sa grande surprise – et à son grand plaisir –, la patronne acquiesce.

– En effet, c'est mieux, convient-elle.

Ces mots dits, elle pivote sur son siège au moment où un rayon de soleil entre par le vasistas et illumine son collier.

Estella retient son souffle. C'est le collier de sa mère – celui qu'elle a perdu la nuit du drame, treize ans auparavant. Elle ne l'avait pas encore remarqué. Il était caché sous le foulard de la baronne. À présent qu'elle le voit, elle en a la nausée. Que fait-il au cou de cette femme ? s'interroge Estella en essayant de réprimer les tremblements qui agitent ses mains.

– Votre collier, prononce-t-elle d'une voix tout aussi tremblotante.

La baronne se sert une tranche de concombre dans l'assiette posée devant elle sans paraître relever l'émotion sur les traits d'Estella ou l'incrédulité dans son regard.

– Un bijou de famille, se contente-t-elle d'indiquer. Il a une histoire amusante, d'ailleurs. Une employée me l'avait volé.

– Non ! Ce n'est pas vrai !

Les mots sont sortis tout seuls.

La baronne adresse un regard froid à Estella. Lui tenir tête pour un croquis c'est une chose, mais personne ne lui parle sur ce ton.

Estella se ressaisit très vite et affiche un sourire respectueux. Mais son esprit cavale. Comment a-t-elle pu ne pas se rendre compte plus tôt ?

La baronne. La femme chez qui sa mère et elle ont fait irruption sans y être invitées. La femme aux trois grands dalmatiens. C'est une seule et même personne.

Estella était jeune, à l'époque, et la fameuse soirée est voilée d'une telle peine que son cerveau a dû oublier les traits de la femme. Mais tout lui revient à présent. La maîtresse de maison en haut du grand escalier, vêtue à la façon de Marie-Antoinette, et qui ensuite n'a pas esquissé un geste quand sa mère est tombée dans le vide. Les aboiements des chiens, le cri muet d'Estella.

Cette dernière se force à revenir au présent.

– Navrée. Je me suis trompée d'intonation. Je m'étonnais : « Non ! Ce n'est pas vrai ? » Elle travaillait pour vous ?

La jeune femme croise les doigts pour que son stratagème soit crédible.

Il faut croire que c'est le cas, puisque la baronne acquiesce et précise :

– Autrefois, oui. Elle m'avait volé ce collier et a eu la sottise de revenir. Après quoi elle a chuté du haut d'une falaise, et elle est morte.

– Quelle horreur… souffle Estella.

La bile lui monte. Comment la baronne peut-elle évoquer la mort de sa mère avec autant de légèreté ?

– C'est arrivé au cours de mon bal de l'hiver. Sa mort a vraiment éclipsé le reste des festivités, ajoute la baronne en s'étirant et bâillant. Bien, c'est l'heure de ma sieste intensive. Réveille-moi dans neuf minutes.

– Tout à fait, répond Estella d'une voix guillerette.

Elle ne quitte pas des yeux la baronne. Elle se retient de toutes ses forces d'aller lui écraser son poing dans la figure. La mort de sa mère, qui a fait d'elle une orpheline, n'aura été pour cette femme qu'un *dérangement* ? Un incident pendant sa réception ? Estella inspire à fond, canalise sa colère. Elle ne pourra pas modifier le passé, en revanche, elle peut tenter d'obtenir des réponses aux questions qui tournent dans sa tête depuis treize ans.

– Que représentait cette femme, à vos yeux ? reprend-elle d'une voix la plus normale possible.

– Pas grand-chose, à vrai dire, affirme la baronne en allant s'installer dans sa chaise longue. Elle est venue m'expliquer que j'avais beaucoup de chance dans la vie. Qu'elle-même avait une enfant, une petite chose fragile, bla-bla-bla. En résumé : elle voulait m'extorquer de l'argent.

Estella serre les dents. Ce n'est pas du tout ce qui s'était passé.

– Elle a peut-être agi par amour pour son enfant ? suggère-t-elle.

– Elle n'avait qu'à s'occuper d'*une* personne, et elle a lamentablement échoué, surtout, lui rétorque la baronne.

Ces paroles font à Estella l'effet d'une gifle. Oui, sa mère l'aimait. Oui, elle a tout sacrifié pour elle. Et la baronne la considère comme une moins que rien.

Ignorant les tourments qui agitent Estella, la baronne s'allonge et dispose les tranches de concombre sur ses yeux. L'instant d'après, elle ronfle. Estella scrute le collier qu'elle a au cou. Si proche. Il lui suffirait de…

Brusquement, des voix lui parviennent du couloir. Des voix qui approchent. Trois secondes plus tard, Jeffrey et Roger pénètrent dans le bureau, suivis de deux assistantes qui transportent une robe somptueuse. Derrière elles viennent les gardes du corps et John, avec le coffret à bijoux portatif de la baronne. Dès qu'il avise Estella, il lui adresse un regard dur.

– baronne, chuchote Roger. Le rendez-vous du Ritz nous attend…

La dormeuse marmonne trois mots fleuris, puis se redresse. Ses neuf minutes de sieste se sont arrêtées à moins de cinq. Elle va être encore plus à cran que d'habitude. Une fois debout, la baronne garde le silence tandis que les deux assistantes l'habillent et la maquillent.

Enfin prête, elle désigne le coffret à bijoux. Coffret dont elle extrait un nouveau collier avant de retirer celui qu'elle a au cou. Estella ne quitte pas des yeux le bijou de sa mère, que la baronne relègue sans cérémonie dans le coffret. John n'en perd pas une miette. Ses yeux s'écarquillent légèrement – pas par soupçon, non, pour autre chose. Comme s'il comprenait. Puis il referme le coffret.

La baronne peut alors quitter son bureau, suivie par tout son entourage. Estella les regarde s'éloigner. Ses pieds demeurent rivés au sol. Tout ce temps consacré à impressionner la baronne. Tous les espoirs et les rêves qu'elle caresse depuis qu'elle travaille pour cette femme.

Pour *ce monstre.* Un monstre qui se moque que la mère d'Estella soit morte et qu'une jeune adolescente soit devenue orpheline. Un monstre qui ne pense qu'à elle-même et à sa réception débile. Son rêve brisé laisse à Estella un goût de cendre dans la bouche.

Que vais-je bien pouvoir faire, maintenant ? s'interroge la malheureuse alors que son cœur se fracasse à nouveau.

Estella n'est pas prête à regagner le repaire, mais elle refuse de rester une minute de plus dans l'entrepôt. Elle a la nausée rien que de voir le nom de la baronne sur les moindres vêtements, esquisses ou papier jeté à la corbeille.

Elle rassemble ses affaires et s'en va. Elle traverse les rues dans le brouillard, sans réfléchir où ses pas la mènent. Elle marche, obnubilée par la fameuse soirée d'il y a treize ans. Elle n'y a plus songé depuis belle lurette, mais voilà qu'elle lui revient aussi clairement que si elle venait de se jouer.

Sa mère et la baronne qui discutent. Les chiens qui aboient. Et sa mère qui disparaît. La chute du haut de la falaise, dans la mer, en contrebas.

Des années durant, Estella a vécu avec les conséquences de ce drame, qui l'ont jetée à la rue. Pendant la même période, la baronne s'est prélassée dans son beau manoir, y a organisé des fêtes somptueuses, a créé des vêtements de rêve et est devenue la reine de la haute couture. Ce n'est pas juste.

Estella pousse un soupir et découvre que ses pas l'ont conduite à Regent's Park. La fontaine semble luire au clair de lune. La jeune femme s'écroule sur un banc, la tête entre les mains.

Elle sent soudain des regards sur elle et se redresse. À son grand étonnement, Jasper et Horace sont là, devant elle. Jasper a l'air inquiet. Horace, lui… est égal à lui-même.

– Je te l'avais bien dit, fanfaronne celui-ci. Elle vient tout le temps ici.

Estella hausse les épaules. Il n'a pas tort. Mais pourquoi diable Jasper et lui la cherchaient-ils ? Elle lève les yeux et contemple le ciel obscur. Elle se souvient. Ils étaient censés faire un coup, ce soir, dans le quartier des théâtres. Elle n'a pas vu passer l'heure. Hélas, les larmes lui montent brusquement, et un torrent de paroles se déverse par sa bouche.

– Elle a traité ma mère de voleuse. De mère indigne.

Jasper secoue la tête, cherche à comprendre de quoi et de qui elle parle. Et soudain tout s'imbrique.

– La baronne connaissait ta mère ?

Estella opine. Puis elle se lève, lisse sa jupe, se ressaisit.

– C'est elle qui avait organisé la réception où nous sommes allées, ce fameux soir. Ma mère avait travaillé pour elle, autrefois. J'ai perdu le collier dans ma fuite. Elle a dû le trouver.

Le fait de prononcer ces mots à voix haute lui rend la situation encore plus réelle et horrible. Mais cela renforce aussi sa détermination à passer à la prochaine étape, inévitable, depuis qu'elle a revu le collier. Elle n'a pas le choix.

– Je vais le reprendre.

– Le reprendre ? répète Jasper. Tu veux dire, le…

– … Le voler, oui.

C'est précisément ce qu'elle a en tête. La baronne ne va pas conserver l'unique souvenir qu'il lui reste de sa mère.

– Je pourrais le lui demander, mais c'est un tel monstre qu'elle refusera sûrement. Et puis, ce sera plus amusant de le voler.

Estella sourit à Horace, qui hoche la tête.

– Enfin, la cible ! C'est pas trop tôt ! se réjouit le garçon.

– Des bijoux, elle en a des tonnes, lui révèle Estella. Tu pourras *tout* prendre. Le rêve. Notre dernière mission.

Jasper hésite, lui. Il ne veut pas d'une dernière mission. Sa vie lui convient très bien comme elle est.

– Une tonne de bijoux, c'est toujours sympa, accepte-t-il quand même.

– Une affaire aussi classe, embraie Horace en bombant le ventre, c'est fait pour moi.

Estella enlace ces deux garçons qui sont devenus sa famille. Certes, ils ne sont pas liés par le sang, mais ils sont là les uns pour les autres… toujours. Et maintenant, Horace et Jasper vont l'aider à récupérer ce qui lui revient de droit.

Tout ce qui leur manque, c'est un plan.

CHAPITRE 11

Estella peaufine son plan

Estella a toujours aimé être le « cerveau » du trio. Ça l'amuse, de préparer les missions, c'est une bonne distraction, cela lui donne l'impression d'exercer un contrôle sur son existence.

Mais cette fois, c'est du sérieux. Elle tient coûte que coûte à récupérer ce collier – et si la baronne doit en souffrir un peu, qu'à cela ne tienne. Elle-même a souffert par la faute de cette femme, ce ne serait qu'un juste retour des choses.

Par bonheur, Estella a découvert que sa patronne était esclave de ses habitudes. Elle prend le même petit déjeuner tous les matins. Elle commande ses repas de midi aux trois mêmes restaurants, à tour de rôle. Elle fait une sieste intensive chaque jour treize minutes précisément après avoir fini de déjeuner. Ses gardes du corps sont les mêmes depuis des années car, si elle en changeait, il lui faudrait s'occuper de former un nouveau duo, et cela lui prendrait du temps. Or, comme elle aime à le répéter : le temps, c'est de l'argent.

La vie de la baronne obéit donc à une grande routine, et cela arrange bien Estella.

La mission de reconnaissance débute dès le lendemain. Lorsqu'elle pénètre dans l'entrepôt, Estella a la sensation de le découvrir pour la première fois. Ce n'est plus à ses yeux un endroit où l'on crée de la mode, où les idées prennent forme, non : c'est une *cible*.

Elle note l'heure à laquelle les gardes du corps arrivent. Elle remarque quels détails les distraient. Dans le bureau de la baronne, elle observe que John a toujours une main sur le porte-clés qu'il a à la ceinture.

– Impossible de récupérer le collier au travail, annonce Estella aux garçons après sa première journée de surveillance. Nous allons devoir frapper là où elle s'y attend le moins : chez elle.

À cela, un seul problème : le manoir d'Ipswich est au moins aussi fortifié que l'entrepôt. La baronne ne prend aucun risque. Caméras. Vigiles. Chiens. Estella est toutefois voleuse depuis assez longtemps pour savoir que toutes les caméras ont un angle mort. Que tous les vigiles ont un point faible. Et que tous les chiens… peuvent être amadoués. Du moins, l'espère-t-elle.

– Rapporte-nous le plus d'informations possible, réclame Jasper, un soir qu'Estella mijote son plan et rouspète.

Elle voulait plier l'affaire en un clin d'œil. Récupérer le collier et filer loin de la baronne. L'opération se révèle, hélas, beaucoup plus complexe…

Il n'empêche, elle sait que Jasper a raison. Plus ils auront d'informations, mieux ils seront préparés. Alors, pendant que la baronne fait une sieste intensive dans sa chambre, Estella en profite pour sortir inspecter les couloirs. Lorsqu'un vigile la repère, elle prétexte une envie pressante et ne quitte pas des yeux la pendule. Neuf minutes, c'est bien peu mais, au bout de quelques jours, elle pense en savoir suffisamment.

Estella passe donc en revue les renseignements récoltés. Elle a tout noté sur des papiers punaisés à un mur du repaire : listes de noms, plans du manoir, dates entourées en rouge, photos des vigiles, liste des sucreries préférées des chiens. Et, au milieu du tableau, une invitation, reliée aux autres éléments par des bouts de ficelle.

– Son bal « Noir et Blanc », annonce Estella aux garçons. C'est là que nous frapperons.

Elle a pris le temps avant de se décider. Le manoir sera plein comme un œuf. Le collier sera, lui, rangé dans le coffre-fort qui abrite tous les bijoux de la baronne. Les vigiles guetteront d'éventuels intrus à l'extérieur et ne s'intéresseront pas à ce qui se passe à l'intérieur. Encore moins à Estella. Après tout, elle a fait la preuve de sa loyauté. Du moins, à ce qu'ils pensent.

– C'est notre plus gros coup à ce jour, estime Jasper, son chapeau serré nerveusement contre sa poitrine.

Estella acquiesce. Il a dit vrai. Leur plan doit être d'autant plus méticuleux. Tous trois doivent être sur la même longueur d'onde.

Avisant Horace allongé sur un tas de papiers, elle soupire.

– Désactiver le système de sécurité, énumère-t-elle, éviter les caméras, ouvrir le coffre… Voler le collier.

Un jeu d'enfant.

– Sortir sans être repérés, ajoute Horace.

Exact. À ne pas oublier. Mais c'est précisément pour cette raison qu'Estella a choisi d'opérer pendant le bal.

– Pendant la plus grande réception de toute la saison, dit-elle pour chasser les doutes de son complice. Il y aura foule, nous n'aurons aucun mal à nous y noyer.

Oui, aux yeux d'Estella, cette opération est des plus simples. Mais lorsqu'elle se tourne vers Jasper, elle constate qu'il fronce les sourcils. Ce n'est jamais bon signe. Cela signifie qu'il cogite.

Et s'il cogite, c'est sans doute qu'il trouve des défauts à son plan.

Estella ne s'est pas trompée. Jasper a bel et bien cogité et écouté. L'attention qu'Estella a porté aux détails l'impressionne, tout comme le plan qu'elle a concocté. Toutefois, il n'est pas entièrement rassuré. Il y a tellement de variables… D'habitude, leurs succès viennent du fait qu'ils ne visent pas trop haut. Ici, la cible est stratosphérique… et personnelle.

Jasper va se poster devant le tableau pour inspecter les différents éléments, comme si eux seuls pouvaient lui fournir des réponses.

– Parle-moi de la diversion, réclame-t-il.

– J'ai découvert qu'elle aime éjecter de ses réceptions les femmes qui heurtent sa conception du bon goût : les dames âgées, celles qui font grise mine, qui portent du vert, ou qui sont accompagnées d'un caniche. Elle éjecte aussi celles dont les tenues sont susceptibles de lui faire de l'ombre.

Jasper hoche la tête. Voilà comment Estella prévoit d'approcher la baronne et le collier.

– On n'a qu'à trouver une femme comme ça, donc, résume Horace.

Jasper lui adresse un sourire. Son ami met souvent du temps, mais il finit en général par comprendre. À son propre rythme.

– La vieille dame, ça me paraît le plus facile, estime Horace.

À sa grande surprise, Estella lève les yeux au ciel. Ce n'est pourtant pas son genre. En même temps, elle n'est plus elle-même depuis qu'elle a découvert le pot aux roses. Horace fait des efforts mais parfois, comme en ce moment, l'attitude d'Estella le met mal à l'aise. Il est son ami. Un frère. Ce n'est peut-être pas une lumière, mais Jasper sait qu'il sera toujours là pour elle.

– C'est *moi* qui vais faire diversion, clarifie Estella.

Un sourire espiègle, et elle ajoute :

– Chaos, destruction, mort… C'est ma spécialité.

Jasper incline la tête et l'interroge du regard. La jeune femme tressaille, manifestement gênée. Jasper sait bien qu'elle a dit cela pour plaisanter. Mais de là à évoquer la mort… C'est un peu exagéré. Il songe d'ailleurs à la reprendre mais finit par hausser les épaules.

– C'est toi qui vois, déclare-t-il à la place. Mais elle ne va pas te reconnaître ?

– Ce serait un souci… abonde Horace.

– J'imagine, concède Estella.

– Et dans ce cas, tu ne risques pas de perdre ta place ? insiste Jasper. Une place que tu adores.

– Une place qu'il t'a obtenue, rappelle Horace.

Estella et Jasper se tournent instantanément vers lui. Pour quelqu'un qui a toujours du mal à suivre, il a le chic pour faire mouche.

Estella baisse les yeux. Jasper devine qu'Horace a touché un point sensible. Il n'imagine pas ce qu'elle peut endurer, ni ressentir. Ni Horace ni lui-même n'étaient présent, ce soir-là. Ils n'ont pas vu la baronne tourner froidement le dos à la mère d'Estella. Ils n'étaient pas présents lorsqu'elle a traité le drame comme un vulgaire désagrément. Il sait que cette histoire dépasse le simple cas du collier, mais il sait également qu'Estella ne l'admettra jamais. Et même si Horace et lui ont raison, elle s'est donné trop de mal pour renoncer maintenant. Le collier ne sera accessible dans le coffre qu'un court laps de temps.

Estella redresse la tête, ses traits se figent.

– Je veux le reprendre, clame-t-elle.

Jasper grimace en lui entendant une voix si dure.

– Si c'est bon pour elle, c'est bon pour moi, approuve Horace en haussant les épaules.

Estella opine puis se tourne vers le mur. Jasper a raison. Elle ne lui donnera jamais la satisfaction d'admettre qu'elle adore le travail qu'elle s'apprête à perdre, mais elle ne peut nier que la baronne va la reconnaître. À moins que…

– Estella ne peut pas se rendre à ce bal, affirme-t-elle. Mais je sais qui peut y aller.

Estella remonte la rue d'un bon pas. Chemin faisant, elle détaille les magasins. Elle ralentit devant une boutique de vêtements vintage. En plein milieu de la vitrine, un mannequin présente une robe de soirée sensationnelle, assortie à une veste exubérante tout en couleurs fluo. Ça en jette, ça palpite, ça crépite – c'est tout à fait son style.

La jeune femme entre aussitôt dans la boutique. Une clochette tinte lorsque la porte s'ouvre puis se referme derrière elle. L'endroit, minuscule, est rempli d'étagères proposant tous les types d'habits imaginables : des hauts colorés, des pantalons à fleurs, des robes amples, des robes courtes, des cuissardes, des escarpins, des bandeaux fluo… Tous les styles des trois dernières décennies sont empilés ou suspendus là.

Estella est conquise. Perché sur une chaise, un homme grand, aux cheveux coiffés à la

David Bowie, tape sur le climatiseur cassé. Il s'arrête dès que la clochette tinte et se tourne vers Estella.

– Bienvenue chez « Second Time Around », pépie-t-il. Je suis Artie. Mais tu peux m'appeler Art. Comme dans « œuvre d'art ».

Estella hoche la tête et réplique :

– Votre look est à tomber par terre.

En effet, l'homme n'a pas que la coiffure de Bowie : il lui a aussi emprunté le maquillage en forme d'éclair en travers du visage, l'*eye-shadow* subtil qui fait ressortir ses yeux et le blush qui met en valeur ses joues. Le résultat est stupéfiant.

– On me le rabâche à longueur de journée, avoue l'homme en haussant les épaules. J'en conclus que c'est la vérité.

– Et dans la rue, comment est-ce perçu ? le relance Estella.

– J'ai droit à des insultes, naturellement. Mais j'aime à dire que « normal » est la pire des insultes et celle-ci, au moins, je ne l'entends jamais.

Estella esquisse un sourire. Cet Artie est visiblement son âme sœur. Entre la vitrine de sa boutique et la tenue qu'il arbore, tout indique qu'Estella et lui parlent la même langue, en matière de mode. La jeune femme a le pressentiment qu'ils vont très bien s'entendre.

– J'ai besoin d'une robe, annonce-t-elle. Une robe de bal. Et je veux en mettre plein la vue à tout le monde.

Artie désigne sa boutique d'un geste ample puis déclare :

– Eh bien tu n'auras que l'embarras du choix, Cendrillon. J'ai tout ce qu'il faut pour les filles et les garçons. Si tu peux le rêver, je peux le trouver.

Estella inspecte déjà étagères et rayons comme une gosse dans un magasin de bonbons.

Artie n'a pas menti. Il y a bien ici tout ce qu'il lui faut, tout ce dont elle rêve. Du Dior millésime 1956, du Chanel 1952. Des robes noires, des robes blanches, des robes colorées. Difficile de préférer un modèle plutôt qu'un autre… Toutefois, son regard ne cesse de retourner à la robe rouge de la vitrine.

– baronne 1965, indique Artie, à qui rien n'échappe. Collection d'hiver.

Estella opine.

– J'avais remarqué, dit-elle. C'est ce qui s'appelle le destin.

Roux.

Depuis qu'elle a fait la rencontre de Jasper et Horace, Estella utilise la même nuance de teinture capillaire. Pour la plupart des femmes, ce serait un choix osé. Mais étant donné les couleurs naturelles d'Estella, ce roux vif a plutôt quelque chose de rassurant. Pourtant, aujourd'hui, il doit disparaître.

Elle tourne le robinet et attend que l'eau tiédisse – elle n'est jamais vraiment chaude, au repaire. Les yeux rivés sur le tourbillon au fond du lavabo, Estella inspire à fond. Elle s'apprête à modifier une partie de sa personne qui la définit depuis des années. Le jour où elle s'est teint les cheveux pour la première fois, elle souffrait. Sa mère n'était plus. Elle-même était sans abri. Elle venait tout juste de faire la connaissance de Jasper et Horace. Dissimuler sa véritable identité ne la choquait pas, au contraire, c'était une nécessité.

Mais au fil des ans, elle s'est prise de passion pour cette couleur. Une couleur qui lui correspond désormais ; une couleur qui la distingue de l'adolescente qu'elle a été. Néanmoins, si elle veut réussir son projet de récupérer le collier de sa mère, et ce, *incognito*, elle doit se débarrasser de ce roux vif.

Estella passe la tête sous le robinet et regarde la teinture filer dans la bonde. L'eau vire peu à peu du rouge vif au rose avant de redevenir transparente. Quand Estella se redresse, la jeune femme qui soutient son regard dans le miroir lui est à la fois familière et étrangère. Elle lui adresse un signe de tête.

C'en est fini. Le moment est venu de passer à l'action.

CHAPITRE 12

Les choses sérieuses

La première partie du plan repose sur Horace et Jasper. Le premier nommé s'en réjouit mais ne peut s'empêcher de noter qu'Estella angoisse un peu.

Pour plus de sûreté, elle a passé en revue le plan avec eux de nombreuses fois. Horace sait ce qu'elle attend d'eux. Son chien, Clin d'œil, est lui aussi au taquet. Estella tient coûte que coûte à récupérer son collier et, pour cela, elle va devoir faire confiance à ses complices.

Au volant de la camionnette de l'entreprise de dératisation, Jasper observe les voitures qui stationnent devant le manoir d'Ipswich. À sa gauche, Horace détaille les riches et élégants invités qui descendent des berlines et se dirigent vers la bâtisse. Chacun est tout de blanc ou tout de noir vêtu. Aux yeux d'Horace, ils se ressemblent tous, et c'est d'un terne… Sur ses cuisses, Clin d'œil se met à geindre. L'animal n'aime pas être séparé de Bandit, mais Estella a insisté pour garder ce dernier avec elle. C'est sans doute préférable. On maîtrise plus facilement un chien que deux.

Dans l'océan d'opulence noire et blanche qui borde le manoir, la camionnette verte de Jasper et Horace fait tache. Jasper se gare à l'écart des riches automobiles, juste au-dessus d'une bouche d'égout. Horace descend le premier, après quoi Jasper se glisse sous le véhicule, soulève la plaque et attend qu'Horace lui indique que la voie est libre. Ensuite, il foncera rejoindre le PC sécurité du manoir pour accomplir sa mission.

Une petite tape à Clin d'œil pour le rassurer, et Horace regarde le petit chien qui s'éloigne. Le jeune homme prend alors une profonde inspiration et se dirige vers l'entrée de service.

– Je suis venu aussi vite que j'ai pu, annonce-t-il à l'agent de sécurité qu'il rencontre à la porte.

– C'est une réception privée, lui répond le vigile d'une voix blanche.

– Les vermines dont je m'occupe n'ont pas besoin de carton d'invitation, vous savez. Elles entrent et elles mordent les riches invités. Leurs victimes ont d'abord l'écume à la bouche, puis les yeux qui se révulsent. Enfin elles meurent. Et le vigile qui est resté les bras croisés… ma foi… il est fichu.

L'agent secoue la tête.

– Joli speech, ironise-t-il. Mais je ne marche pas.

Exactement la réaction qu'avait prévue Horace. La suite du plan peut s'enclencher. Pendant qu'Horace servait son « joli speech » au vigile, Clin d'œil s'est mis en position discrètement. Le moment est venu de passer à la vitesse supérieure. Horace ouvre de grands yeux en scrutant un point derrière l'agent.

– Ne bougez pas ! ordonne-t-il d'une voix apeurée. Surtout, ne vous retournez pas.

Forcément, le vigile pivote sur ses talons. Clin d'œil lui bondit alors à la figure. Le malheureux pousse un cri strident tandis que l'animal s'engouffre dans le manoir.

– Qu'est-ce que tu attends ! Ne reste pas planté là ! lance le vigile à Horace.

Comme il n'a pas bien vu le chien, il croit que c'est l'une des vermines dont Horace lui parlait.

– Va le chercher !

Horace hoche la tête et il profite de ce que le vigile scrute dans le couloir pour faire signe à Jasper. Celui-ci se glisse dans la bouche d'égout.

– Je serais vous, je me laverais les mains, conseille-t-il ensuite à l'agent de sécurité.

Sur ce, il pénètre dans le manoir tandis que Jasper chemine par les égouts. Dans quelques instants, Jasper aura accès au système de sécurité du manoir, et il pourra mettre en place une boucle sur les caméras. Les agents en poste devant les moniteurs regarderont de vieilles images. Ils seront pour ainsi dire aveugles.

L'opération a pris moins de trois minutes. Jasper et Horace ont à présent la main sur le manoir tout entier. Tout est en place pour l'entrée en scène d'Estella.

Anita Darling est furieuse. Elle a supplié en vain son patron de ne pas lui confier ce reportage au bal « Noir et Blanc » de la baronne. C'est au-dessus de ses moyens. Elle examine la pauvre robe bon marché qu'elle a dû se résoudre à enfiler et réprime un grognement. Bon marché… elle lui a tout de même coûté plus d'une semaine de salaire.

À vingt-cinq ans, elle aurait espéré s'être déjà fait un nom dans le journalisme. Elle espérait couvrir des sujets brûlants, ou au moins avoir droit à la une. Hélas, elle doit encore se contenter d'articles de mode pour *Tattletale*. Les lectrices raffolent des événements comme le bal de ce soir, pour lequel les invités sont priés de ne porter que du noir ou du blanc. Malheureusement, Anita a l'impression de perdre un peu plus son âme chaque fois qu'elle signe un papier…

Son appareil photo (lui aussi garni de tissu blanc pour l'occasion) en main, Anita prend quelques clichés de la foule et des décorations. À ses yeux, tout cela est… *too much.* Elle n'aurait pas cru que des experts du style puissent commettre ce genre de faux pas, mais le projet de la baronne la dépasse. Tout cela n'a ni relief ni âme. Anita s'apprête à photographier une dame vêtue de ce qui ressemble à une peau de lézard quand elle aperçoit la baronne qui descend l'escalier de la salle principale.

La baronne la repère au même instant et se dirige vers elle.

– Mademoiselle Anita Darling, prononce-t-elle d'une voix toute condescendante.

– baronne ! réplique Anita en se forçant à sourire. Je ne saurais trop vous remercier d'avoir offert l'exclusivité de ce bal à *Tattletale.*

La maîtresse des lieux la scrute de la tête aux pieds. À tel point que la jeune journaliste en rougit.

– Non, reprend la baronne, si vous étiez *vraiment* reconnaissante, vous auriez observé les consignes.

À ces mots, elle saisit le sac blanc d'Anita. Cette dernière grimace. Il y a en effet une petite tache d'encre bleue près du bas.

– Mon stylo a dû couler, explique la jeune femme avec un rire nerveux. Les risques du métier…

– Ce que vous écrivez n'intéresse personne, ma chère. Ce qui compte, c'est mon look.

Sur ce, la baronne part se mêler à la foule des invités pressés de lui offrir leur adoration. Au passage, elle jette le sac insolent d'Anita dans un seau à glaçons.

Anita enrage que cette femme ait vu juste. Tout le monde se moque de ce qu'elle écrit, du moment que l'article est accompagné d'une photo de la baronne. *Ce serait formidable si, pour une fois, quelqu'un pouvait lui voler la vedette*, songe-t-elle en récupérant son sac.

Mais quelle chance cela a-t-il d'arriver chez la baronne ? Pendant *son* bal ?

Estella inspire à fond et se concentre. Elle a tout bien planifié. Elle a anticipé toutes les éventualités, tous les scénarios. Tout a été passé en revue à de multiples reprises. Alors dans ce cas, pourquoi stresse-t-elle ?

Certes, si elle se fait prendre, elle risque d'être arrêtée. Si on la reconnaît, elle risque de perdre son travail. Et si les deux se produisent ? Dans ce cas, elle imagine qu'elle se fera arrêter *et* renvoyer. Mais le jeu en vaut la chandelle… du moment qu'elle peut mettre la main sur le collier.

Une dernière inspiration, elle calme les battements de son cœur et franchit la porte du manoir. Son long manteau blanc recouvre sa robe ; une capuche dissimule ses cheveux. Elle évolue au milieu des invités, à la fois visible et anonyme. Elle sourit. Pour l'instant, tout se passe comme sur des roulettes.

Sous son bras, à l'abri du manteau, Bandit gigote. Estella le presse délicatement puis le dépose par terre. L'animal disparaît aussitôt sous la première table venue. Lorsqu'elle est sûre qu'il ne risque rien, Estella se rapproche d'une table sur laquelle trône une pyramide de coupes de champagne. En équilibre sur leurs pieds fragiles, les coupes remplies de liquide doré scintillent.

Estella observe le serveur qui vient regarnir son plateau puis repart offrir des rafraîchissements. La baronne, elle, se poste sur une marche de l'escalier. Elle attend que le silence se fasse. Estella se rapproche de la pyramide de coupes. Elle attend, elle aussi.

La baronne jubile. Elle fait durer le plaisir, laisse les regards se poser sur elle et sa magnifique robe. Elle se pavane, tourne et ondule de sorte à montrer la robe sous tous les angles, à mettre en valeur chaque détail exquis. Estella entend un appareil photo qui cliquette en rafale. Une jeune femme de son âge immortalise la scène. Estella réprime un grognement. C'était à prévoir… La baronne se donne en spectacle. Demain, elle compte bien faire la une de *Tattletale*.

Mais l'article sera plus croustillant qu'elle ne le pense, songe Estella avec une pointe d'espièglerie.

– À ma santé ! proclame la baronne en levant enfin sa coupe.

La foule l'imite. Chacun porte son verre à ses lèvres, entrouvre la bouche, quand soudain…

VLAN !

Le tonnerre d'une centaine de coupes qui se fracassent emplit l'immense salle. Tous les regards se détournent instantanément de la baronne et se posent sur Estella.

Debout à côté de la pyramide détruite, la jeune femme hausse les épaules comme pour dire « Oups ».

Tout le monde l'observe, et elle seule remarque Horace et Clin d'œil (à présent déguisé en rat) qui entrent par la porte de service. Bien. Tout se passe comme prévu. Dans la foule qui l'entoure, Estella adresse un signe de tête à un vieux monsieur. Celui-ci semble un peu fragile, un peu effrayé – un court instant, Estella culpabilise pour ce qui va se produire. Mais très vite, elle chasse ce sentiment.

– Auriez-vous du feu ? demande-t-elle au monsieur.

Celui-ci hoche la tête, fouille ses poches et en sort une pochette d'allumettes. Pochette dont il extrait puis enflamme une allumette, avant de la tendre à Estella. Il hésite toutefois et semble se demander ce que cette jeune fille compte en faire. Elle n'a pas de cigarette à la main, après tout…

Estella accepte l'allumette avec un sourire, et la lâche aussitôt. Le tissu blanc de son manteau et de sa capuche se désintègre alors dans une bouffée de flammes. L'incendie s'achève très vite, révélant la robe rouge sang qu'Estella porte en dessous, ainsi que ses cheveux noirs et blancs. La jeune femme lève les yeux vers la baronne et soutient son regard.

Échec et mat, triomphe-t-elle intérieurement tandis que la baronne s'efforce de rester zen. La célèbre styliste fusille du regard deux agents de sécurité.

– Amenez-la-moi, l'entend siffler Estella.

– Vivante ? l'interroge un des deux hommes.

– Dans un premier temps, acquiesce la baronne.

Les deux vigiles s'approchent d'Estella.

– Pas d'histoires, la prévient le plus grand des deux.

– Pour ça, c'est un peu tard, lui rétorque Estella avec un sourire.

Vexé, l'agent s'apprête à l'empoigner par le bras. Mais Estella réagit au quart de tour et lui écrase la main avec la canne qu'elle a apportée.

Puis elle lève la voix de sorte que tout le monde puisse l'entendre et s'écrie :

– Aïe ! Mon bras ! Il est sûrement cassé !

Comme prévu, des murmures anxieux parcourent la foule.

Et Estella insiste :

– Oui, il est cassé. Y a-t-il un médecin dans la salle ?

Pour parfaire l'illusion, elle laisse pendre mollement son bras. Tous les regards sont rivés sur elle. La confusion règne, à juste titre. Pourquoi la baronne a-t-elle réagi de façon aussi extrême ? s'interroge-t-on. Cette fille a renversé la pyramide de champagne par accident, voilà tout…

Estella, elle, avait justement prévu cette réaction. Elle sent le regard glacial de la baronne alors même que les vigiles approchent toujours. Quand l'un d'eux s'apprête à la saisir, Estella l'esquive puis le fait trébucher avec sa canne. Le souffle momentanément coupé, celui-ci gigote par terre. Pour Estella, c'est le moment ou jamais. Elle se penche sur sa victime, lui murmure des excuses en toc et en profite pour lui faire les poches.

Lorsqu'ensuite elle se redresse, elle sourit à la foule captivée et déclare :

– Vous noterez que j'ai fait tout cela chaussée d'escarpins.

Dans la foulée, elle lance sa canne en l'air et la fait tournoyer. Elle suit du regard le vol plané que font les clés qu'elle avait posées au bout de la canne. Sur le balcon, Horace n'a qu'à tendre la main pour s'en emparer, ni vu ni connu. Estella capte son regard à l'instant où sa canne lui retombe dans la main. Elle hoche la tête. Bien, une nouvelle étape de réussie.

C'est alors qu'elle voit Horace porter son talkie-walkie à son oreille. Le garçon grimace. Sans doute un problème avec la boucle vidéo censée protéger l'accès au coffre… C'est un point crucial du plan. Estella y a apporté une attention particulière dans sa préparation. La baronne ne sort jamais ses bijoux, ceux-ci restent toujours au coffre. Et jamais de la vie, elle ne portera le collier bon marché de Catherine pour un événement aussi prestigieux que ce bal. Si Jasper communique avec Horace, c'est donc forcément qu'il y a un souci avec la boucle vidéo. Les vigiles vont avoir accès aux vraies images des caméras. Cela sent mauvais. Ils doivent rester « aveugles ».

Et justement, l'instant d'après, Horace pousse un cri. Le trio passe au plan B, apparemment. Et puisqu'Horace vaporise frénétiquement un faux raticide sur Clin d'œil, Jasper doit être en train de réparer les caméras, estime Estella. Elle doit gagner du temps pour permettre à Horace de pénétrer dans la pièce au coffre.

C'est alors qu'elle avise d'autres vigiles qui arrivent en renfort. Elle est cernée. Sans issue.

Du moins, apparemment.

– Mais bien sûr… prononce-t-elle avec le plus d'assurance possible en la circonstance. À six contre une, vous allez gagner. Toutefois, les deux premiers qui interviendront vont s'en mordre les doigts. Je vous laisse décider qui se sacrifie.

Les hommes hésitent. Puis avec un haussement d'épaules, l'un d'eux s'approche d'Estella par-derrière et la saisit par l'épaule. Vive comme l'éclair, la jeune femme brandit sa canne et la lui écrase sur la figure. Sa victime grogne ; un collègue prend le relais. Là encore, Estella manie sa canne comme une épée et frappe son assaillant à la poitrine, puis au menton.

– Est-ce le deuxième ? demande-t-elle avec un plaisir évident. J'ai perdu le fil.

Sur ce, elle pivote pour faire face à un troisième vigile. L'homme croise son regard à la seconde où elle abat sa canne. D'un geste expert, il parvient à saisir la canne à temps. Le bras de fer qui s'engage fait grogner Estella, mais l'homme parvient à lui enserrer les bras.

À l'autre bout de la salle, la baronne approuve d'un hochement de tête.

– Amenez-la-moi, répète-t-elle.

Le vigile s'exécute. Estella se retrouve face à la baronne. Elle se fige. De si près, la créatrice va sûrement la reconnaître… C'est alors qu'Estella remarque le collier que celle-ci a au cou. C'est le collier de Catherine. Ça, songe-t-elle tandis que la baronne invite chacun à reprendre le cours de la réception, *je ne l'avais pas vu venir.*

Cruella

CHAPITRE 13

Face à face

– Qui êtes-vous ? demande la baronne à Estella en se dirigeant vers une petite alcôve. Votre visage m'est vaguement familier…

– J'ai surtout beaucoup de style, lui répond Estella.

Ouf ! La grande prêtresse de la mode ne l'a pas reconnue. Estella endosse alors le rôle de la mystérieuse fashionista qu'elle a longuement préparé.

– Pour ce qui de paraître familière, je ne sais pas, chérie… ajoute-t-elle.

La baronne est presque soufflée par cette réplique. *Presque.* Elle plisse les yeux, désigne du menton la chevelure d'Estella.

– Est-ce naturel ?

– Qui dit bal « Noir et Blanc »… répond Estella de manière évasive. J'aime marquer les esprits.

– Tout à fait… Et comment vous appelez-vous ?

Estella sent les battements de son cœur qui s'accélèrent. Elle n'avait pas anticipé cette question. Elle ne peut pas révéler sa véritable identité, mais elle ne peut pas non plus rester bouche bée, comme un poisson sur la berge. Son cerveau turbine, cherche un pseudonyme. Son regard se rive sur celui, froid, de la baronne. Celle-ci a quelque chose de profondément méchant et vindicatif dans les yeux. Ils lui rappellent le Rouquin qui lui faisait vivre un enfer à l'école.

Et aussitôt, elle sait quoi répondre :

– Cruella, annonce-t-elle.

Pour la première fois depuis qu'elle la connaît, Estella croit voir passer de l'approbation sur les traits de la baronne.

– Mais c'est fabuleux, enchaîne cette dernière. Et c'est vous-même qui avez dessiné ceci ?

Elle montre du doigt la robe rouge.

– Non, c'est vous. Pour votre collection de 1965.

Estella marque une pause afin de laisser ses paroles faire leur effet.

Puis elle ajoute :

– Je l'ai corrigée.

La baronne plante son regard dans celui d'Estella. Un long moment, toutes deux se mesurent, se jaugent en silence. Après quoi la baronne hoche la tête.

– Rien d'étonnant à ce qu'elle me plaise, reprend-elle ensuite sans relever la pique. C'est une des miennes. Je ne me rappelle pas vous avoir invitée.

– Moi non plus, renvoie Estella avec davantage d'assurance à mesure qu'elle entre dans son nouveau rôle. Et pourtant, me voici.

La baronne va prendre place dans le plus grand des deux fauteuils de l'alcôve. Le dossier est haut, et le rembourrage ferme. *Un trône pour une reine de glace,* estime Estella. La baronne lui désigne l'autre fauteuil, plus petit, et lui dit de s'asseoir.

– J'insiste, ajoute-t-elle. La situation m'intrigue – or, rien ne m'intrigue jamais.

Tandis qu'Estella s'approche du fauteuil, les trois dalmatiens de la baronne font leur entrée. La jeune femme en a le sang qui se fige. Ces molosses sont gigantesques, chacun plus grand que le précédent. Estella s'efforce de calmer sa respiration alors qu'un souvenir flou lui revient en un éclair : une masse noire et blanche fondant sur elle quand elle se cachait derrière une haie. Il ne peut tout de même pas s'agir des mêmes chiens qui ont attaqué sa mère ? La baronne les aurait-elle remplacés par des modèles identiques, comme un sac à main ?

Prenant, à tort, le masque de peur d'Estella pour de l'admiration, la baronne appelle l'un des chiens et lui caresse le crâne de ses longs doigts.

– Ne sont-ils pas splendides ? s'extasie-t-elle. Et méchants. Mon cocktail préféré.

Estella ravale la boule qu'elle a dans la gorge et frôle les dalmatiens pour aller s'asseoir. Les monstres grognent alors, comme s'ils la reconnaissaient.

La baronne offre une coupe à son invitée surprise et lui demande :

– Dites-moi ce que vous recherchez.

Elle boit une gorgée de bulles dorées sans quitter Estella des yeux.

– Vous vouliez manifestement attirer mon attention, précise-t-elle.

Estella trempe les lèvres dans sa coupe. Et elle qui espérait rester à bonne distance de la baronne…

– Je crois, improvise-t-elle, que j'aimerais connaître votre secret.

La baronne hoche la tête, comme si elle s'attendait à cette question.

– Deux heures de sommeil par nuit, détaille-t-elle. La peur comme mode de gouvernance. Le génie créatif. Une détermination sans faille. Un instinct de tueuse face à la concurrence.

Tout en écoutant la baronne, Estella repère Bandit, qui s'est glissé incognito dans l'alcôve et qui se cache maintenant sous la table basse qui sépare les fauteuils. Un coup d'œil aux dalmatiens.

Par chance, ils n'ont pas flairé le petit chien, mais cela ne saurait tarder.

– D'où mon interrogation, poursuit la baronne. Êtes-vous ma concurrente, Cruella ?

Estella redresse brusquement la tête.

– Question piège, fait-elle. Si je réponds oui, je risque gros. Disons que je suis peut-être une nouvelle amie ?

La baronne lui adresse un sourire condescendant.

– Je n'ai pas d'amie, ma chère.

– Vous devez mener une existence bien solitaire…

– Je ne trouve surtout personne qui satisfasse mes critères d'exigence, alors je suis mieux ainsi.

Une pause. Une gorgée de champagne.

– Et vous ? Que recherchez-vous ?

La question prend de nouveau Estella au dépourvu. La jeune femme hésite et se demande quoi répondre.

Ce faisant, elle lève les yeux et retient son souffle. Au balcon, Horace est en train de se faire reconduire par deux agents de sécurité ! Estella espère n'avoir rien trahi de son émotion.

Elle boit un peu de champagne, puis déclare :

– Je cherche à être comme vous.

Sans surprise, la baronne acquiesce, comme si elle s'attendait à cette réponse.

– Vous êtes une femme très puissante, ajoute Estella.

– Je vais vous donner un conseil. Si vous parlez du pouvoir, c'est que vous n'en possédez aucun.

La styliste tourne son regard vers la grande salle où la foule est encore compacte. Ces gens sont ici pour une seule raison : approcher la baronne. Estella regarde dans la même direction. Malgré la haine que lui inspire cette femme, elle doit bien reconnaître qu'elle a raison. Elle possède un pouvoir infini et s'en sert comme d'une arme.

– Je n'en possède pas, en effet. C'est pour cela que je dois en parler. D'où ma présence ici.

Estella a compris que la flatterie était sa meilleure alliée.

– Vais-je devoir vous laisser me rattraper ? demande-t-elle ensuite. Ou allez-vous tenir mon rythme ?

La baronne reste un moment sans rien dire. Estella craint d'être allée trop loin. Et puis un sourire étire lentement les traits de la dame.

– Vous êtes formidable, décide-t-elle.

Estella expire. Au même instant, elle avise Jasper, à la porte de service, dans l'uniforme de domestique qu'elle lui a confectionné. Bien. Lui, au moins, ne risque rien. Mais la partie est encore loin d'être gagnée. Estella a besoin d'un peu de temps pour finir le travail.

– Donc, reprend-elle, votre collection de 1968. J'ai adoré votre approche des broderies. Dites-m'en plus.

– D'où venez-vous ? préfère demander la baronne.

Estella prend une gorgée de champagne et hausse les épaules.

– Du Nord, on va dire. Juste à la limite. Et plutôt à l'Ouest.

La réponse est aussi floue que farfelue. La baronne se cale dans son fauteuil. L'éclairage de l'alcôve fait scintiller le collier, et Estella cherche un nouveau moyen de s'en emparer. Sur le balcon, les vigiles scrutent quelque chose, aux pieds d'Horace. Clin d'œil, croit deviner Estella. Déguisé en rat, le chien doit sans doute accomplir sa part du travail.

Au même instant, elle aperçoit Jasper qui approche. Elle doit agir, et vite.

Mais elle n'a pas le temps de prendre une décision que la baronne vide sa coupe et annonce :

– J'ai aimé notre petit entretien. Toutefois, je vais vous faire arrêter pour violation de propriété privée.

Estella ouvre de grands yeux. Cela non plus, elle ne l'a pas vu venir !

Heureusement pour elle, Jasper intervient : il a en main un plateau garni d'une assiette sous cloche. Un clin d'œil à Estella, puis il retire la cloche dans un mouvement élaboré, et révèle trois gros rats.

– Un rat ? s'étrangle Estella.

Elle se lève d'un bond. La baronne l'observe, un sourcil arqué.

– Oui, confirme-t-elle avec un calme surprenant. Trois, pour être précise.

Sous les regards affolés de quelques invités proches, un des rats se jette alors sur les cuisses de la baronne. Pile la diversion qu'attendait Estella ! La laissant se débattre avec le rongeur, la jeune femme se glisse derrière elle et subtilise le collier. Collier qu'elle confie ensuite à Bandit. Celui-ci file, incognito, le butin dans sa gueule.

Une seconde plus tard, la baronne porte une main à son cou.

N'y sentant pas le précieux bijou, elle s'écrie :

– On m'a volé mon collier !

Horace réagit au quart de tour. Il se dégage de ses gorilles, enjambe la balustrade et prend pied sur le rebord. Hélas, ce rebord est trop étroit pour un gaillard de sa corpulence, et le malheureux dérape. Dans sa chute, il se rattrape à une tenture. Le mouvement l'envoie valser contre un mur, et le choc transperce le sac de gaz qu'il portait sur le dos. De la fumée s'en échappe, et Horace atterrit dans l'énorme gâteau qui attendait là. Glaçage et génoises volent dans tous les sens tandis que la table s'écroule sous le poids d'Horace.

Le bal sombre dans le chaos le plus total. À l'écart, la baronne scrute les invités qui paniquent. Certains détalent. D'autres se réfugient sur les chaises ou les tables en chassant les rats – réels ou imaginaires. D'autres encore se contentent de crier. La baronne, elle, secoue la tête.

– Qu'est-ce que c'est que cette farce ? s'étrangle-t-elle.

Estella s'efforce de dissimuler sa jubilation. Elle a réussi. Ses complices et elle n'ont plus qu'à s'éclipser. Mais sitôt que cette pensée lui vient, Estella note que la baronne plisse les yeux. Elle suit son regard et aperçoit Bandit, qui court vers la sortie, le collier dans sa gueule.

– Le chien ! s'exclame la baronne. Arrêtez-le !

Elle sort un petit sifflet d'une poche de sa robe, le porte à sa bouche et souffle dedans. Un sifflement perçant emplit l'air. Une fraction de seconde plus tard, les dalmatiens apparaissent, les babines retroussées, les poils de la nuque dressés.

Mais ce ne sont pas leurs grondements qui effraient Estella. Non, c'est le bruit. Ce sifflement lui a fait comme un coup de poignard en plein cœur. Elle se rappelle l'avoir entendu la nuit où sa mère est morte. Tel un film qu'elle ne pourrait pas interrompre, la scène se rejoue dans sa mémoire :

la baronne qui dit trois mots à sa mère et, l'instant d'après, sort un sifflet – ce même sifflet – pour souffler dedans. Estella avait alors entendu dans son dos les pas et les grognements des chiens... Les molosses avaient sauté par-dessus son corps accroupi, les yeux rivés sur leur maîtresse... Celle-ci pointait du doigt la mère d'Estella...

La vérité apparaît comme un éclair illuminant le ciel. La chute mortelle de sa mère n'a pas été un accident. La baronne avait lâché ses chiens sur elle. Ce sont eux qui l'ont fait basculer dans le vide.

La baronne a tué la mère d'Estella.

CHAPITRE 14

Nouvelle résolution

Les aboiements résonnent dans la salle de bal – les cris des invités aussi – mais c'est à peine si Estella les entend. Sa tête et son cœur sont embrumés par la peine.

Elle tente encore d'apaiser son cœur emballé quand les bruits de la salle lui reviennent. Elle promène son regard alentour : c'est le grand bazar. La réception a perdu toute élégance. Les invitées sont décoiffées, les invités ont leurs tenues déchirées, et le sol est jonché de chutes de tissus noirs et blancs.

Tout à coup, Estella sent qu'on la prend par le bras. Elle se tourne, prête à se défendre, mais se détend sitôt qu'elle avise Jasper. D'un hochement de tête, celui-ci lui signifie de le suivre. La baronne, distraite, ne voit même pas Estella s'enfuir.

Dans sa course, cette dernière aperçoit Bandit, devant elle, le collier toujours calé dans la gueule. Elle l'encourage intérieurement tandis qu'il se rapproche de la porte. Mais les trois dalmatiens le talonnent, et leurs grondements forcissent à mesure qu'ils gagnent du terrain. Estella retient un cri à l'instant où l'un d'eux se jette sur Bandit.

Son petit chien disparaît sous une masse de poils noirs et blancs. Estella perçoit un glapissement, après quoi Bandit reparaît. Il n'a pas lâché le collier. Mais cela ne dure pas : le dalmatien le lui arrache d'un coup de mâchoire. Et, surpris lui-même, il l'avale !

Estella écarquille les yeux. Jasper et Horace ne la croiront jamais. S'être donné tout ce mal…

pour perdre le collier de cette façon ? C'est trop injuste.

Emportés par la foule des invités cherchant à fuir l'invasion des rats, les trois amis sortent du manoir. Devant eux, les berlines attendent leurs propriétaires. Les chauffeurs échangent des noms d'oiseaux et jouent du volant pour tenter de quitter les lieux. Leurs patrons eux-mêmes passent la tête par la vitre pour joindre leurs voix au concert.

Estella repère enfin leur camionnette, mais grogne aussitôt. La fourrière est en train de l'enlever…

– On a un plan C ? demande Horace.

Estella pousse un soupir. Comment la situation a-t-elle pu leur échapper à ce point ? Elle avait anticipé tous les scénarios. Elle avait peaufiné les moindres détails. Et pourtant, les voilà dans l'impasse. Elle secoue la tête. Non, elle ne va pas se laisser démonter par un problème de fourrière. Laissant Horace et Jasper marmonner entre eux, elle s'approche d'une voiture au moteur éteint. La DeVille brun clair et or de la baronne ! Parfait.

Estella se glisse sur le siège conducteur. Un coup d'œil pour s'assurer que personne ne l'a remarquée, et elle déboîte le panneau situé sous le volant. Puis elle rapproche deux fils dénudés et… le moteur rugit soudain. Un sourire aux lèvres, Estella passe la première et fonce prendre Jasper et Horace. La foule s'écarte devant elle.

– Montez ! lance-t-elle à ses complices.

Ceux-ci n'hésitent pas une seconde. Jasper se jette sur le siège passager tandis qu'Horace et les deux chiens prennent place à l'arrière. Dans un crissement de pneus et une gerbe de gravier, Estella disparaît dans la nuit.

Estella ne relève pas le pied avant que le manoir ne soit plus qu'un point minuscule dans son rétroviseur et que les lumières de Londres apparaissent devant elle.

Un coup de volant à droite ; elle négocie un virage à une allure folle. Jasper se cramponne à son siège.

– J'ignorais que tu savais conduire, s'étonne-t-il.

– Moi aussi, lui avoue Estella.

La fureur n'a pas quitté ses yeux. Ses mains sont toujours crispées sur le volant. Elle se doute qu'elle doit avoir l'air d'une folle, mais elle s'en moque.

Dans un nouveau virage, elle entend vaguement Horace et les chiens grogner lorsqu'ils valsent d'un bout à l'autre de la banquette.

– Estella ? s'inquiète Horace.

La jeune femme ne lui répond pas.

– Stella ? essaie à son tour Jasper. Tout va bien ?

L'intéressée demeure là encore muette. Elle préfère accélérer. La voiture atteint bientôt une vitesse dangereuse. Estella braque violemment pour éviter un piéton qui traverse devant elle. Les pneus hurlent.

– Freine !

La voix de Jasper la fait sursauter. Estella écrase la pédale de frein ; la voiture s'immobilise dans une longue glissade. Essoufflée, Estella descend du véhicule en titubant. Elle a l'impression que le monde l'oppresse. Elle s'essuie les yeux d'un geste rageur, mais les larmes continuent d'inonder ses joues. Dans son dos, elle entend Horace et Jasper qui descendent à leur tour. Elle ne se tourne pourtant pas vers eux. Elle préfère admirer le ciel, où la brume éclipse les étoiles.

C'est alors que ses épaules se voûtent et qu'elle lâche un sanglot.

– La baronne a tué ma mère, annonce-t-elle.

Ces mots ont encore plus de poids quand elle les prononce tout haut. Elle en a la nausée.

– Qu'est-ce que tu racontes ? la relance Jasper.

– Le sifflet, explique Estella. Elle a appelé ses chiens. Je n'y étais pour rien. J'ai toujours cru que, si j'étais restée dans la voiture, tout aurait pu être différent. Si moi-même j'avais été différente… Mais elle a tué ma mère, comme si sa vie ne comptait pas !

Sonné, Jasper cherche ses mots.

– La vache, finit-il par souffler.

Il n'a toutefois pas besoin d'en dire plus. Quelque chose a changé chez Estella. Raconter ce qui s'est passé lui a conféré du pouvoir. Son regard s'affine. Ses épaules se redressent. Puis, d'un hochement de tête, elle pivote sur ses talons et remonte en voiture.

– Partons, dit-elle aux garçons.

Jasper et Horace s'interrogent du regard, échaudés par ce premier trajet fou. Ils montent enfin en voiture, et veillent à boucler leur ceinture, cette fois. Ils n'ont pas achevé leur geste qu'Estella appuie sur l'accélérateur et que le bolide s'enfonce dans la rue noire.

– Tu comptes faire quoi ? demande Jasper, lorsqu'il s'est remis du démarrage éclair.

Estella se tourne vers lui. Un sourire froid et diabolique étire son visage. Lorsque la voiture passe dans le halo d'un réverbère, les cheveux blancs de la jeune femme brillent intensément tandis que les noirs restent dans l'ombre. L'effet est glaçant.

– Elle m'a tout pris en me faisant croire que c'était ma faute, déclare Estella. Alors maintenant… C'est mon tour.

– Mais de quoi tu parles ? s'inquiète Jasper.

– De vengeance, répond très simplement Estella.

– Tu sais ce qu'on dit : « La vengeance fait toujours deux victimes. »

– Je croyais que c'était « La vengeance est un plat qui se mange froid » ?

– Non, ça, c'est pour le pâté en croûte, intervient Horace, depuis la banquette arrière.

Estella lui adresse un coup d'œil par le rétroviseur. Horace est calé entre les deux chiens, heureux comme un pape.

– Pardon ? le relance-t-elle.

– Le pâté en croûte, ça se mange froid, clarifie Horace.

– Bref ! s'exaspère Estella.

Le ton de sa voix fait sursauter les garçons, surtout Horace. Ce n'est pas la première fois qu'il tombe à côté de la plaque mais, en général, Estella ne s'en émeut pas.

Là, elle a beau s'efforcer de rester calme, c'en est trop. Elle doit se concentrer. Jasper et Horace aussi.

– Bref, répète-t-elle, la baronne a détruit ma vie. Et moi, je vais lui rendre la pareille.

Et elle part d'un rire sinistre. Oui, elle va lui rendre la pareille – et plutôt deux fois qu'une.

La baronne va chuter de son trône. Et Estella sera aux premières loges.

Cruella

CHAPITRE 15

Vengeance

Estella sait qu'Horace et Jasper préféreraient se faire oublier quelque temps. Elle a surpris leur conversation depuis sa chambre quand ils ont regagné le repaire. Jasper, surtout, a envie de calme. À ses yeux, la réception de la baronne leur a pompé trop d'énergie, de ressources… et a failli très mal tourner.

Estella, elle, refuse d'attendre. Elle veut se venger, et tout de suite. Sa nuit est agitée. Si elle ferme les yeux, elle est assaillie de visions de chiens, de falaises… Le visage cruel de la baronne aussi lui apparaît. Si elle ouvre les yeux, elle a devant elle le mur constellé d'esquisses et de dessins censés lui valoir les faveurs de la baronne.

Lorsqu'enfin le soleil pointe à l'horizon, Estella a passé une nuit blanche. Et lorsqu'elle entend Jasper et Horace qui attaquent leur petit déjeuner, elle est habillée, prête à passer à l'action.

Au second niveau, Estella débarque dans l'espace que le trio a aménagé en « cuisine ». Jasper et Horace mangent des céréales, installés à une table branlante. Les pas de leur amie captent leur attention. Tous deux ouvrent de grands yeux. Il est à peine neuf heures du matin, pourtant Estella arbore déjà une superbe robe de soirée – noire, ajustée, la coupe sévère. Elle semble prête à se battre. La jeune femme passe une main dans ses cheveux noirs et blancs ; ses yeux cernés de khôl se plissent.

– Bonjour, vous deux, lance-t-elle d'une voix guillerette qui ne colle ni à son attitude, ni à l'expression de son visage.

Ces mots dits, elle balaie les bols de céréales qui s'écrasent par terre. À la place, elle plaque sur la table un journal ouvert à la rubrique mode. Le titre saute aux yeux : DES RATS ET UNE MYSTÉRIEUSE INCONNUE ! Une grande photo montre Estella – la mystérieuse inconnue – dans son manteau embrasé. Sur d'autres, plus petites, on voit les rats qui fusent entre les pieds des invités.

– À nous de jouer, annonce Estella.

– Tu ne comptes quand même pas la tuer, si ? s'inquiète Jasper.

– Pas pour l'instant, indique Estella. Mais nous devrons peut-être l'envisager.

– Donc c'est un « non » ? tente de clarifier Jasper.

– Si tu as entendu un non, c'est un non.

La formule n'est pas faite pour rassurer Jasper, qui blêmit encore plus.

– Passons au collier, embraie Estella. L'un des dalmatiens l'a avalé. Je ne saurais dire lequel. Vous allez donc devoir les enlever tous les trois.

Jasper en reste bouche bée.

– Hein ? s'étouffe-t-il. De quoi tu parles ?

Estella lève les yeux au ciel. Ce ne sera pas la première fois qu'ils basculent dans l'illégalité. Si Jasper se met à avoir des états d'âme, ils n'ont aucune chance de réussir !

– Chéri, réplique-t-elle avec le même accent snob que lorsqu'elle incarnait Cruella. Si tu m'obliges à me répéter, ça va mal se passer.

Jasper n'en croit pas ses oreilles, mais Estella poursuit sans relever :

– Le collier est entré par un côté, il ressortira par l'autre. C'est la nature.

Le premier ordre de la journée donné, elle se dirige vers le vieil ascenseur du loft. Dans son dos, elle entend Horace qui marmonne. Elle croit reconnaître les mots « petit déjeuner ». Mais bon, au moins, il ne rechigne pas. Contrairement à Jasper.

– Et la suite, c'est quoi ? l'interpelle celui-ci. Tu vas où, d'abord ?

Sans même se donner la peine de se retourner, Estella fait le geste de chasser une mouche et déclare :

– Cela ne regarde que moi.

Puis, sans un mot de plus, elle monte dans la cabine.

Et tandis que les portes se referment, elle entend Jasper qui soupire :

– Ce n'est pas comme ça que l'on travaille, d'habitude, observe le garçon.

Certes. Mais les habitudes ont changé. *Tout* a changé, désormais.

Estella se rend aux bureaux du *Tattletale*. Chemin faisant, elle repense à son petit échange avec Jasper et Horace et culpabilise. Enfin, plus ou moins… Les deux garçons doivent comprendre ce qu'elle a enduré. Le souvenir de la mort de sa mère lui est revenu en pleine face, comme un coup de poignard en plein cœur. Certes, elle n'aurait pas dû envoyer valser les bols de céréales, ni prendre Jasper de haut, mais c'était une question de survie. De survie et de *vengeance*.

Ces pensées tournent encore dans sa tête lorsqu'elle parvient à la porte du journal. Elle contemple l'immense façade de pierre ainsi que l'enseigne aux lettres d'or. Un mélange de classe et de vulgarité qui résume assez bien le *Tattletale*. Enfin, Estella pousse les portes et entre comme une reine.

Une fois qu'elle a donné son nom à l'accueil, elle n'a pas longtemps à attendre. Le cliquetis des talons d'Anita Darling résonne bientôt dans le hall. La jeune femme se plante devant Estella, un sourire hésitant aux lèvres.

– Anita Darling, ma chérie ! prononce Estella.

Elle fait la bise à distance à la journaliste, après quoi celle-ci la conduit à l'ascenseur. Les deux jeunes femmes montent rejoindre le bureau d'Anita. Elles s'y installent, et la journaliste arque un sourcil.

Estella en fait de même. Elle a reconnu Anita au premier coup d'œil ou presque, pendant le bal. *Même parée de beaux habits,* songe Estella, *elle reste une fille de la campagne.* Anita est donc la même que lorsqu'elle l'a rencontrée, le jour de la rentrée scolaire. La seule fille qui se soit montrée gentille avec elle – du moins, au début.

– Estella ! s'écrie Anita, qui l'a reconnue, elle aussi. Ça fait un bail, dis-moi. Quel bonheur de te revoir. Je n'arrêtais pas de t'épier, hier soir. Et brusquement, ça m'est venu : c'est Estella !

Cette dernière hoche la tête et croise ses longues jambes.

– Et donc, assister aux soirées, prendre des photos, imprimer des ragots… C'est ton métier ?

Anita hausse les épaules, visiblement gênée.

– Ce n'est pas aussi amusant qu'il y paraît, confie-t-elle.

Pour tout dire, Estella se moque qu'Anita aime son travail ou pas. Ce n'est pas ce qui l'a conduite jusqu'aux bureaux du *Tattletale*, ce qui l'a poussée à reprendre contact avec une vieille « copine ».

– Cela me paraît surtout utile, rectifie-t-elle.

Anita incline la tête, intéressée.

Bien, se réjouit Estella. C'est ce qu'elle attendait.

– Je songe à créer ma propre marque, annonce-t-elle. Nous pourrions travailler main dans la main et faire le buzz avec autre chose que cette vieille morue.

Anita reste un moment sans répondre, la mine énigmatique. Elle fixe Estella.

– Tu as toujours cette lueur dans le regard… déclare-t-elle enfin.

– Une lueur ?

– Oui, ça me revient. Tu as un côté… extrême.

Estella sourit. C'est ce côté « extrême » qui lui a permis – et qui lui permet encore – de survivre.

– Dans ce cas, enchaîne-t-elle, tu dois aussi te rappeler que c'est follement amusant !

Puis elle se lève et plaque les mains sur la dernière édition du *Tattletale*. Plus précisément, sur les photos de la baronne.

– Je veux que tu m'aides à leur montrer qui je suis.

Les regards des deux jeunes femmes se croisent. Toutes deux esquissent un sourire.

Estella triomphe. Elle a rallié Anita à sa cause. Elle a réussi à faire les gros titres avec son petit « numéro » d'hier soir. Il ne lui reste plus qu'à surfer sur la vague – en espérant que Jasper et Horace assurent de leur côté.

Pendant qu'Estella négocie avec Anita, Jasper et Horace ont garé leur camionnette en face du salon pour chiens le plus select de Londres. Estella s'est montrée très claire : ils doivent rester en planque jusqu'à ce qu'ils repèrent les dalmatiens de la baronne.

– Ça ne devrait pas être trop dur, leur a-t-elle indiqué de sa voix de Cruella.

Une voix qui ne plaît pas beaucoup à Jasper. En même temps, il n'y a pas grand-chose qui lui plaise dans la situation actuelle. Tout lui semble partir en roue libre. Et les exigences d'Estella se font de plus en plus farfelues. Jasper a l'impression que sa vieille copine lui échappe, qu'elle se complaît de plus en plus dans le rôle de Cruella. Cela n'est toutefois pas sans avantages : Horace et lui ont ainsi passé le gros de la matinée à écouter un match de football retransmis à la radio.

Avisant une petite dame qui conduit un chiot au salon, Horace incline la tête et déclare :

– Tu as déjà remarqué que certains maîtres ressemblent à leur chien ?

À ces mots, il échange un regard avec Clin d'œil. Le chien et lui affichent une mine étrangement similaire. À tel point que Jasper doit réprimer un sourire.

– Non, répond-il en s'efforçant de ne pas rire quand Horace et le chien éternuent en même temps. Jamais remarqué.

Il l'aime comme un frère, ce gaffeur loufoque. Et justement, Horace se plaque une main sur un œil pour découvrir un nouveau couple chien-maître, comme si cela allait lui donner un nouveau point de vue.

Jasper secoue la tête et inspire à fond. Il est temps de passer aux choses sérieuses. S'ils rentrent au repaire sans les dalmatiens – et donc sans le collier avalé par l'un d'eux – Estella sera furieuse. Or, il ne tient pas à affronter de nouveau sa fureur.

– OK, on se concentre, décide-t-il. On a un boulot à faire.

Horace adresse un nouveau coup d'œil à... Clin d'œil. L'animal va jouer un rôle clé pour attirer les dalmatiens hors du salon et jusqu'à la fourgonnette.

– Clin d›œil est un chien adorable, affirme Horace. Je ne suis pas sûr qu'il fasse l'affaire.

– Moi, si, affirme Jasper.

Celui-ci espère que les dalmatiens se rappelleront avoir coursé Clin d'œil pendant le bal. Ou du moins, qu'ils se souviendront de son odeur…

Jasper descend donc du véhicule et conduit Clin d'œil sur le trottoir d'en face tandis qu'Horace ouvre les portières arrière. Par la vitrine du salon, Jasper aperçoit les dalmatiens : l'un est en train de se faire shampooiner, un autre se fait sécher, et le troisième se fait limer les griffes. Tous se tiennent face à la porte. Jasper hoche la tête. Parfait.

Lorsque Jasper pénètre dans le salon, les trois chiens lèvent la tête. Clin d›œil reste un instant fiché sur le seuil, à trembloter. Il n'en faut pas davantage pour que les dalmatiens se mettent à gronder, et bientôt à aboyer. Dans la foulée, ils bondissent de leur tabouret et se jettent sur Clin d'œil. Celui-ci fait immédiatement demi-tour et ressort du salon, poursuivi par les monstres. Horace l'attend ; Clin d'œil se réfugie dans ses bras ; emportés par leur vitesse, les dalmatiens finissent leur course à l'arrière de la camionnette. Horace n'a alors plus qu'à claquer les portières pour les enfermer.

Dix secondes plus tard, Jasper et lui sont remontés à bord du véhicule. Jasper met le moteur et s'engage dans la circulation. Le personnel du salon se demande encore ce qui vient de se passer lorsque la camionnette – et sa luxueuse cargaison – disparaît.

Jasper adresse un sourire à son compère.

– Tu n'es pas obligé de dire que j'avais raison, plaisante-t-il.

Horace secoue la tête. Il n'est pas sûr de bien comprendre : comment peut-on vouloir du mal à un amour tel que Clin d'œil ?

Jasper négocie un virage puis se laisse aller sur son siège. Horace et lui ont kidnappé les chiens. Il ne leur reste plus qu'à attendre que l'un d'eux « produise » le collier…

Estella consulte sa montre. Si Jasper et Horace n'ont pas pris de retard, ils doivent être en train d'attirer les dalmatiens hors du salon de beauté canine. Elle ne saura s'ils ont réussi qu'une fois rentrée au repaire. Pour l'instant, elle va partir du principe que tout se passe bien.

Alors elle se reconcentre sur la prochaine étape : la boutique d'Artie. Estella enfile les rues de Londres sans se soucier des regards qu'elle attire. Elle ne passe pas inaperçue avec sa robe noire moulante, ses cheveux bicolores et sa mine sérieuse, ça, elle le sait. Mais pour une fois, elle ne cherche pas à se cacher. Au contraire, elle veut qu'on l'observe. Qu'on s'ébahisse. Elle s'est dissimulée trop longtemps sous la teinture rousse, sous le mensonge. Elle est prête à dévoiler Cruella au monde entier.

À l'instant où elle pousse la porte du magasin d'Artie, le tintement familier de la clochette lui parvient. Artie lève le nez du *Tattletale* qu'il lisait. Mais dès qu'il aperçoit sa visiteuse, il se repenche sur le journal, puis il examine de nouveau la jeune femme.

– C'est vous, dit-il avec un profond respect dans la voix.

– En effet, confirme Estella.

– Et vous êtes dans ma boutique.

– Pour la seconde fois.

Estella s'avance vers Artie, qui l'observe, confus.

– Je vous ai acheté une robe. C'est moi, Estella.

Artie la remet enfin. Il contourne à grands pas son comptoir afin d'admirer Estella des pieds à la tête. La robe. Les cheveux. Le maquillage. Il acquiesce ensuite, impressionné.

– Tu as fait sensation, dis-moi, commente-t-il. Toutes mes félicitations.

Estella lui sourit. La réaction d'Artie est exactement celle qu'elle espérait. Comme Anita, lui aussi a un rôle capital à jouer dans son projet. Elle avait deviné qu'Anita ne demanderait qu'à l'aider, mais concernant Artie, elle avait des doutes. Apparemment, lui non plus ne demande pas mieux.

Alors elle embraie :

– J'ai besoin d'aide. Je veux faire de l'art, Artie, et je veux mettre la pagaille. Intéressé ?

– À mort, réplique du tac au tac le jeune homme.

Le temps de prendre son manteau, et il ajoute :

– La pagaille, j'adore.

Estella soupire d'aise. Tout en choisissant quelques articles en rayon, elle dicte à Artie la liste de ce dont elle aura besoin. Artie emporte alors sa machine à coudre et une sélection de robes. Estella en profite pour souffler. Elle n'a pas arrêté une minute depuis la nuit dernière. Un peu de détente lui fera du bien ! Mais elle sait que ce n'est pas encore le moment.

Le temps de s'assurer qu'Artie et elle n'oublient rien et elle ressort de la boutique, son nouveau complice avec elle.

Elle vient de faire un pas de plus vers sa vengeance. Et elle a hâte de la servir – chaude ou froide.

Cruella

CHAPITRE 16

Estella ou Cruella ?

Estella pénètre dans le repaire d'une démarche conquérante. Artie la suit de près, ralenti par le poids de la machine à coudre et des robes. Estella repère immédiatement un dalmatien occupé à déchiqueter de vieux livres, tandis qu'un autre accourt vers eux, en renversant une lampe. Le troisième accule Horace dans un coin.

– Ah, vous les avez, dit Estella.

Horace opine nerveusement. Jasper fait son entrée et se fige presque lorsqu'il avise Estella… et Artie.

– Artie, les garçons, présente Estella. Les garçons, Artie.

Le dalmatien qui tient en respect Horace aboie fort ; Horace en tremble.

– Ils sont très agressifs, indique-t-il.

Comme pour le confirmer, les autres chiens se mettent eux aussi à aboyer. Le repaire prend des allures de chenil.

Estella hausse les épaules puis déclare :

– Il faut les promener. Les nourrir.

Ignorant la grimace qui déforme les traits d'Horace, elle ajoute :

– Nous devons récupérer le collier.

– Si tu veux nous aider, ironise Jasper, tu es la bienvenue.

– C'est vrai, enchaîne Horace, pourquoi tu ne les promènerais pas, toi ? Un pour tous et tous, euh… tous pour…

– Tous pour un, crétin, complète pour lui Estella. Ouste !

Elle n'a pas de temps à perdre en enfantillages. Les garçons doivent s'occuper des chiens pendant qu'elle-même gère d'autres affaires. Pourquoi ne le comprennent-ils pas ? Ils ne voient donc pas à quel point cette vengeance lui tient à cœur ?

Il faut croire que non, car Jasper secoue la tête et se rebelle :

– Tu n'as pas le droit de nous parler comme ça. Nous, on t'aide.

– Si c'est cela, arrêtez.

Le silence s'abat dans la pièce. Les chiens eux-mêmes cessent d'aboyer. Estella reste le regard rivé sur Jasper. Elle en a assez de faire des efforts. Si la baronne lui a appris une chose, c'est à s'occuper de sa priorité numéro un. À savoir : elle-même.

Artie observe tour à tour Estella et Jasper. Puis, sa machine calée sur une hanche, il se dirige vers l'escalier.

– Maman et papa se disputent, dit-il pour tenter de dissiper le malaise. Je descends m'installer en bas.

Estella ne lâche toujours pas Jasper des yeux. C'est la première fois qu'ils se disputent pour de vrai, et elle n'aime pas ça. Ça l'agace aussi. Jasper l'a toujours soutenue, et voilà subitement qu'il lui met des bâtons dans les roues. Quel est son problème ? Il devrait savoir que cette affaire dépasse le simple sort de la baronne. Ses dessins attirent l'attention, ses idées font parler. Le rêve qu'elle n'osait même pas faire – créer sa propre marque – lui semble à portée de main, et elle refuse de perdre tout cela. D'autant qu'elle a déjà énormément perdu dans sa vie…

– Tu pourrais être polie, finit par réclamer Jasper.

– Je n'ai pas le temps, lui rétorque Estella. J'ai à faire. Je suis styliste, maintenant.

– Ah bon ? s'étonne Jasper.

Estella hoche la tête puis déclare :

– Garde tes ennemis près de toi.

Sur ce, elle pivote sur elle-même et va fouiller dans une poubelle remplie de costumes et de perruques. Elle en sort une perruque rousse qu'elle agite.

– Voilà ! s'exclame-t-elle. Cruella est restée dans sa boîte bien longtemps. Désormais, c'est Estella qui se contentera d'apparitions fugaces.

Se faire passer pour Estella se révèle plus facile qu'elle ne l'aurait cru. Entre sa perruque rousse et ses lunettes, personne ne la remarque lorsqu'elle fait son entrée dans l'entrepôt de la baronne. Personne, hormis Jeffrey.

Celui-ci l'interpelle immédiatement :

– Elle t'attend, annonce-t-il quand la jeune femme se présente devant lui. Pressons !

Estella se dirige vers le bureau de la patronne mais s'arrête à la porte. À travers le battant de verre, elle aperçoit la baronne, le visage rouge de rage. John se tient à son côté, les traits toujours aussi énigmatiques. La baronne hurle et jette un exemplaire de *Tattletale*, qui atterrit au milieu d'un tas d'autres. Estella y découvre les photos de la baronne pendant le bal, des invités en panique, et de Cruella.

– Je suis la risée du pays ! affirme la baronne, un doigt pointé sur les journaux.

John secoue la tête, s'efforce de l'apaiser.

– Toute publicité est bonne à prendre, baronne, philosophe-t-il.

La remarque lui vaut un regard noir.

Alors il change d'approche :

– Mais là, ils ont un peu trop insisté sur les rats…

Les rats, ce n'est pas ce qui intéresse la baronne.

– As-tu vu ses cheveux ? demande-t-elle.

Derrière la porte, Estella est intriguée par ce qu'elle entend. Pourquoi diable la baronne se soucie-t-elle des cheveux de Cruella ?

– Simple coïncidence, estime John. C'est la mode aujourd'hui, chez les jeunes, à ce qu'il paraît.

Tiens donc… songe Estella. *Il y va un peu fort, là.*

– Tiens donc… fait la baronne, comme en écho à la pensée d'Estella.

Elle non plus ne semble guère convaincue. John insiste pourtant d'un signe de tête et, tandis qu'il s'apprête à se justifier, Estella inspire à fond. Elle ne va pas rester là les bras ballants, non. Elle entre dans le bureau, à la grande surprise de la baronne, qui sursaute. Mais sitôt qu'elle reconnaît Estella, elle fronce les sourcils.

– Ah, la voilà, dit-elle. En retard mais visiblement ravie de perdre trente pour cent de son salaire.

Estella n'a pas même la possibilité de répliquer, sa patronne poursuit :

– Prends un carnet.

Estella s'exécute, s'arme également d'un crayon et attend la suite. La baronne sort sur le balcon qui jouxte son bureau. Elle tape du poing sur la rambarde. En contrebas, tous les regards se tournent vers elle. Le silence se fait.

– Ma collection printemps, lance-t-elle. Je veux douze pièces et j'en ai… Laissez-moi compter.

Elle s'interrompt pour se tourner vers un grand tableau sur lequel une demi-douzaine de croquis sont punaisés. Elle les arrache un par un et les chiffonne. Derrière elle, Estella grimace. Des mois de travail envolés…

– Zéro ! reprend la patronne. Au travail ! J'attends dix pièces parfaites d'ici quinze heures !

Et elle se tourne vers Estella.

– Merci, lui dit celle-ci.

– La gratitude, c'est pour les perdants, réplique la baronne d'une voix froide et cassante.

Estella ne peut s'empêcher de noter que la grande couturière s'était adressée sur un autre ton à Cruella. Leur conversation avait exprimé un autre respect. Rien de cela pour Estella. La colère qui couvait dans son cœur s'embrase de nouveau. Le temps de la calmer un peu, et elle asticote encore le monstre.

– Merci pour le conseil.

– Qu'est-ce que je viens de dire ?

– De ne jamais dire « merci ».

Estella réprime la joie que lui suscite cet échange.

– Compris. Merci.

Ce lapsus « accidentel » lui vaut un nouveau regard noir de la baronne. Par chance, le téléphone fixe du bureau sonne au même instant.

La baronne va le décrocher d'un geste rageur. Et sa fureur redouble très vite.

– Comment ça, les chiens ont disparu ? s'égosille-t-elle. Retrouvez-les !

Estella en profite pour s'éclipser, non sans contenir un sourire. Elle se réjouit d'avoir assisté au coup de fil. La colère de la baronne compense presque les réprimandes que celle-ci lui a adressées. Presque.

Néanmoins, ce que la baronne peut lui dire ou lui faire n'a aucune importance : Estella sait que c'est Cruella qui rira la dernière. Et ce, dès ce soir, lorsqu'elle fera une nouvelle « apparition surprise » lors d'un événement organisé par la baronne.

Cruella

CHAPITRE 17

Tapis rouge et robe rose

Estella ne pouvait pas s'éclipser de l'atelier avant que sa patronne ait quitté l'entrepôt, au risque d'attirer son attention. Mais la baronne s'est éternisée pour choisir la tenue qu'elle portera à l'avant-première de ce soir. Le temps qu'elle se décide, puis qu'elle s'en aille, Estella a eu moins d'une heure pour rentrer au repaire, se changer en Cruella, et se rendre à l'adresse de l'avant-première.

Tapie dans une ruelle, Estella observe le défilé des limousines devant le tapis rouge. Chacune s'arrête et dépose un invité ou une invitée. Les appareils photo crépitent, les reporters lancent des questions et, en fonction de la notoriété de la personne, la foule se déchaîne. Il y a de l'électricité dans l'air, la liste des invités rassemble tout le gratin des arts et de la mode. Estella aperçoit deux chanteurs, pas moins de cinq acteurs oscarisés et une demi-douzaine de réalisateurs. Et ce, en quatre minutes à peine. Lorsqu'elle va passer à l'action, cela va faire des étincelles.

Estella repère la voiture de la baronne dans la file. Elle est arrivée à temps. Elle scrute à présent la foule massée derrière les gros cordons de velours séparant les stars du commun des mortels. Là encore, elle hoche la tête : Jasper et Horace sont en position. Jasper capte son regard et incline son chapeau en signe de reconnaissance. Estella lève un doigt. *Attendez*, mime-t-elle avec les lèvres.

Elle prend le temps d'ajuster sa tenue, sort une bombe de peinture de son sac et vaporise sa robe. Les retouches terminées, elle admire son chef-d'œuvre. *Parfait*, songe-t-elle, un sourire aux lèvres.

Elle se retourne alors vers la file de limousines et constate que celle de la baronne a avancé. Un seul véhicule la précède devant le tapis rouge. Jasper et Horace se glissent sous le cordon de velours. À l'instant où la voiture de la styliste s'arrête devant le tapis, ils enroulent une énorme bande de cuir autour de la berline, bloquant ainsi les portières. La célèbre couturière est prisonnière.

Estella inspire à fond, puis elle se précipite vers la limousine. À l'intérieur, la baronne tambourine et s'égosille. Estella, elle, se hisse sur le toit. Des dizaines d'appareils photo se braquent instantanément sur elle. Et tandis que les premiers flashs crépitent, Estella se met à tournoyer sur elle-même. De plus en plus vite. Sa robe rose fluo volette jusqu'à ne plus former qu'un nuage indistinct. Estella entend les paparazzis qui lui demandent comment elle s'appelle, qui lui a confectionné cette robe, mais elle n'en fait qu'à sa tête. Et à chaque tour, un pan de sa robe bombée se détache.

Sous ses pieds, Estella entend les cris de colère de la baronne. Elle sait qu'il lui faut conclure. Pour entretenir le mystère, mieux vaut éviter de se faire prendre. Alors, dans une dernière volte, sa jupe achève de se défaire. Estella prend la poudre d'escampette sous les « oh » et les « ah » de la foule ébahie.

Un coup d'œil par-dessus son épaule lui permet d'admirer son œuvre. Sa jupe rose recouvre à présent la limousine de la baronne. Et en lettres rouges, tracées à la bombe, le message qui transforme le tout en œuvre d'art moderne : *le passé.*

Estella entraperçoit le visage de la baronne, dans la voiture. Le front collé à la vitre, celle-ci cherche désespérément à voir ce qui se trame. Estella éclate de rire. Elle a réussi. Elle l'a ridiculisée. Elle tiendra bientôt sa revanche, et pourra laisser le passé derrière elle.

La baronne est furieuse. Elle se venge de l'humiliation qu'elle a subie hier soir sur son personnel. Les yeux rivés sur le journal du matin – à la une duquel figure une photo de sa voiture « relookée » –, elle fait les cent pas devant les stylistes au garde-à-vous. Tous tremblent et, en bout de rangée, Estella culpabilise un peu. Tout cela est en partie sa faute – ou du moins celle de Cruella.

Son petit numéro de la veille a payé. Tout le monde ne parle que de cela, tout le monde se demande qui est la mystérieuse fashionista aux cheveux noirs et blancs. Les gens sont intrigués. La baronne, elle, est simplement irritée.

– Nous n'avons aucune création signature, tonne celle-ci.

Elle va se planter devant les neuf croquis punaisés au tableau. Au milieu, un espace attend un dernier modèle.

– Et cette Cruella est absolument partout ! J'exige des idées !

Elle jette le journal à Jeffrey et se tourne vers Estella, qui avale sa salive, nerveuse. Elle n'aime pas trop ce qu'elle lit dans les yeux de sa patronne.

– Estella, reprend cette dernière en lui arrachant son carnet des mains. Tu es mon dernier espoir. Qu'as-tu à proposer ?

La légende de la mode feuillette le carnet, s'arrête sur certains dessins, grimace en en découvrant d'autres. Ses sourcils ne se décrispent pas un seul instant.

Estella l'observe.

– Vous êtes dans tous vos états, on dirait, commente-t-elle.

– Mes chiens ont disparu, on m'a volé mon collier et cette Cruella de malheur…

La baronne n'achève pas sa phrase. Estella se penche malgré elle, curieuse d'entendre la suite. Mais au lieu de préciser sa pensée, la dame se contente de secouer la tête.

– Ce défilé a intérêt à être époustouflant ! s'écrie-t-elle ensuite.

Estella acquiesce, toujours dans son rôle d'assistante dévouée. Mais au fond d'elle-même, elle jubile.

– Non, insiste-t-elle, vous n'avez vraiment pas l'air dans votre assiette. Puis-je vous apporter du concombre ? En tranches fines ?

– Ouste ! s'exclame la baronne en lui jetant son carnet à la figure. Et tâche de faire marcher ta pauvre cervelle rabougrie !

– Bien entendu, approuve Estella.

Une fois de plus, elle se retient de dire qui est la plus rabougrie des deux…

La grande couturière se tourne ensuite vers les autres stylistes, un bras tendu vers les tables de dessin.

– Quant à vous… retournez au travail.

Et, sans un mot de plus, elle remonte dans son bureau. Bureau dont la porte claque un instant plus tard.

Estella sait qu'elle devrait se mettre au travail mais, après les quelques jours qu'elle vient de vivre, elle a d'autres ambitions. Alors, profitant de la pause déjeuner, elle s'éclipse avec son carnet.

Elle s'engouffre dans le labyrinthe des couloirs de l'entrepôt qu'elle connaît à présent aussi bien que le repaire. Elle a passé tellement d'heures dans ce bâtiment, à suer et à stresser pour une femme qui ne mérite pas qu'on lui consacre ses talents ou son temps… Si cela lui permettait de faire revivre sa mère, Estella laisserait tout tomber. Hélas, comme ce n'est pas possible, elle va se contenter de faire en sorte que Catherine ne soit pas morte pour rien. La maison de couture de la baronne ne sera pas le terminus de sa passion pour la mode. Estella ne donnera pas à cette femme la satisfaction de la priver de tout. Non, elle va utiliser tout ce qu'elle a pu apprendre, toutes les portes que la baronne lui a ouvertes sans s'en rendre compte, pour devenir une grande couturière telle que Londres – et le reste du monde – n'en a jamais vu.

Mais pour cela, elle doit d'abord régler son compte à la baronne. Au bout d'un long couloir, Estella ouvre une issue de secours. Elle sait que l'alarme ne va pas se déclencher. Les livreurs empruntent cette porte quand ils veulent sortir en douce. La ruelle dans laquelle donne l'issue est privative et tranquille. L'endroit idéal pour ce qu'Estella a prévu.

Accroupie au coin de la ruelle, adossée à un mur, la jeune styliste prend une pomme dans son sac à déjeuner et la croque à pleines dents. Elle cherche l'inspiration. Elle n'a pas longtemps à attendre : quelques instants plus tard, son crayon vole sur une page de son carnet, une nouvelle robe prend vie sur le papier. Penchée sur son dessin, Estella ne remarque pas que la porte de l'entrepôt s'ouvre et que deux agents de sécurité font leur apparition. Ce n'est que lorsque leur ombre se pose sur son carnet qu'elle relève la tête.

Et écarquille les yeux. L'un des gorilles lui arrache son carnet des mains. L'autre la saisit par les épaules et la force à se remettre debout. Sans dire un mot, ils la reconduisent dans l'entrepôt – plus précisément au bureau de la baronne.

– C'est mon carnet ! tente de se défendre en vain Estella.

Mais les hommes ne l'écoutent même pas. Et elle a beau se débattre, c'est peine perdue. La panique et la peur déferlent en elle. Si par malheur la baronne découvre cette esquisse… Estella en frémit d'avance. Cela risque de mettre en péril sa couverture et d'anéantir ses projets de vengeance avant même qu'elle ait pu les réaliser. Comment cette femme a-t-elle su qu'elle la trouverait dans la ruelle ?

Tout à coup, la réponse lui vient. Les caméras. La baronne est une grande paranoïaque. Elle a forcément fait installer des caméras dans tous les coins. Estella n'a pas le temps de creuser la question davantage que les gorilles et elle arrivent au bureau de la grande couturière. Les vigiles la poussent à l'intérieur et jettent son carnet sur la table de travail de la baronne.

À la voir appuyée nonchalamment contre sa table, on pourrait croire que la baronne a l'habitude de voir des employés escortés de force dans son bureau. Elle ramasse le carnet, le feuillette, et s'attarde sur le dernier croquis. Son visage n'exprime aucune émotion, si ce n'est que sa lèvre tressaute presque imperceptiblement.

Elle a vu juste, et cela n'a rien d'étonnant : elle se trompe rarement. Mais la chose l'agace, bizarrement. Le comportement d'Estella lui semblait étrange. Or, dans son univers, c'est souvent annonciateur d'une trahison. Aussi a-t-elle fait suivre Estella, grâce à ses caméras, quand celle-ci est partie déjeuner. Et elle l'a vue dessiner l'esquisse fabuleuse qu'elle a sous les yeux.

– Estella, prononce-t-elle enfin d'une voix alanguie. Si je m'attendais. Tu me fais des cachotteries.

– Mais j'étais en pause déjeuner, proteste mollement Estella. Dans un espace public…

– La ruelle m'appartient.

– Ah bon ? C'est possible, ça ?

La baronne acquiesce, comme si c'était une grande évidence.

– Les ruelles, les esquisses, les gens, précise-t-elle.

Une pause, et elle ajoute :

– Leurs âmes.

Comme pour enfoncer le clou, elle arrache la page du carnet.

– Lis donc ton contrat d'embauche.

Sur ce, elle punaise le croquis à l'immense tableau qui occupe le mur du fond. Elle se recule ensuite, croise les bras, incline la tête.

– Je crois que je viens de trouver mon modèle signature, affirme-t-elle. Qu'en dis-tu ?

Le regard noir qu'elle lance à son employée est comme un défi. Elle observe les émotions qui défilent sur les traits d'Estella. Elle devine les reproches qu'elle lui adresse intérieurement. Mais elle sait qu'Estella n'en dira rien, car elle ne tient pas à perdre sa place. Il n'y a qu'à voir les habits qu'elle porte et la piètre qualité de sa teinture pour comprendre que cette fille a besoin d'argent. Alors elle peut pester tant qu'elle veut dans sa tête, cela ne changera rien au fait que la baronne va utiliser son croquis, et se l'approprier.

La maîtresse des lieux congédie son employée d'un geste de la main, puis elle décroche son téléphone. Non, elle ne va pas la renvoyer, pas encore. Lui chiper son projet sera sa punition. Et avec un peu de chance, Estella retiendra la leçon. Personne ne se dresse contre elle.

Jamais.

Estella quitte le bureau, furieuse. Cette femme est un monstre – un monstre horrible qui prend plaisir à détruire les autres. Mais cela ne durera pas. Estella, ou plutôt Cruella, va lui rabattre son caquet. Tout d'abord, elle va la laisser croire qu'elle a gagné. La baronne mesurera bien assez tôt son erreur. Pour l'instant, Estella tient juste à sortir du bureau avec le reste de son carnet intact. Si sa patronne l'avait feuilleté un peu plus attentivement, elle aurait découvert des modèles plus familiers. Comme celui de la robe du Bal Noir et Blanc, ou la rose de l'avant-première. Sur ce coup, Estella a vraiment eu très chaud.

Elle s'arrête sur le seuil de la porte.

– Avez-vous encore besoin de moi, aujourd'hui, baronne ? demande-t-elle en croisant les doigts pour que l'ombre dissimule la colère qui embrase son regard.

Toujours au téléphone, l'intéressée fait le geste de chasser une mouche. Sans même lui adresser un coup d'œil, elle congédie Estella pour la journée.

Celle-ci ne va pas s'en plaindre. Il lui faut rentrer au repaire. La baronne doit assister à un événement public ce soir et, après la journée qu'elle vient de vivre, Estella est d'humeur à lâcher la bride à Cruella.

Cruella

CHAPITRE 18

La chasse à Cruella

La baronne en a plus qu'assez de cette Cruella.

La mystérieuse fashionista lui a encore volé la vedette. La grande couturière posait pour les paparazzis sur un nouveau tapis rouge, sans prêter la moindre attention à la foule de ses admirateurs, lorsqu'un camion poubelle a fait son apparition. Un camion orné du logo de sa maison de couture. Sous le regard incrédule de la baronne, le véhicule s'est approché du tapis en marche arrière. Sa benne s'est inclinée et a déversé des dizaines de robes – signées de sa main – ainsi que des immondices.

Les paparazzis se sont aussitôt mis à photographier les ordures plutôt que la baronne. Et soudain, les robes ont commencé à bouger. L'instant d'après, Cruella émergeait de la masse. Vêtue d'une robe somptueuse, sans doute une de ses créations, elle a levé les bras pour faire signe à la foule. Un projecteur surgi de nulle part a braqué son faisceau sur elle, comme sur un trophée trônant sur les ordures. Cruella s'est hissée sur le camion et a salué une dernière fois l'assemblée tandis que le véhicule s'éloignait, emportant dans son sillage les robes comme une immense traîne.

Le spectacle a profondément outré la baronne. Pourquoi Cruella s'acharne-t-elle à lui voler la vedette ? Elle fulmine encore le lendemain matin lorsque ses deux gardes du corps les plus dévoués pénètrent dans son bureau. Levant les yeux des journaux qu'elle compulse, elle les foudroie du regard et désigne les journaux. Tous font leur une sur Cruella.

– L'avez-vous trouvée ? demande la baronne.

Les deux hommes font non de la tête.

– C'est un fantôme, affirme l'un.

Ce n'est pas la réponse que la baronne attendait. Elle s'apprête d'ailleurs à passer ses nerfs sur ses gardes du corps lorsque la porte de son bureau se rouvre. Roger entre d'un pas mal assuré. Il a l'air épuisé. Ses habits sont tout froissés et ses cheveux sont en pétard. Sur ordre de la baronne, il a passé la nuit à enquêter sur la mystérieuse Cruella.

– Du nouveau ? l'interroge sa patronne.

Elle se moque bien que Roger soit fatigué. C'est son travail, après tout, de se fatiguer à sa place.

Hélas, comme les gardes, lui aussi secoue la tête.

– Je n'ai rien pu trouver, annonce-t-il, en stress.

La baronne enrage encore. Pourquoi diable n'est-elle entourée que d'incompétents ? Elle chasse les deux gardes et s'apprête à en faire de même avec l'avocat.

Mais soudain son regard se pose sur la signature d'un article de *Tattletale* : Anita Darling. La baronne cogite. Un de ses préceptes a toujours été : *On n'est jamais mieux servi que par soi-même.* Alors elle se lève et ordonne d'un geste à Roger de la suivre. Elle va aller rendre une petite visite à Anita Darling. Qui sait, elle obtiendra peut-être des réponses ?

Anita Darling est fatiguée mais heureuse. Ses reportages sur Cruella ont attiré l'attention de son patron et elle croule désormais sous les missions. Là, penchée sur un petit miroir posé sur son bureau, elle retouche son mascara. Elle est en retard pour l'événement mondain qu'elle est censée couvrir.

Des bruits de pas dans le couloir la mettent en alerte. C'est la baronne. La célébrissime couturière se dirige droit vers le bureau d'Anita, suivie par ses deux gorilles.

Arrivée à la porte, elle jette avec dédain un exemplaire du journal devant Anita, puis elle croise les bras.

– Il vous faudra bien davantage que de l'eye-liner pour sortir du lot, déclare-t-elle sans une trace d'humour dans la voix. En revanche, vous avez le coup d'œil pour les photos.

Du menton, elle désigne un portrait de Cruella sur le bureau. Anita respire lentement pour tenter de calmer son cœur.

– baronne, prononce-t-elle en espérant ne pas trop chevroter.

Mais son « invitée » l'ignore et embraie :

– Cela m'a sauté aux yeux : de tous les articles qui traitent de Cruella, les vôtres ont toujours les meilleurs clichés.

Une pause. Elle se penche sur le bureau.

– Comme si vous aviez une longueur d'avance…

Anita en a la gorge nouée.

– J'ai une bonne étoile, on va dire, bredouille-t-elle.

La baronne secoue la tête. Elle n'en croit rien.

– J'ai plutôt l'impression que vous êtes dans la confidence.

Ses yeux se plissent, les lèvres se retroussent. Anita lui trouve des airs de serpent prêt à mordre.

– Qui est-elle ? siffle justement la baronne. Et surtout : où est-elle ?

– Je l'ignore, répond Anita avec le plus de conviction possible.

Elle ne peut pas trahir Estella. Toutefois, sous le regard inquisiteur de la baronne, elle sent ses joues qui s'embrasent, son sang qui se glace. Ses forces l'abandonnent.

– M'auriez-vous menti ? gronde la couturière.

Cette femme est une force de la nature. Elle peut tout à fait torpiller la carrière d'Anita – ruiner sa vie.

– Je… je… panique la journaliste.

– Ne pleurnichez pas, la coupe la baronne.

– Je ne pleurniche pas ! s'étonne Anita.

La baronne tourne les talons et annonce dans un soupir :

– Mais vous allez pleurer.

La menace est claire. Si Anita ne passe pas aux aveux et ne lui vient pas en aide, elle le regrettera. La jeune femme regarde sa visiteuse se diriger vers l'ascenseur. Elle souffle longuement. Elle a su préserver l'identité d'Estella pour le moment. Elle ignore toutefois jusqu'à quand elle pourra protéger son amie. Quand la baronne veut une chose, elle l'obtient… Quel qu'en soit le coût, quelles qu'en soient les victimes.

La baronne monte dans sa luxueuse automobile et se met aussitôt à houspiller Roger. Celui-ci l'a sagement attendue pendant qu'elle allait s'entretenir avec Anita. Là, il blêmit face au masque de fureur qu'il découvre sur les traits de son employeuse.

– Nous allons lui coller un procès, gronde-t-elle.

Elle énumère déjà la liste des délits qu'Anita a pu commettre.

– Diffamation. Détention illégale. Vandalisme. Et j'en passe !

Roger est mal à l'aise. La colère de la baronne emplit l'habitacle de la berline, et le pauvre avocat se sent pâlir. Sa patronne le scrute, guette sa réponse.

– Eh bien, euh, c'est-à-dire… hésite-t-il.

Elle le foudroie du regard, alors il enchaîne aussitôt :

– Après examen des textes de loi et consultation de la police, je ne vois pas trop quelle piste nous pourrions exploiter…

– Je vous demande de vous taire, Roger, le coupe-t-elle.

– Ah bon ? s'étonne l'avocat.

La femme acquiesce. Elle lui a confié une mission : trouver le moyen de la débarrasser de la néfaste Cruella. Il a échoué. Or, la baronne ne tolère pas l'échec.

– Vous êtes renvoyé, annonce-t-elle.

Roger en reste bouche bée. La baronne, elle, n'éprouve ni remords, ni regret. Aucun sentiment. Cet homme n'est rien pour elle. Il n'a qu'à aller jouer du piano dans les bars, elle s'en moque. Elle lui montre déjà la portière.

Roger se débat avec la poignée, sa main tremble. La portière refuse de s'ouvrir.

– Pardon, mais comment fait-on pour ouvrir ? demande-t-il.

La baronne réprime un grognement. Quel bon à rien, décidément. Un nouvel essai, et Roger parvient enfin à se libérer et à descendre de voiture. Il se retourne aussitôt pour lui parler, mais celle-ci l'en dissuade d'un regard dur. Elle a des choses à faire et des gens à voir – or, Roger ne fait plus partie de ces gens.

Elle lui claque la portière au nez et indique à son chauffeur de démarrer. Si elle ne prend pas les choses en main, la situation risque de lui échapper définitivement.

CHAPITRE 19

L'instinct de tueuse

Plantée à côté de son poste de travail, Estella scrute le tableau accroché contre le mur de l'entrepôt. Son dernier croquis y est punaisé en plein milieu. Elle ne comptait sûrement pas montrer ce croquis à la baronne. C'est l'une de ses créations personnelles – ou plutôt une de celles de Cruella. Elle ne sait parfois plus qui elle est, lorsqu'elle dessine. Toujours est-il que la baronne a arraché cette page de son carnet et s'en est emparée. Estella ne saurait dire ce qui la contrarie le plus : le fait que la baronne ait le droit d'agir ainsi, ou le fait qu'elle-même ait commis l'erreur d'exposer son croquis à un tel risque.

Des pas hargneux dans son dos la font se retourner. La baronne pénètre dans le domaine des stylistes. Estella fait immédiatement semblant d'étudier une bande d'étoffe.

– Où sont les perles pour la robe ? aboie-t-elle lorsqu'elle la croise.

– On n'attend plus que ce crétin de livreur, répond la jeune femme.

Sitôt les mots prononcés, elle manque de s'étouffer. Elle a parlé avec la voix de Cruella. La baronne ralentit.

En stress, Estella retient son souffle et attend de voir si sa patronne l'a remarqué. Celle-ci lui adresse un regard appuyé puis passe son chemin avec un haussement d'épaules. Estella respire. Le coup est passé près... Elle doit être plus prudente. Une autre erreur risque de révéler son identité et de ruiner son avenir au lieu de celui de la baronne.

Elle repère Horace, déguisé en livreur, qui pousse un chariot vers elle. Chariot qui transporte une caisse. Estella retrouve aussitôt le sourire.

– Bien le bonjour, mam'zelle, la salue Horace avec un accent ridicule. J'apporte des articles de mode très tendance.

– Merci, charmant livreur, réplique Estella.

Son compliment lui vaut un sourire de la part d'Horace. C'est la première fois de sa vie qu'elle l'appelle ainsi.

Un coup d'œil circulaire pour s'assurer que personne ne les épie, et Horace lui demande tout bas :

– Et sinon, ça roule ?

– Reste dans ton personnage, le recadre Estella.

Elle s'est peut-être montrée un peu sèche, mais Horace doit comprendre qu'ils n'ont pas le droit à l'erreur. Ils se trouvent dans l'antre du serpent. À chaque instant, la baronne peut faire irruption.

Horace se recule, choqué par le venin qu'il a perçu dans sa voix.

– Que je reste dans mon personnage ? fait-il. Tu viens de me trouver charmant…

Dans la foulée, il hausse les épaules et reprend plus haut :

– Bon alors voilà, mam'zelle. Vérifiez qu'il y a bien tout.

Il soulève le couvercle de la casse à l'aide d'un pied-de-biche afin d'en révéler le contenu.

À l'intérieur, des dizaines et des dizaines de magnifiques perles brillent et scintillent. Estella en a le souffle coupé. Elle n'a jamais rien vu d'aussi beau. C'est encore mieux que ce qu'elle imaginait lorsqu'elle les a commandées ! Ces perles mettraient en valeur n'importe quelle robe, mais celle qu'elle a dessinée... Elle va devenir unique. Estella remarque qu'Horace est lui aussi époustouflé par tant de beauté. Elle sourit, et l'envie de toucher les perles la démange.

Mais soudain, elle sent un regard posé sur elle et lève la tête. La baronne l'observe depuis son bureau, d'un regard froid et calculateur. Estella en a une boule dans la gorge.

Elle congédie Horace d'un signe de la main puis reporte son attention sur les perles. Au travail, maintenant. Elle s'assied devant un mannequin et se met à coudre. Très vite, elle s'abandonne au tempo de sa créativité. Le bruit des machines à coudre s'estompe. Les conversations ne forment plus qu'un brouhaha. Estella ne s'aperçoit pas que, l'un après l'autre, ses collègues rangent leurs affaires et rentrent chez eux. Elle coud patiemment les perles, une par une, sur la nouvelle robe.

Le soleil se couche, les étoiles s'illuminent, pourtant, Estella ne quitte pas son poste. Elle ne remarque pas la femme de ménage qui lui soulève les pieds pour mieux balayer les chutes de tissu. Elle ne ressent même pas les gargouillements de son ventre ou la tension entre ses épaules. Elle est tout à son travail. Une création brillante ; une création sublime ; une création unique.

Enfin, tandis que les oiseaux entament leur concert matinal, la jeune femme se cale contre le dossier de sa chaise. Elle n'a jamais rien confectionné d'aussi fabuleux. Les lignes sont fines. Les coutures, invisibles. La robe brille à la lumière artificielle de l'entrepôt et semble presque prendre vie. Estella esquisse un sourire, gagnée par la fierté.

Et maintenant, elle va devoir remettre son chef-d'œuvre à la baronne.

Lorsque celle-ci et les autres stylistes viennent commencer la journée, Estella dort pratiquement debout. Le retard de sommeil se fait sentir. Toutefois, la voix de la baronne lui donne un coup de fouet. La maîtresse des lieux s'approche d'elle et de sa robe. Elle observe le mannequin sous tous les angles, sans rien dire. Estella voit également ses collègues s'avancer. Tous échangent des murmures admiratifs.

Et la patronne achève enfin son inspection.

– Bien, déclare-t-elle, je me suis encore surpassée.

La remarque est agrémentée d'un regard à Estella, comme pour la défier de la contredire.

– Nous allons marquer l'histoire, ajoute-t-elle. Ce sera le plus beau défilé de ma carrière. Estella ? Suis-moi. J'ai besoin d'un remontant.

Un remontant ? Vous ? s'étrangle intérieurement Estella. *C'est tout de même moi qui ai tout fait.* Elle garde cependant ses pensées pour elle-même et, après avoir adressé un dernier regard à sa création, sort de l'entrepôt à la suite de la baronne.

Estella et la baronne sont installées dans une alcôve intimiste d'un des restaurants les plus huppés de Londres. Devant elles, un serveur craintif peine à déboucher une bouteille de champagne. Sous le regard froid de la grande couturière, il a les mains qui tremblent. Et le bouchon refuse de bouger. La baronne s'impatiente et finit par lui prendre la bouteille des mains.

– Donnez-la-moi, peste-t-elle.

D'un geste sûr, elle fait sauter le bouchon, qui achève son vol dans le dos du serveur qui battait en retraite. Elle se sert une coupe et en offre une à Estella.

– À ma santé, déclare-t-elle en levant son verre.

Estella ne peut réprimer un rire. La baronne la foudroie du regard.

– À la santé de qui d'autre voudrais-tu que je boive ? l'interroge-t-elle.

– À la mienne ? s'enhardit à suggérer Estella. Pour le modèle signature que j'ai réalisé.

La baronne chasse l'idée d'un geste sec.

– Tu m'es utile, dit-elle, rien de plus. Dès que tu cesseras de l'être, tu redeviendras poussière.

– Voilà des paroles qui me boostent. Merci beaucoup.

Ç'a été plus fort qu'elle. Cette femme est vraiment incorrigible.

Le sarcasme échappe toutefois à la baronne, qui poursuit :

– Il ne faut jamais s'intéresser aux autres, car ils ne représentent que des obstacles. (Une gorgée de champagne, et elle développe :) Dès que l'on commence à s'intéresser à ce que ressent cet obstacle, ou à ce qu'il désire, on est morte. Si je m'étais intéressée à quiconque, ou à quoi que ce soit, j'aurais pu mourir, comme tant d'autres femmes brillantes dont le génie sera resté dans l'ombre, et dont le cœur aura gonflé d'amertume.

Estella ne s'attendait pas à un aveu pareil. La baronne lui semble presque… humaine.

Et ce qu'elle dit ensuite est encore plus étonnant :

– Tu possèdes le talent nécessaire pour créer ta propre marque. La grande question est de savoir si tu as l'instinct de tueuse.

Vous, en tout cas, cela ne fait aucun doute, songe Estella en repensant à sa mère.

Mais la réponse qu'elle fait à voix haute est différente :

– Je l'espère.

La vérité, rien de plus.

La baronne approuve d'un mouvement de tête et embraie :

– Bonne réponse. Bien vu. Il ne nous reste qu'à nous débarrasser de cette Cruella. Tu ne le crois pas ?

– Je crois surtout que vous devez la détester.

Estella craint de rougir à l'évocation de son double maléfique.

– Honnêtement ? lui renvoie la baronne. Je suis prise entre deux feux. Elle est forte, audacieuse et brillante. Mais elle m'a lancé un défi à mort, et je vais devoir la détruire.

Elle porte sa coupe à ses lèvres et rive son regard sur Estella. Celle-ci gigote sur son siège – les nerfs. Cette femme a dans le regard une lueur qui ne lui plaît pas.

– Santé, conclut la baronne.

Estella trinque avec elle d'une main ferme. Mais à l'intérieur, elle tremble. La baronne aurait-elle découvert le pot aux roses ? Et si oui, quelle sera sa prochaine manœuvre ?

Cruella

CHAPITRE 20

Toujours là l'un pour l'autre

Une fois n'est pas coutume, Jasper se réjouit que le ciel soit couvert. Les nuages masquent la lune, accroissent les ténèbres, et leur permettent, à Horace et lui, de passer inaperçus sur le toit de l'entrepôt.

Estella leur a ordonné de simuler une effraction signée Cruella. Jasper adresse un coup d'œil et un signe de tête à son complice. C'est l'heure. Il s'assure que la corde est bien serrée à sa taille puis il inspire à fond et se laisse tomber par le vasistas ouvert. Horace le suit – avec nettement moins de grâce toutefois.

Les deux garçons se réceptionnent au beau milieu de l'atelier des stylistes. Ils demeurent immobiles un moment, guettant la présence de vigiles.

La seule lumière de l'endroit provient de la porte du PC sécurité, ouverte. De l'autre côté, Jasper avise l'agent de nuit. Celui-ci est affalé sur sa table.

– Il dort, se réjouit Jasper.

– On ne trouve plus de bon personnel, de nos jours, réplique Horace.

Jasper acquiesce puis, sans perdre de vue le vigile, il se met au travail. Il bouscule un mannequin qui, tel un domino, renverse le voisin, et ainsi de suite. Ce sont très vite une demi-douzaine de mannequins qui se sont écroulés dans un vacarme atroce.

Jasper se tourne vers le vigile. Celui-ci n'a pas réagi. Jasper inspecte alors la salle et adresse à Horace un signe de tête approbateur. Les mannequins effondrés ne manqueront pas d'attirer l'attention de la baronne. Mission accomplie. Il ne leur reste plus qu'à sortir. Les deux compères empoignent leur corde et se hissent jusqu'au vasistas. Mieux vaut rentrer au repaire avant de risquer d'être surpris.

Estella stresse, le lendemain, lorsqu'elle franchit la porte de l'entrepôt. Sa conversation avec la baronne est passée en boucle dans sa tête toute la nuit. Elle redoute que cette femme la soupçonne. L'identité de Cruella doit demeurer secrète encore quelque temps, et la petite sortie nocturne de Jasper et Horace devrait y contribuer. La baronne croira-t-elle que Cruella a pénétré par effraction dans ses locaux ? Ou bien va-t-elle la soupçonner, elle ? La réponse ne va pas tarder à tomber.

Sitôt arrivée dans le bureau de sa patronne pour la réunion matinale, Estella découvre la baronne les bras croisés. Des agents de sécurité sont en train de ranger les modèles de la nouvelle collection dans un coffre-fort portatif.

– Que se passe-t-il ? demande-t-elle d'une voix qu'elle espère curieuse, et non inquiète.

La baronne ne lui adresse pas même un regard avant de répondre :

– Elle a forcé l'entrée, cette nuit.

Les garçons ont donc réussi leur coup. Tant mieux ! Estella tient cependant à en savoir plus.

– Qui ça ? fait-elle.

Pitié, dites « Cruella », dites « Cruella », ajoute-t-elle en pensées.

– Cruella.

Estella dissimule de son mieux son soulagement. La véritable identité de Cruella demeure un secret.

– Parfaitement logique, poursuit la baronne, trop absorbée par ses soucis pour remarquer la réaction d'Estella. Cette robe est d'une beauté folle et d'un prix exorbitant. Cruella ne pourrait jamais en réaliser de pareille. Mais il faut croire qu'elle ignore ce qu'est la honte… Me voler ma création…

Une pause.

La baronne capte le regard d'Estella. Le sien est froid, on y lit un défi.

– Enfin, l'idée n'est pas mauvaise, hein ? Si tu étais à sa place…

Estella se mord la joue. Elle n'aurait pas dû se croire tirée d'affaire aussi vite. La baronne tâte manifestement le terrain, cherche à la déstabiliser. Estella décide de ne rien répondre. Elle se contente de sourire, en priant pour ne rien trahir ce faisant.

La baronne hausse les épaules et reprend :

– Heureusement que j'avais mis mes cracks sur le coup.

À ce que Jasper et Horace lui ont raconté de leur petite visite, les « cracks » en question ressemblaient plutôt à « un seul vigile assoupi », mais elle juge préférable de ne pas le mentionner.

– Vous avez toujours un coup d'avance, déclare-t-elle à la place.

– Elle est jeune et elle se donne du mal. Mais elle a trouvé à qui parler, et elle ne va pas tarder à le comprendre.

D'un geste de la main, la baronne ordonne qu'on enferme les dernières robes. La porte du coffre claque ensuite dans un fracas métallique. Toutes les créations – y compris le chef-d'œuvre d'Estella – sont désormais à l'abri. Satisfaite, la baronne quitte son bureau, suivie par ses gardes du corps.

Estella s'attarde un moment, les yeux scotchés sur le coffre. Une jeune couturière qui se cachait jusque-là dans un coin sur ordre de la baronne s'en va à son tour. Lorsqu'elle croise Estella, celle-ci lui sourit… et lui chipe une épingle fichée dans le coussinet qu'elle porte au poignet.

La baronne peut bien croire que Cruella a trouvé à qui parler. Un adversaire est plus facile à vaincre quand il pense avoir l'avantage.

Mais Estella compte bien gagner. Coûte que coûte.

Rentrée au repaire, Estella s'affaire. Une rangée de robes – sa collection personnelle – suspendues à des cintres attendent qu'Artie et les couturières qu'il a convoquées les passent à la vapeur. Artie éteint son appareil et s'étire dans un long bâillement. Il est tard. Estella sait qu'elle aussi devrait s'arrêter, mais elle a encore à faire.

Dans la pièce voisine, elle entend les bruits du téléviseur : Horace regarde un match de football en compagnie des dalmatiens. Ces grandes bêtes se sont entichées de lui et ne le quittent pratiquement jamais d'une semelle. À l'époque où elle ignorait encore ce qu'avait fait la baronne, elle serait peut-être allée rejoindre Horace. Elle aussi aurait encouragé leur équipe favorite et se serait peut-être endormie sur le canapé. Mais plus rien n'est comme avant. Elle a changé. Seule sa vengeance compte à ses yeux.

Estella entend soudain des pas mais ne lève pas même le nez lorsque Jasper dépose une tasse de café sur sa table.

– Bonne nuit, souffle son ami.

Toujours sans le regarder, elle poursuit son travail de couture. Elle met la dernière main à la dernière robe. La collection qu'elle prépare depuis la nuit où Cruella est « née » sera bientôt prête. Estella doit rester concentrée, mais cela ne l'empêche pas de sentir sur elle le regard de Jasper.

– Quoi ? l'interroge-t-elle.

– Où es-tu ? s'inquiète Jasper.

– Je suis là, s'agace Estella. J'ai un boulot à terminer.

Jasper secoue la tête tristement.

– Estella me manque, confie-t-il.

Un cri de joie leur parvient de la pièce d'à côté : Horace fête un but de son équipe. Les chiens se mettent à aboyer. Estella se tourne vers la porte ouverte, exaspérée par le bruit. Elle scrute longuement les dalmatiens.

– Ils feraient de merveilleux manteaux, ces trois-là, estime-t-elle ensuite.

Avisant la mine horrifiée qu'affiche Jasper, elle ajoute :

– Je plaisante !

Mais son sourire n'a rien de très sincère, et Jasper n'est pas rassuré. Estella aussi aimerait retrouver le Jasper d'avant, celui qui avait le sens de l'humour. Jamais elle ne ferait de mal à un chien pour se confectionner un manteau, allons… Bien que ces spécimens arborent de très élégantes taches.

– Tu sais, soupire Jasper, on a pas mal souffert, toi et moi, mais on a toujours été là l'un pour l'autre.

Pour Estella, c'est la goutte d'eau. Elle n'a pas besoin que Jasper la fasse culpabiliser, surtout ce soir. Certes, il a raison, ils ont pas mal souffert. Alors pourquoi ne la laisse-t-il pas essayer de tout arranger ?

– C'est tout ce que je demande, réplique-t-elle. Est-ce si dur, de me soutenir ? D'être là pour moi ?

– Aider Estella ? Non, ça c'est facile. Aider Cruella, en revanche… c'est un cauchemar.

– Tu fais encore de l'ironie ! lance Horace depuis le canapé. En vrai, c'est encore pire !

Estella le foudroie du regard sans qu'il s'en aperçoive. Puis elle se tourne vers Jasper.

– Cruella, elle obtient des résultats, contrairement à Estella, affirme-t-elle. Et puis j'ai à faire.

Elle reprend son ouvrage en espérant que Jasper comprenne que la conversation est terminée. Hélas, le garçon reste là, à la regarder, avec, au visage, une expression que la jeune femme n'arrive pas à déchiffrer. Mais ça lui déplaît.

– Donc, insiste-t-elle, si tu as fini de bavarder…

Jasper ne bouge toujours pas.

Estella décide de s'inspirer de la baronne :

– Correction : tu as *fini* de bavarder, tonne-t-elle.

Jasper pousse un soupir – message (enfin) reçu. Il s'apprête à partir, mais s'arrête soudain, comme pour ajouter quelque chose. Et puis il reprend sa marche en secouant la tête. *Bien,* songe Estella. *Enfin tranquille.* Erreur… moins d'une minute plus tard, un des dalmatiens vient se coucher à ses pieds.

Estella hausse un sourcil. Cette créature n'a pas dû entendre sa petite blague.

– Oh, mais tu es courageux, toi, lui sourit-elle avant de se remettre au travail.

Jasper peut bien être en colère après elle. Horace peut bien avoir peur d'elle. Estella s'en moque. Ce n'est pas le moment. Bientôt ils comprendront qu'elle avait raison depuis le début – et que sa vengeance sera le plus beau coup de leur carrière.

CHAPITRE 21

Le grand soir

C'est la nuit idéale. L'atmosphère d'ordinaire humide et fraîche de Londres a laissé place à une douceur bienvenue. Une foule s'est massée devant l'entrepôt de la Maison Baronne. Tous ont hâte de découvrir sa dernière collection. Il faut dire que les rumeurs vont bon train : la collection sera magnifique – la plus belle de toute sa carrière – ou bien tragique – démodée et bâclée à cause de Cruella.

La baronne n'écoute pas les ragots. Elle sait que sa collection est sublime, et le modèle signature va faire taire les esprits chagrins.

Juchée en haut des marches qui conduisent à son bureau, elle observe ses employés qui s'affairent, s'efforcent de tout mettre en place avant que l'on ouvre les portes aux invités. Le coffre-fort a été déplacé dans l'atelier, dissimulé derrière un rideau, jusqu'au moment où il révélera son précieux contenu. Sur ordre de la baronne, l'atelier lui-même a été transformé. Les tables de dessins ont été déménagées, les tableaux décrochés. À la place de ces derniers, on a suspendu des lampes. À la place des tables, on a installé des canapés autour d'un long podium. L'ensemble a un côté industriel et chic. La baronne est ravie – du moins autant qu'elle puisse se le permettre. Elle sent que la foule grossit et s'agite à l'extérieur. Les VIP doivent être en train d'arriver. Elle va les faire attendre, histoire de leur rappeler qui est la patronne.

À son côté, John inspecte l'atelier. Fidèle à son habitude, il n'exprime aucune émotion. À ses yeux, chaque employé constitue une menace. La baronne apprécie d'ordinaire son attention aux détails mais, ce soir, une seule de ses employés l'intéresse.

– Quand Estella sera là, conduisez-la à mon bureau et ne la laissez pas sortir, ordonne-t-elle à John.

Un petit coup d'œil soupçonneux, et elle ajoute :

– Puis-je compter sur vous, cette fois ?

L'homme ne se donne pas la peine de répondre. Au lieu de cela, il lui répète ce qu'il lui a rabâché toute la journée, à savoir, qu'Estella n'est pas Cruella, qu'elle serait bien incapable de réaliser les coups d'éclat de la mystérieuse fashionista.

– Je vous paie pour votre opinion ou pour votre obéissance ? lui réplique-t-elle.

John s'apprête à répondre mais se ravise.

Il préfère hocher la tête et déclarer :

– J'y veillerai.

La baronne le regarde ensuite redescendre l'escalier. Comment a-t-il osé mettre en doute ses décisions ? Elle enquête depuis des jours. Elle a étudié la chronologie des événements, comparé les preuves. Cruella ne peut être qu'Estella. Tout concorde. Les robes de Cruella présentent les mêmes caractéristiques que certaines créations d'Estella, et la baronne n'a jamais demandé ses références à cette dernière. Elle l'a recrutée après avoir découvert la vitrine qu'elle avait réalisée et lui a offert une place de rêve, sans savoir d'où cette fille sortait. Estella a peut-être bien en elle la méchanceté nécessaire pour lui faire du mal. John peut penser ce qu'il veut : cela n'a aucune importance du moment que le défilé se déroule sans accroc.

La couturière entend qu'on l'appelle, et aperçoit Jeffrey qui lui fait des signes depuis le pied de l'escalier. Elle soupire. Ces gens-là ne savent donc pas être autonomes ? Elle descend rejoindre son assistant. L'homme a le teint blême, il tremble de tout son corps.

– Parlez ! ordonne-t-elle.

Jeffrey en est, hélas, incapable. Il se contente de pointer du doigt le rideau. La baronne écarte le rideau et se glisse derrière. Elle ne tient pas à ce que le public découvre quoi que ce soit avant l'heure… Et lorsqu'elle voit ce qui l'attendait derrière le rideau, elle se réjouit d'avoir pris cette précaution. Un technicien tripote le panneau de contrôle du coffre sur l'écran duquel s'affichent de drôles de symboles.

Jeffrey rejoint sa patronne et retrouve enfin sa voix :

– Nous avons un souci avec la serrure, madame, annonce-t-il.

La baronne ravale un cri de frustration. Elle voit bien qu'il y a un souci ! Mais le vrai souci, c'est de savoir pourquoi. Pourquoi la serrure ne s'ouvre-t-elle pas ? Les invités arrivent, le défilé doit débuter dans moins d'une heure.

– Je me fiche de la méthode, mais ouvrez-le !

Une heure plus tard, le coffre n'est toujours pas ouvert, et l'assistance s'impatiente. Le gratin de la mode est venu assister à un défilé mais n'a eu droit jusqu'ici qu'à un podium désert. Quelques reporters notent des observations, demandent des commentaires.

Observant la scène derrière le rideau, la baronne grimace. Elle ne connaît pas ces reporters et ne peut contrôler ce que déclarent les invités. Le défilé doit commencer, et tout de suite ! La baronne bouscule le technicien qui s'occupe du coffre. Décidément, il faut toujours qu'elle fasse tout toute seule. Elle s'empare du chalumeau réclamé à John, puis elle le passe au chef de la sécurité et lui ordonne de l'allumer. De l'autre côté du rideau, la foule retient son souffle en voyant apparaître une lumière rouge vif.

La flamme dévore lentement les charnières du coffre. La baronne ne lâche pas des yeux la porte tandis que, un centimètre après l'autre, la flamme progresse. Jusqu'à ce que, enfin, dans un grognement sonore, la porte cède et s'écroule. Victoire !

La baronne pousse un soupir de soulagement lorsqu'elle vient se poster devant le coffre ouvert. La sensation ne dure pas, malheureusement. Car ce qu'elle découvre à l'intérieur l'horrifie. Au lieu des robes, une nuée de mites s'échappe dans un tourbillon d'ailes. L'entourage de la baronne agite les mains et s'étrangle. La maîtresse des lieux, elle, a le regard encore plus rougeoyant que le chalumeau.

Ses robes, toutes, sans exception, sont détruites. Les mites ont grignoté partout, les moindres bouts de tissu, les moindres manches, corsets, traînes.

C'est un désastre total et complet. Et tandis que la rage monte en elle, la baronne avise la robe signature. Installée au milieu des autres, elle demeure somptueuse mais… à un détail près. En effet, elle ne semble plus briller. La baronne l'observe un peu mieux et constate qu'une des perles gigote. L'instant d'après, elle éclate et libère une mite.

Cette fois, la baronne est furieuse. Ces perles étaient des cocons de mites – des centaines et des centaines de cocons ! Tous cousus sur la robe par cette maudite Estella, comme autant de bombes à retardement. Des bombes qui ont explosé et tout ravagé.

Les mites envahissent l'entrepôt sous les cris de panique de l'assistance. Les pieds des chaises raclent le sol à mesure que les invités cherchent à fuir l'infestation. En une poignée de secondes, l'entrepôt s'est vidé.

Le défilé de la Maison Baronne a pris fin avant même d'avoir commencé.

La baronne est dans une colère monstre. La vue de sa collection massacrée la révulse. Elle sort de l'entrepôt. Son sang ne bout plus, il entre en fusion.

Dans la rue, elle aperçoit les derniers invités qui déguerpissent. Telles les mites qu'ils cherchent à fuir, ils semblent attirés par les lumières qui palpitent dans Regent's Park. La baronne fronce les sourcils. De quoi peut-il bien s'agir ?

Pour le découvrir, elle regagne le balcon qui jouxte son bureau, et inspecte le parc. Une foule énorme s'est massée autour de la fontaine à trois niveaux. Tous les regards sont rivés sur le spectacle qui se déroule devant eux : un défilé de mode improvisé, à la fois tonitruant, aveuglant et punk. Les mannequins évoluent autour de la fontaine, parées de tenues streetwear diamétralement opposées aux modèles plus classiques de la baronne.

Les vivats de la foule redoublent à chaque nouvelle création, plus originale que la précédente. La baronne détaille les visages des spectateurs et enrage de nouveau. Ce sont ses invités, l'élite du monde de la mode. Ils étaient censés assister à *son* défilé. Au lieu de cela, ils sont réunis là dehors, dans la fraîcheur nocturne, pour un véritable cauchemar de néon ! Et visiblement, cela leur plaît.

Dans la foule, la baronne repère soudain Anita Darling en train de prendre des photos, à côté de deux espèces de sans-abri, à ce qu'il lui semble.

– La musique est sympa.

La baronne se tourne vers sa droite. John l'a rejointe. Lui aussi observe la foule massée dans le parc. Elle le foudroie du regard. L'envie de le renvoyer la démange furieusement. Il n'aurait pas dû formuler ce compliment.

Elle s'apprête à rabrouer le maladroit lorsqu'une silhouette apparaît sur le podium de fortune. Un projecteur l'illumine tandis qu'elle s'avance, gagne l'autre bout du podium puis se tourne à gauche et à droite. Le faisceau révèle sa tenue tout en laissant son visage dans l'ombre. La silhouette tournoie et se pavane devant la foule conquise, et conclut sa performance par une révérence. Elle se redresse ensuite, et le projecteur éclaire sa figure. La baronne retient son souffle. C'est Cruella, vêtue d'un manteau de fourrure noire et blanche qui semble réalisé à partir d'un pelage de dalmatien ! Les spectateurs se déchaînent. Cruella lève les bras dans un geste de triomphe.

– Voici le futur ! s'exclame-t-elle.

Ses mots résonnent dans le parc tandis qu'au loin gémissent des sirènes de police.

Dans l'instant, un des deux sans-abri actionne un interrupteur et les lumières s'éteignent. La musique s'arrête ensuite. Les mannequins, les spectateurs et Estella s'évanouissent dans le noir. Les deux sans-abri hésitent, semblent vouloir s'assurer qu'ils n'ont rien oublié. La baronne les observe de près. Se serait-elle trompée sur leur compte ?

– Elle a tué mes chiens… murmure-t-elle.

L'image de Cruella dans son manteau reste gravée dans son cerveau. La jeune rebelle a dépassé les bornes. S'en prendre à la baronne, c'est une chose, mais s'en prendre à ses chiens…

Elle en a assez de ces petites escarmouches. Cruella veut se battre ? Soit, elle va avoir droit à une guerre. L'illustre couturière ordonne à son employé de suivre les deux mystérieux garçons. Quelque chose lui dit qu'ils vont le conduire jusqu'à Cruella.

Cruella

CHAPITRE 22

Naissance et renaissance

Cruella est aux anges. Son défilé s'est déroulé à la perfection. Et même si la police en a eu vent, ils sont arrivés trop tard pour gâcher le spectacle. Cruella sait que la baronne a assisté au spectacle, comme prévu. Son seul regret est de ne pas avoir pu découvrir sa réaction lorsqu'elle a vu le manteau en poils de dalmatien…

Cruella se doute que Jasper et Horace lui en veulent de ne pas les avoir rejoints au repaire, mais elle s'en moque. Elle est trop surexcitée pour dormir, trop heureuse pour affronter les mines aigries et les avertissements des garçons. Elle sait qu'elle s'est attaquée à un monstre et qu'elle doit se montrer prudente. Ce soir, toutefois, elle n'a qu'une envie : se détendre. Son ventre gargouille.

Et manger, ajoute-t-elle à part. Elle veut se détendre et manger.

Dans la rue, elle repère un restaurant indien encore ouvert. Parfait. Elle va faire la queue à la porte. Étrange que l'endroit soit encore bondé en pleine nuit. Dans un coin de la salle, elle avise un téléviseur qui diffuse le journal télévisé. Cruella l'écoute avec intérêt.

« … dans ce qui est le plus grand scandale qui a secoué l'univers de la mode depuis le jour où la mort d'Yves Saint-Laurent a été annoncée par erreur, déclare le présentateur, la baronne von Hellman a annulé son défilé après qu'un essaim de mites a dévoré sa nouvelle collection. »

Estella esquisse un sourire. Elle ne se lasse pas de ce sale tour. Qui aurait pu se douter qu'elle connaisse une variété de mite qui s'enveloppe dans un cocon en forme de perle brillante ? Décidément, elle n'est pas peu fière de son coup. Une fois sa commande payée, elle se retourne vers le téléviseur.

« Ces mites étaient peut-être des connaisseuses avisées, déclare un expert, car la maison de la baronne sent le vieux et le moisi après l'explosion de la nouvelle icône à laquelle nous avons assisté ce soir. Cruella a créé une véritable émeute du style à Regent's Park. »

Estella n'a pas besoin d'en entendre davantage.

« Nouvelle icône. » Magnifique. C'est encore mieux que tout ce dont elle a pu rêver. Son opération est un succès absolu. Mais à cette pensée, la jeune femme culpabilise un peu. Elle n'aurait jamais pu réussir sans l'aide de Jasper, Horace et Artie. Alors elle retourne au comptoir et commande d'autres plats. Ses complices sont peut-être furieux après elle mais, si elle leur apporte à manger, ils lui pardonneront vite.

Estella ressort du restaurant et rentre d'un pas vif au repaire. Elle a hâte de retrouver les garçons. Elle tient à connaître les moindres détails : qui ils ont vu, quelles infos ils ont glanées, comment ils ont fait pour filer incognito. Elle monte les marches du repaire deux par deux.

Arrivée en haut de l'escalier, elle pousse la porte, lève les bras dans un geste de triomphe et s'exclame :

– La reine est morte ! Vive la reine…

Hélas, lorsqu'elle allume la lumière, sa voix s'étrangle. Horace et Jasper sont ligotés à une chaise, bâillonnés, les mains jointes dans le dos. Horace a les deux yeux au beurre noir et du sang séché au coin des lèvres. Il s'est visiblement fait tabasser. Derrière ses amis, deux grands gaillards serrent les poings, la mine glaciale.

– Cruella.

À la mention de son nom – ou plutôt de son pseudonyme –, la jeune femme se retourne lentement. La baronne est là, derrière elle, flanquée de ses dalmatiens. La lumière qui entre par la grande fenêtre plonge ses traits dans l'ombre, pourtant Estella perçoit le venin qui émane de sa visiteuse. Dans la cage qui a servi au transport des dalmatiens, Bandit et Clin d'œil poussent des gémissements inquiets. L'illustre couturière a manifestement découvert le pot aux roses et décidé de suivre Jasper et Horace. Leurs précautions auront été inutiles.

– Ça alors, vous êtes une vraie cinglée, commente Estella après s'être ressaisie.

À quoi bon jouer encore l'assistante docile et gentille ?

– Merci bien, réplique la baronne. Venant de toi, c'est un compliment. Tu m'as donné de grandes espérances. Tout comme Estella.

Cette dernière remarque que la visiteuse tripote sa perruque rousse. Elle détourne son regard de la baronne pour s'intéresser à ses amis. Tous deux l'observent avec un mélange de nervosité et de peur. Estella ne le leur reproche pas. Ils savaient aussi bien qu'elle de quoi était capable leur ennemie, mais Estella ne va pas capituler sans se battre.

– Cela ne regarde que nous, déclare-t-elle. Laissez filer Jasper et Horace, ces deux demeurés qui vous ont conduite ici.

Elle entend ses amis qui protestent, malgré leurs bâillons, mais elle n'en a cure. Ils doivent se douter qu'elle n'est pas vraiment en colère. Elle a peur.

La baronne hausse les épaules et répond :

– Mais tout à fait. Ils vont d'ailleurs aller en prison.

– Pour avoir kidnappé trois chiens ? ricane Estella.

La baronne esquisse un sourire. Son regard lui-même exprime l'amusement. Tout cela n'est pas fait pour rassurer Estella.

– Non, rectifie la baronne. Pour ton meurtre.

– Personne ne le croira, affirme Estella d'une voix qu'elle-même ne trouve guère convaincante.

– Ton cadavre calciné devrait rendre l'hypothèse plus crédible…

Un des gardes du corps de la styliste vient alors saisir Cruella par les bras. Tandis que la jeune femme se débat, l'autre gorille fait sortir Horace et Jasper. Estella se retrouve bientôt à son tour ligotée sur une chaise.

Les gardes du corps vident ensuite des bidons d'essence par terre, sur les meubles ainsi que les murs du repaire. L'endroit se transformera en brasier dès qu'ils auront craqué une allumette.

– Vous allez me tuer pour vous avoir volé la vedette ? demande Estella en se débattant.

– Hum, hum, acquiesce la baronne.

À ses côtés, les dalmatiens tirent sur leurs laisses pour se rapprocher de Bandit et Clin d'œil. C'est un spectacle poignant et, un bref instant, Estella a de la peine pour eux. Ces molosses ne sont pas méchants, contrairement à leur maîtresse. Celle-ci leur ordonne de se calmer.

Estella secoue la tête. Sa dernière heure a sonné. Pourquoi ne pas jouer cartes sur table ?

– Je sais que vous avez tué ma mère, déclare-t-elle.

La baronne n'esquisse pas la moindre réaction.

– Qui cela, au juste ? rétorque-t-elle.

– Pardon ? s'étouffe Estella.

Faut-il comprendre que cette femme a tué d'autres personnes encore ? Apparemment, oui.

– J'ai dit : « Qui cela ? » Sois plus précise.

– Sur la falaise. Vous avez lâché vos chiens sur elle.

La baronne hoche la tête.

– Ah, bien, je vois.

Un haussement d'épaules et elle ajoute :

– Tu ne t'en es toujours pas remise, c'est ça ? D'où ton petit numéro ?

Estella bat des cils. Et elle qui croyait que cette femme ne pouvait plus l'étonner… Décidément, c'est un être abject. Un monstre. Un monstre dépourvu de conscience. La rage et la tristesse déferlent en Estella. Quelle aurait été sa vie si sa mère n'était pas allée la trouver ? La rage supplante la tristesse. Estella tire comme une diablesse sur ses liens.

– Je vais vous tuer ! hurle-t-elle. Vous et vos chiens !

La baronne sort un briquet. D'un geste souple, elle fait jaillir une flamme.

– J'attends, dit-elle.

Un grand calme envahit Estella à la vue de la flamme. Fascinée autant que terrassée, elle sait qu'elle ne peut plus dire ni faire quoi que ce soit pour modifier son sort. Elle va périr par le feu. Alors autant en profiter pour tourmenter encore la baronne.

Elle se tourne vers les sbires de cette dernière et leur demande :

– Voudriez-vous me relâcher un moment, messieurs ? Je suis sûre que la baronne est une patronne exécrable. J'aimerais vous offrir un nouveau poste. Couverture médicale intégrale. Quatre semaines de vacances.

Comme prévu, les hommes se mettent à cogiter.

– Assez ! s'interpose la baronne.

Puis elle se retourne vers Estella, scrute ses longues tresses noires et blanches.

– Simple vérification, embraie-t-elle. Est-ce ta couleur naturelle ?

– Oui. Pourquoi ?

– Pour savoir.

Et d'un geste sec, elle jette le briquet au milieu de la flaque d'essence. Les flammes jaillissent instantanément.

– Au revoir, Cruella.

La baronne ordonne à ses hommes d'alerter la presse.

Puis, tandis que l'incendie s'intensifie, elle ajoute :

– Que tu meures, auréolée de gloire.

Sur ce, elle quitte le repaire, ses dalmatiens dans son sillage, abandonnant Estella à la mort.

La malheureuse tousse et s'étouffe à mesure que la fumée emplit l'espace. C'est une chose de fanfaronner devant la baronne, c'en est une autre devant l'incendie. Le repaire se transforme en brasier. À travers la fumée noire, Estella voit avec horreur ses créations se consumer. Les costumes confectionnés au fil des ans, les dessins imaginés la nuit, les meubles que les garçons et elle ont sué pour transporter jusqu'ici… Tout se détruit, et Estella connaîtra bientôt le même sort.

Elle songe à Jasper, Horace, Clin d'œil et Bandit. Sa famille. Eux aussi vont être détruits. Les garçons vont finir en prison, et les chiens vont mourir. Par sa faute.

Malgré la toux qui la ravage, Estella se bat pour ne pas perdre connaissance. Ses paupières s'alourdissent, sa respiration faiblit. Au prix d'un gros effort, elle parvient à rouvrir les yeux. Elle aperçoit Bandit et Clin d'œil qui cherchent à lui venir en aide : à travers les barreaux de leur cage, ils grignotent les cordes qui la ligotent. La jeune femme repère ensuite un autre détail au milieu des flammes. Une lueur. Elle tente de secouer la tête pour mieux voir, mais le mouvement est trop brutal.

Elle perd connaissance. Juste avant que les ténèbres l'engloutissent, il lui semble sentir des bras qui l'enveloppent, qui la soulèvent. Elle voudrait parler mais aucun mot ne sort… Alors elle s'abandonne à l'obscurité.

Estella a la gorge ravagée. Les yeux en feu. Le corps perclus de douleur. Les poumons comme incendiés. Et l'impression qu'on lui jette de l'eau sale à la figure.

Lentement, avec gestes précautionneux, elle écarte les paupières. Bandit est là, près d'elle, qui lui lèche les joues. Clin d'œil, lui, est perché sur le canapé où elle-même est allongée. Le petit chien gémit et l'observe d'un œil inquiet. Estella se rassied, une nouvelle onde de douleur déferle en elle, ainsi que dans ses bronches lorsqu'elle inspire en tremblant.

Où est-elle ? Sûrement pas au repaire, déjà. Une vision fugace lui revient : les flammes, la baronne qui l'abandonne à la mort dans un rire maléfique... Qu'est-il arrivé ensuite ? Autour d'elle, la pièce est douillette, chaude, la décoration sans relief et masculine.

Des bruits de pas résonnent. Estella se redresse nerveusement contre les coussins. Elle est trop faible pour se battre ou s'enfuir. Un instant plus tard, le valet de chambre de la baronne, John, paraît à la porte du salon, une tasse à la main.

– Un thé, mademoiselle Cruella ? demande-t-il en découvrant la jeune femme éveillée.

Celle-ci secoue la tête. Est-elle encore sans connaissance ?

– Vous ? prononce-t-elle.

Elle se redresse et saisit sa veste, dont on l'a couverte, avant de la presser contre sa poitrine.

– Pourquoi ? reprend-elle. Pourquoi suis-je vivante ?

– Parce que je vous ai arrachée aux flammes et à la fumée avant que celles-ci ne vous consument, révèle tout simplement John.

Comme si cela expliquait tout. Alors que cela ne fait qu'embrouiller un peu plus Estella.

– Pourquoi ? demande-t-elle encore. Vous travaillez pour elle !

John pousse un soupir et s'assied face à la jeune femme. Il se laisse aller contre le dossier du fauteuil et croise les jambes. Dans son appartement douillet, il semble… différent. Plus gentil, estime Estella, et franchement moins effrayant. Elle guette sa réponse, toujours abasourdie par le revirement de situation.

John reprend enfin la parole :

– J'ai connu votre mère, et…

Sa voix s'étrangle. Estella l'observe, fascinée, intriguée. Il a connu sa mère ? De nouvelles questions lui viennent à l'esprit, mais John poursuit :

– Je ne pouvais pas laisser faire ça. J'ai quelque chose pour vous.

John sort de sa poche le collier de Catherine, qui brille de mille feux, et le tend à Estella.

– Vous l'avez trouvé ? s'étouffe celle-ci.

Elle s'empare délicatement de l'objet tandis que l'homme hoche la tête.

– Dans l'incendie, révèle-t-il. Et je peux vous assurer qu'il m'a fallu bien le nettoyer, ensuite. (Un sourire, puis il ajoute :) Puis-je vous montrer quelque chose ?

Il tend la main et Estella lui rend le collier. John dévisse avec soin le dessus du pendentif. Très vite, un déclic retentit, et l'homme récupère une toute petite clé.

– J'ignorais qu'elle était à l'intérieur, déclare Estella, sonnée. Qu'ouvre-t-elle ?

John ne lui répond pas tout de suite. Au lieu de cela, il se dirige vers la cheminée. Là, il prend un très vieux coffret qu'il va ensuite poser sur la table basse, devant Estella. Après quoi il lui remet la clé.

– Ceci, annonce-t-il.

Estella hésite avant d'enfin glisser la clé dans la serrure. Lorsqu'elle la tourne, le mécanisme s'enclenche. Elle soulève le couvercle… et découvre un acte de naissance. Des mots lui sautent aux yeux : *Fille*… *M*ère… Sous ce dernier, le nom baronne von Hellman.

– La baronne a eu un enfant ? manque de s'étouffer Estella.

– Oui, acquiesce John. Vous.

– Quoi, moi ? lui renvoie Estella le temps que son cerveau analyse ce que John vient de dire.

Cet homme se paie-t-il sa tête ? Est-ce encore un sale tour de la baronne ? Lui faire croire qu'elle va mourir pour ensuite envoyer un larbin lui expliquer que son existence entière est un mensonge ? Mais John a l'air on ne peut plus sérieux.

– Je vais vous expliquer, embraie-t-il.

Sur ce, il referme le coffret et inspire à fond.

– La baronne n'a jamais voulu d'enfant. C'est une vraie narcissique, incapable d'aimer quoi que ce soit ou qui que ce soit hormis elle-même. Elle a menti et joué la comédie à feu monsieur le baron afin qu'il l'épouse.

Jusque-là, Estella le croit. Elle imagine très bien la baronne, jeune et séduisante, gagner le cœur du baron… et sa fortune.

– Donc, poursuit John, lorsqu'elle a appris qu'elle était enceinte, elle n'a pas sauté de joie, loin de là. Au contraire du baron qui, lui, a carrément modifié son testament afin de léguer toute sa fortune à l'enfant.

Estella devine que la baronne n'a pas dû apprécier, puisqu'elle comptait être la seule à empocher le magot. Mais de là à croire qu'elle-même est la fille du baron et de la baronne von Hellman… Cela ne tient pas debout. C'est impossible !

Avisant la mine incrédule de son « invitée », John insiste :

– Vous êtes bien sa fille. J'ai assisté à votre naissance.

Il était là en effet lorsque, par une nuit d'orage, Estella a poussé ses premiers cris. Le baron était en déplacement pour affaires, et la baronne en a profité. Après avoir adressé le plus rapide des coups d'œil à l'enfant, elle a ordonné à John de s'en « occuper ».

C'est ce qu'il a fait. Et une seule idée lui est venue : confier le bébé, Estella, à l'une des domestiques.

Une jeune femme prénommée Catherine. À la mention du prénom de sa mère, Estella a les larmes aux yeux. Cette fameuse nuit, donc, John a remis à Catherine le peu d'argent qu'il avait sur lui, ainsi que le collier, et lui a dit de partir refaire sa vie avec le bébé, aussi loin que possible du manoir.

Au retour du baron, son épouse lui a annoncé que l'enfant n'avait pas survécu.

– C'est ce qu'elle avait en tête quand elle m'a dit de m'en « occuper », souffle John, la voix gorgée d'émotion. Je lui ai donc fait croire que c'était la vérité. Le baron ne s'en est jamais remis. Il est mort peu après.

Estella a le cœur qui se serre. Tant de souffrance et de mort à cause d'elle sans que jamais elle ne s'en soit doutée… Elle voudrait serrer la main de John, établir un contact, mais l'homme est perdu dans son souvenir et sa peine.

– À la mort de son époux, la baronne a découvert qu'il n'avait pas remodifié son testament. Toutefois, comme tout le monde vous croyait morte… c'est elle qui a empoché l'héritage.

Le vieux valet de chambre s'interrompt. Son récit touche à sa fin. Il lève les yeux et croise le regard d'Estella.

– Ce que j'essaie de dire, c'est que vous êtes l'héritière légitime de la fortune du baron. Le manoir, le titre… tout vous revient.

Estella reste un long moment à scruter John. Son cerveau s'emballe, son cœur se brise. Et puis, lentement, la colère prend le pas sur la tristesse.

– Cette cinglée ne peut *pas* être ma mère ! s'indigne-t-elle.

– Cela fait un choc, je le sais, tente de l'apaiser John, habitué à devoir rester calme face à une furie.

Estella se lève et fait tomber sa veste dans son mouvement. Son regard s'embrase. Non, elle n'est pas sous le choc, elle vit un cauchemar. Elle halète. Il faut absolument qu'elle sorte de cet appartement, de cette histoire. John la supplie de rester mais Estella se précipite vers la porte. Très vite, elle déboule dans la rue.

Elle ne sait pas où elle va. Tout ce qu'elle veut, c'est partir le plus loin possible de John. Celui-ci n'y est pour rien, naturellement. Enfin, pas vraiment. Il a simplement voulu l'aider. Mais ses paroles tournent en boucle dans le crâne d'Estella et lui transpercent le cœur.

Ses pas l'entraînent à la fontaine de Regent's Park où, épuisée, elle s'écroule sur le même banc où elle a dormi à son arrivée à Londres. Vu l'heure matinale, la fontaine ne fonctionne pas encore, alors Estella se contente de regarder l'eau tranquille et paisible. *Si seulement ma vie pouvait être aussi posée*, songe-t-elle.

Son ennemie jurée n'est autre que sa mère naturelle. Et sa mère naturelle a tué son autre mère. Il y a de quoi s'y perdre. Rien d'étonnant à ce que sa mère – la « fausse », donc – lui ait toujours répété de ne pas « faire de vagues » et d'essayer de s'« intégrer ». Elle devait craindre qu'Estella finisse par ressembler à la baronne, qu'elle devienne un être cruel et sans cœur. Estella ravale ses larmes. Toutes ces années, sa mère s'est efforcée de la guider sur le droit chemin, avec tout son amour…

– Et j'ai fait de mon mieux, prononce à voix haute Estella comme si elle s'adressait au souvenir de sa mère. Par amour pour toi. Mais la vérité, c'est que, j'ai beau m'échiner, je ne suis pas la douce Estella. Je ne l'ai jamais été.

Plus elle se confie, plus sa voix prend de la force et de l'assurance.

– Je suis Cruella. Je suis née brillante, née méchante, et peut-être un peu démente. C'est moi, mais je ne suis pas comme elle. Je suis *mieux* qu'elle.

Sur ce, elle se relève et inspire profondément. La vérité a éclaté au grand jour. Estella possède désormais l'élément qui va lui permettre de renverser la baronne. La femme qui l'a aimée et qui l'a élevée n'approuverait sans doute pas ce qu'elle s'apprête à faire, mais Estella en a assez de se mentir à elle-même.

Estella est morte. Tout le monde peut bien croire qu'elle a péri dans les flammes. Cruella, elle, est vivante. Et Cruella va se venger, elle va détruire la baronne von Hellman – pour sa mère, pour le baron, pour John, ainsi que pour sa propre enfance perdue et pour la vie qu'elle aurait pu avoir.

Cruella

CHAPITRE 23

Les grandes manœuvres

Dans une cellule du commissariat, Jasper est allongé sur une banquette miteuse. Horace occupe celle d'en face. La baronne a tenu parole et les a fait arrêter pour le meurtre d'Estella. Entre l'incendie qui a ravagé le repaire et les gros titres des journaux qui annoncent déjà la mort de la jeune fille, les policiers n'ont pas l'ombre d'un doute. Ils ont mis Jasper et Horace sous les verrous, en attendant un hypothétique procès.

Horace se mouche puis se couche sur le flanc avant de souffler à Jasper :

– Je n'en reviens pas qu'elle soit morte.

Jasper non plus. Les images d'Estella, l'adolescente rigolote rencontrée plus de dix auparavant, lui reviennent en mémoire.

– Tâchons de nous souvenir d'Estella, déclare-t-il enfin, et d'oublier Cruella.

Mais il n'a pas le temps d'ajouter quoi que ce soit qu'un grondement leur parvient de l'extérieur.

– Tu entends ça ? demande-t-il.

Horace et lui se relèvent. Le bruit forcit. Les policiers le remarquent, eux aussi. L'un d'eux va jeter un coup d'œil à la porte au moment où un énorme camion poubelle s'écrase contre la façade du bâtiment.

L'instant d'après, la portière du conducteur du camion s'ouvre. Cruella, déguisée en éboueur jusque dans sa moustache postiche, se penche à l'extérieur. Les policiers reprennent leurs esprits et se tournent tous vers elle. Ce faisant, ils ne remarquent pas que Clin d'œil bondit hors de la cabine et pénètre dans le commissariat.

Cruella adresse un signe aux agents avant de se remettre au volant et de passer la marche arrière. Les policiers sautent aussitôt dans leurs véhicules pour la prendre en chasse.

Agrippé aux barreaux de sa cellule, Jasper écoute les bruits qui lui parviennent, sans trop parvenir à les décrypter. Trente secondes plus tard, il pousse un cri de joie en voyant Clin d'œil apparaître. Horace se lève d'un bond et va lui aussi se plaquer contre les barreaux.

– Clin d›œil ! s'exclame-t-il. Tu n'as pas grillé, mon vieux ?

Jasper observe le petit chien. Ça non, il n'a pas grillé. Mieux, même : il leur apporte un kit de crochetage, ficelé sur son dos. Jasper récupère le kit et se met aussitôt à l'ouvrage. Horace, lui, couvre l'animal de caresses. En quelques instants à peine, les deux prisonniers sont libres.

Dans le chaos ambiant, aucun policier ne les voit sortir du commissariat. Il faut dire que la nuit est tombée, cela facilite leur fuite… Tout comme le désordre qui règne dans la rue, où un monceau d'ordures bloque la circulation. Jasper, Horace et Clin d'œil s'éloignent aussi vite que possible du commissariat.

Ils viennent de tourner à l'angle d'une ruelle lorsqu'un camion poubelle s'arrête à leur hauteur. Cruella baisse sa vitre.

– Je vous dépose ? propose-t-elle avec un sourire.

Sourire que Jasper ne lui rend pas. Son petit doigt lui a soufflé que leur évasion était probablement l'œuvre de Cruella. Dans un premier temps, il s'est réjoui que son amie soit encore en vie mais, après y avoir réfléchi à l'air libre, il sent sa colère revenir. C'est à cause d'elle, et uniquement à cause d'elle, qu'Horace et lui se sont retrouvés en prison.

– On va marcher, répond-il.

Horace, lui, a moins d'états d'âme.

– Tu es vivante ! jubile-t-il en s'approchant du camion.

Jasper le retient.

– Tu as failli nous faire tuer, rappelle-t-il. Tu nous as traités comme des domestiques. Marche, Horace.

Ce dernier ne discute pas. Les deux garçons poursuivent leur chemin.

– Vous allez vous faire reprendre, leur lance Cruella.

– On se débrouillait très bien avant que tu n'arrives, lui renvoie Jasper par-dessus son épaule. On saura encore se débrouiller sans toi.

Il sait que ses paroles sont dures mais il s'en moque, désormais.

Toujours aussi loyal, Horace opine puis ajoute :

– Tu m'as traité de « demeuré ». Je suis à peu près sûr que ce n'est pas un compliment.

– Il n'y a pas de quoi en faire tout un plat, estime sans grande conviction Estella.

Jasper ne relève pas. Il est fatigué, il a faim. Il veut manger un morceau et ensuite trouver un endroit où dormir. Il se dirige vers un café. Dans son dos, il entend le moteur du camion qui rugit et, dans la foulée, le véhicule les rattrape.

Cruella les toise ; la douleur se lit sur ses traits. Jasper a des remords. Il ne l'a pas vue aussi accablée depuis le jour où elle a découvert la vérité sur la mort de sa mère. Qu'a-t-il bien pu lui arriver ?

– Je ne sais pas comment le dire autrement, déclare Estella comme en réponse à la question muette de Jasper. La baronne est ma mère naturelle.

Les deux compères se figent, muets de stupeur.

Un court moment plus tard, Horace reprend la parole :

– J'ai tellement de questions à te poser.

Jasper pousse un soupir. Ils sont bons pour un tour en camion, finalement, on dirait.

Jasper et Horace ont pris place sur le canapé de John. Celui-ci a déposé devant eux une assiette de biscuits auxquels ils n'ont pas touché. Enfin, plus ou moins. Horace a craqué plus d'une fois. Les deux garçons ont écouté Estella leur raconter ce qu'elle avait appris : les agissements de la baronne, tout ce qu'elle n'a pas hésité à faire pour mettre la main sur la fortune du baron.

– Dès qu'elle saura que je suis en vie, conclut Estella, elle cherchera à m'abattre. Entre nous, c'est désormais un duel à mort.

Jasper secoue la tête. Il a de la peine pour elle. Mais lui-même souffre encore.

– C'est une folle et une meurtrière. Toi, tu ne l'es pas, assure-t-il.

– Il est trop tôt pour le dire, lui réplique Estella pour détendre l'atmosphère. Je suis encore jeune.

– Très drôle, ironise Jasper. Enfin, ce serait drôle si j'étais certain que tu disais ça pour rire.

Estella se rapproche de lui mais il s'écarte. Elle soupire.

– Je plaisante, clarifie-t-elle. En revanche, nous devons arrêter cette bonne femme. J'ai un plan, mais je n'arriverai à rien sans vous, les garçons.

Horace lève les yeux vers elle, les joues constellées de miettes.

– Ah ! Bah ! Ce n'est pas trop tôt ! s'exclame-t-il. Enfin, elle comprend qu'on n'arrive à rien sans moi !

Estella lui adresse un sourire chaleureux.

– J'ai un peu perdu la tête, et je m'en excuse, déclare-t-elle d'une voix rauque.

Jasper voit bien qu'elle est à deux doigts de craquer. Lui-même commence à flancher.

– Vous êtes ma famille, poursuit Estella. Je n'ai que vous…

La résolution de Jasper achève de voler en éclats.

– D'accord, d'accord, soupire-t-il. Explique-nous ton plan.

Estella embraie au quart de tour :

– La baronne donne un gala de bienfaisance ce week-end.

Une pause, pour s'assurer que Jasper écoute. Jasper écoute, oui, mais ce qu'il entend ne lui plaît guère.

– Il va nous falloir les adresses personnelles de toutes les invitées ainsi que leurs mensurations. Nous recruterons les couturières d'Artie. Je veux aussi une cape noire, des pots de peinture, des corsets baleinés et…

L'énumération est interrompue par l'arrivée de John. Jasper se crispe.

– John, prononce Estella, visiblement pas surprise par l'apparition du valet de chambre. Ces deux messieurs sont ma famille. Ils vont rester quelque temps.

John hoche la tête tandis que Jasper les observe tous deux, tour à tour. Il ne s'est écoulé qu'une nuit depuis l'incendie, pourtant c'est comme si tout avait changé. Enfin, presque tout.

– Il n'y a plus de biscuits, observe Horace en désignant l'assiette vide.

Jasper esquisse un sourire espiègle. Sacré Horace, rien ne le décoiffe. Cette histoire va beaucoup trop loin pour eux, et Jasper n'aime pas cela. Mais, pour le moment au moins, il va devoir suivre le mouvement.

L'équipe se met au travail sans tarder. L'appartement de John devient leur camp de base. En quelques heures à peine, les moindres centimètres carrés sont envahis de tissus chamarrés et de matériel de couture. Les petites mains recrutées par Artie s'affairent en fredonnant et papotant. Certaines prennent des notes tandis qu'Estella aboie ses ordres telle une générale en chef. De temps à autre, elle s'attarde devant une robe pour s'assurer que le patron est respecté, ou pour prêter main-forte à une couturière. Objectif de la manœuvre ? Confectionner des dizaines de robes signées Estella, mais qui seront ensuite griffées Maison baronne.

Pendant ce temps, John subtilise les dossiers des clientes dans le bureau de la baronne. Il ne met pas longtemps à les trouver. Sa patronne lui fait une confiance aveugle et lui confie la paperasse.

Les dossiers récupérés, les robes emballées, c'est à présent au tour de Jasper et Horace d'entrer en scène. Ils chargent les cartons de robes dans leur camionnette et entament leur tournée. À chaque arrêt, Horace remet en mains propres une jolie boîte estampillée Maison baronne à une cliente. Et chaque fois, la cliente glapit de plaisir en découvrant le modèle unique qui lui est offert, assorti d'une note : *Merci de porter cette robe, avec mes compliments.* Les livraisons sont bouclées en l'espace de quelques jours à peine. La première partie du plan est terminée. Un jeu d'enfant, estime Jasper tandis qu'Horace et lui regagnent l'appartement de John.

Mais cette facilité l'inquiète. Elle l'inquiète encore plus que d'habitude.

Le soir du gala, tandis que le soleil se couche, Jasper se rend dans la chambre d'Estella. La fenêtre ouverte donne sur une petite échelle de secours ainsi que sur les marches permettant d'accéder au toit. Jasper passe la tête à l'extérieur et observe Estella, perchée sur le mur de brique, en train de contempler les toits de Londres. Le paysage rougeoie dans les derniers feux du soleil ; l'atmosphère semble paisible, pour une fois. Sur le toit, les bruits de la rue arrivent estompés, l'air paraît plus frais.

– Hé, lance Jasper en rejoignant la jeune femme. C'est le grand soir.

– Le grand soir, en effet.

Jasper observe un moment son amie, cherche à deviner ses pensées. Depuis l'incendie et la révélation du secret de sa naissance, Estella n'est plus la même. Elle est plus distante. Jasper sait qu'elle est allée consulter un avocat au sujet de la succession du baron, mais elle n'en a rien dit à son retour. Elle se concentre exclusivement sur le gala.

– Tu es sûre de ton coup ? l'interroge Jasper.

Estella hoche la tête.

– Tu sais que tu ne peux pas la tuer, Estella, ajoute le garçon d'une voix qui trahit son inquiétude.

Estella hausse les épaules.

– Je ne peux pas, ou je ne *devrais* pas ? réplique-t-elle.

Ce n'est pas la réponse que Jasper attendait. De frustration, il se passe une main dans ses cheveux et respire à fond pour se calmer.

– Je sais que tu souffres, reprend-il. À cause d'elle. Mais ce n'est pas en tuant cette femme que tu chasseras la souffrance.

– Je ne compte pas la tuer, déclare Estella d'une voix qui rappelle à Jasper son ancienne amie.

Le garçon entrevoit un espoir.

Hélas, Estella ajoute :

– Sauf si je n'ai vraiment pas le choix.

Jasper pousse un soupir. Il ne saurait dire si elle est sérieuse ou pas, mais il comprend qu'il perd son temps à discuter avec elle.

– Merci pour ton aide, lui souffle ensuite Estella, avec une douceur nouvelle dans les yeux.

– Il est parfois difficile de te dire non, avoue Jasper.

– Ça fait partie des choses que j'adore chez toi.

Jasper rougit sans trop savoir quoi répondre. Heureusement, un coup de klaxon dans la rue interrompt l'échange. En contrebas, Jasper voit Horace au volant de la voiture dérobée à la baronne, quelques mois auparavant. Horace l'a bichonnée, sa carrosserie noire et blanche brille maintenant de mille feux.

Horace descend du véhicule et fait signe à ses complices.

– Vous en dites quoi ? les interroge-t-il. Moi, je trouve qu'elle a un look d'enfer !

– C'est pas faux, approuve Jasper.

– Un look d'enfer, répète Estella avec un petit sourire. Ça me plaît bien, ça…

Sur ce, elle se lève. L'heure a sonné. La voiture est prête. Le plan est ficelé. Tout est paré.

– Eh bien, on y va ? demande Estella.

Jasper se lève à son tour et hoche la tête. C'est un de ces moments où il lui est difficile de dire non à Estella.

CHAPITRE 23

Une foule de Cruellas

Le manoir de la baronne est une véritable ruche. Tous les domestiques et les employés s'affairent aux préparatifs du gala. La baronne n'a jamais rien organisé d'aussi extravagant et original. C'est elle-même qui a choisi la thématique « Viking » afin d'affirmer sa force en ces temps de guerre. De la décoration jusqu'au buffet, le manoir a été métamorphosé en demeure de guerrière.

Dans sa chambre, la couturière elle-même se prépare pour la bataille. Deux domestiques l'aident à enfiler une tenue de sa création – une robe en cotte de mailles – sous le regard intransigeant de John. La baronne admire son reflet dans le miroir et esquisse un sourire satisfait. Son allure est parfaite. Et une fois que Cruella aura été mise hors d'état de nuire, personne ne pourra lui voler la vedette.

Avisant John du coin de l'œil, son sourire se voile légèrement.

– Quand je vous ai dit de vous en « occuper », autrefois, lui lance-t-elle via le miroir, que fallait-il comprendre, d'après vous ?

John paraît surpris mais il se ressaisit très vite. Il ne s'attendait pas à ce que la baronne reconnaisse la vérité. À savoir, que Cruella est sa fille.

– Je me suis égaré, avoue John. Je ne voulais pas croire que vous me demandiez de tuer votre unique enfant.

– Et moi qui pensais que nous nous connaissions… réplique la baronne, une pointe de déception dans la voix.

On l'a informée que Cruella n'avait pas péri dans l'incendie, et elle est persuadée que John a quelque chose à voir là-dedans. *Bon Samaritain un jour, bon Samaritain toujours,* estime-t-elle. Mais qu'importe ? Elle compte se débarrasser de cette fille une bonne fois pour toutes ce soir. D'un mouvement de tête, elle fait signe au chef de la sécurité d'approcher.

– Elle sera là ce soir, lui assure-t-elle. Je veux que vous l'interceptiez avant que quiconque ait pu la voir. Tout le monde la croit morte. Elle doit le rester jusqu'au terme du gala.

– Je lui réserve une petite surprise, acquiesce l'homme.

Il dégaine un pistolet à impulsion électrique et ajoute :

– Ceci devrait la calmer.

La baronne s'empare du pistolet avec une candeur d'enfant. Elle le tourne et le retourne, l'examine sous tous les angles. Puis elle tire sur le chef de la sécurité. Le colosse s'écroule dans un cri de douleur. Elle vise ensuite une domestique, qui passait par là.

– Je pourrais continuer jusqu'à demain ! exulte-t-elle.

Mais son sourire finit de s'effacer, et elle redevient une guerrière viking.

– Allez donc la trouver, bande de crétins ! ordonne-t-elle aux autres gardes en leur jetant le pistolet.

Puis elle va récupérer son sifflet à ultrasons et passe la courroie à son poignet gauche.

– Pourquoi diable suis-je la seule à être compétente, ici ? s'exaspère-t-elle alors que John lui remet les laisses des dalmatiens.

– Ce doit être épuisant, compatit le valet. Toutefois, la soirée s'annonce mémorable, baronne.

Cette dernière le foudroie du regard avant de quitter sa chambre. En effet, la soirée s'annonce mémorable. L'ultime bataille va bientôt commencer.

Les premiers invités se présentent à la porte du manoir. Les agents de sécurité, déployés en nombre par la baronne, guettent tout individu aux cheveux noirs et blancs qui correspondrait à la description de Cruella.

L'ennui, c'est que… toutes les femmes qui descendent des riches berlines qui défilent devant Hellman Hall ont les cheveux noirs et blancs. La première d'abord, puis les suivantes – toutes arborent une toilette différente mais une perruque noire et blanche. Impossible de les distinguer : elles ressemblent toutes à Cruella !

Dans le PC sécurité, les agents scrutent les écrans. Tour à tour, ils croient repérer Estella sur la pelouse, puis dans la salle de bal, enfin dans la roseraie… Elles sont des dizaines. Les gardes ne savent où donner de la tête.

C'est alors que Jasper arrive au manoir, au volant de l'ancienne voiture de la baronne. La fameuse voiture « d'enfer ». Avisant la confusion qui règne, il ne peut réprimer un sourire. Cruella s'est vraiment surpassée, cette fois. Le gala n'a pas encore commencé que la situation est déjà hors de contrôle. Jasper se tourne vers Horace, installé sur la banquette arrière. Lui aussi est déguisé en Cruella – perruque et châle de similifourrure compris. Clin d'œil est blotti dans son châle, et Bandit se cache à ses pieds.

Horace descend tant bien que mal de la voiture – ses escarpins le font tituber –, puis il pénètre dans le manoir pendant que Jasper va garer le véhicule. Quelques instants plus tard, ce dernier se mêle à la masse des vigiles qui cherchent désespérément à localiser la « vraie » Cruella. Il a troqué sa livrée de chauffeur contre un uniforme d'agent de sécurité. Au passage, John lui remet une oreillette.

– À toutes les équipes, à toutes les équipes, prononce le valet dans le micro de la sienne. Présence requise dans la bibliothèque… sur-le-champ. La baronne est en pétard, les gars !

Il sourit en voyant des gardes se figer et pâlir. Tous rentrent ensuite au pas de course. Jasper hoche la tête, satisfait. Si tout se passe comme prévu dans le manoir, Horace doit être en train d'attendre que les vigiles soient tous dans la bibliothèque. Il est alors censé fermer les portes et les y emprisonner… laissant le champ libre à Cruella ! Jasper sait que lui-même n'est pas censé quitter son poste, mais il meurt d'envie de voir Horace rembarrer tous ceux qui oseront se dresser sur sa route. Les gorilles le sous-estimeront sans doute à cause de son embonpoint et de sa robe… Ils en seront pour leurs frais !

Jasper estime que son compère doit avoir accompli sa part du travail, à l'heure qu'il est, et qu'il doit s'apprêter à retrouver Artie pour la suite des opérations.

Oui, il en est sûr. Lui-même doit donc aller se mettre en position.

La baronne se dirige d'une démarche de reine vers la salle de bal, les dalmatiens sur ses talons.

– À moi d'entrer en scène, mes chéris, souffle-t-elle aux chiens.

Ceux-ci gémissent en guise de réponse. Leur maîtresse avise Jeffrey et lui adresse un signe de tête quasi imperceptible.

L'homme la rejoint au petit trot.

– baronne, lui annonce-t-il tout essoufflé, je venais vous…

L'intéressée ralentit l'allure, se penche sur cette petite fouine de Jeffrey.

– Est-elle arrivée ? le coupe-t-elle.

– Eh bien… hésite Jeffrey. C'est justement le problème.

La baronne ne le laisse pas achever sa phrase. Elle le repousse et presse le pas. Arrivée en haut de l'escalier, elle prend la coupe de champagne que lui propose un domestique et se prépare à se présenter à ses invités conquis. Mais lorsqu'elle découvre la salle de bal, au pied des marches, son souffle reste coincé dans sa gorge. Horreur : il y a là une marée humaine de Cruellas ! Tous les invités, homme ou femme, arborent une perruque noire et blanche. Le pire cauchemar de la baronne devient réalité. Ravalant la bile qui lui monte, elle lève son verre.

– Merci à tous d'être venus ! s'exclame-t-elle.

Ce faisant, elle cherche comment retourner la situation en sa faveur.

– Quel magnifique hommage à notre chère amie… (Sa voix se brise légèrement) hélas disparue. À Cruella !

Un tonnerre d'applaudissements monte de la salle de bal. La baronne est furieuse. Mais elle garde un sourire rivé aux lèvres et descend se mêler à la foule. Elle détaille chaque invité et fait abstraction des perruques pour essayer de reconnaître la vraie Cruella. En vain.

Cela dit, elle aperçoit Anita Darling. La journaliste affiche une mine pleine de suffisance qui ne fait qu'attiser sa fureur. Elle était déjà sûre que cette minable était de mèche avec Cruella, cette fois, elle en a la confirmation.

– Où est-elle ? l'interroge-t-elle dans un sifflement venimeux.

– Ici, je dirais, répond Anita en désignant une invitée. Et aussi là-bas. (Elle en désigne une autre.) Un peu partout, je crois.

La baronne se retient de hurler. Puis elle tourne le dos à Anita. Elle saura bien la trouver elle-même, cette maudite Cruella. Et alors, elle la fera payer.

CHAPITRE 25

Le « spectacle surprise »

Depuis le balcon, Estella observe la baronne qui se fraie un passage parmi les invités. Elle jubile de lire le dégoût sur ses traits. Malgré tous ses efforts, cette femme n'a pas réussi à la détruire… Et c'est à présent elle qui s'apprête à tout perdre.

Estella se fond dans la foule et se rapproche de la baronne. Chemin faisant, elle produit une minuscule épingle argentée. Ses comparses ont accompli leur part du travail. À elle de conclure. Elle ralentit en voyant sa cible s'adresser à John et parvient à épier leur échange.

– Pour la thématique « Viking », c'est loupé, déclare John en désignant du geste les invités.

– Elle est ici, lui réplique la baronne.

– Apparemment, oui.

Estella se glisse derrière la baronne et la pique au bras. Sa victime n'a pas le temps de réagir qu'Estella a disparu dans la foule de ses sosies. Elle caresse le sifflet qu'elle lui a subtilisé pendant qu'elle faisait diversion avec l'épingle. Dans son dos, elle entend la créatrice ordonner à son valet de la trouver. Elle sourit. La baronne peut chercher tant qu'elle le veut, elle n'est pas près de trouver Estella !

Le sifflet en main, celle-ci se retire à l'arrière du manoir et pénètre incognito dans les toilettes. Là, elle ôte sa robe et défroisse celle, informe, qu'elle porte en dessous. Après quoi elle se coiffe de sa perruque rousse pour parachever sa métamorphose.

La voilà redevenue Estella. Elle est prête ! Il ne lui reste plus qu'à attendre que la baronne vienne à elle. Elle presse le sifflet au creux de sa main puis se dirige vers les portes du jardin et se plante devant l'immense paroi de verre. Un souvenir de la nuit du drame lui revient : ce soir-là aussi, elle avait regardé l'orage par la vitre, et aperçu sa mère et la baronne en pleine conversation, au bord de la falaise. La même angoisse revient l'envahir. Additionnée de rage. Et c'est cette rage qui la pousse à sortir du manoir, direction la falaise.

Une fois en place, elle porte le sifflet à ses lèvres et souffle dedans.

Elle n'a pas longtemps à attendre. En quelques instants, elle perçoit les aboiements des dalmatiens de la baronne. Ils surgissent très vite, leur laisse traînant dans leur sillage, et fondent sur elle. Estella avise aussi la silhouette de leur maîtresse qui se découpe en ombre chinoise contre les lumières de la maison. La baronne ordonne à ses chiens l'« attraper ». Derrière elle se tiennent les vigiles qui ont enfin réussi à se libérer de la bibliothèque. Ils sont en position mais leur patronne leur ordonne d'attendre.

Estella ne bouge pas d'un cil tandis que les dalmatiens accourent. Ils se rapprochent toujours, dans un concert d'aboiements déchaînés. Et lorsqu'ils arrivent à moins d'un mètre d'elle, ils se figent. Ils s'assoient, remuent la queue. *Gentils toutous*, leur mime avec les lèvres Estella.

La baronne décide de venir s'en mêler. Sa robe en cotte de mailles cliquette à chacun de ses pas. Estella demeure toujours immobile. Elle attend ce moment depuis si longtemps… Pas question de montrer à son adversaire une once de faiblesse. Cette femme a peut-être revêtu une armure, mais Estella a su se forger une carapace au fil des années.

La baronne se plante enfin devant elle, les mains sur les hanches.

– Bonsoir, Cruella.

– Bonsoir, maman, réplique la jeune femme.

Et quel plaisir, alors, de voir sa mère naturelle tressaillir à ce mot.

– Tu peux ôter ce déguisement ridicule, déclare cette dernière en désignant la tenue « Estella ».

Estella, justement, inspecte sa robe, puis tâte ses cheveux roux. Enfin, elle hausse les épaules. Au lieu de retirer sa perruque, elle se tourne vers le manoir et annonce :

– Cela me navre de gâcher votre réception, mais je suis venue vous expulser. Cette propriété est à moi.

– Ne dis pas de sottises, la recadre la baronne d'une voix qui tremblote toutefois.

Estella esquisse un sourire. Sa mère peut bien dire tout ce qu'elle veut, elle-même a fait son enquête. Elle a consulté les avocats. Elle sait que cette femme se trompe, et elle va se faire une joie de le lui expliquer.

Elle sort de sa poche la clé du petit coffret.

– Cette clé est issue du pendentif, révèle-t-elle. Elle ouvre le coffret qui renferme mon acte de naissance.

Estella veille à bien articuler, de sorte que la baronne comprenne bien chaque mot.

– Et vous qui le trouviez simplement joli…

La baronne reste muette, le temps de digérer l'information.

– Je comprends, maintenant, murmure-t-elle ensuite.

– Pardon ? la relance Estella.

Derrière sa mère, elle cherche à voir ce qui se trame dans le manoir. John et Jasper doivent être en train de conduire les invités au jardin pour le « spectacle surprise » de la soirée. N'avisant pas encore le moindre mouvement, elle se retourne vers la baronne. Il lui faut gagner du temps.

– Je comprends que tu sois si extraordinaire, précise la baronne, puisque tu es à moi.

Ces paroles laissent Estella sans voix.

Prenant son silence pour une invitation à poursuivre, celle-ci développe :

– Toute ma vie, j'ai rêvé de rencontrer quelqu'un qui soit… à ma hauteur.

– Et pourquoi pas quelqu'un qui vous surclasse ? enchérit Estella, qui retrouve sa voix.

La baronne sourit. Un court instant, Estella croit se méprendre, tant le sourire est sincère et chaleureux.

– Je t'adore, c'est bien simple, ajoute sa mère. Regarde ce que tu es devenue… tu ne vois donc pas à quel point tu es comme moi ?

Estella réentend Jasper la supplier de ne pas devenir comme la baronne. Il lui a dit tout le contraire de ce que vient d'affirmer celle-ci – qu'elle est plus forte et plus gentille que la baronne, qu'elle vaut mieux qu'elle – ; se serait-il trompé ?

– Vous m'aviez condamnée à mort, rappelle Estella.

Elle s'en veut immédiatement de l'émotion qui vient de transparaître dans sa voix.

– Une erreur, commente la baronne. Une erreur que nous pouvons surmonter, je n'en doute pas.

– Ce n'est pas mon avis.

– Tu n'es pas venue te venger.

Estella s'apprête à protester, mais sa mère la devance :

– Tu es venue parce que tu es une styliste brillante, un vrai génie, et que tu as besoin d'être entourée de gens comme toi. À savoir : moi.

Estella voûte légèrement les épaules.

– Nous nous ressemblons beaucoup, j'imagine, reconnaît-elle.

– Tout à fait, embraie la baronne, ravie que ses arguments aient porté. Comme deux gouttes d'eau. Tu n'as pas à avoir honte, Cruella. C'est ta personnalité. Les gens comme nous savent sublimer l'ordinaire. C'est pourquoi on nous déteste.

Estella s'adoucit peu à peu ; la baronne insiste :

– Qui d'autre que moi te comprend, dis-moi ? Personne. Je suis ta mère *naturelle*. Certes, j'ai commis une erreur en t'abandonnant, petite merveille.

Une pause, et elle ajoute dans un souffle :

– J'en suis navrée.

Estella prépare ce moment depuis si longtemps qu'elle n'a pas vraiment pris le temps de visualiser la scène. Elle se retrouve donc emportée dans un tourbillon d'émotions face à l'empathie apparemment sincère de la baronne, au bord de cette falaise où tout a commencé treize ans plus tôt. Elle s'attendait à éprouver de la colère, sûrement pas de la peine. Estella secoue la tête. Elle se moque de ce que raconte cette femme. Elle ne va pas se laisser embobiner. Elle n'est pas assez stupide pour croire à ces sornettes.

– Puis-je te serrer dans mes bras ? lui demande sa mère.

Estella fait mine d'hésiter. Voilà qui devrait lui simplifier la tâche.

– Vous n'allez pas me jeter dans le vide, j'espère ? s'inquiète-t-elle.

– Ce que tu peux être drôle, ma chérie, réplique la baronne avec un sourire chaleureux. J'adore.

Aussitôt, elle enlace Estella, la presse contre son cœur. À tel point que la jeune femme étouffe presque.

La baronne tourne alors la tête pour lui chuchoter à l'oreille :

– Idiote.

Juste avant de la pousser.

Estella a tout juste le temps de lâcher un cri de surprise et d'entendre crépiter un flash avant de disparaître dans le précipice.

CHAPITRE 26

La chute

Le temps semble ralentir à mesure qu'Estella chute dans l'air brumeux. Elle s'interroge, vaguement, comme à distance : sa mère adoptive a-t-elle ressenti la même chose lorsqu'elle a été précipitée du haut de cette même falaise ? Mais cette pensée est fugace.

Sitôt qu'elle a basculé dans le vide, elle a levé les bras afin de déployer sa cape. Sa robe est informe pour une raison simple : elle dissimule un corset et un supplément de tissu cousus dans la doublure. Estella tire une cordelette. Le supplément de tissu se gonfle au-dessus d'elle, en forme de parachute artisanal. La chute ralentit, et enfin Estella heurte la mer en douceur, sans presque provoquer d'éclaboussures.

Horace la rejoint à bord d'une barque.

– Et la voilà ! dit-il, ravi de revoir son amie.

Celle-ci lui tend la main.

– Tu m'aides ? lui demande-t-elle.

Horace la hisse à bord de sa barque et lui donne une serviette. Estella se sèche en vitesse tandis qu'Horace reprend les rames, cap sur la plage. Estella va pouvoir enfiler son troisième et dernier costume de la soirée.

Elle ne dispose que d'un petit créneau pour parachever son œuvre. Dès que la barque touche le sable, Estella et Horace courent monter à bord de la voiture « d'enfer » de la baronne. Estella retouche son maquillage tandis qu'Horace négocie un sentier étroit avant de garer la voiture non loin du bord de la falaise, où la baronne se tient encore.

Mais celle-ci n'est plus seule, désormais. Autour d'elle se pressent invités, gardes du corps ainsi que quelques policiers. La baronne désigne à grands gestes paniqués la falaise.

– Elle a sauté ! l'entend affirmer Estella. Elle voulait me tuer, elle a tenté de m'emporter dans sa chute…

Sa voix se perd quand le commissaire apparaît, menottes en main.

Tapie dans l'ombre, Estella observe la scène. Elle sourit de voir le commissaire venir se poster devant la baronne. Celle-ci répète déjà son mensonge mais l'homme lui fait signe d'arrêter. Il connaît le refrain. La première fois, il était jeune et naïf, impressionné par la fortune et le pouvoir de cette femme ; rien de tout cela ce soir. Il a obtenu le rapport concernant un cambriolage à Hellman Hall, ainsi qu'une tonne de documents qui prouvent les méfaits commis par la baronne depuis des années.

L'homme menotte la maîtresse des lieux et l'entraîne vers le fourgon de police. Les invités forment comme une haie de déshonneur, bouche bée, incrédules. Anita, elle, prend des photos en rafale.

– Bande d'imbéciles, vous ne voyez donc pas que c'est un coup monté ? s'époumone la baronne, comme persuadée de pouvoir encore s'en sortir. Vous ne voyez pas qu'Estella et Cruella sont une seule et même personne ?

Estella inspire à fond. C'est le moment.

Toujours cachée, elle dit :

– Oh, baronne.

Et la peur qu'elle lit sur les traits de celle-ci est un pur régal. Malgré l'obscurité, elle voit que son adversaire a pâli.

– Mon nom est Cruella d'Enfer.

Accroupi près d'elle, Horace ne peut s'empêcher d'ajouter :

– C'est en rapport avec la voiture.

Estella lui sourit puis sort de la pénombre. Les phares illuminent son corps. Elle a un look… d'enfer. Sa plus belle création à ce jour. Noire, blanche, moulante… Elle lui donne une allure de prédatrice. Et cela tombe bien, car son regard est rivé sur sa proie.

Estella s'avance d'une démarche chaloupée, les bras croisés. Elle adresse de rapides coups d'œil à l'assistance – tous sont sonnés, comme s'ils croyaient réellement avoir affaire à une revenante.

– Que me reprochez-vous, cette fois, baronne ? reprend Estella. Pas cette tenue, j'espère…

Du doigt, elle désigne l'ensemble cotte de mailles de sa rivale. Le commissaire observe tour à tour les deux ennemies.

Puis il secoue la tête et déclare :

– Madame d'Enfer, nous vous croyions morte.

– J'ai cru comprendre, oui. Je m'offre un séjour-shopping à Paris, je rentre, et tout le monde me croit décédée.

Un coup d'œil à la baronne, et elle ajoute :

– On prend ses rêves pour la réalité ?

Elle secoue encore la tête tandis que les policiers font entrer sans ménagement la baronne dans le fourgon. Les portières claquent en même temps que la prisonnière rugit :

– Tu ne perds rien pour attendre ! Je me vengerai !

– Oh ! fait semblant de s'effrayer Estella. J'en tremble déjà.

Mais elle ne tremble pas. Loin de là. Pour la première fois depuis belle lurette, Estella est un roc. Elle se tourne vers ses amis, réunis au premier rang de ses « sosies ». Jasper, Horace, Artie, John, Anita, et même les dalmatiens… Ils sont tous là. Pour elle. Pas un n'a flanché. Ils sont sa famille.

Estella leur adresse un sourire de gratitude avant de fendre la foule pour regagner le manoir. Ils ont réussi. Ils ont gagné. La mort de sa mère adoptive est vengée. Elle-même voit s'étirer devant elle un avenir flambant neuf, aux possibilités infinies grâce à son immense fortune. Elle ne saurait dire à quoi ce futur va ressembler – pas encore, en tout cas –, mais la fréquentation de la baronne n'a pas fait que renforcer son amour pour la mode : il lui a donné soif de pouvoir. Une soif qu'elle a hâte d'étancher.

Il lui reste toutefois une chose à faire avant que Cruella puisse s'installer à Hellman Hall. Un dernier au revoir.

Estella se recueille devant une tombe creusée de frais. La pierre tombale est gravée au nom d'Estella, suivie de la mention *Puisse-t-elle reposer en paix.* Et dessous, en plus petits caractères, les mots : *styliste, fille, disparue.*

Le collier de sa mère au creux du poing, Estella scrute les mots, s'en imprègne. « Styliste », « fille », « disparue » ; elle l'a été tour à tour. *Styliste,* elle ne s'est pas contentée de créer des modèles incroyables, elle s'est également façonné une vie nouvelle. Elle a mis au point le plan qui lui a permis de se débarrasser de la baronne. En tant que *fille,* elle estime n'avoir eu qu'une seule mère, Catherine, qui a su remplacer une femme incapable d'amour. Elle se tourne vers John. La mine affligée, celui-ci observe la tombe. Quelque part, songe Estella, elle est toujours une fille. Ainsi qu'une sœur et une amie, ajoute-t-elle en se tournant tour à tour vers Horace, Jasper et Anita.

Mais des trois mots gravés dans la pierre, le plus exact est désormais *disparue.* Car Estella est morte. Elle mourait d'ailleurs depuis des années, à petit feu. Le Rouquin de son école a commencé à la faire disparaître ; puis ça a été la mort de sa mère et la vie dans les rues. Il aurait été facile de désigner la baronne comme seule meurtrière, mais Estella connaît la vérité. De longue date, son destin était de s'effacer. Le monde est dur, il n'y a pas de place pour sa gentillesse ou son grand cœur, la baronne le lui a bien fait comprendre. Si elle souhaite réussir – et elle le souhaite ardemment –, elle va devoir enfouir cette part d'elle-même six pieds sous terre. Pour toujours. Jamais elle ne devra laisser quiconque lui marcher dessus comme la baronne l'a fait. Ni montrer à personne ses faiblesses.

Elle secoue la tête, inspire longuement. L'heure est venue d'en finir.

Le collier de sa mère pendu à ses doigts, elle entame son propre éloge funèbre :

– Une gentille fille, discrète, adorable… mais un peu barbante aussi, un peu effrayée. Prisonnière de son passé, incertaine de son avenir. Tragiquement assassinée.

Elle marque une pause pour s'assurer que personne ne la contredit.

Puis elle poursuit :

– Une seule personne l'a aimée, l'a aimée bien tendrement et, à présent, les voilà réunies.

Ces mots prononcés, elle note que Jasper danse d'un pied sur l'autre et va pour prendre la parole. Alors elle le devance. Elle n'a pas envie de s'entendre dire qu'on l'aime encore. Elle n'a pas de temps à consacrer à cela… Pas maintenant.

– Au revoir, Estella, conclut-elle en laissant tomber le collier dans la tombe.

Sur ce, elle s'époussette les mains et ajoute :

– Je crois qu'on devrait chanter, ou autre, afin de détendre l'atmosphère.

De l'autre côté de la tombe, Horace se mouche très fort.

– Elle n'est pas vraiment morte, vieux, lui rappelle Jasper.

Surpris par le calme qu'affiche son ami, Horace lui renvoie :

– Ça ne t'a pas ému, toi, ce discours ? Tu as un cœur de pierre ou quoi ?

Jasper hausse les épaules et s'éloigne déjà de la tombe. Estella, désormais Cruella, le suit du regard tandis qu'il emporte dans son sillage les vestiges de son innocence. Jasper a toujours incarné la voix de la raison, un phare. Mais *elle* a changé du tout au tout. Elle entame un nouveau chapitre de sa vie. À compter d'aujourd'hui, Cruella sera l'unique voix qu'elle écoutera. Jasper va devoir s'endurcir s'il ne veut pas être éjecté de sa vie.

Un dernier regard à la tombe et Cruella quitte à son tour le cimetière. L'heure n'est plus aux adieux ni aux souvenirs. Ses yeux se portent droit devant, sur la route. Elle a du pain sur la planche : une marque à développer et un manoir à investir.

Au moment où elle franchit le portail de Hellman Hall à bord de l'ancienne voiture de la baronne, elle branche la radio tandis que les roues projettent des gerbes de gravier. Brusquement, elle écrase la pédale de frein. Puis elle descend de voiture, ouvre le coffre et en sort un pied de biche. Dans le soleil couchant, elle se dirige vers le portail, sur lequel les mots Hellman Hall luisent en jolies lettres dans la lumière dorée. Cruella secoue la tête. Hellman Hall était la résidence de la baronne. Elle glisse le pied de biche sous *Hellman.* Dans son dos, Horace lâche un cri de joie lorsque la syllabe *man* se décroche.

Cruella se recule afin d'admirer le nouveau nom : Hell Hall – Manoir d'Enfer. *Voilà qui est mieux*, approuve-t-elle intérieurement. *Beaucoup mieux.* Puis elle remonte en voiture et achève son trajet en fredonnant tout bas. Bientôt, le manoir apparaît, éclairé de l'intérieur.

John doit l'y attendre. Un feu aura été allumé dans l'âtre, et les chiens seront en train de mâchouiller des os. Le public peut bien la prendre pour un personnage effrayant, capable d'abattre la baronne. Qu'ils frissonnent quand ils la voient ! La baronne lui a expliqué un jour que, pour gagner, il faut frapper en premier.

– Et maintenant ? l'interroge Jasper tandis que le trio franchit les portes de sa nouvelle demeure.

Cruella se fige. Sur une table, elle s'empare d'un crayon et d'un bloc-notes. Glissant le crayon entre ses lèvres rouge vif, elle les ourle puis elle sourit.

– J'ai quelques idées, annonce-t-elle.

Elle rejette ensuite sa (déjà célèbre) chevelure et disparaît dans le manoir. Elle est prête à frapper la première. Abattre la baronne n'a été que le début. Lorsqu'elle aura fini, la ville entière et peut-être même le monde entier verra la vie en noir et blanc.

FIN

Cruella

Table

PAPIER À BASE DE FIBRES CERTIFIÉES

hachette s'engage pour l'environnement en réduisant l'empreinte carbone de ses livres. Celle de cet exemplaire est de :
700g éq. CO_2
Rendez-vous sur www.hachette-durable.fr

Photogravure Nord Compo - Villeneuve-d'Ascq
Imprimé en Roumanie par Rotolito Romania
Dépôt légal : mai 2021
Achevé d'imprimer : avril 2021
30.4275.2/01 – ISBN 978-2-01-628944-0
Loi n° 49956 du 16 juillet 1949
sur les publications destinées à la jeunesse